治安管理处罚法应用一本通

法律应用一本通系列

王旭坤 龚宇 岳洋 白秋晗 编著

图书在版编目（CIP）数据

治安管理处罚法应用一本通 / 王旭坤等编著.
北京：法律出版社，2025. -- ISBN 978-7-5197-9299-2
Ⅰ. D922.144
中国国家版本馆 CIP 数据核字第 2024RT7018 号

| 治安管理处罚法应用一本通
ZHIAN GUANLI CHUFAFA YINGYONG
YIBENTONG | 王旭坤 龚 宇
岳 洋 白秋晗 | 编著 | 策划编辑 朱海波　杨雨晴
责任编辑 朱海波　杨雨晴
装帧设计 鲍龙卉 |

出版发行 法律出版社	开本 A5
编辑统筹 法律应用出版分社	印张 17.125　　字数 520 千
责任校对 邢艳萍	版本 2025 年 7 月第 1 版
责任印制 刘晓伟	印次 2025 年 7 月第 1 次印刷
经　　销 新华书店	印刷 三河市兴达印务有限公司

地址:北京市丰台区莲花池西里 7 号(100073)
网址:www.lawpress.com.cn　　　　　销售电话:010-83938349
投稿邮箱:info@lawpress.com.cn　　　客服电话:010-83938350
举报盗版邮箱:jbwq@lawpress.com.cn　咨询电话:010-63939796
版权所有·侵权必究

书号:ISBN 978-7-5197-9299-2　　　　定价:58.00 元
凡购买本社图书,如有印装错误,我社负责退换。电话:010-83938349

出 版 说 明

《治安管理处罚法》与社会秩序及公共安全息息相关,与我们的日常生活息息相关,关乎每个人的安全与尊严。一个人,一辈子可能都不会跟检察院、法院打交道,但一定会跟政府和警察打交道。

《治安管理处罚法》于 2005 年 8 月 28 日通过并发布,自 2006 年 3 月 1 日起正式施行。2012 年 10 月 26 日进行第一次修正,但当时只对第 60 条作了一处修改,故本次修订为其施行近 20 年以来的首次大修。治安管理处罚法的修改引发了社会热议,修订草案征求意见期间,近 10 万人参与留言提出意见,可见社会民众之关切。

2025 年 6 月 27 日,十四届全国人大常委会第十六次会议表决通过新修订的《治安管理处罚法》,新法自 2026 年 1 月 1 日起施行。

修订后的《治安管理处罚法》共计 6 章 144 条,包括总则、处罚的种类和适用、违反治安管理的行为和处罚、处罚程序、执法监督、附则。修订后,将新出现的影响社会治安的行为纳入了管理范围,并增加相应的处罚措施;与新修订的行政处罚法等其他法律衔接协调,进一步合理设定处罚措施和幅度,优化处罚程序等。本书根据治安管理的最新理论与实践发展,对新法进行了逐条解读,在编排上主要有以下几点考虑:

1. 在【条文应用提示】栏目,对每一条款进行了释义,具体阐释了本条的主旨、核心内容及实践中如何予以具体理解和适用。

2. 在【条文新旧对照】栏目,左侧栏是 2012 年版《治安管理处罚法》条文,右侧栏是2025年版《治安管理处罚法》最新条文,两相对照,可对本次大修的内容一目了然。

3. 在【关联法律法规】栏目,对与该条相关的关联法律法规,具体包括法律、行政法规、公安部部门规章以及一些比较重要的规范性文件也进行了关联性收录,方便一线执法者适用。

4. 在【典型案例参考】栏目,本书收集了近百个治安管理领域的典型案例,均是来自各级人民法院的真实审判案例以及各地公安系统的真实执法案例。案例作为一种故事叙事,通过对具体案情概括、焦点问题评析、思考与启示提炼,可作为治安管理执法工作的参考,也可让民众对于自己行为有所预期。

本书由王旭坤、龚宇、岳洋、白秋晗分工撰写,其中王旭坤(法学博士)负责第一章、第五章、第六章;龚宇(法学博士)负责第二章、第三章第一节、第二节;岳洋(法学博士)负责第三章第三节、第四节;白秋晗(法学硕士)负责第四章,最后由王旭坤进行统稿,并由一本通编写组统一审定。由于时间仓促与经验所限,疏漏之处在所难免,敬请读者指正。

目 录

第一章　总则 ··· 1
第二章　处罚的种类和适用 ································· 23
第三章　违反治安管理的行为和处罚 ························ 65
　第一节　扰乱公共秩序的行为和处罚 ···················· 65
　第二节　妨害公共安全的行为和处罚 ··················· 122
　第三节　侵犯人身权利、财产权利的行为和处罚 ······· 170
　第四节　妨害社会管理的行为和处罚 ··················· 223
第四章　处罚程序 ·· 343
　第一节　调查 ·· 343
　第二节　决定 ·· 385
　第三节　执行 ·· 412
第五章　执法监督 ·· 427
第六章　附则 ··· 457
附录一　中华人民共和国治安管理处罚法 ················ 469
附录二　中华人民共和国行政处罚法 ····················· 498
附录三　中华人民共和国行政强制法 ····················· 513
附录四　中华人民共和国人民警察法 ····················· 527

条 文 索 引

第一章 总则 …… 1
第一条 【立法目的】 …… 1
第二条 【社会治安综合治理】 …… 3
第三条 【适用情形与法律依据】 …… 4
第四条 【处罚程序应适用的法律规范】 …… 6
第五条 【适用范围】 …… 7
第六条 【基本原则】 …… 8
第七条 【主管和管辖】 …… 9
第八条 【民事责任与刑事责任】 …… 12
第九条 【调解】 …… 13

第二章 处罚的种类和适用 …… 23
第十条 【处罚种类】 …… 23
第十一条 【查获违禁品、工具和违法所得财物的处理】 …… 26
第十二条 【未成年人违法的处罚】 …… 31
第十三条 【精神病人、智力残疾人违法的处罚】 …… 34
第十四条 【盲人、又聋又哑人违法的处罚】 …… 37
第十五条 【醉酒的人违法的处罚】 …… 39
第十六条 【有两种以上违法行为的处罚】 …… 42
第十七条 【共同违法行为的处罚】 …… 43
第十八条 【单位违法行为的处罚】 …… 45
第十九条 【制止不法侵害行为应不受、不予处罚或减轻处罚】 …… 47
第二十条 【从轻、减轻或者不予处罚的情形】 …… 48
第二十一条 【认错认罚从宽处理】 …… 52
第二十二条 【从重处罚的情形】 …… 53

第二十三条 【应给予行政拘留处罚而不予执行的情形】……………… 57
第二十四条 【未成年人矫治教育措施】…………………………… 60
第二十五条 【追究时效】…………………………………………… 61

第三章 违反治安管理的行为和处罚 ………………………………… 65

第二十六条 【对扰乱单位、公共场所、公共交通和选举秩序行为的
　　　　　　处罚】……………………………………………… 65
第二十七条 【对考试作弊行为的处罚】…………………………… 76
第二十八条 【对扰乱体育、文化等大型群众性活动秩序行为的
　　　　　　处罚】……………………………………………… 80
第二十九条 【对虚构事实扰乱公共秩序行为的处罚】…………… 88
第三十条 【对寻衅滋事行为的处罚】……………………………… 92
第三十一条 【利用邪教、会道门、封建迷信进行非法活动行为的
　　　　　　处罚】……………………………………………… 96
第三十二条 【对干扰无线电业务及无线电台(站)行为的处罚】… 102
第三十三条 【对侵入、破坏计算机信息系统行为的处罚】……… 105
第三十四条 【对传销行为的处罚】………………………………… 112
第三十五条 【对扰乱重要活动秩序、有辱英烈及历史尊严行为的
　　　　　　处罚】……………………………………………… 118
第三十六条 【对违反危险物质管理行为的处罚】………………… 122
第三十七条 【对危险物质被盗、被抢、丢失不报行为的处罚】… 130
第三十八条 【对非法携带管制器具行为的处罚】………………… 133
第三十九条 【对盗窃、损毁公共设施行为的处罚】……………… 137
第四十条 【对妨害公共交通工具安全行驶行为的处罚】………… 144
第四十一条 【对妨害铁路、城市轨道交通运行安全行为的处罚】… 146
第四十二条 【对妨害列车行车安全行为的处罚】………………… 153
第四十三条 【对妨害公共安全行为的处罚】……………………… 156
第四十四条 【对违反规定举办大型活动行为的处罚】…………… 160
第四十五条 【对违反公共场所安全规定行为的处罚】…………… 164
第四十六条 【对违反无人驾驶航空器管理行为的处罚】………… 167
第四十七条 【对恐怖表演、强迫劳动、限制人身自由的处罚】… 170
第四十八条 【对组织、胁迫未成年人从事有偿陪侍活动的处罚】… 177
第四十九条 【对胁迫、诱骗或者利用他人乞讨和滋扰乞讨行为的

	处罚】……………………………………………………	179
第五十条	【对侵犯人身权利等六项行为的处罚】……………	181
第五十一条	【对殴打或故意伤害他人身体行为的处罚】………	190
第五十二条	【对猥亵及在公共场所故意裸露身体隐私部位行为的处罚】……………………………………………………	194
第五十三条	【对虐待、遗弃行为的处罚】………………………	198
第五十四条	【对强迫交易行为的处罚】…………………………	202
第五十五条	【对煽动民族仇恨、民族歧视行为的处罚】………	205
第五十六条	【对侵犯公民个人信息的处罚】……………………	209
第五十七条	【对侵犯通信自由行为的处罚】……………………	211
第五十八条	【对盗窃、诈骗、哄抢、抢夺、敲诈勒索行为的处罚】	213
第五十九条	【对故意损毁公私财物行为的处罚】………………	219
第六十条	【对学生欺凌行为的处罚】…………………………	221
第六十一条	【对拒不执行紧急状态决定、命令和阻碍执行公务的处罚】……………………………………………………	223
第六十二条	【对招摇撞骗行为的处罚】…………………………	236
第六十三条	【对伪造、变造、买卖、出租、出借公文、证件、票证的处罚】……………………………………………………	239
第六十四条	【对船舶擅自进入禁、限入水域或岛屿的处罚】…	245
第六十五条	【对违法设立社会团体的处罚】……………………	248
第六十六条	【对煽动、策划非法集会、游行、示威行为的处罚】…	256
第六十七条	【对旅馆业违反规定行为的处罚】…………………	259
第六十八条	【对违法出租房屋的处罚】…………………………	263
第六十九条	【对特定行业经营者未报送登记信息的处罚】……	267
第七十条	【对非法使用提供窃听窃照专用器材的处罚】……	270
第七十一条	【对违法典当、收购的处罚】………………………	273
第七十二条	【对妨害执法秩序行为的处罚】……………………	279
第七十三条	【对违反有关机关禁止令、告诫书及其他保护措施的处罚】……………………………………………………	284
第七十四条	【对逃脱的处罚】……………………………………	288
第七十五条	【对妨害文物管理的处罚】…………………………	289
第七十六条	【对非法驾驶交通工具的处罚】……………………	293

第七十七条 【对破坏他人坟墓、尸体和乱停放尸体的处罚】…… 296

第七十八条 【对卖淫、嫖娼的处罚】…… 300

第七十九条 【对引诱、容留、介绍卖淫行为的处罚】…… 303

第八十条 【对传播淫秽信息行为的处罚】…… 306

第八十一条 【对组织、参与淫秽活动的处罚】…… 311

第八十二条 【对赌博行为的处罚】…… 315

第八十三条 【对涉及毒品原植物行为的处罚】…… 320

第八十四条 【对毒品违法行为的处罚】…… 324

第八十五条 【对引诱、教唆、欺骗或强迫他人吸食、注射毒品行为的处罚】…… 330

第八十六条 【对非法生产、经营、购买、运输制毒物品行为的处罚】…… 332

第八十七条 【对服务行业人员通风报信行为的处罚】…… 334

第八十八条 【对制造噪声干扰他人生活的处罚】…… 336

第八十九条 【对动物扰民、动物伤人及违法出售、饲养烈性犬等危险动物的处罚】…… 339

第四章 处罚程序 …… 343

第九十条 【案件受理】…… 343

第九十一条 【严禁非法取证】…… 347

第九十二条 【收集、调取证据】…… 349

第九十三条 【在其他司法程序中收集的证据】…… 350

第九十四条 【公安机关保密义务】…… 352

第九十五条 【关于回避的规定】…… 352

第九十六条 【关于传唤的规定】…… 355

第九十七条 【传唤后的询问期限与通知义务】…… 359

第九十八条 【询问笔录、书面材料与询问不满十八周岁人的规定】…… 360

第九十九条 【询问被侵害人和其他证人的规定】…… 363

第一百条 【异地代为询问、远程视频询问】…… 365

第一百零一条 【询问中的语言帮助】…… 368

第一百零二条 【个人信息和生物样本的采集】…… 369

第一百零三条 【检查时应遵守的程序】…… 371

第一百零四条　【检查笔录的制作】 373
第一百零五条　【关于扣押物品的规定】 374
第一百零六条　【关于鉴定的规定】 378
第一百零七条　【关于辨认的规定】 381
第一百零八条　【关于调查取证的规定】 383
第一百零九条　【处罚的决定机关】 385
第一百一十条　【限制自由时间的折抵】 385
第一百一十一条　【违反治安管理行为人的陈述与其他证据的关系】 387
第一百一十二条　【陈述、申辩及听取意见】 388
第一百一十三条　【治安案件的处理】 390
第一百一十四条　【治安管理处罚决定法制审核】 392
第一百一十五条　【治安管理处罚决定书的内容】 395
第一百一十六条　【宣告、送达、抄送】 397
第一百一十七条　【听证】 399
第一百一十八条　【办案期限】 406
第一百一十九条　【当场处罚】 408
第一百二十条　【当场处罚决定程序】 409
第一百二十一条　【不服处罚的救济】 411
第一百二十二条　【行政拘留处罚的执行及解除】 412
第一百二十三条　【当场收缴罚款范围】 415
第一百二十四条　【罚款缴纳期限】 417
第一百二十五条　【罚款收据】 418
第一百二十六条　【暂缓执行行政拘留的条件与程序】 419
第一百二十七条　【担保人的条件】 422
第一百二十八条　【担保人的义务】 423
第一百二十九条　【没收保证金】 425
第一百三十条　【退还保证金】 425

第五章　执法监督 427

第一百三十一条　【执法原则】 427
第一百三十二条　【禁止行为】 428
第一百三十三条　【监督方式】 429

第一百三十四条　【与监察机关的联动】…………………………… 430
第一百三十五条　【罚缴分离原则】………………………………… 432
第一百三十六条　【违法记录封存制度】…………………………… 435
第一百三十七条　【录音录像制度】………………………………… 441
第一百三十八条　【依法提取、采集、保管人体生物识别信息】…… 446
第一百三十九条　【办理治安案件的违法情形与责任追究】………… 447
第一百四十条　【赔偿责任】………………………………………… 453

第六章　附则………………………………………………………… 457
第一百四十一条　【适用本法规定】………………………………… 457
第一百四十二条　【海警机构履责】………………………………… 463
第一百四十三条　【"以上、以下、以内"的含义】………………… 465
第一百四十四条　【生效日期】……………………………………… 465

第一章 总 则

> **第一条 【立法目的】**＊
> 为了维护社会治安秩序,保障公共安全,保护公民、法人和其他组织的合法权益,规范和保障公安机关及其人民警察依法履行治安管理职责,根据宪法,制定本法。

条文应用提示 ●●●●●●

立法目的又称立法宗旨,是对"为什么要制定本法?"的抽象性总结。

治安管理与社会秩序与公共安全息息相关。社会秩序,是指人们在道德、纪律和法律的规范下,进行生产、工作、教学、科研、生活的秩序。公共安全,是指不特定多数人的生命、健康和重大公私财产的安全。社会治安秩序好,人民有安全感,才能安居乐业。社会秩序与公共安全构成我们日常生活、生产的基本环境与背景。

按照本条规定,制定治安管理处罚法的目的包括两个方面:一是维护社会治安秩序,保障公共安全,保护公民、法人和其他组织的合法权益;二是规范和保障公安机关及其人民警察依法履行治安管理职责。

治安管理处罚法的相关规定主要涉及的主体包括公民、法人、其他组织、公安机关及其人民警察。

＊ 条文要旨为编者所加。

条文新旧对照

《治安管理处罚法》2012年版	《治安管理处罚法》2025年版
第一条 为维护社会治安秩序,保障公共安全,保护公民、法人和其他组织的合法权益,规范和保障公安机关及其人民警察依法履行治安管理职责,制定本法。	第一条 为了维护社会治安秩序,保障公共安全,保护公民、法人和其他组织的合法权益,规范和保障公安机关及其人民警察依法履行治安管理职责,**根据宪法**,制定本法。

关联法律法规

《中华人民共和国人民警察法》(2012年10月26日修正)

第二条 人民警察的任务是维护国家安全,维护社会治安秩序,保护公民的人身安全、人身自由和合法财产,保护公共财产,预防、制止和惩治违法犯罪活动。

人民警察包括公安机关、国家安全机关、监狱、劳动教养管理机关的人民警察和人民法院、人民检察院的司法警察。

第六条 公安机关的人民警察按照职责分工,依法履行下列职责:

(一)预防、制止和侦查违法犯罪活动;

(二)维护社会治安秩序,制止危害社会治安秩序的行为;

(三)维护交通安全和交通秩序,处理交通事故;

(四)组织、实施消防工作,实行消防监督;

(五)管理枪支弹药、管制刀具和易燃易爆、剧毒、放射性等危险物品;

(六)对法律、法规规定的特种行业进行管理;

(七)警卫国家规定的特定人员,守卫重要的场所和设施;

(八)管理集会、游行、示威活动;

(九)管理户政、国籍、入境出境事务和外国人在中国境内居留、旅行的有关事务;

(十)维护国(边)境地区的治安秩序;

(十一)对被判处拘役、剥夺政治权利的罪犯执行刑罚;

(十二)监督管理计算机信息系统的安全保护工作;

(十三)指导和监督国家机关、社会团体、企业事业组织和重点建设工程的治安保卫工作,指导治安保卫委员会等群众性组织的治安防范工作;

(十四)法律、法规规定的其他职责。

第七条　公安机关的人民警察对违反治安管理或者其他公安行政管理法律、法规的个人或者组织,依法可以实施行政强制措施、行政处罚。

> 第二条　【社会治安综合治理】
> 治安管理工作坚持中国共产党的领导,坚持综合治理。
> 各级人民政府应当加强社会治安综合治理,采取有效措施,预防和化解社会矛盾纠纷,增进社会和谐,维护社会稳定。

▎条文应用提示 ●●●●●●

本次修改强调了"治安管理工作坚持中国共产党的领导,坚持综合治理",强调"预防和化解社会矛盾纠纷"。

社会治安综合治理,是在党委、政府统一领导下,充分发挥政法部门尤其是公安机关的骨干作用,组织和依靠各部门、各单位和人民群众的力量,综合运用政治的、经济的、行政的、法律的、文化的、教育的等多种手段,通过加强打击、防范、教育、管理、建设、改造等方面的工作,实现从根本上预防和治理违法犯罪,化解不安定因素,维护社会治安持续稳定的一项系统工程。

2018年3月,根据中共中央印发的《深化党和国家机构改革方案》,为加强党对政法工作和社会治安综合治理等工作的统筹协调,加快社会治安防控体系建设,不再设立中央社会治安综合治理委员会及其办公室,有关职责交由中央政法委员会承担。

社会治安综合管理工作是各级人民政府的重要职责,做好社会治安的综合治理,积极化解社会矛盾,增进社会和谐,维护社会稳定,为国家的建设和发展创造基本条件。

条文新旧对照

《治安管理处罚法》2012年版	《治安管理处罚法》2025年版
第六条　各级人民政府应当加强社会治安综合治理,采取有效措施,化解社会矛盾,增进社会和谐,维护社会稳定。	第二条　治安管理工作坚持中国共产党的领导,坚持综合治理。 各级人民政府应当加强社会治安综合治理,采取有效措施,**预防和**化解社会矛盾**纠纷**,增进社会和谐,维护社会稳定。

第三条　【适用情形与法律依据】
扰乱公共秩序,妨害公共安全,侵犯人身权利、财产权利,妨害社会管理,具有社会危害性,依照《中华人民共和国刑法》的规定构成犯罪的,依法追究刑事责任;尚不够刑事处罚的,由公安机关依照本法给予治安管理处罚。

条文应用提示

本条沿用原有规定,明确回答了治安管理处罚与刑事处罚之间的关系,两者有相似点,但也有本质的区别。

《治安管理处罚法》又被称为"小刑法",它与《刑法》一样,都规范扰乱公共秩序,妨害公共安全,侵犯人身权利、财产权利,妨害社会管理,具有社会危害性的行为,但其区别也很大:

(1)两者针对的行为性质不一样。刑事处罚针对的是犯罪行为,而治安处罚针对的是违法行为。对于依照《刑法》的规定构成犯罪,并要依法追究刑事责任的,适用《刑法》;对尚不够刑事处罚的,则由公安机关依照《治安管理处罚法》给予治安管理处罚。

(2)两者采取的措施不一样。刑事处罚包括管制、拘役、徒刑、死刑等种类,对人身自由的限制和剥夺更为严重。而治安处罚主要包括警告、罚款、行政拘留等较轻的限制种类。

(3)两者的执法主体不一样。《刑法》的执法主体包括公安机关、检察机关和人民法院,属于刑法范畴;《治安管理处罚法》的执法主体则主要是公安机关,本质上属于行政法的范畴。

以实践中遇到比较多的"盗窃"为例,如果只是少量、偶发,够不上盗窃刑事犯罪标准的,一般属于违反治安管理行为的,按《治安管理处罚法》进行治安处罚。如果有盗窃公私财物,数额较大的,或者多次盗窃、入户盗窃、携带凶器盗窃、扒窃等情节,涉及刑事犯罪的,则须按照《刑法》追究刑事责任。

■ 条文新旧对照 ●●●●●●

《治安管理处罚法》2012年版	《治安管理处罚法》2025年版
第二条　扰乱公共秩序,妨害公共安全,侵犯人身权利、财产权利,妨害社会管理,具有社会危害性,依照《中华人民共和国刑法》的规定构成犯罪的,依法追究刑事责任;尚不够刑事处罚的,由公安机关依照本法给予治安管理处罚。	第三条　扰乱公共秩序,妨害公共安全,侵犯人身权利、财产权利,妨害社会管理,具有社会危害性,依照《中华人民共和国刑法》的规定构成犯罪的,依法追究刑事责任;尚不够刑事处罚的,由公安机关依照本法给予治安管理处罚。

■ 关联法律法规 ●●●●●●

《中华人民共和国刑法》(2023年12月29日修正)

第一条　为了惩罚犯罪,保护人民,根据宪法,结合我国同犯罪作斗争的具体经验及实际情况,制定本法。

第二条　中华人民共和国刑法的任务,是用刑罚同一切犯罪行为作斗争,以保卫国家安全,保卫人民民主专政的政权和社会主义制度,保护国有财产和劳动群众集体所有的财产,保护公民私人所有的财产,保护公民的人身权利、民主权利和其他权利,维护社会秩序、经济秩序,保障社会主义建设事业的顺利进行。

第三条　法律明文规定为犯罪行为的,依照法律定罪处刑;法律没有明文规定为犯罪行为的,不得定罪处刑。

第五条　刑罚的轻重,应当与犯罪分子所犯罪行和承担的刑事责任相适应。

典型案例参考 ●●●●●●

张某盗窃寺庙宝鼎内钱财被罚案

在某寺院大殿门口的宝鼎处,张某临时起意,以非法占有为目的,通过顺手牵羊的方式盗窃宝鼎内人民币 245 元,后被公安机关查获。违法行为人以顺手牵羊方式偷盗他人财物的行为已构成违反治安管理的盗窃行为,公安部门综合本案情节,决定给予张某行政拘留 5 日之行政处罚。

> **第四条　【处罚程序应适用的法律规范】**
> 治安管理处罚的程序,适用本法的规定;本法没有规定的,适用《中华人民共和国行政处罚法》、《中华人民共和国行政强制法》的有关规定。

条文应用提示 ●●●●●●

本条基本沿用原规定,只增加了"适用《行政强制法》的有关规定",从而明确回答了治安管理处罚法与行政处罚法、行政强制法之间属于特别法与普通法之间的关系,具有密切联系。

《治安管理处罚法》是公安机关对于危害社会治安管理的行为实施行政处罚的法律依据;《行政处罚法》是行政机关对于违反行政管理秩序的行为是进行处罚的依据,《行政强制法》是为了规范行政强制的设定和实施,保障和监督行政机关依法履行职责而制定,其主要规范行政强制措施和行政强制执行。

治安管理处罚的程序问题应优先适用《治安管理处罚法》,如果本法没有规定的,则适用《行政处罚法》《行政强制法》的有关规定。

条文新旧对照 ●●●●●●

《治安管理处罚法》2012 年版	《治安管理处罚法》2025 年版
第三条　治安管理处罚的程序,适用本法的规定;本法没有规定的,适用《中华人民共和国行政处罚法》的有关规定。	第四条　治安管理处罚的程序,适用本法的规定;本法没有规定的,适用《中华人民共和国行政处罚法》、《中华人民共和国行政强制法》的有关规定。

关联法律法规

《中华人民共和国行政处罚法》(2021年1月22日第三次修订)(内容见附录二)

《中华人民共和国行政强制法》(2011年6月30日通过)(内容见附录三)

> 第五条 【适用范围】
> 在中华人民共和国领域内发生的违反治安管理行为,除法律有特别规定的外,适用本法。
> 在中华人民共和国船舶和航空器内发生的违反治安管理行为,除法律有特别规定的外,适用本法。
> 在外国船舶和航空器内发生的违反治安管理行为,依照中华人民共和国缔结或者参加的国际条约,中华人民共和国行使管辖权的,适用本法。

条文应用提示

本条基本沿用了原来的规定,明确《治安管理处罚法》的适用范围为属地原则,空间上包括中华人民共和国领域(含领土、领空及领海)以及中华人民共和国船舶和航空器内,除非有法律特别规定的情况,对如上这些领域内发生的违反治安管理的行为,均应适用本法。

本次修订明确增加了一款"在外国船舶和航空器内发生的违反治安管理行为,依照中华人民共和国缔结或者参加的国家条约,中华人民共和国行使管辖权的,适用本法",也就意味着,虽然在外国船舶和航空器这样一个场所内发生违法行为,但是如果我国缔结或参加的国际条约,我国有管辖权,则可以适用本法。

条文新旧对照

《治安管理处罚法》2012年版	《治安管理处罚法》2025年版
第四条　在中华人民共和国领域内发生的违反治安管理行为，除法律有特别规定的外，适用本法。 在中华人民共和国船舶和航空器内发生的违反治安管理行为，除法律有特别规定的外，适用本法。	第五条　在中华人民共和国领域内发生的违反治安管理行为，除法律有特别规定的外，适用本法。 在中华人民共和国船舶和航空器内发生的违反治安管理行为，除法律有特别规定的外，适用本法。 在外国船舶和航空器内发生的违反治安管理行为，依照中华人民共和国缔结或者参加的国际条约，中华人民共和国行使管辖权的，适用本法。

第六条　【基本原则】

治安管理处罚必须以事实为依据，与违反治安管理的事实、性质、情节以及社会危害程度相当。

实施治安管理处罚，应当公开、公正，尊重和保障人权，保护公民的人格尊严。

办理治安案件应当坚持教育与处罚相结合的原则，充分释法说理，教育公民、法人或者其他组织自觉守法。

条文应用提示

本条规定了治安管理处罚的基本原则，包括"以事实为依据，与违反治安管理行为的事实、性质、情节以及社会危害程度相当"，即"责罚相当"。

基本原则中还强调了对人权及公民人格尊严的保护。对于违法者，一样享有人权与人格尊严。违反治安管理的行为属于违法行为，但对其处罚与惩治也必须按照法律程序、依照法律相关规定进行。违法犯错的人,承担其该承担的法律责任,但未来依然要在社会上继续生活、生产。且治安管理领域的初犯者很大一部分是普通人,主观恶性不高。此外,尊重人权、保护公民人格尊严体现执法者的法治素养,对其也是一种保护。

本条款尾部还增加了"充分释法说理,教育公民、法人或者其他组织自觉守法"的规定,强化了办理治安案件应当坚持教育与处罚相结合的原则,因为处罚不是目的,处罚极少数违法的人,最重要的是教育大多数人,让法律得到自觉遵守。

条文新旧对照

《治安管理处罚法》2012年版	《治安管理处罚法》2025年版
第五条 治安管理处罚必须以事实为依据,与违反治安管理行为的性质、情节以及社会危害程度相当。 实施治安管理处罚,应当公开、公正,尊重和保障人权,保护公民的人格尊严。 办理治安案件应当坚持教育与处罚相结合的原则。	第六条 治安管理处罚必须以事实为依据,与违反治安管理的**事实**、性质、情节以及社会危害程度相当。 实施治安管理处罚,应当公开、公正,尊重和保障人权,保护公民的人格尊严。 办理治安案件应当坚持教育与处罚相结合的原则,**充分释法说理,教育公民、法人或者其他组织自觉守法。**

第七条 【主管和管辖】
国务院公安部门负责全国的治安管理工作。县级以上地方各级人民政府公安机关负责本行政区域内的治安管理工作。
治安案件的管辖由国务院公安部门规定。

条文应用提示 ●●●●●●

本条沿用了原来的规定,明确由国务院公安部门负责全国的治安管理工作,县级及以上地方各级人民政府的公安机关负责本行政区域内的治安管理工作。

实践中,对各地发生的具体违反治安管理行为实行属地管辖,如外省市居民来故宫旅行,若发生打架斗殴事件,应由北京市公安局天安门地区分局故宫派出所具体处理。

条文新旧对照 ●●●●●●

《治安管理处罚法》2012 年版	《治安管理处罚法》2025 年版
第七条　国务院公安部门负责全国的治安管理工作。县级以上地方各级人民政府公安机关负责本行政区域内的治安管理工作。 治安案件的管辖由国务院公安部门规定。	第七条　国务院公安部门负责全国的治安管理工作。县级以上地方各级人民政府公安机关负责本行政区域内的治安管理工作。 治安案件的管辖由国务院公安部门规定。

关联法律法规 ●●●●●●

《公安机关办理行政案件程序规定》(公安部令第 160 号　2020 年 8 月 6 日修正)

第十条　行政案件由违法行为地的公安机关管辖。由违法行为人居住地公安机关管辖更为适宜的,可以由违法行为人居住地公安机关管辖,但是涉及卖淫、嫖娼、赌博、毒品的案件除外。

违法行为地包括违法行为发生地和违法结果发生地。违法行为发生地,包括违法行为的实施地以及开始地、途经地、结束地等与违法行为有关的地点;违法行为有连续、持续或者继续状态的,违法行为连续、持续或者继续实施的地方都属于违法行为发生地。违法结果发生地,包括违法对象被侵害地、违法所得的实际取得地、藏匿地、转移地、使用地、销售地。

居住地包括户籍所在地、经常居住地。经常居住地是指公民离开户籍所在地最后连续居住一年以上的地方,但在医院住院就医的除外。

移交违法行为人居住地公安机关管辖的行政案件,违法行为地公安机关在移交前应当及时收集证据,并配合违法行为人居住地公安机关开展调查取证工作。

第十一条　针对或者利用网络实施的违法行为,用于实施违法行为的网站服务器所在地、网络接入地以及网站建立者或者管理者所在地,被侵害的网络及其运营者所在地,违法过程中违法行为人、被侵害人使用的网络及其运营者所在地,被侵害人被侵害时所在地,以及被侵害人财产遭受损失地公安机关可以管辖。

第十二条　行驶中的客车上发生的行政案件,由案发后客车最初停靠地公安机关管辖;必要时,始发地、途经地、到达地公安机关也可以管辖。

第十三条　行政案件由县级公安机关及其公安派出所、依法具有独立执法主体资格的公安机关业务部门以及出入境边防检查站按照法律、行政法规、规章授权和管辖分工办理,但法律、行政法规、规章规定由设区的市级以上公安机关办理的除外。

第十四条　几个公安机关都有权管辖的行政案件,由最初受理的公安机关管辖。必要时,可以由主要违法行为地公安机关管辖。

第十五条　对管辖权发生争议的,报请共同的上级公安机关指定管辖。

对于重大、复杂的案件,上级公安机关可以直接办理或者指定管辖。

上级公安机关直接办理或者指定管辖的,应当书面通知被指定管辖的公安机关和其他有关的公安机关。

原受理案件的公安机关自收到上级公安机关书面通知之日起不再行使管辖权,并立即将案卷材料移送被指定管辖的公安机关或者办理的上级公安机关,及时书面通知当事人。

第十六条　铁路公安机关管辖列车上、火车站工作区域内、铁路系统的机关、厂、段、所、队等单位内发生的行政案件,以及在铁路线上放置障碍物或者损毁、移动铁路设施等可能影响铁路运输安全、盗窃铁路设施的行政案件。对倒卖、伪造、变造火车票案件,由最初受理的铁路或者地方公安机关管辖。必要时,可以移送主要违法行为发生地的铁路或者地方公安机关管辖。

交通公安机关管辖港航管理机构管理的轮船上、港口、码头工作区域内和港航系统的机关、厂、所、队等单位内发生的行政案件。

民航公安机关管辖民航管理机构管理的机场工作区域以及民航系统的机关、厂、所、队等单位内和民航飞机上发生的行政案件。

国有林区的森林公安机关管辖林区内发生的行政案件。

海关缉私机构管辖阻碍海关缉私警察依法执行职务的治安案件。

> **第八条　【民事责任与刑事责任】**
> 违反治安管理行为对他人造成损害的,除依照本法给予治安管理处罚外,行为人或者其监护人还应当依法承担民事责任。
> 违反治安管理行为构成犯罪,应当依法追究刑事责任的,不得以治安管理处罚代替刑事处罚。

▍条文应用提示 ●●●●●●

违法者承担治安管理处罚属于行政法上的责任,但并不免除其对受害者造成人身或者财产损害所应承担的民事责任。

本条明确规定"除依照本法给予治安管理处罚外,行为人或者其监护人还应当依法承担民事责任"。违反治安管理的行为人成年的,则自己承担相应的民事责任;有的行为人是未成年人或者精神病人,这些人在法律上属于限制行为能力人或者无民事行为能力人,他/她们闯下的祸要由其监护人来承担,监护人负有照顾看管的法定义务。对未成年人及精神病人造成的损害,行为人及受害者双方可以协商解决,也可以在公安机关的主持下调解解决,或者通过到法院提起民事诉讼来解决。

本条还专门增加了"违反治安管理的行为构成犯罪,应当依法追究刑事责任的,不得以治安管理处罚代替刑事处罚"的规定。近些年,有些人社会上违法犯罪后,通过各种不正当手段企图大事化小、小事化了,本应进监狱的,最后只在看守所待了几天,这种状况严重影响了法治尊严,也引起群众的不满,认为不公平、不正义。本次修改专门强调应该根据行为人行为的性质、情节以及社会危害程度依法判断,违反治安管理的行为构成犯罪的,应当依法追究刑事责任,而不能以治安管理处罚来替代刑事责任。

条文新旧对照

《治安管理处罚法》2012年版	《治安管理处罚法》2025年版
第八条 违反治安管理的行为对他人造成损害的,行为人或者其监护人应当依法承担民事责任。	第八条 违反治安管理行为对他人造成损害的,**除依照本法给予治安管理处罚外**,行为人或者其监护人**还**应当依法承担民事责任。 **违反治安管理行为构成犯罪,应当依法追究刑事责任的,不得以治安管理处罚代替刑事处罚。**

第九条 【调解】

对于因民间纠纷引起的打架斗殴或者损毁他人财物等违反治安管理行为,情节较轻的,公安机关可以调解处理。

调解处理治安案件,应当查明事实,并遵循合法、公正、自愿、及时的原则,注重教育和疏导,促进化解矛盾纠纷。

经公安机关调解,当事人达成协议的,不予处罚。经调解未达成协议或者达成协议后不履行的,公安机关应当依照本法的规定对违反治安管理行为作出处理,并告知当事人可以就民事争议依法向人民法院提起民事诉讼。

对属于第一款规定的调解范围的治安案件,公安机关作出处理决定前,当事人自行和解或者经人民调解委员会调解达成协议并履行,书面申请经公安机关认可的,不予处罚。

条文应用提示

治安调解,又称公安行政调解,是政府部门调解的重要部分。公安机关依法对因民间纠纷引起的部分违反治安管理行为适用调解进行处理的一种行政执法行为。

具体是指对于因民间纠纷引起的打架斗殴或者故意损毁他人财物等违反治安管理、情节较轻的治安案件,在公安机关的主持下,以法律为依据,在查清事实、分清责任的基础上,经劝说、教育并促使双方交换意见,达成协议,对治安案件做出处理的活动。

治安调解一般须具备以下条件:(1)当事人的行为已经违反治安管理且应当受到治安处罚;(2)起因是民间纠纷引起;(3)当事人违反治安管理的行为情节是较轻的,起因多是打架斗殴、毁损财物等;(4)当事人各方有自愿接受调解的意愿;(5)公安机关认为可以适用调解的。

因民间纠纷引发的打架斗殴或损毁他人财物的行为属于违反治安管理行为,这类案件可能发生在熟人之间,也可能发生在陌生人之间。如果发生在熟人之间,很可能跟其他纠纷纠缠在一起,且双方彼此熟悉,甚至长期相处,如果处理不当,还可能导致矛盾的积累,进而演变成新的矛盾,不利于纠纷解决及社会的稳定和谐。如果发生在陌生人之间,很可能就是一时之气,当事人大多没有违法习性,多数是一时冲动,情节一般较轻。在这种情况下,通过批评教育使其认识错误,通过调解让行为人主动向被侵害人赔礼道歉、赔偿损失,从而有效解决问题。

除民间纠纷引发的打架斗殴或损毁他人财物等违反治安管理行为外,其他一些轻微的治安案件,如噪声扰民、饲养动物干扰他人正常生活等问题,公安机关也可以选择调解处理,及时解决矛盾。

当然,并非所有的情况都适用治安调解,那些恶意侵犯他人人身权利、财产权利的行为,如结伙斗殴、追逐、拦截、辱骂他人,强拿硬要;任意毁损财物等寻衅滋事行为;猥亵他人的行为;盗窃、诈骗、敲诈勒索、抢他人财物的行为等,不适合调解处理的,应当及时、依法予以处罚。

治安调解的内容主要涉及违反治安管理行为所造成的被侵害人的人身、财产等权益损害以及赔偿问题。如果经治安调解未达成协议或者达成协议后不履行的,公安机关则应当依照本法的规定对违反治安管理行为人给予处罚。如果行为人的行为给受害者造成人财物损失的,告知当事人可以就民事争议依法向人民法院提起民事诉讼。

除公安机关主导调解外,当事人也可以自行和解或者经人民调解委员会进行调解。本条在修改中明确加入了"人民调解"的内容。人民调解,即人民调解委员会的调解,是在人民调解委员会的主持下,以国家法律、法规、规章、政策和社会公德为依据,对民间纠纷当事人进行说服教育、规劝疏导,促使纠纷各方互谅互让,平等协商,自愿达成协议,消除纠争的一种群众性自治活动。在我国的《宪法》《民事诉讼法》《人民调解法》《人民调解委员会组织条例》等法律、法规中，对人民调解工作均有明确的规定。人民调解和治安调解都是"大调解"的重要组成部分。

综上所述，对于因民间纠纷引起的打架斗殴或者损毁他人财物等违反治安管理行为，或者公安机关进行治安调解，或者当事人之间自行和解，或者经人民调解委员会调解的，可不予处罚。但当事人自行和解和人民调解达成调解协议的，需要书面申请公安机关认可。这里要强调的是，公安机关"可以"调解处理，而不是"应当"或者"必须"调解处理。一旦公安机关作出治安管理处罚决定，则不能逆转回去再进行治安调解。

调解处理治安案件，要在查明事实的基础上，公正合法地处理，并非"和稀泥"，本次修订亦强调了"注重教育和疏导，促进化解矛盾纠纷"的原则。对于如何予以治安调解，在《公安机关办理行政案件程序规定》《公安机关治安调解工作规范》中亦有具体的规定。

条文新旧对照

《治安管理处罚法》2012年版	《治安管理处罚法》2023年版
第九条 对于因民间纠纷引起的打架斗殴或者损毁他人财物等违反治安管理行为，情节较轻的，公安机关可以调解处理。经公安机关调解，当事人达成协议的，不予处罚。经调解未达成协议或者达成协议后不履行的，公安机关应当依照本法的规定对违反治安管理行为人给予处罚，并告知当事人可以就民事争议依法向人民法院提起民事诉讼。	第九条 对于因民间纠纷引起的打架斗殴或者损毁他人财物等违反治安管理行为，情节较轻的，公安机关可以调解处理。**调解处理治安案件，应当查明事实，并遵循合法、公正、自愿、及时的原则，注重教育和疏导，促进化解矛盾纠纷。** 经公安机关调解，当事人达成协议的，不予处罚。经调解未达成协议或者达成协议后不履行的，公安机关应当依照本法的规定对违反治安管理行为**作出处理**，并告知当事人可以就民事争议依法向人民

	法院提起民事诉讼。 对属于第一款规定的调解范围的治安案件,公安机关作出处理决定前,当事人自行和解或者经人民调解委员会调解达成协议并履行,书面申请经公安机关认可的,不予处罚。

关联法律法规

1.《中华人民共和国人民调解法》(2010 年 8 月 28 日)

第二条 本法所称人民调解,是指人民调解委员会通过说服、疏导等方法,促使当事人在平等协商基础上自愿达成调解协议,解决民间纠纷的活动。

第四条 人民调解委员会调解民间纠纷,不收取任何费用。

第十八条 基层人民法院、公安机关对适宜通过人民调解方式解决的纠纷,可以在受理前告知当事人向人民调解委员会申请调解。

第二十一条 人民调解员调解民间纠纷,应当坚持原则,明法析理,主持公道。

调解民间纠纷,应当及时、就地进行,防止矛盾激化。

第二十五条 人民调解员在调解纠纷过程中,发现纠纷有可能激化的,应当采取有针对性的预防措施;对有可能引起治安案件、刑事案件的纠纷,应当及时向当地公安机关或者其他有关部门报告。

第二十六条 人民调解员调解纠纷,调解不成的,应当终止调解,并依据有关法律、法规的规定,告知当事人可以依法通过仲裁、行政、司法等途径维护自己的权利。

第三十一条 经人民调解委员会调解达成的调解协议,具有法律约束力,当事人应当按照约定履行。

人民调解委员会应当对调解协议的履行情况进行监督,督促当事人履行约定的义务。

2.《公安机关办理行政案件程序规定》(公安部令第160号　2020年8月6日修正)

第十章　治 安 调 解

第一百七十八条　对于因民间纠纷引起的殴打他人、故意伤害、侮辱、诽谤、诬告陷害、故意损毁财物、干扰他人正常生活、侵犯隐私、非法侵入住宅等违反治安管理行为,情节较轻,且具有下列情形之一的,可以调解处理:

(一)亲友、邻里、同事、在校学生之间因琐事发生纠纷引起的;
(二)行为人的侵害行为系由被侵害人事前的过错行为引起的;
(三)其他适用调解处理更易化解矛盾的。

对不构成违反治安管理行为的民间纠纷,应当告知当事人向人民法院或者人民调解组织申请处理。

对情节轻微、事实清楚、因果关系明确,不涉及医疗费用、物品损失或者双方当事人对医疗费用和物品损失的赔付无争议,符合治安调解条件,双方当事人同意当场调解并当场履行的治安案件,可以当场调解,并制作调解协议书。当事人基本情况、主要违法事实和协议内容在现场录音录像中明确记录的,不再制作调解协议书。

第一百七十九条　具有下列情形之一的,不适用调解处理:

(一)雇凶伤害他人的;
(二)结伙斗殴或者其他寻衅滋事的;
(三)多次实施违反治安管理行为的;
(四)当事人明确表示不愿意调解处理的;
(五)当事人在治安调解过程中又针对对方实施违反治安管理行为的;
(六)调解过程中,违法嫌疑人逃跑的;
(七)其他不宜调解处理的。

第一百八十条　调解处理案件,应当查明事实,收集证据,并遵循合法、公正、自愿、及时的原则,注重教育和疏导,化解矛盾。

第一百八十一条　当事人中有未成年人的,调解时应当通知其父母或者其他监护人到场。但是,当事人为年满十六周岁以上的未成年人,以自己的劳动收入为主要生活来源,本人同意不通知的,可以不通知。

被侵害人委托其他人参加调解的,应当向公安机关提交委托书,并写明委托权限。违法嫌疑人不得委托他人参加调解。

第一百八十二条　对因邻里纠纷引起的治安案件进行调解时,可以邀请当事人居住地的居(村)民委员会的人员或者双方当事人熟悉的人员参加帮助调解。

第一百八十三条　调解一般为一次。对一次调解不成,公安机关认为有必要或者当事人申请的,可以再次调解,并应当在第一次调解后的七个工作日内完成。

第一百八十四条　调解达成协议的,在公安机关主持下制作调解协议书,双方当事人应当在调解协议书上签名,并履行调解协议。

调解协议书应当包括调解机关名称、主持人、双方当事人和其他在场人员的基本情况,案件发生时间、地点、人员、起因、经过、情节、结果等情况、协议内容、履行期限和方式等内容。

对调解达成协议的,应当保存案件证据材料,与其他文书材料和调解协议书一并归入案卷。

第一百八十五条　调解达成协议并履行的,公安机关不再处罚。对调解未达成协议或者达成协议后不履行的,应当对违反治安管理行为人依法予以处罚;对违法行为造成的损害赔偿纠纷,公安机关可以进行调解,调解不成的,应当告知当事人向人民法院提起民事诉讼。

调解案件的办案期限从调解未达成协议或者调解达成协议不履行之日起开始计算。

第一百八十六条　对符合本规定第一百七十八条规定的治安案件,当事人申请人民调解或者自行和解,达成协议并履行后,双方当事人书面申请并经公安机关认可的,公安机关不予治安管理处罚,但公安机关已依法作出处理决定的除外。

3.《公安机关治安调解工作规范》(公通字[2007]81号　2007年12月8日发布)

第一条　为进一步规范公安机关治安调解工作,最大限度地增加和谐因素,最大限度地减少不和谐因素,化解社会矛盾,促进社会稳定,根据《中华人民共和国治安管理处罚法》和《公安机关办理行政案件程序规定》等规定,制定本规范。

第二条 本规范所称治安调解,是指对于因民间纠纷引起的打架斗殴或者损毁他人财物等违反治安管理、情节较轻的治安案件,在公安机关的主持下,以国家法律、法规和规章为依据,在查清事实、分清责任的基础上,劝说、教育并促使双方交换意见,达成协议,对治安案件做出处理的活动。

第三条 对于因民间纠纷引起的殴打他人、故意伤害、侮辱、诽谤、诬告陷害、故意损毁财物、干扰他人正常生活、侵犯隐私等违反治安管理行为,情节较轻的,经双方当事人同意,公安机关可以治安调解。

民间纠纷是指公民之间、公民和单位之间,在生活、工作、生产经营等活动中产生的纠纷。对不构成违反治安管理行为的民间纠纷,应当告知当事人向人民法院或者人民调解组织申请处理。

第四条 违反治安管理行为有下列情形之一的,不适用治安调解:

(一)雇凶伤害他人的;

(二)结伙斗殴的;

(三)寻衅滋事的;

(四)多次实施违反治安管理行为的;

(五)当事人在治安调解过程中又挑起事端的;

(六)其他不宜治安调解的。

第五条 治安调解应当依法进行调查询问,收集证据,在查明事实的基础上实施。

第六条 治安调解应当遵循以下原则:

(一)合法原则。治安调解应当按照法律规定的程序进行,双方当事人达成的协议必须符合法律规定。

(二)公正原则。治安调解应当分清责任,实事求是地提出调解意见,不得偏袒一方。

(三)公开原则。治安调解应当公开进行,涉及国家机密、商业秘密或者个人隐私,以及双方当事人都要求不公开的除外。

(四)自愿原则。治安调解应当在当事人双方自愿的基础上进行。达成协议的内容,必须是双方当事人真实意思表示。

(五)及时原则。治安调解应当及时进行,使当事人尽快达成协议,解决纠纷。治安调解不成应当在法定的办案期限内及时依法处罚,不得久拖不决。

(六)教育原则。治安调解应当通过查清事实,讲明道理,指出当事人的错误和违法之处,教育当事人自觉守法并通过合法途径解决纠纷。

第七条 被侵害人可以亲自参加治安调解,也可以委托其他人参加治安调解。委托他人参加治安调解的,应当向公安机关提交委托书,并注明委托权限。

第八条 公安机关进行治安调解时,可以邀请当地居(村)民委员会的人员或者双方当事人熟悉的人员参加。

当事人中有不满十六周岁未成年人的,调解时应当通知其父母或者其他监护人到场。

第九条 治安调解一般为一次,必要时可以增加一次。

对明显不构成轻伤、不需要伤情鉴定以及损毁财物价值不大,不需要进行价值认定的治安案件,应当在受理案件后的3个工作日内完成调解;对需要伤情鉴定或者价值认定的治安案件,应当在伤情鉴定文书和价值认定结论出具后的3个工作日内完成调解。

对一次调解不成,有必要再次调解的,应当在第一次调解后的7个工作日内完成。

第十条 治安调解达成协议的,在公安机关主持下制作《治安调解协议书》(式样附后),双方当事人应当在协议书上签名,并履行协议。

第十一条 《治安调解协议书》应当包括以下内容:

(一)治安调解机关名称,主持人、双方当事人和其他在场人员的基本情况;

(二)案件发生时间、地点、人员、起因、经过、情节、结果等情况;

(三)协议内容、履行期限和方式;

(四)治安调解机关印章、主持人、双方当事人及其他参加人签名、印章(捺指印)。

《治安调解协议书》一式三份,双方当事人各执一份,治安调解机关留存一份备查。

第十二条 调解协议履行期满三日内,办案民警应当了解协议履行情况。对已经履行调解协议的,应当及时结案,对没有履行协议的,应当及时了解情况,查清原因。对无正当理由不履行协议的,依法对违反治安管理行为人予以处罚,并告知当事人可以就民事争议依法向人民法院提起民事诉讼。

第十三条 治安调解案件的办案期限从未达成协议或者达成协议不履行之日起开始计算。

第十四条 公安机关对情节轻微,事实清楚,因果关系明确、不涉及医疗费用、物品损失或者双方当事人对医疗费用和物品损失的赔付无争议,符合治安调解条件,双方当事人同意现场调解并当场履行的治安案件,可以进行现场调解。

现场调解达成协议的,应当制作《现场治安调解协议书》一式三联(式样附后),由双方当事人签名。

第十五条 经治安调解结案的治安案件应当纳入统计范围,并根据案卷装订要求建立卷宗。

现场治安调解结案的治安案件,可以不制作卷宗,但办案部门应当将《现场治安调解协议书》按编号装订存档。

第十六条 公安机关人民警察在治安调解过程中,有徇私舞弊、滥用职权、不依法履行法定职责等情形的,依法给予行政处分;构成犯罪的,依法追究刑事责任。

第十七条 本规范自下发之日起施行。

典型案例参考

廖某拾取某狩猎场财物达成治安调解议案

廖某某发现某狩猎场湖边的帐篷旁边的铁皮,以为这些东西没人要就自行拾取,准备买废品还钱,后经狩猎场相关工作人员劝阻后停止该行为并离开现场,后廖某某与某狩猎场相关工地负责人(即报警人)达成协议并赔偿了相应损失,报警人决定不再追究其法律责任,因为达成了治安调解协议,故郴州市公安局苏仙分局出具不予处罚决定书。具体如下:

郴州市公安局苏仙分局不予处罚决定书

[苏公(大)不决字[2023]第 0035 号]

违法行为人廖某某,男,居民身份证:×××××××××,××××年××月××日出生,××族,××文化,工作单位:××××××××××,户籍地:湖南省郴州市苏仙××××××,现住:湖南省郴州市苏仙×××××××。

现查明 2023 年 8 月 19 日晚上 22 点 30 附近村民在某狩猎场拾取一些工地材料，其中一些工地还需要用到，经查，某镇村民廖某某在未取得某狩猎场工作人员许可的情况下，于 2023 年 8 月 19 日晚上在五盖山狩猎场帮他人补胎后，发现狩猎场湖边的帐篷旁边有些铁皮，以为这些东西没人要了，于是就在路边捡了一个蛇皮袋准备装废品卖钱，后经狩猎场相关工作人员劝阻后停止该行为并离开现场，后廖某某与某狩猎场相关工地负责人（即报警人）达成协议并赔偿了相应损失，报警人决定不再追究其法律责任。

以上事实有 1.现场照片；2.廖某某、柴某某等人询问笔录；3.治安调解协议书；4.柴某某的谅解书等证据证实。

根据《中华人民共和国治安管理处罚法》第十九条，现决定不予处罚。

当事人如不服本决定，可以在收到本决定书之日起六十日内向郴州市苏仙区人民政府申请行政复议或者在三个月内依法向资兴市人民法院提起行政诉讼。

附：收缴/追缴物品清单

2023 年 8 月 29 日

第二章　处罚的种类和适用

> 第十条　【处罚种类】
> 治安管理处罚的种类分为：
> （一）警告；
> （二）罚款；
> （三）行政拘留；
> （四）吊销公安机关发放的许可证件。
> 对违反治安管理的外国人，可以附加适用限期出境或者驱逐出境。

条文应用提示

警告是治安管理处罚中最轻微的一种，属于申诫罚，一般适用于违反治安管理情节轻微，且后果不严重的情形。县级以上人民政府公安机关和公安派出所都有权决定警告。警告与批评教育和训诫不同，警告是具有国家强制力的处罚，需要公安机关制作《处罚决定书》，批评教育和训诫不是法定处罚种类，不会引起有法律意义的后果。

罚款是公安机关依法责令违反治安管理行为人在一定期限内向国家缴纳一定数量金钱的治安管理处罚，属于财产罚。县级以上人民政府公安机关和公安派出所都有权决定罚款，但是1000元以上的罚款只能由县级以上公安机关决定。

行政拘留是治安管理处罚中最严重的一种，属于人身罚，主要适用于违反治安管理行为情节较严重的人，一般分为5日以下、5日以上10日以下、10日以上15日以下3个档次，合并后执行的拘留期限最长不得超过20天。行政拘留只能由县级以上人民政府公安机关决定，不能由派出所决定。

吊销公安机关发放的许可证件属于资格罚,是对经营单位违反治安管理的经营行为最严厉的处罚,是取消该单位的经营资格。此种处罚只能吊销公安机关发放的许可证件,不能吊销其他机关颁发的许可证件。吊销许可证件只能由县级以上人民政府公安机关决定,不能由派出所决定。

限期出境和驱逐出境只适用于外国人和无国籍人,不适用于我国公民。限期出境是由公安机关责令违反治安管理的外国人在规定时限内离开我国国(边)境,属于责令自行离境,但负责执行的公安机关可以监督其离开。驱逐出境是强迫违反治安管理的外国人离开我国国(边)境,需要由负责执行的公安机关将其强制押解出境。限期出境和驱逐出境只能附加适用,不能单独适用。

条文新旧对照 ●●●●●●

《治安管理处罚法》2012 年版	《治安管理处罚法》2025 年版
第十条 治安管理处罚的种类分为: (一)警告; (二)罚款; (三)行政拘留; (四)吊销公安机关发放的许可证。 对违反治安管理的外国人,可以附加适用限期出境或者驱逐出境。	第十条 治安管理处罚的种类分为: (一)警告; (二)罚款; (三)行政拘留; (四)吊销公安机关发放的许可证**件**。 对违反治安管理的外国人,可以附加适用限期出境或者驱逐出境。

关联法律法规 ●●●●●●

《中华人民共和国行政处罚法》(2021 年 1 月 22 日修订)

第九条 行政处罚的种类:
(一)警告、通报批评;
(二)罚款、没收违法所得、没收非法财物;
(三)暂扣许可证件、降低资质等级、吊销许可证件;

（四）限制开展生产经营活动、责令停产停业、责令关闭、限制从业；

（五）行政拘留；

（六）法律、行政法规规定的其他行政处罚。

《中华人民共和国出境入境管理法》（2012年6月30日）

第八十一条　外国人从事与停留居留事由不相符的活动，或者有其他违反中国法律、法规规定，不适宜在中国境内继续停留居留情形的，可以处限期出境。

外国人违反本法规定，情节严重，尚不构成犯罪的，公安部可以处驱逐出境。公安部的处罚决定为最终决定。

被驱逐出境的外国人，自被驱逐出境之日起十年内不准入境。

《公安机关执行〈中华人民共和国治安管理处罚法〉有关问题的解释》（公通字〔2006〕12号　2006年1月23日）

二、关于涉外治安案件的办理问题。《治安管理处罚法》第10条第2款规定："对违反治安管理的外国人，可以附加适用限期出境或者驱逐出境。"对外国人需要依法适用限期出境、驱逐出境处罚的，由承办案件的公安机关逐级上报公安部或者公安部授权的省级人民政府公安机关决定，由承办案件的公安机关执行。对外国人依法决定行政拘留的，由承办案件的县级以上（含县级，下同）公安机关决定，不再报上一级公安机关批准。对外国人依法决定警告、罚款、行政拘留，并附加适用限期出境、驱逐出境处罚的，应当在警告、罚款、行政拘留执行完毕后，再执行限期出境、驱逐出境。

典型案例参考

KABIR MAHMOUD GWANDA 与上海市公安局黄浦分局治安行政处罚案

［上海市第二中级人民法院（2022）沪02行初177号行政判决书］

2022年11月2日，KABIR MAHMOUD GWANDA 在上海市浦东新区因涉嫌吸毒被传唤接受进一步调查处理，司法鉴定科学研究院在其尿液中检出 $\Delta 9$-四氢××酸成分。黄浦公安分局认定 KABIR MAHMOUD GWANDA 具有吸毒的违法行为，于11月3日，根据《治安管理处罚法》第72条第3项和《出境入境管理法》第81条第1款的规定，作出沪公黄（南东）行罚决字〔2022〕00490号行政处罚决定，对 KABIR MAHMOUD GWANDA 处以罚款人民币

300元并处限期出境,于2022年11月12日前出境。

康某某与西安市公安局浐灞生态区分局广运谭派出所治安行政处罚案

[西安铁路运输中级人民法院(2020)陕71行终1101号行政判决书]

康某某2019年6月28日到北京中南海附近活动,被北京市公安局西城分局府右街派出所发现,对其进行训诫并送往久敬庄接济中心。西安市公安局浐灞生态区分局广运潭派出所于7月16日作出浐公(广)行罚决字〔2019〕837号《行政处罚决定书》,依据《治安管理处罚法》第23条第1款第2项的规定,对康某某给予警告的行政处罚。康某某认为,府右街派出所已对上诉人进行了训诫,广运潭派出所再次处罚违反"一事不再罚"的规定。

法院认为,根据《治安管理处罚法》第10条的规定,治安管理处罚的种类只有警告、罚款、行政拘留及吊销公安机关发放的许可证,并无训诫,训诫行为不是行政处罚措施,而是现场劝诫措施。府右街派出所对康某某作出的《训诫书》中明确载明:"对违反上述规定,不听劝阻,情节严重的,公安机关将依据《治安管理处罚法》等法律法规予以处理。"府右街派出所只是进行现场劝诫,没有对其行政处罚。广运潭派出所对康某某给予警告的治安管理处罚,不违反一事不再罚原则。

> **第十一条 【查获违禁品、工具和违法所得财物的处理】**
>
> 办理治安案件所查获的毒品、淫秽物品等违禁品,赌具、赌资,吸食、注射毒品的用具以及直接用于实施违反治安管理行为的本人所有的工具,应当收缴,按照规定处理。
>
> 违反治安管理所得的财物,追缴退还被侵害人;没有被侵害人的,登记造册,公开拍卖或者按照国家有关规定处理,所得款项上缴国库。

▎条文应用提示 ●●●●●●

应当收缴的物品包括三类:一是违禁品,即国家规定限制或禁止生产、购买、运输、持有的物品,应当一律收缴,如毒品、枪支、弹药;二是赌具、赌资,吸食、注射毒品的用具,收缴后应按照规定销毁或上缴;三是直接用于实施违反治安管理行为的本人所有的工具,此处规定的工具不是违禁品,而是直接用于实施违反治安管理行为的普通生产、生活工具。在实践中收缴工具时,要防止随意扩大收缴范围,如赌博所在房屋或者接送赌博人员的车辆都不属于本条的"工具"。收缴的工具必须直接用于实施违反治安管理行为,且必须属于违反治安管理行为人本人所有,但同时也要防止行为人借口工具不属于本人所有逃避收缴。收缴物品时,应当制作《收缴物品决定书》和《收缴物品清单》。

▍条文新旧对照 ●●●●●●

《治安管理处罚法》2012年版	《治安管理处罚法》2025年版
第十一条 办理治安案件所查获的毒品、淫秽物品等违禁品,赌具、赌资,吸食、注射毒品的用具以及直接用于实施违反治安管理行为的本人所有的工具,应当收缴,按照规定处理。 违反治安管理所得的财物,追缴退还被侵害人;没有被侵害人的,登记造册,公开拍卖或者按照国家有关规定处理,所得款项上缴国库。	第十一条 办理治安案件所查获的毒品、淫秽物品等违禁品,赌具、赌资,吸食、注射毒品的用具以及直接用于实施违反治安管理行为的本人所有的工具,应当收缴,按照规定处理。 违反治安管理所得的财物,追缴退还被侵害人;没有被侵害人的,登记造册,公开拍卖或者按照国家有关规定处理,所得款项上缴国库。

▍关联法律法规 ●●●●●●

《中华人民共和国禁毒法》(2007年12月29日)

第二十八条 对依法查获的毒品,吸食、注射毒品的用具,毒品违法犯罪的非法所得及其收益,以及直接用于实施毒品违法犯罪行为的本人所有的工具、设备、资金,应当收缴,依照规定处理。

《公安机关办理行政案件程序规定》(公安部令第160号 2020年8月6日修正)

第一百九十四条 对在办理行政案件中查获的下列物品应当依法收缴:

(一)毒品、淫秽物品等违禁品;

(二)赌具和赌资;

(三)吸食、注射毒品的用具;

(四)伪造、变造的公文、证件、证明文件、票证、印章等;

（五）倒卖的车船票、文艺演出票、体育比赛入场券等有价票证；

（六）主要用于实施违法行为的本人所有的工具以及直接用于实施毒品违法行为的资金；

（七）法律、法规规定可以收缴的其他非法财物。

前款第六项所列的工具，除非有证据表明属于他人合法所有，可以直接认定为违法行为人本人所有。对明显无价值的，可以不作出收缴决定，但应当在证据保全文书中注明处理情况。

违法所得应当依法予以追缴或者没收。

多名违法行为人共同实施违法行为，违法所得或者非法财物无法分清所有人的，作为共同违法所得或者非法财物予以处理。

第一百九十五条　收缴由县级以上公安机关决定。但是，违禁品，管制器具，吸食、注射毒品的用具以及非法财物价值在五百元以下且当事人对财物价值无异议的，公安派出所可以收缴。

追缴由县级以上公安机关决定。但是，追缴的财物应当退还被侵害人的，公安派出所可以追缴。

第一百九十六条　对收缴和追缴的财物，经原决定机关负责人批准，按照下列规定分别处理：

（一）属于被侵害人或者善意第三人的合法财物，应当及时返还；

（二）没有被侵害人的，登记造册，按照规定上缴国库或者依法变卖、拍卖后，将所得款项上缴国库；

（三）违禁品、没有价值的物品，或者价值轻微，无法变卖、拍卖的物品，统一登记造册后销毁；

（四）对无法变卖或者拍卖的危险物品，由县级以上公安机关主管部门组织销毁或者交有关厂家回收。

第一百九十七条　对应当退还原主或者当事人的财物，通知原主或者当事人在六个月内来领取；原主不明确的，应当采取公告方式告知原主认领。在通知原主、当事人或者公告后六个月内，无人认领的，按无主财物处理，登记后上缴国库，或者依法变卖或者拍卖后，将所得款项上缴国库。遇有特殊情况的，可酌情延期处理，延长期限最长不超过三个月。

《公安机关缴获毒品管理规定》(公禁毒〔2016〕486号 2016年5月19日)

第四条 省级公安机关禁毒部门负责对缴获毒品实行集中统一保管。

办理毒品案件的公安派出所、出入境边防检查机关以及除省级公安机关禁毒部门外的县级以上公安机关办案部门(以下统称办案部门)负责临时保管缴获毒品。

经省级公安机关禁毒部门批准并报公安部禁毒局备案,设区的市一级公安机关禁毒部门可以对缴获毒品实行集中统一保管。

《公安部关于办理赌博违法案件适用法律若干问题的通知》(公通字〔2005〕30号 2005年5月25日)

五、赌博活动中用作赌注的款物、换取筹码的款物和通过赌博赢取的款物属于赌资。

在利用计算机网络进行的赌博活动中,分赌场、下级庄家或者赌博参与者在组织或者参与赌博前向赌博组织者、上级庄家或者赌博公司交付的押金,应当视为赌资。

六、赌博现场没有赌资,而是以筹码或者事先约定事后交割等方式代替的,赌资数额经调查属实后予以认定。个人投注的财物数额无法确定时,按照参赌财物的价值总额除以参赌人数的平均值计算。

通过计算机网络实施赌博活动的赌资数额,可以按照在计算机网络上投注或者赢取的总点数乘以每个点数实际代表的金额认定。赌博的次数,可以按照在计算机网络上投注的总次数认定。

七、对查获的赌资、赌博违法所得应当依法没收,上缴国库,并按照规定出具法律手续。对查缴的赌具和销售的具有赌博功能的游戏机,一律依法予以销毁,严禁截留、私分或者以其他方式侵吞赌资、赌具、赌博违法所得以及违法行为人的其他财物。违者,对相关责任人员依法予以行政处分;构成犯罪的,依法追究刑事责任。

对参与赌博人员使用的交通、通讯工具未作为赌注的,不得没收。在以营利为目的,聚众赌博、开设赌场,或者采取不报经国家批准,擅自发行、销售彩票的方式为赌博提供条件,尚不够刑事处罚的案件中,违法行为人本人所有的用于纠集、联络、运送参赌人员以及用于望风护赌的交通、通讯工具,应当依法没收。

典型案例参考 ●●●●●●

曾某某与邵东市公安局治安行政处罚案

[全国法院系统 2020 年度优秀案例 湖南省邵阳市中级人民法院(2020)湘 05 行终 66 号行政判决书]

2019 年 6 月 23 日,曾某某驾驶一辆装有烟花爆竹的厢式货车为他人配送烟花爆竹时被查获,经查曾某某属非法运输烟花爆竹。6 月 24 日,邵东县公安局做出《公安行政处罚决定书》,决定对曾某某行政拘留七日,并附邵东公(治)缴[2019]1496 号《收缴物品清单》。

曾某某主张涉案烟花爆竹系合法生产,不属于非法财物,收缴缺乏法律依据。法院认为,据行政处罚决定书所附《收缴物品清单》,邵东县公安局收缴涉案烟花爆竹适用的是《治安管理处罚法》第 11 条第 1 款,其中规定的违禁品应当理解为"法律禁止制造、买卖、储存、运输的物品"。烟花爆竹属于特许生产、运输、经营的民用商品,显然与毒品、淫秽物品不可等同,依法应当不在治安行政处罚随案收缴之列;对非法运输的烟花爆竹,公安机关应当适用《烟花爆竹安全管理条例》第 36 条第 2 款的规定予以没收,邵东县公安局适用法律错误。此外,根据《行政处罚法》第 8 条、《治安管理处罚法》第 10 条的规定,收缴不属于法定的行政处罚种类,不能单独作为行政处罚适用,公安机关办理治安行政处罚案件需要收缴涉案财物的,可以依照公安部《公安机关办理行政案件程序规定》第 175 条、第 193 条、第 194 条的规定,在作出行政处罚决定时对查获的涉案物品一并作出处理,并在行政处罚决定书中直接载明收缴涉案物品情况。就收缴适用技术而言,邵东县公安局未将收缴财物在处罚决定主文中载明,仅以附清单形式实施收缴,既不符合现行法律规定,也不可取。

朱某某与兴化市公安局治安行政处罚案

[江苏省泰州市中级人民法院(2021)苏 12 行终 19 号行政判决书]

2016 年 6 月 21 日,民警查获朱某某、周某某涉嫌非法存储、运输价值 2 万余元的烟花爆竹,兴化市公安局根据《刑事诉讼法》第 110 条之规定,决定对朱某某等人生产、销售伪劣产品案立案侦查,并依照《刑事诉讼法》第 139 条之规定作出化公(治)扣字[2016]78 号《扣押决定书》,扣押朱某某持有烟花爆竹。该案移送审查起诉后,兴化市人民检察院决定对朱某某不起诉。2018 年 3 月 12 日,兴化市公安局将部分扣押的烟花爆竹随案移送至原安全生产监督管理局,该局经审查于 2018 年 6 月 11 日作出兴安监罚[2018]72 号《行政处罚决定书》,决定对兴化市海南镇杨启芳烟花爆竹店(朱某某)处人民币8000元罚款,并处没收非法经营的物品及违法所得的行政处罚。

法院认为,烟花爆竹属于特许生产、运输、经营的民用商品,但本身也是具有一定社会危险性的物品,涉案的烟花爆竹经检验,存在未见生产日期、未见绿色安全引线等标志、部件不合格的情形,显然更不能简单视同一般烟花爆竹,而是具有爆炸性的危险物品,属于《治安管理处罚法》第11条第1款规定的公安机关在办理治安案件中查获的违禁品。故兴化市公安局将其认定为违禁品予以处理,并无不当。

> **第十二条 【未成年人违法的处罚】**
> 已满十四周岁不满十八周岁的人违反治安管理的,从轻或者减轻处罚;不满十四周岁的人违反治安管理的,不予处罚,但是应当责令其监护人严加管教。

条文应用提示

已满14周岁不满18周岁的人,缺乏足够的社会生活经验,容易受到不良因素的影响,不能完全认识和控制自己的行为,因此,法律规定对于已满14周岁不满18周岁的人违反治安管理的,应当从轻或者减轻处罚。不满14周岁的人,在《治安管理处罚法》上无责任能力,因此不予处罚,但是应当责令其监护人严加管教。责令管教是人民警察以口头方式做出的对监护人的批评教育,没有特定的程序要求。对于不满14周岁的人的监护人,按照《民法典》第27条的规定,主要指未成年人的父母、祖父母、外祖父母、兄、姐和其他愿意担任监护人的个人或者组织。

"从轻处罚"是指在法定的处罚种类和幅度范围内,选择较轻的处罚,"减轻处罚"是指在法定的处罚种类和幅度以下给予处罚。"不予处罚"是指行为人虽然实施了违反治安管理性质的行为,但法律不认为其已经构成违反治安管理规定,不予治安管理处罚。对于本法规定不予处罚的行为人,其行为造成损害后果的,被侵害人应当直接向人民法院提起民事诉讼,公安机关无权进行治安调解。

条文新旧对照

《治安管理处罚法》2012年版	《治安管理处罚法》2025年版
第十二条　已满十四周岁不满十八周岁的人违反治安管理的,从轻或者减轻处罚;不满十四周岁的人违反治安管理的,不予处罚,但是应当责令其监护人严加管教。	第十二条　已满十四周岁不满十八周岁的人违反治安管理的,从轻或者减轻处罚;不满十四周岁的人违反治安管理的,不予处罚,但是应当责令其监护人严加管教。

关联法律法规

《中华人民共和国行政处罚法》(2021年1月22日修订)

第三十条　不满十四周岁的未成年人有违法行为的,不予行政处罚,责令监护人加以管教;已满十四周岁不满十八周岁的未成年人有违法行为的,应当从轻或者减轻行政处罚。

《公安机关办理行政案件程序规定》(公安部令第160号　2020年8月6日修正)

第一百五十七条　不满十四周岁的人有违法行为的,不予行政处罚,但是应当责令其监护人严加管教,并在不予行政处罚决定书中载明。已满十四周岁不满十八周岁的人有违法行为的,从轻或者减轻行政处罚。

《公安机关办理未成年人违法犯罪案件的规定》(公发〔1995〕17号　1995年10月23日)

第二十七条　对违反治安管理的未成年人,应当尽量避免使用治安拘留处罚。对在校学生,一般不得予以治安拘留。

《公安机关执行〈中华人民共和国治安管理处罚法〉有关问题的解释(二)》(公通字〔2007〕1号　2007年1月26日)

三、关于未达到刑事责任年龄不予刑事处罚的,能否予以治安管理处罚问题

对已满十四周岁不满十六周岁不予刑事处罚的,应当责令其家长或者监护人加以管教;必要时,可以依照《治安管理处罚法》的相关规定予以治安管理处罚,或者依照《中华人民共和国刑法》第十七条的规定予以收容教养。

四、关于减轻处罚的适用问题

违反治安管理行为人具有《治安管理处罚法》第十二条、第十四条、第十九条减轻处罚情节的,按下列规定适用:

(一)法定处罚种类只有一种,在该法定处罚种类的幅度以下减轻处罚;

(二)法定处罚种类只有一种,在该法定处罚种类的幅度以下无法再减轻处罚的,不予处罚;

(三)规定拘留并处罚款的,在法定处罚幅度以下单独或者同时减轻拘留和罚款,或者在法定处罚幅度内单处拘留;

(四)规定拘留可以并处罚款的,在拘留的法定处罚幅度以下减轻处罚;在拘留的法定处罚幅度以下无法再减轻处罚的,不予处罚。

《公安机关执行〈中华人民共和国治安管理处罚法〉有关问题的解释》(公通字〔2006〕12号　2006年1月23日)

三、关于不予处罚问题。《治安管理处罚法》第12条、第13条、第14条、第19条对不予处罚的情形作了明确规定,公安机关对依法不予处罚的违反治安管理行为人,有违法所得的,应当依法予以追缴;有非法财物的,应当依法予以收缴。

《治安管理处罚法》第22条对违反治安管理行为的追究时效作了明确规定,公安机关对超过追究时效的违反治安管理行为不再处罚,但有违禁品的,应当依法予以收缴。

典型案例参考 ●●●●●●

黄某某与某市某区公安分局治安行政处罚案

(2020年湖北省高级人民法院发布10起未成年人司法保护典型案例之九)

2018年9月26日,黄某某等三人(均系未成年人,其中黄某某未满十六周岁)协商抢夺手机变卖换钱用,随后三人以买手机为名查看手机实施抢夺,其中一人被现场抓获并报警,黄某某逃离后由其家长送至某市某区公安分局甲派出所。当日,甲派出所民警对黄某某等人分别进行询问。对黄某某进行询问时,其父亲及法定代理人在场,但现场询问的民警仅有一人。民警依法制作了行政处罚告知笔录,同时告知了黄某某有陈述、申辩、听证的权利,黄某某在笔录上签名。同日,某区公安分局作出行政处罚决定书,对黄某某行政拘留三日(不执行)。

法院认为,本案中,违法行为人黄某某未满十六周岁,公安机关在作出行政处罚决定时,严格执行《治安管理处罚法》为保障未成年人合法权益而作出的特别规定。一是行政拘留期限在法定处罚幅度以下,既减轻了处罚,二是明确了不执行行政拘留,三是公安机关在进行询问时通知其父亲到场。通过规范执法行为,公安机关保障了黄某某作为未成年人的各项权利,也较好地体现了教育与处罚相结合的办案原则。但在执法程序上,该案存在询问时仅有一名民警的程序瑕疵,据此判决确认行政处罚决定违法。

> **第十三条 【精神病人、智力残疾人违法的处罚】**
> 精神病人、智力残疾人在不能辨认或者不能控制自己行为的时候违反治安管理的,不予处罚,但是应当责令其监护人加强看护管理和治疗。间歇性的精神病人在精神正常的时候违反治安管理的,应当给予处罚。尚未完全丧失辨认或者控制自己行为能力的精神病人、智力残疾人违反治安管理的,应当给予处罚,但是可以从轻或者减轻处罚。

条文应用提示

精神病人的表现各不相同,包括完全丧失辨认或者控制自己行为的精神病人、间歇性精神病人和尚未完全丧失辨认或者控制自己行为的精神病人。"间歇性精神病人"指精神间歇性处于错乱而完全丧失辨认或者控制自己行为的能力的精神病人,精神时而正常,时而不正常。在其精神正常的情况下,具有辨认和控制自己行为的能力,因而具有责任能力。"尚未完全丧失辨认或者控制自己行为能力的精神病人"指病情尚未达到完全不能辨认或者不能控制自己行为的程度的精神病人,因而具有部分责任能力,但可以从轻或者减轻处罚。智力残疾人是指智力活动能力明显低于一般人的水平,并显示出适应行为的障碍的人。

责任能力是指一个人能够辨认和控制自己行为的能力,并能对自己的行为负责,因此本条规定以精神病人能否辨认或控制自己的行为为标准。我国法律界普遍认为,确认精神病应当同时具备两个标准:一是医学标准,又称生物学标准,即确认行为人在实施行为时处于精神病症状态,且正处于发病期而不是缓解期和间歇期;二是法学标准,又称心理学标准，即确认行为人是由于精神病症使其在行为当时处于完全不能辨认或控制自己行为的状态，而非所谓"心神减弱"的状态。

公安机关应当对违反治安管理的精神病患者有无责任能力进行认定，由精神病鉴定机构进行司法鉴定或者由公安机关指定的精神病医院进行鉴定。没有条件鉴定的，可以根据其病史和调查、走访的情况，由公安机关认定。双方当事人或监护人对公安机关的认定有异议要求进行司法鉴定的，应当进行司法鉴定，鉴定费用由提出鉴定者负担。

条文新旧对照 ●●●●●●

《治安管理处罚法》2012 年版	《治安管理处罚法》2025 年版
第十三条　精神病人在不能辨认或者不能控制自己行为的时候违反治安管理的，不予处罚，但是应当责令其监护人严加看管和治疗。间歇性的精神病人在精神正常的时候违反治安管理的，应当给予处罚。	第十三条　精神病人、**智力残疾人**在不能辨认或者不能控制自己行为的时候违反治安管理的，不予处罚，但是应当责令其监护人**加强看护**管理和治疗。间歇性的精神病人在精神正常的时候违反治安管理的，应当给予处罚。**尚未完全丧失辨认或者控制自己行为能力的精神病人、智力残疾人违反治安管理的，应当给予处罚，但是可以从轻或者减轻处罚。**

关联法律法规 ●●●●●●

《中华人民共和国行政处罚法》(2021 年 1 月 22 日修订)

第三十一条　精神病人、智力残疾人在不能辨认或者不能控制自己行为时有违法行为的，不予行政处罚，但应当责令其监护人严加看管和治疗。间歇性精神病人在精神正常时有违法行为的，应当给予行政处罚。尚未完全丧失辨认或者控制自己行为能力的精神病人、智力残疾人有违法行为的，可以从轻或者减轻行政处罚。

《公安机关办理行政案件程序规定》(公安部令第160号 2020年8月6日修正)

第八十九条 对人身伤害的鉴定由法医进行。

卫生行政主管部门许可的医疗机构具有执业资格的医生出具的诊断证明,可以作为公安机关认定人身伤害程度的依据,但具有本规定第九十条规定情形的除外。

对精神病的鉴定,由有精神病鉴定资格的鉴定机构进行。

第一百五十八条 精神病人在不能辨认或者不能控制自己行为时有违法行为的,不予行政处罚,但应当责令其监护人严加看管和治疗,并在不予行政处罚决定书中载明。间歇性精神病人在精神正常时有违法行为的,应当给予行政处罚。尚未完全丧失辨认或者控制自己行为能力的精神病人有违法行为的,应当予以行政处罚,但可以从轻或者减轻行政处罚。

《公安机关执行〈中华人民共和国治安管理处罚法〉有关问题的解释》(公通字〔2006〕12号 2006年1月23日)

三、关于不予处罚问题。《治安管理处罚法》第12条、第13条、第14条、第19条对不予处罚的情形作了明确规定,公安机关对依法不予处罚的违反治安管理行为人,有违法所得的,应当依法予以追缴;有非法财物的,应当依法予以收缴。

《治安管理处罚法》第22条对违反治安管理行为的追究时效作了明确规定,公安机关对超过追究时效的违反治安管理行为不再处罚,但有违禁品的,应当依法予以收缴。

《精神疾病司法鉴定暂行规定》(卫医字〔89〕第17号 1989年7月11日)

第七条 对可能患有精神疾病的下列人员应当进行鉴定:

(一)刑事案件的被告人、被害人;

(二)民事案件的当事人;

(三)行政案件的原告人(自然人);

(四)违反治安管理应当受拘留处罚的人员;

(五)劳动改造的罪犯;

(六)劳动教养人员;

（七）收容审查人员；

（八）与案件有关需要鉴定的其他人员。

典型案例参考 ●●●●●

吴某某在铁路线上放置障碍物被罚案

[仙公（田派）行罚决字[2022]00064号行政处罚决定书]

2021年10月18日，吴某某将水泥预制板放置在铁轨上，后列车撞到水泥板并人为停车。经浙江光华司法鉴定中心鉴定，吴某某案发时及目前为轻度精神发育迟滞，对本案为限定刑事责任能力。吴某某的行为已经构成在铁路线上放置障碍物。浙江省仙居县公安局田市派出所根据《治安管理处罚法》第35条第2项、《公安机关办理行政案件程序规定》第158条之规定，决定给予吴某某行政拘留五日的行政处罚。

第十四条 【盲人、又聋又哑人违法的处罚】

盲人或者又聋又哑的人违反治安管理的，可以从轻、减轻或者不予处罚。

条文应用提示 ●●●●●

关于盲人、又聋又哑人的生理缺陷会影响其辨认和控制行为的能力，因此，法律对盲人或者又聋又哑给予较轻的处罚。需要注意的是，第一，本条针对的对象是盲人或者又聋又哑的人，其他有生理缺陷的人，如肢体有残疾的人、只聋不哑或者只哑不聋的人都不适用本条规定。第二，本条规定"可以"从轻、减轻或者不予处罚，因此实践中公安机关可以根据行为方式、主观恶性、危害后果等因素综合确定是否从轻、减轻或者不予处罚。对于主观恶性不严重的盲人或者又聋又哑人违反治安管理的，可以从轻、减轻处罚。1986年《治安管理处罚条例》的第11条规定："又聋又哑的人或者盲人，由于生理缺陷的原因而违反治安管理的，不予处罚"，在实践中也可参考。

条文新旧对照

《治安管理处罚法》2012年版	《治安管理处罚法》2025年版
第十四条　盲人或者又聋又哑的人违反治安管理的，可以从轻、减轻或者不予处罚。	第十四条　盲人或者又聋又哑的人违反治安管理的，可以从轻、减轻或者不予处罚。

关联法律法规

《公安机关办理行政案件程序规定》(公安部令第160号　2020年8月6日修正)

第一百五十九条　违法行为人有下列情形之一的，应当从轻、减轻处罚或者不予行政处罚：

（一）主动消除或者减轻违法行为危害后果，并取得被侵害人谅解的；

（二）受他人胁迫或者诱骗的；

（三）有立功表现的；

（四）主动投案，向公安机关如实陈述自己的违法行为的；

（五）其他依法应当从轻、减轻或者不予行政处罚的。

违法行为轻微并及时纠正，没有造成危害后果的，不予行政处罚。

盲人或者又聋又哑的人违反治安管理的，可以从轻、减轻或者不予行政处罚；醉酒的人违反治安管理的，应当给予处罚。

《公安机关执行〈中华人民共和国治安管理处罚法〉有关问题的解释（二）》(公通字〔2007〕1号　2007年1月26日)

四、关于减轻处罚的适用问题

违反治安管理行为人具有《治安管理处罚法》第十二条、第十四条、第十九条减轻处罚情节的，按下列规定适用：

（一）法定处罚种类只有一种，在该法定处罚种类的幅度以下减轻处罚；

（二）法定处罚种类只有一种，在该法定处罚种类的幅度以下无法再减轻处罚的，不予处罚；

（三）规定拘留并处罚款的，在法定处罚幅度以下单独或者同时减轻拘留和罚款，或者在法定处罚幅度内单处拘留；

(四)规定拘留可以并处罚款的,在拘留的法定处罚幅度以下减轻处罚;在拘留的法定处罚幅度以下无法再减轻处罚的,不予处罚。

《公安机关执行〈中华人民共和国治安管理处罚法〉有关问题的解释》(公通字[2006]12号 2006年1月23日)

三、关于不予处罚问题。《治安管理处罚法》第12条、第13条、第14条、第19条对不予处罚的情形作了明确规定,公安机关对依法不予处罚的违反治安管理行为人,有违法所得的,应当依法予以追缴;有非法财物的,应当依法予以收缴。

《治安管理处罚法》第22条对违反治安管理行为的追究时效作了明确规定,公安机关对超过追究时效的违反治安管理行为不再处罚,但有违禁品的,应当依法予以收缴。

典型案例参考

蒋某某与怀远县公安局治安行政处罚案

[安徽省蚌埠市中级人民法院(2020)皖03行终75号行政判决书]

2019年6月6日,蒋某甲与徐某某因琐事发生纠纷,蒋某某与蒋某甲殴打徐少勇。怀远县公安局做出怀公(新)行罚决字[2019]643号《行政处罚决定书》,根据《治安管理处罚法》第43条第2款第1项之规定,对蒋某某予以行政拘留十日并处罚款五百元整的处罚。

蒋某某称其系聋哑人,案涉行政处罚未体现出对聋哑人从轻、减轻或者不予处罚的量罚原则。法院认为,《治安管理处罚法》第14条规定,盲人或者又聋又哑的人违反治安管理的,可以从轻、减轻或者不予处罚。该条法律规定并非强制性规定,怀远县公安局根据本案蒋某某对徐某某的殴打情节,对蒋某某作出的处罚决定并未违反该条法律规定。

第十五条 【醉酒的人违法的处罚】

醉酒的人违反治安管理的,应当给予处罚。

醉酒的人在醉酒状态中,对本人有危险或者对他人的人身、财产或者公共安全有威胁的,应当对其采取保护性措施约束至酒醒。

条文应用提示

醉酒的人在酒精的作用下,会处于兴奋、神志不清的状态,其控制自己行为的能力会减弱。但醉酒的人并未完全失去辨别是非和控制自己行为的能力,而且其应当预见到自己酒后的行为和后果,仍然实施了将自己陷入醉酒状态的行为。因此,醉酒的人违反治安管理的行为是自身原因造成的,应当对此负责。

"约束至酒醒"是公安机关为保护醉酒公民和他人的人身、财产安全实施的保护性强制措施,而非处罚,实施对象仅限于"对本人有危险或者对他人的人身、财产或者公共安全有威胁的"醉酒的人,而非所有醉酒的人。如果醉酒的人处于比较安全的状态中,如有亲友的陪伴,则可以不对其进行约束,将其交由亲友看护或者护送至家中。

条文新旧对照

《治安管理处罚法》2012 年版	《治安管理处罚法》2025 年版
第十五条 醉酒的人违反治安管理的,应当给予处罚。 醉酒的人在醉酒状态中,对本人有危险或者对他人的人身、财产或者公共安全有威胁的,应当对其采取保护性措施约束至酒醒。	第十五条 醉酒的人违反治安管理的,应当给予处罚。 醉酒的人在醉酒状态中,对本人有危险或者对他人的人身、财产或者公共安全有威胁的,应当对其采取保护性措施约束至酒醒。

关联法律法规

《中华人民共和国道路交通安全法》(2021 年 4 月 29 日修正)

第九十一条 饮酒后驾驶机动车的,处暂扣六个月机动车驾驶证,并处一千元以上二千元以下罚款。因饮酒后驾驶机动车被处罚,再次饮酒后驾驶机动车的,处十日以下拘留,并处一千元以上二千元以下罚款,吊销机动车驾驶证。

醉酒驾驶机动车的,由公安机关交通管理部门约束至酒醒,吊销机动车驾驶证,依法追究刑事责任;五年内不得重新取得机动车驾驶证。

饮酒后驾驶营运机动车的,处十五日拘留,并处五千元罚款,吊销机动车驾驶证,五年内不得重新取得机动车驾驶证。

醉酒驾驶营运机动车的,由公安机关交通管理部门约束至酒醒,吊销机动车驾驶证,依法追究刑事责任;十年内不得重新取得机动车驾驶证,重新取得机动车驾驶证后,不得驾驶营运机动车。

饮酒后或者醉酒驾驶机动车发生重大交通事故,构成犯罪的,依法追究刑事责任,并由公安机关交通管理部门吊销机动车驾驶证,终生不得重新取得机动车驾驶证。

《公安机关办理行政案件程序规定》(公安部令第160号 2020年8月6日修正)

第五十八条 违法嫌疑人在醉酒状态中,对本人有危险或者对他人的人身、财产或者公共安全有威胁的,可以对其采取保护性措施约束至酒醒,也可以通知其家属、亲友或者所属单位将其领回看管,必要时,应当送医院醒酒。对行为举止失控的醉酒人,可以使用约束带或者警绳等进行约束,但是不得使用手铐、脚镣等警械。

约束过程中,应当指定专人严加看护。确认醉酒人酒醒后,应当立即解除约束,并进行询问。约束时间不计算在询问查证时间内。

典型案例参考

李某某、钟某甲与中山市公安局行政赔偿纠纷案

[广东省高级人民法院(2020)粤行赔申22号行政裁定书]

钟某甲和钟某乙系李某某之子。2016年8月28日凌晨,钟某乙喝酒后到达宾馆,宾馆经理报警后,处警人员将钟某乙拍醒了解情况,钟某乙当时意识清醒,称不需要去医院且联系不上家人和朋友,并要求处警人员将其送回某公司。处警人员将钟某乙送到公司附近时,钟某乙坚持下车走回,并拒绝处警人员护送。3时41分,群众报警称一醉酒男子(钟某乙)在马路中间拦车。治安巡逻队员林某某上前劝阻并拉着钟某乙引导其回到马路边上,并防止其冲出马路。其间林某某接到本村治安巡逻队副大队长来电话问其位置,于是侧身告知,时间10多秒,转过身已见钟某乙爬上了路边的一个高压电塔上,林某某见状马上喊其快爬下来,并警示上面有高压电危险,但钟某乙不听劝告继续往上攀爬,随后从电塔上摔了下来,头部受伤流血,林某某迅速告知分局110指挥室通知120救护车前来施救。9月4日,钟某乙抢救多天无效死亡。

法院认为,案发当天,中山市公安局沙溪分局110指挥室接到报警后,派工作人员出警,工作人员到场后根据钟某乙的要求将其从宾馆送至公司,因钟某乙精神状态比较稳定,意识清醒,讲话、行走无异常,虽无法联系其家属、亲友,但未发现其对本人有危险或者对他人的人身、财产或者公共安全有威胁的情形,工作人员根据当时具体情况,未对钟某乙采取约束性措施,同意其自行走回住处的要求,并无不当。至于第二次出警,沙溪分局接到报警后,随即通知距离报警地最近的居委会、治安巡逻队和派出所民警前往协助处理。治安巡逻队员林某某接到指令后先行一人前往,当发现钟某乙在马路中间拦车时,林某某上前劝阻并引导钟某乙至路边安全地带,在林某某电话报告治安负责人期间,钟某乙趁其不备爬上高压电塔,经警示仍不听劝阻,导致触电身亡。在没有证据显示钟某乙被劝离马路后存在对本人有危险或对其他人的人身、财产或公共安全有威胁的情况下,申请人要求出警人员对钟某乙采取保护性措施予以约束,理据不足,钟某乙触电身亡因自身行为造成,与中山市公安局的处置行为无直接因果关系。

第十六条 【有两种以上违法行为的处罚】
有两种以上违反治安管理行为的,分别决定,合并执行处罚。行政拘留处罚合并执行的,最长不超过二十日。

条文应用提示 ●●●●●●

本条规定的"两种以上违反治安管理行为",是指有两个或者超过两个的相互独立的、不连续的违反治安管理的行为或者是连续发生的不同种类的违反治安管理的行为。如果行为人连续实施同种违反治安管理的行为,则不按本条处理,而是作为从重处罚的情节加以考虑。"两种以上违反治安管理行为"包括三种情形:一是处罚决定做出前,实施有两种以上违反治安管理行为;二是处罚决定后处罚执行前,又犯有新的违反治安管理行为的;三是处罚执行完毕前,发现还有其他违反治安管理行为没有受到处罚且在法律责任期限内的。

只有同是罚款或者同是行政拘留的处罚才可以合并执行,不同种类的处罚无法或者两个以上警告都无法合并执行,两个以上警告应同时向行为人做出。处两个以上罚款的,将数额相加合并执行;处两个以上行政拘留的,将天数相加执行,但最长不得超过 20 日。

条文新旧对照 ●●●●●

《治安管理处罚法》2012 年版	《治安管理处罚法》2025 年版
第十六条　有两种以上违反治安管理行为的,分别决定,合并执行。行政拘留处罚合并执行的,最长不超过二十日。	第十六条　有两种以上违反治安管理行为的,分别决定,合并执行**处罚**。行政拘留处罚合并执行的,最长不超过二十日。

关联法律法规 ●●●●●

《公安机关办理行政案件程序规定》(公安部令第 160 号　2020 年 8 月 6 日修正)

第一百六十一条　一人有两种以上违法行为的,分别决定,合并执行,可以制作一份决定书,分别写明对每种违法行为的处理内容和合并执行的内容。

一个案件有多个违法行为人的,分别决定,可以制作一式多份决定书,写明给予每个人的处理决定,分别送达每一个违法行为人。

第十七条　【共同违法行为的处罚】

共同违反治安管理的,根据行为人在违反治安管理行为中所起的作用,分别处罚。

教唆、胁迫、诱骗他人违反治安管理的,按照其教唆、胁迫、诱骗的行为处罚。

条文应用提示 ●●●●●

共同违反治安管理,指两个或两个以上的行为人,出于共同违反治安管理的故意,实施了共同为防范治安管理的行为。两个行为人应当是达到法定治安责任年龄,具有责任能力,能够承担法定责任的自然人。两人以上因共同过失违反治安管理的行为,不以共同违反治安管理论处。"在违反治安管理行为中所起的作用"可以分为起组织、指挥、领导作用,起主要的作用,起次要或者辅助作用等,对于起次要作用、辅助作用的行为人,可以从轻处罚。

"教唆"是指唆使、怂恿他人违反治安管理,"胁迫"是指对他人进行威胁、恐吓等方式逼迫他人违反治安管理;"诱骗"是指以隐瞒后果等手段,诱惑、欺骗他人违反治安管理。教唆、胁迫、诱骗他人违反治安管理的,即使并未直接参与实施违反治安管理的行为,也要按照其教唆、胁迫、诱骗的行为处罚。依据本法第 21 条规定,教唆、胁迫、诱骗他人违反治安管理的,应当从重处罚。

条文新旧对照

《治安管理处罚法》2012 年版	《治安管理处罚法》2025 年版
第十七条 共同违反治安管理的,根据 违反治安管理 行为人在违反治安管理行为中所起的作用,分别处罚。 教唆、胁迫、诱骗他人违反治安管理的,按照其教唆、胁迫、诱骗的行为处罚。	第十七条 共同违反治安管理的,根据行为人在违反治安管理行为中所起的作用,分别处罚。 教唆、胁迫、诱骗他人违反治安管理的,按照其教唆、胁迫、诱骗的行为处罚。

关联法律法规

《中华人民共和国刑法》(2023 年 12 月 29 日修正)

第二十五条 共同犯罪是指二人以上共同故意犯罪。

二人以上共同过失犯罪,不以共同犯罪论处;应当负刑事责任的,按照他们所犯的罪分别处罚。

第二十六条 组织、领导犯罪集团进行犯罪活动的或者在共同犯罪中起主要作用的,是主犯。

三人以上为共同实施犯罪而组成的较为固定的犯罪组织,是犯罪集团。

对组织、领导犯罪集团的首要分子,按照集团所犯的全部罪行处罚。

对于第三款规定以外的主犯,应当按照其所参与的或者组织、指挥的全部犯罪处罚。

第二十七条 在共同犯罪中起次要或者辅助作用的,是从犯。

对于从犯,应当从轻、减轻处罚或者免除处罚。

第二十八条 对于被胁迫参加犯罪的,应当按照他的犯罪情节减轻处罚或者免除处罚。

第二十九条 教唆他人犯罪的,应当按照他在共同犯罪中所起的作用处罚。教唆不满十八周岁的人犯罪的,应当从重处罚。

如果被教唆的人没有犯被教唆的罪,对于教唆犯,可以从轻或者减轻处罚。

第十八条 【单位违法行为的处罚】

单位违反治安管理的,对其直接负责的主管人员和其他直接责任人员依照本法的规定处罚。其他法律、行政法规对同一行为规定给予单位处罚的,依照其规定处罚。

▌条文应用提示 ●●●●●●

违反治安管理的主要是自然人,治安管理处罚法律规定的情况下,单位也会成为违反治安管理的主体,例如,未经公安机关许可从事相关经营业务,治安管理处罚法律没有规定的,不能认定为单位违反治安管理行为。本条规定的"单位",包括公司、企业、事业单位、机关、团体。单位能够以自身名义对外从事活动,并独立享受权利和承担义务,单位的分支机构或部门不能成为违反治安管理的主体。

单位违反治安管理和自然人违反治安管理的区别在于,单位违法是由单位领导集体决定或者单位的主管领导决定,并组织有关人员实施的,一般是出于单位的利益或目的,非法利益归单位所有,而自然人违法则是由个人决定实施的,一般是出于个人目的,即使以单位名义实施,仍属于自然人违法。

条文新旧对照

《治安管理处罚法》2012年版	《治安管理处罚法》2025年版
第十八条　单位违反治安管理的，对其直接负责的主管人员和其他直接责任人员依照本法的规定处罚。其他法律、行政法规对同一行为规定给予单位处罚的，依照其规定处罚。	第十八条　单位违反治安管理的，对其直接负责的主管人员和其他直接责任人员依照本法的规定处罚。其他法律、行政法规对同一行为规定给予单位处罚的，依照其规定处罚。

关联法律法规

《中华人民共和国刑法》(2023年12月29日修正)

第三十条　公司、企业、事业单位、机关、团体实施的危害社会的行为，法律规定为单位犯罪的，应当负刑事责任。

第三十一条　单位犯罪的，对单位判处罚金，并对其直接负责的主管人员和其他直接责任人员判处刑罚。本法分则和其他法律另有规定的，依照规定。

《公安机关执行〈中华人民共和国治安管理处罚法〉有关问题的解释》(公通字〔2006〕12号　2006年1月23日)

四、关于对单位违反治安管理的处罚问题。《治安管理处罚法》第18条规定，"单位违反治安管理的，对其直接负责的主管人员和其他直接责任人员依照本法的规定处罚。其他法律、行政法规对同一行为规定给予单位处罚的，依照其规定处罚"，并在第54条规定可以吊销公安机关发放的许可证。对单位实施《治安管理处罚法》第三章所规定的违反治安管理行为的，应当依法对其直接负责的主管人员和其他直接责任人员予以治安管理处罚；其他法律、行政法规对同一行为明确规定由公安机关给予单位警告、罚款、没收违法所得、没收非法财物等处罚，或者采取责令其限期停业整顿、停业整顿、取缔等强制措施的，应当依照其规定办理。对被依法吊销许可证的单位，应当同时依法收缴非法财物、追缴违法所得。参照刑法的规定，单位是指公司、企业、事业单位、机关、团体。

> **第十九条 【制止不法侵害行为应不受、不予处罚或减轻处罚】**
> 为了免受正在进行的不法侵害而采取的制止行为,造成损害的,不属于违反治安管理行为,不受处罚;制止行为明显超过必要限度,造成较大损害的,依法给予处罚,但是应当减轻处罚;情节较轻的,不予处罚。

条文应用提示

本条规定的制止行为需要满足以下条件:

第一,制止行为针对的是对合法权益的不法侵害。为保护非法利益,或者针对合法行为实施的制止行为,如为保护赃物、赌资实施的制止行为,以及制止国家工作人员正常执行公务的行为,都不能免受处罚。第二,应当存在现实的不法侵害,不能是主观想象或者推测的不法侵害。如果将他人的合法行为误认为不法侵害而实施制止行为造成他人损害的,仍应承担责任。第三,不法侵害应当正在发生,不能是尚未开始或者已经结束的不法侵害。第四,制止行为的对象应当是实施不法侵害者。如果有多人实施不法侵害,则均可被作为制止行为的对象。但制止行为不能针对侵害者以外的第三者,如侵害者的亲友。第五,制止行为不能明显超过必要限度造成较大损害。"必要限度"是指为有效制止不法侵害所必需的行为强度。在行为人面临正在进行的不法侵害的情况下,不能简单地要求制止行为与侵害行为之间完全对应与对等,而应有一定的空间,只有达到"明显超过"和"较大损害"的情况下,才依法给予处罚。

条文新旧对照

《治安管理处罚法》2012 年版	《治安管理处罚法》2025 年版
	第十九条 为了免受正在进行的不法侵害而采取的制止行为,造成损害的,不属于违反治安管理行为,不受处罚;制止行为明显超过必要限度,造成较大损害的,依法给予处罚,但是应当减轻处罚;情节较轻的,不予处罚。

关联法律法规 ●●●●●●

《中华人民共和国刑法》(2023 年 12 月 29 日修正)

第二十条 为了使国家、公共利益、本人或者他人的人身、财产和其他权利免受正在进行的不法侵害,而采取的制止不法侵害的行为,对不法侵害人造成损害的,属于正当防卫,不负刑事责任。

正当防卫明显超过必要限度造成重大损害的,应当负刑事责任,但是应当减轻或者免除处罚。

对正在进行行凶、杀人、抢劫、强奸、绑架以及其他严重危及人身安全的暴力犯罪,采取防卫行为,造成不法侵害人伤亡的,不属于防卫过当,不负刑事责任。

第二十条 【从轻、减轻或者不予处罚的情形】
违反治安管理有下列情形之一的,从轻、减轻或者不予处罚:
(一)情节轻微的;
(二)主动消除或者减轻违法后果的;
(三)取得被侵害人谅解的;
(四)出于他人胁迫或者诱骗的;
(五)主动投案,向公安机关如实陈述自己的违法行为的;
(六)有立功表现的。

条文应用提示 ●●●●●●

情节轻微的,主要指违反治安管理的行为没有造成危害后果或者危害后果轻微的,或者行为人过失违反治安管理没有造成严重后果的。

主动消除或者减轻违法后果,是指行为人违反治安管理后,在公安机关尚未追究之前或者被侵害人尚未控告、检举之前,自己主动消除或者减轻违法后果。

取得被侵害人谅解,是指违反治安管理的行为有被侵害人时,行为人取得被侵害人谅解,如被侵害人出具谅解书。将取得被侵害人的谅解作为从轻、减轻或者不予处罚的情形,有利于消除矛盾,增进社会和谐。

出于他人胁迫或者诱骗的,行为人在精神上受到了强制或因欺骗产生了认识错误,主观恶性较小,因此从轻、减轻或者不予处罚。

主动投案,是指行为人违反治安管理行为后,主动向公安机关或者就近的有关机关、单位及有关人员投案,承认自己的违法行为,并自愿置于所投机关或者个人的控制之下,等候交代违法事实的行为。因伤病或者其他原因暂不能由本人投案的,也可以委托他人代为投案。行为人主动投案以后,必须如实陈述其违法行为,包括具体的时间、地点、当事人以及作案手段等,如果隐瞒真相、避重就轻或者只供述部分违法事实,则不符合从轻、减轻或者不予处罚的要求。

立功表现,是指违法行为人在实施违法行为后,有揭发其他违法犯罪事实的,阻止他人的违法犯罪活动的,以及对国家和社会有其他突出贡献的等情况。

条文新旧对照 ●●●●●●

《治安管理处罚法》2012 年版	《治安管理处罚法》2025 年版
第十九条　违反治安管理有下列情形之一的,减轻 处罚 或者不予处罚: (一)情节 特别 轻微的; (二)主动消除或者减轻违法后果, 并 取得被侵害人谅解的; (三)出于他人胁迫或者诱骗的; (四)主动投案,向公安机关如实陈述自己的违法行为的; (五)有立功表现的。	第二十条　违反治安管理有下列情形之一的,**从轻**、减轻或者不予处罚: (一)情节轻微的; (二)主动消除或者减轻违法后果的; (**三**)取得被侵害人谅解的; (四)出于他人胁迫或者诱骗的; (**五**)主动投案,向公安机关如实陈述自己的违法行为的; (六)有立功表现的。

关联法律法规 ●●●●●●

《中华人民共和国行政处罚法》(2021 年 1 月 22 日修订)

第三十二条　当事人有下列情形之一,应当从轻或者减轻行政处罚:

(一)主动消除或者减轻违法行为危害后果的;

(二)受他人胁迫或者诱骗实施违法行为的;

(三)主动供述行政机关尚未掌握的违法行为的;

(四)配合行政机关查处违法行为有立功表现的;

(五)法律法规、规章规定其他应当从轻或者减轻行政处罚的。

《公安机关办理行政案件程序规定》(公安部令第160号 2020年8月6日修正)

第一百五十九条 违法行为人有下列情形之一的,应当从轻、减轻处罚或者不予行政处罚:

(一)主动消除或者减轻违法行为危害后果,并取得被侵害人谅解的;

(二)受他人胁迫或者诱骗的;

(三)有立功表现的;

(四)主动投案,向公安机关如实陈述自己的违法行为的;

(五)其他依法应当从轻、减轻或者不予行政处罚的。

违法行为轻微并及时纠正,没有造成危害后果的,不予行政处罚。

盲人或者又聋又哑的人违反治安管理的,可以从轻、减轻或者不予行政处罚;醉酒的人违反治安管理的,应当给予处罚。

《公安机关对部分违反治安管理行为实施处罚的裁量指导意见》(公通字〔2018〕17号 2018年6月5日)

五、实施治安管理处罚时,应当根据违反治安管理行为的基本事实和本指导意见规定的"情节较轻""情节较重""情节严重"的具体适用情形,先确定依法适用的处罚幅度,再综合考虑违反治安管理行为的对象、后果、数额、次数、行为人主观恶意程度,以及从重、从轻、减轻等法定裁量情节,作出具体的处罚决定。

七、违反治安管理具有下列情形之一的,属于"情节较轻":

(一)实施违反治安管理行为危害较小,且积极配合公安机关查处的;

(二)在共同违反治安管理行为中起次要或者辅助作用的。

八、违反治安管理行为,既具有"情节较重"或者"情节严重"情节,又具有治安管理处罚法规定的"减轻处罚或者不予处罚"情节的,一般决定适用"减轻处罚"。

《公安机关执行〈中华人民共和国治安管理处罚法〉有关问题的解释（二）》（公通字〔2007〕1号　2007年1月26日）

四、关于减轻处罚的适用问题

违反治安管理行为人具有《治安管理处罚法》第十二条、第十四条、第十九条减轻处罚情节的，按下列规定适用：

（一）法定处罚种类只有一种，在该法定处罚种类的幅度以下减轻处罚；

（二）法定处罚种类只有一种，在该法定处罚种类的幅度以下无法再减轻处罚的，不予处罚；

（三）规定拘留并处罚款的，在法定处罚幅度以下单独或者同时减轻拘留和罚款，或者在法定处罚幅度内单处拘留；

（四）规定拘留可以并处罚款的，在拘留的法定处罚幅度以下减轻处罚；在拘留的法定处罚幅度以下无法再减轻处罚的，不予处罚。

《公安机关执行〈中华人民共和国治安管理处罚法〉有关问题的解释》（公通字〔2006〕12号　2006年1月23日）

三、关于不予处罚问题。《治安管理处罚法》第12条、第13条、第14条、第19条对不予处罚的情形作了明确规定，公安机关对依法不予处罚的违反治安管理行为人，有违法所得的，应当依法予以追缴；有非法财物的，应当依法予以收缴。

《治安管理处罚法》第22条对违反治安管理行为的追究时效作了明确规定，公安机关对超过追究时效的违反治安管理行为不再处罚，但有违禁品的，应当依法予以收缴。

典型案例参考

信某某与新野县公安局治安行政处罚案

[河南省南阳市中级人民法院（2019）豫13行终122号行政判决书]

2018年3月30日，信某某被江某某等人殴打，导致身体受伤，经鉴定为轻微伤。3月31日，江某某父亲为信某某垫付了1500元医药费。4月4日，江某某主动到派出所投案，对殴打信某某的违法行为供认不讳。据此，新野县公安局于4月12日根据《治安管理处罚法》第43条第2款、第19条第4项之规定，作出新公（前）行罚决字〔2018〕1033号行政处罚决定书，决定对江某某以殴打他人行政拘留8日，并处罚款500元。信某某诉称，江某某案发后处理，却认定为自首,不符合法律规定。

法院认为,在行政处罚程序中,主动投案是对江某某到案方式的界定,并非刑事案件中作为量刑情节的"自首"。主动到案后如实供述自己的违法行为才能构成《治安管理处罚法》第19条的减轻处罚情形。江某某主动投案,向公安机关如实供述自己的违法行为,新野县公安局适用法律正确。

杨某某与清原满族自治县公安局等司法行政管理案

[辽宁省抚顺市中级人民法院(2022)辽04行终92号行政判决书]

2021年8月31日,杨某某将黄某某的轿车划伤,经鉴定,损失价值人民币1300元。杨某某与黄某某在9月15日达成了谅解,杨某某支付黄某某修车费用400元,赔偿款1200元,黄某某出具谅解书。清原满族自治县公安局于2022年1月4日对原告作出抚公清(治)行罚决字[2022]1号行政处罚决定书,对杨某某行政拘留五日。

法院认为,本案的争议焦点是清原县公安局应否对杨某某予以行政处罚。根据《治安管理处罚法》第19条第2项规定,主动消除或者减轻违法后果,并取得被侵害人谅解的,减轻处罚或者不予处罚。第9条规定,对于因民间纠纷引起的打架斗殴或者损毁他人财物等违反治安管理行为,情节较轻的,公安机关可以调解处理。经公安机关调解,当事人达成协议的,不予处罚。杨某某在清原县公安局作出行政处罚决定前对黄某某进行了赔偿,取得了黄某某的谅解,因此符合不予处罚情形,判决撤销清原县公安局作出的行政处罚决定。

第二十一条 【认错认罚从宽处理】
违反治安管理行为人自愿向公安机关如实陈述自己的违法行为,承认违法事实,愿意接受处罚的,可以依法从宽处理。

条文应用提示

行为人认错,应当是自愿、如实陈述,既包括如实陈述自己的违法行为,也包括对公安机关掌握的违法事实,明确主动表示承认。行为人认罚,是指对公安机关根据其违法情节所做出的处罚表示愿意接受。行为人应当同时满足"认错"和"认罚"两个条件,公安机关才能从宽处理。认错认罚既体现了行为人对违反治安管理行为的悔改,也节约了行政和司法资源。

条文新旧对照

《治安管理处罚法》2012 年版	《治安管理处罚法》2025 年版
	第二十一条 违反治安管理行为人自愿向公安机关如实陈述自己的违法行为,承认违法事实,愿意接受处罚的,可以依法从宽处理。

关联法律法规

《中华人民共和国刑事诉讼法》(2018 年 10 月 26 日修正)

第十五条 犯罪嫌疑人、被告人自愿如实供述自己的罪行,承认指控的犯罪事实,愿意接受处罚的,可以依法从宽处理。

第二十二条 【从重处罚的情形】
违反治安管理有下列情形之一的,从重处罚:
(一)有较严重后果的;
(二)教唆、胁迫、诱骗他人违反治安管理的;
(三)对报案人、控告人、举报人、证人打击报复的;
(四)一年以内曾受过治安管理处罚的。

条文应用提示

较严重后果,是指违反治安管理的行为造成了比较严重的现实危害后果,如较严重扰乱了社会秩序、较严重妨害公共安全、对他人人身财产权利造成较严重危害、较严重妨害社会管理秩序等。

教唆、胁迫、诱骗他人违反治安管理的人,不但自己有违反治安管理的故意,而且还采取教唆、胁迫、诱骗等手段,使原本没有违反治安管理故意的人成为危害社会的违法行为人,主观恶性更大,因此需要从重处罚。

"报案人"是指向司法机关报告发现的违法犯罪事实或者违法犯罪嫌疑人的人,也包括违法犯罪行为的被害人。"举报人"是指当事人以外的向司法机关检举、揭发、报告违法犯罪事实或者违法犯罪嫌疑人的其他知情人。"控告人"是指被害人及其近亲属或其诉讼代理人。"证人"是指知道案件全部或者部分真实情况，以自己的证言作为证据揭露违法犯罪行为的人。"打击报复"包含多种形式，既包括一般的人身、财产损害，也包括侮辱、利用职权辞退等手段。

一年内曾受过治安管理处罚的，包括"六个月内曾受过治安管理处罚"或者"一年内因同类违法行为受到两次以上公安行政处罚"。行为人前后违反治安管理的行为可以是同种违法行为，也可以是不同种违法行为。但如果行为人之前的违法行为尚未受到过治安管理处罚，则属于合并处罚，不涉及从重处罚的问题。

▎条文新旧对照 ●●●●●●

《治安管理处罚法》2012 年版	《治安管理处罚法》2025 年版
第二十条　违反治安管理有下列情形之一的，从重处罚： （一）有较严重后果的； （二）教唆、胁迫、诱骗他人违反治安管理的； （三）对报案人、控告人、举报人、证人打击报复的； （四）六个月内曾受过治安管理处罚的。	第二十二条　违反治安管理有下列情形之一的，从重处罚： （一）有较严重后果的； （二）教唆、胁迫、诱骗他人违反治安管理的； （三）对报案人、控告人、举报人、证人打击报复的； （四）**一年以内**曾受过治安管理处罚的。

▎关联法律法规 ●●●●●●

《公安机关对部分违反治安管理行为实施处罚的裁量指导意见》（公通字〔2018〕17 号　2018 年 6 月 5 日）

五、实施治安管理处罚时，应当根据违反治安管理行为的基本事实和本指导意见规定的"情节较轻""情节较重""情节严重"的具体适用情形，先确定依法适用的处罚幅度，再综合考虑违反治安管理行为的对象、后果、数额、次数、行为人主观恶意程度，以及从重、从轻、减轻等法定裁量情节，作出具体的处罚决定。

六、违反治安管理具有下列情形之一的，属于"情节较重""情节

严重":

（一）一年内因同种违法行为被治安管理处罚后又实施的；

（二）刑罚执行完毕六个月内，或者在缓刑、假释期间，实施违反治安管理行为的；

（三）组织、领导实施违反治安管理行为的，或者在共同违反治安管理行为中起主要作用的；

（四）被侵害人为精神病人、残疾人、老年人、未成年人、孕妇的；

（五）在突发事件和重大活动期间、突发事件和重大活动发生地、举行地实施违反治安管理行为的；

（六）达到刑事追诉标准，但因犯罪情节轻微，人民检察院作出不起诉决定或者人民法院判决免除刑事处罚的。

八、违反治安管理行为，既具有"情节较重"或者"情节严重"情节，又具有治安管理处罚法规定的"减轻处罚或者不予处罚"情节的，一般决定适用"减轻处罚"。

九、违反治安管理行为，具有两个以上"情节较重"或者"情节严重"情节，且无从轻、减轻或者不予处罚等法定裁量情节，治安管理处罚法规定"可以并处"罚款的，一般决定适用并处罚款。

《公安机关办理行政案件程序规定》（公安部令第160号 2020年8月6日修正）

第一百六十条 违法行为人有下列情形之一的，应当从重处罚：

（一）有较严重后果的；

（二）教唆、胁迫、诱骗他人实施违法行为的；

（三）对报案人、控告人、举报人、证人等打击报复的；

（四）六个月内曾受过治安管理处罚或者一年内因同类违法行为受到两次以上公安行政处罚的；

（五）刑罚执行完毕三年内，或者在缓刑期间，违反治安管理的。

典型案例参考

侯某某与涡阳县公安局城关派出所、涡阳县人民政府等治安行政处罚案

[安徽省亳州市中级人民法院（2021）皖16行终90号行政判决书]

2020年5月12日，张某与侯某某发生争执，后用身体对侯某某的身体进行多次撞击，使某某受到了撞击伤害，涡阳县公安局城关派出所于10月27

日,依据《治安管理处罚法》第43条第1款的规定,以张某故意伤害他人身体为由,对其作出行政罚款五百元的行政处罚。侯某某称其多次举报涡阳县某公司,使得涡阳县某公司受到两次行政处罚,涡阳县某公司法定代表人张某对其进行故意伤害的行为,应按照《治安管理处罚法》第20条第3款规定从重处罚。

法院认为,《治安管理处罚法》第20条第3款"对报案人、控告人、举报人、证人打击报复"的规定,不是法律设定的违反治安管理行为,而是违反治安管理的一种从重情节,单指违反治安管理行为人对本案的报案人、控告人、举报人、证人实施打击报复。对其他案件的报案人、控告人、举报人、证人实施打击报复的,应当根据其实施的具体行为,依照相应的法律规定予以处理。张某在2020年5月12日故意伤害侯某某后并未对侯某某进行打击报复,不符合《治安管理处罚法》第20条第3款的规定,对侯某某的请求,法院不予支持。

李某某与西安市公安局高新分局、西安市公安局高新分局丈八路派出所治安行政处罚、行政复议案

[西安铁路运输中级人民法院(2021)陕71行终230号行政判决书]

李某某和王某某系夫妻关系,2019年12月18日,李某某与王某某发生争执并在房间内发生撕扯,后王某某将李某某从房间拉出到楼道。在争执过程中王某某骑在该楼层楼道窗户上将站在楼道的李某某拉了一把,现场两人均未发生不安全事故。12月24日,西安市公安局高新分局丈八路派出所对王某某处以500元罚款的处罚。

李某某认为王某某多次对其实施殴打,且在六个月内受过治安管理处罚,属于《治安管理处罚法》第20条第4项规定的从重处罚情形,应当处10日以上15日以下拘留,并处500元以上1000元以下罚款。派出所认为《治安管理处罚法》第43条"多次殴打、伤害他人"系指有多次殴打、伤害他人的行为且该行为此前没有被公安等相关国家机关处理过,而王某某本次行为不符合该情形;本案本应适用《治安管理处罚法》第19条第1项的规定,属于情节特别轻微的,且被侵害人存在过错,应对侵害人减轻处罚或者不予处罚,但因王某某在六个月内受过治安管理处罚,因此对其已经适用《治安管理处罚法》第20条第4项的规定加重处罚,作出罚款五百元的行政处罚。

法院认为,王某某行为并不属于《治安管理处罚法》第43条第2款规定的应当"处十日以上十五日以下拘留,并处五百元以上一千元以下罚款"的情形;且该条第一款规定的"情节较轻,处五日以下拘留或者五百元以下罚款"

与《治安管理处罚法》第 20 条第 4 项规定的从重处罚并不相悖。派出所做出的行政处罚决定认定事实清楚,适用法律正确。

> 第二十三条 【应给予行政拘留处罚而不予执行的情形】
> 违反治安管理行为人有下列情形之一,依照本法应当给予行政拘留处罚的,不执行行政拘留处罚:
> (一)已满十四周岁不满十六周岁的;
> (二)已满十六周岁不满十八周岁,初次违反治安管理的;
> (三)七十周岁以上的;
> (四)怀孕或者哺乳自己不满一周岁婴儿的。
> 前款第一项、第二项、第三项规定的行为人违反治安管理情节严重、影响恶劣的,或者第一项、第三项规定的行为人在一年以内二次以上违反治安管理的,不受前款规定的限制。

▍条文应用提示 ●●●●●●

"不执行行政拘留处罚"是指对本条规定的四类对象违反治安管理的行为,公安机关根据本法规定应当给予行政拘留处罚的,仍然可以裁定予以行政拘留处罚,对行为人违反治安管理的行为给予否定性评价,只是该行政拘留不实际执行。"不适用行政拘留处罚"则是指不能做出行政拘留的处罚决定,并未从法律上对行为人违反治安管理的行为给予否定性评价。

本条体现了《治安管理处罚法》对四种对象的特殊保护。未成年人对行为性质及其后果的认识和控制能力有限,且行政拘留容易对未成年人的心理以及其未来发展产生不良影响,因此不执行行政拘留处罚。其中,"已满十六周岁不满十八周岁,初次违反治安管理的"不包括曾经违反治安管理但公安机关决定不予处罚或不执行行政拘留处罚的情形。

70 周岁以上的人一般身体较弱,社会危害性较小,若处以行政拘留,有可能对其身体健康产生不良影响,导致意外发生,使其承担超出责任限度之外的不利后果,因此不执行行政拘留处罚。

对怀孕或者哺乳期的妇女不处以人身罚是国际通行做法,我国《刑法》《刑事诉讼法》《监狱法》《看守所条例》等都有相应规定。怀孕或者哺乳期的妇女在生活起居和饮食方面都有特殊的需求,拘留怀孕或者哺乳期的妇女可能对母亲和胎儿或婴儿的健康产生不良影响,因此不执行行政拘留处罚。

但此次修改增加了例外条款,就是即便是已满14周岁不满18周岁的未成年人,或者70周岁以上的老人,如果存在违法行为情节严重、影响恶劣的,或者是1年以内2次以上违法的情形,即便其或小或老,一样可以实际执行行政拘留的处罚。

条文新旧对照

《治安管理处罚法》2012年版	《治安管理处罚法》2025年版
第二十一条 违反治安管理行为人有下列情形之一,依照本法应当给予行政拘留处罚的,不执行行政拘留处罚: (一)已满十四周岁不满十六周岁的; (二)已满十六周岁不满十八周岁,初次违反治安管理的; (三)七十周岁以上的; (四)怀孕或者哺乳自己不满一周岁婴儿的。	第二十三条 违反治安管理行为人有下列情形之一,依照本法应当给予行政拘留处罚的,不执行行政拘留处罚: (一)已满十四周岁不满十六周岁的; (二)已满十六周岁不满十八周岁,初次违反治安管理的; (三)七十周岁以上的; (四)怀孕或者哺乳自己不满一周岁婴儿的。 前款第一项、第二项、第三项规定的行为人违反治安管理情节严重、影响恶劣的,或者第一项、第三项规定的行为人在一年以内二次以上违反治安管理的,不受前款规定的限制。

关联法律法规

《公安机关办理行政案件程序规定》(公安部令第160号 2020年8月6日修正)

第一百六十四条 违法行为人具有下列情形之一,依法应当给予行

政拘留处罚的,应当作出处罚决定,但不送拘留所执行:

(一)已满十四周岁不满十六周岁的;

(二)已满十六周岁不满十八周岁,初次违反治安管理或者其他公安行政管理的。但是,曾被收容教养、被行政拘留依法不执行行政拘留或者曾因实施扰乱公共秩序,妨害公共安全,侵犯人身权利、财产权利,妨害社会管理的行为被人民法院判决有罪的除外;

(三)七十周岁以上的;

(四)孕妇或者正在哺乳自己婴儿的妇女。

《公安机关执行〈中华人民共和国治安管理处罚法〉有关问题的解释(二)》(公通字〔2007〕1号　2007年1月26日)

五、关于"初次违反治安管理"的认定问题

《治安管理处罚法》第二十一条第二项规定的"初次违反治安管理",是指行为人的违反治安管理行为第一次被公安机关发现或者查处。但具有下列情形之一的,不属于"初次违反治安管理":

(一)曾违反治安管理,虽未被公安机关发现或者查处,但仍在法定追究时效内的;

(二)曾因不满十六周岁违反治安管理,不执行行政拘留的;

(三)曾违反治安管理,经公安机关调解结案的;

(四)曾被收容教养、劳动教养的;

(五)曾因实施扰乱公共秩序,妨害公共安全,侵犯人身权利、财产权利,妨害社会管理的行为被人民法院判处刑罚或者免除刑事处罚的。

《公安机关执行〈中华人民共和国治安管理处罚法〉有关问题的解释》(公通字〔2006〕12号　2006年1月23日)

五、关于不执行行政拘留处罚问题。根据《中华人民共和国治安管理处罚法》第21条的规定,对"已满十四周岁不满十六周岁的"、"已满十六周岁不满十八周岁,初次违反治安管理的"、"七十周岁以上的"、"怀孕或者哺乳自己不满一周岁婴儿的"违反治安管理行为人,可以依法作出行政拘留处罚决定,但不投送拘留所执行。被处罚人居住地公安派出所应当会同被处罚人所在单位、学校、家庭、居(村)民委员会、未成年人保护组织和有关社会团体进行帮教。上述未成年人、老年人的年龄、怀孕或者哺乳自己不满1周岁婴儿的妇女的情况,以其实施违反治安管理行为或者正要执行行政拘留时的实际情况确定,即违反治安管理行为人在实施违反治安管理行为时具有上述情形之一的,或者执行行政拘留时符合上述情形之一的,均不再投送拘留所执行行政拘留。

> **第二十四条　【未成年人矫治教育措施】**
> 对依照本法第十二条规定不予处罚或者依照本法第二十三条规定不执行行政拘留处罚的未成年人,公安机关依照《中华人民共和国预防未成年人犯罪法》的规定采取相应矫治教育等措施。

▍条文应用提示 ●●●●●●

根据《中华人民共和国预防未成年人犯罪法》,预防未成年人犯罪,立足于教育和保护未成年人相结合,坚持预防为主、提前干预,对未成年人的不良行为和严重不良行为及时进行分级预防、干预和矫治。对于实施了违反治安管理行为的未成年人,虽然有依法不予处罚和不执行行政拘留处罚的规定,但公安机关仍依法对其采取相应矫治教育等措施,包括训诫、责令赔礼道歉、赔偿损失、责令具结悔过等。

▍条文新旧对照 ●●●●●●

《治安管理处罚法》2012 年版	《治安管理处罚法》2025 年版
	第二十四条　对依照本法第十二条规定不予处罚或者依照本法第二十三条规定不执行行政拘留处罚的未成年人,公安机关依照《中华人民共和国预防未成年人犯罪法》的规定采取相应矫治教育等措施。

▍关联法律法规 ●●●●●●

《中华人民共和国刑法》(2023 年 12 月 29 日修正)

第三十七条　对于犯罪情节轻微不需要判处刑罚的,可以免予刑事处罚,但是可以根据案件的不同情况,予以训诫或者责令具结悔过、赔礼道歉、赔偿损失,或者由主管部门予以行政处罚或者行政处分。

《中华人民共和国预防未成年人犯罪法》(2020年12月26日修订)

第四十一条 对有严重不良行为的未成年人,公安机关可以根据具体情况,采取以下矫治教育措施:

(一)予以训诫;

(二)责令赔礼道歉、赔偿损失;

(三)责令具结悔过;

(四)责令定期报告活动情况;

(五)责令遵守特定的行为规范,不得实施特定行为、接触特定人员或者进入特定场所;

(六)责令接受心理辅导、行为矫治;

(七)责令参加社会服务活动;

(八)责令接受社会观护,由社会组织、有关机构在适当场所对未成年人进行教育、监督和管束;

(九)其他适当的矫治教育措施。

第二十五条 【追究时效】

违反治安管理行为在六个月以内没有被公安机关发现的,不再处罚。

前款规定的期限,从违反治安管理行为发生之日起计算;违反治安管理行为有连续或者继续状态的,从行为终了之日起计算。

▍条文应用提示 ●●●●●●

追究时效是指追究违反治安管理行为人法律责任的有效期限。追究违反治安管理行为人的责任,必须在本条规定的期限内,超过了法定期限,就不能再对违反治安管理行为人追究责任,给予处罚。"公安机关发现"既包括公安机关直接发现,也包括受害人报告、单位或群众举报等间接发现,以公安机关立案为标准。

"行为发生之日"是指行为完成或者停止之日。连续状态是指行为人在一定时间内,基于同一或者概括的意图,连续多次实施同种违反治安管理行为,如短时间内多次殴打他人,此时的追究时效从最后一个行为完毕时起算。继续状态是指行为人实施的同种违反治安管理行为在一定时间内处于持续的状态中,如非法限制人身自由、窝藏赃物,此时的追究时效从这种持续状态结束时起算。

▎条文新旧对照 ●●●●●●

《治安管理处罚法》2012 年版	《治安管理处罚法》2025 年版
第二十二条　违反治安管理行为在六个月内没有被公安机关发现的,不再处罚。 前款规定的期限,从违反治安管理行为发生之日起计算;违反治安管理行为有连续或者继续状态的,从行为终了之日起计算。	第二十五条　违反治安管理行为在六个月以内没有被公安机关发现的,不再处罚。 前款规定的期限,从违反治安管理行为发生之日起计算;违反治安管理行为有连续或者继续状态的,从行为终了之日起计算。

▎关联法律法规 ●●●●●●

《中华人民共和国行政处罚法》(2021 年 1 月 22 日修订)

第三十六条　违法行为在二年内未被发现的,不再给予行政处罚;涉及公民生命健康安全、金融安全且有危害后果的,上述期限延长至五年。法律另有规定的除外。

前款规定的期限,从违法行为发生之日起计算;违法行为有连续或者继续状态的,从行为终了之日起计算。

《公安机关办理行政案件程序规定》(公安部令第 160 号　2020 年 8 月 6 日修正)

第一百五十四条　违反治安管理行为在六个月内没有被公安机关发现,其他违法行为在二年内没有被公安机关发现的,不再给予行政处罚。

前款规定的期限,从违法行为发生之日起计算,违法行为有连续、继续或者持续状态的,从行为终了之日起计算。

被侵害人在违法行为追究时效内向公安机关控告,公安机关应当受理而不受理的,不受本条第一款追究时效的限制。

《公安机关执行〈中华人民共和国治安管理处罚法〉有关问题的解释》(公通字[2006]12号　2006年1月23日)

三、关于不予处罚问题。《治安管理处罚法》第12条、第13条、第14条、第19条对不予处罚的情形作了明确规定,公安机关对依法不予处罚的违反治安管理行为人,有违法所得的,应当依法予以追缴;有非法财物的,应当依法予以收缴。

《治安管理处罚法》第22条对违反治安管理行为的追究时效作了明确规定,公安机关对超过追究时效的违反治安管理行为不再处罚,但有违禁品的,应当依法予以收缴。

典型案例参考

闫某与西咸新区公安局沣西新城分局治安行政处罚案

[西安铁路运输法院(2020)陕7102行初2144号行政判决书]

闫某于2019年7月份刻制3枚无防伪码的印章,2020年8月5日,沣西新城分局作出沣西公(励)行罚决字[2020]497号《行政处罚决定书》,决定根据《治安管理处罚法》第52条第1项之规定,给予闫某行政拘留七日的行政处罚,并于当日送达闫某。闫某称其刻制印章的行为已超过六个月追溯期,公安机关不应对其处罚。

法院认为,本案中,闫某2019年7月刻制了案涉3枚印章,其后闫某在本应加盖公司合法印章的多份文件上加盖上述3枚印章,闫某违反治安管理行为处于持续状态,不存在超过六个月追溯期的情形。

王某某诉仙居县公安局治安管理行政处罚案

[浙江省台州市中级人民法院(2015)浙台行终字第153号行政判决书]

2010年6月至8月间,王某某伙同他非法销售"六合彩",同时参与"六合彩"赌博,获利6万元。2010年8月20日,仙居县公安局对王某某等人非法销售"六合彩"行为进行刑事立案。2011年6月13日,法院以非法经营罪判处原告有期徒刑一年零九个月,缓刑二年,并处罚金2万元,判决书未认定王某某的违法所得,也未认定原告赌博行为。2014年12月31日,公安局以王某某在非法销售"六合彩"的同时参与赌博为由,对王某某作出罚款500元并收缴赌资6万元的行政处罚决定。

法院认为,根据《治安管理处罚法》的规定,仙居县公安局对治安案件有查处职权,在2010年8月对王某某非法销售"六合彩"的行为进行查处时已发现王某某的赌博行为,故公安局作出的行政处罚并未超出追究时效,但公安局直至2014年12月31日才作出行政处罚决定,已超过治安管理处罚法第99条规定的办案期限,属于程序违法,但该违法对王某某权利不产生实际影响,故判决确认仙居县公安局作出的行政处罚决定违法。

第三章 违反治安管理的行为和处罚

第一节 扰乱公共秩序的行为和处罚

> 第二十六条 【对扰乱单位、公共场所、公共交通和选举秩序行为的处罚】
> 有下列行为之一的,处警告或者五百元以下罚款;情节较重的,处五日以上十日以下拘留,可以并处一千元以下罚款:
> (一)扰乱机关、团体、企业、事业单位秩序,致使工作、生产、营业、医疗、教学、科研不能正常进行,尚未造成严重损失的;
> (二)扰乱车站、港口、码头、机场、商场、公园、展览馆或者其他公共场所秩序的;
> (三)扰乱公共汽车、电车、城市轨道交通车辆、火车、船舶、航空器或者其他公共交通工具上的秩序的;
> (四)非法拦截或者强登、扒乘机动车、船舶、航空器以及其他交通工具,影响交通工具正常行驶的;
> (五)破坏依法进行的选举秩序的。
> 聚众实施前款行为的,对首要分子处十日以上十五日以下拘留,可以并处二千元以下罚款。

条文应用提示 ●●●●●●

扰乱单位秩序,要求达到"致使工作、生产、营业、医疗、教学、科研不能正常进行,尚未造成严重损失"的程度。刑法中的"聚众扰乱社会秩序罪"则要求达到"致使工作、生产、营业和教学、科研、医疗无法进行,造成严重损失"的程度。聚众扰乱社会秩序罪的主体仅限于首要分子和积极参加者,对于一般的参加者,则视情节给予治安管理处罚。

公共场所秩序是指保证公众安全地顺利出入、使用公共场所规定的公共行为准则。公共场所是指对公众开放，供不特定多数人出入、停留、使用的场所。扰乱公共场所秩序的行为既包括打架斗殴、非法游行示威、损坏财物等违反公共场所秩序的行为，也包括干扰、阻碍、抗拒工作人员依法履行职务的行为。

扰乱公共交通工具上的秩序侵犯的是公共交通工具上的秩序，而不是其他交通工具上的秩序或交通管理的秩序。公共交通工具，是指从事旅客运输的各种公共汽车、大、中型出租车、火车、轨道交通、轮船、飞机等，不含小型出租车。对虽不具有营业执照，但实际从事旅客运输的大、中型交通工具，以及单位班车、校车等交通工具，可以认定为公共交通工具。本条中的公共交通工具是指正在运营的交通工具，不包括停放在库内或停留在车站、码头待用的公共交通工具。

非法拦截、扒乘交通工具的行为，侵犯对象包括机动车、船舶、航空器以及其他交通工具，不限于公共交通工具。

破坏选举秩序，是指在选举各级人民代表大会代表和国家机关领导人员以及其他依照法律规定举行的选举时，以暴力、威胁、欺骗、贿赂、伪造选举文件、虚报选举票数等手段破坏选举或者妨害选民和代表自由行使选举权和被选举权的行为。本条的选举既包括选举各级人民代表大会代表或者国家机关领导人，也包括村民委员会、居民委员会的选举等，《刑法》破坏选举罪中的选举则不包括村民委员会、居民委员会的选举。选举活动包括选民登记、提出候选人、投票选举、补选、罢免等整个选举过程。

条文新旧对照

《治安管理处罚法》2012 年版	《治安管理处罚法》2025 年版
第二十三条　有下列行为之一的，处警告或者二百元以下罚款；情节较重的，处五日以上十日以下拘留，可以并处五百元以下罚款：	第二十六条　有下列行为之一的，处警告或者**五百元**以下罚款；情节较重的，处五日以上十日以下拘留，可以并处**一千元**以下罚款：

（一）扰乱机关、团体、企业、事业单位秩序，致使工作、生产、营业、医疗、教学、科研不能正常进行，尚未造成严重损失的；

（二）扰乱车站、港口、码头、机场、商场、公园、展览馆或者其他公共场所秩序的；

（三）扰乱公共汽车、电车、火车、船舶、航空器或者其他公共交通工具上的秩序的；

（四）非法拦截或者强登、扒乘机动车、船舶、航空器以及其他交通工具，影响交通工具正常行驶的；

（五）破坏依法进行的选举秩序的。

聚众实施前款行为的，对首要分子处十日以上十五日以下拘留，可以并处一千元以下罚款。

（一）扰乱机关、团体、企业、事业单位秩序，致使工作、生产、营业、医疗、教学、科研不能正常进行，尚未造成严重损失的；

（二）扰乱车站、港口、码头、机场、商场、公园、展览馆或者其他公共场所秩序的；

（三）扰乱公共汽车、电车、**城市轨道交通车辆**、火车、船舶、航空器或者其他公共交通工具上的秩序的；

（四）非法拦截或者强登、扒乘机动车、船舶、航空器以及其他交通工具，影响交通工具正常行驶的；

（五）破坏依法进行的选举秩序的。

聚众实施前款行为的，对首要分子处十日以上十五日以下拘留，可以并处**二千元**以下罚款。

关联法律法规

《中华人民共和国刑法》（2023 年 12 月 29 日修正）

第二百五十六条　在选举各级人民代表大会代表和国家机关领导人员时，以暴力、威胁、欺骗、贿赂、伪造选举文件、虚报选举票数等手段破坏选举或者妨害选民和代表自由行使选举权和被选举权，情节严重的，处三年以下有期徒刑、拘役或者剥夺政治权利。

第二百九十条　聚众扰乱社会秩序，情节严重，致使工作、生产、营业和教学、科研、医疗无法进行，造成严重损失的，对首要分子，处三年以上七年以下有期徒刑；对其他积极参加的，处三年以下有期徒刑、拘役、管制或者剥夺政治权利。

聚众冲击国家机关,致使国家机关工作无法进行,造成严重损失的,对首要分子,处五年以上十年以下有期徒刑;对其他积极参加的,处五年以下有期徒刑、拘役、管制或者剥夺政治权利。

多次扰乱国家机关工作秩序,经行政处罚后仍不改正,造成严重后果的,处三年以下有期徒刑、拘役或者管制。

多次组织、资助他人非法聚集,扰乱社会秩序,情节严重的,依照前款的规定处罚。

第二百九十一条　聚众扰乱车站、码头、民用航空站、商场、公园、影剧院、展览会、运动场或者其他公共场所秩序,聚众堵塞交通或者破坏交通秩序,抗拒、阻碍国家治安管理工作人员依法执行职务,情节严重的,对首要分子,处五年以下有期徒刑、拘役或者管制。

《中华人民共和国铁路法》(2015年4月24日修正)

第五十条　禁止偷乘货车、攀附行进中的列车或者击打列车。对偷乘货车、攀附行进中的列车或者击打列车的,铁路职工有权制止。

第五十五条　在列车内,寻衅滋事,扰乱公共秩序,危害旅客人身、财产安全的,铁路职工有权制止,铁路公安人员可以予以拘留。

《中华人民共和国军事设施保护法》(2021年6月10日修订)

第六十条　有下列行为之一的,适用《中华人民共和国治安管理处罚法》第二十三条的处罚规定:

(一)非法进入军事禁区、军事管理区或者驾驶、操控航空器在陆地、水域军事禁区上空低空飞行,不听制止的;

(二)在军事禁区外围安全控制范围内,或者在没有划入军事禁区、军事管理区的军事设施一定距离内,进行危害军事设施安全和使用效能的活动,不听制止的;

(三)在军用机场净空保护区域内,进行影响飞行安全和机场助航设施使用效能的活动,不听制止的;

(四)对军事禁区、军事管理区非法进行摄影、摄像、录音、勘察、测量、定位、描绘和记述,不听制止的;

(五)其他扰乱军事禁区、军事管理区管理秩序和危害军事设施安全的行为,情节轻微,尚不够刑事处罚的。

《信访工作条例》(2022年2月25日)

第二十六条 信访人在信访过程中应当遵守法律、法规,不得损害国家、社会、集体的利益和其他公民的合法权利,自觉维护社会公共秩序和信访秩序,不得有下列行为:

(一)在机关、单位办公场所周围、公共场所非法聚集,围堵、冲击机关、单位,拦截公务车辆,或者堵塞、阻断交通;

(二)携带危险物品、管制器具;

(三)侮辱、殴打、威胁机关、单位工作人员,非法限制他人人身自由,或者毁坏财物;

(四)在信访接待场所滞留、滋事,或者将生活不能自理的人弃留在信访接待场所;

(五)煽动、串联、胁迫、以财物诱使、幕后操纵他人信访,或者以信访为名借机敛财;

(六)其他扰乱公共秩序、妨害国家和公共安全的行为。

第四十七条 信访人违反本条例第二十条、第二十六条规定的,有关机关、单位工作人员应当对其进行劝阻、批评或者教育。

信访人滋事扰序、缠访闹访情节严重,构成违反治安管理行为的,或者违反集会游行示威相关法律法规的,由公安机关依法采取必要的现场处置措施、给予治安管理处罚;构成犯罪的,依法追究刑事责任。

信访人捏造歪曲事实、诬告陷害他人,构成违反治安管理行为的,依法给予治安管理处罚;构成犯罪的,依法追究刑事责任。

《违反公安行政管理行为的名称及其适用意见》(公通字[2020]8号 2020年8月6日修订)

24.扰乱单位秩序(第23条第1款第1项)

25.扰乱公共场所秩序(第23条第1款第2项)

26.扰乱公共交通工具上的秩序(第23条第1款第3项)

27.妨碍交通工具正常行驶(第23条第1款第4项)

28.破坏选举秩序(第23条第1款第5项)

29.聚众扰乱单位秩序(第23条第2款)

30.聚众扰乱公共场所秩序(第23条第2款)

31.聚众扰乱公共交通工具上的秩序(第23条第2款)

32. 聚众妨碍交通工具正常行驶(第23条第2款)

33. 聚众破坏选举秩序(第23条第2款)

《公安机关对部分违反治安管理行为实施处罚的裁量指导意见》(公通字〔2018〕17号　2018年6月5日)

一、扰乱单位秩序

扰乱公共场所秩序

【法律依据】

(《中华人民共和国治安管理处罚法》第23条第1款第1项、第2项)有下列行为之一的,处警告或者二百元以下罚款;情节较重的,处五日以上十日以下拘留,可以并处五百元以下罚款:

(一)扰乱机关、团体、企业、事业单位的秩序,致使工作、生产、营业、医疗、教学、科研不能正常进行,尚未造成严重损失的;

(二)扰乱车站、港口、码头、机场、商场、公园、展览馆或者其他公共场所秩序的;

【理解与适用】

有下列情形之一的,属于"情节较重":

(一)以暴力、威胁等方法扰乱单位、公共场所秩序的;

(二)扰乱单位、公共场所秩序,经执法人员劝阻拒不离开的;

(三)造成交通拥堵、人员受伤、财物损失等危害后果或者较大社会影响的;

(四)积极参与聚众扰乱单位、公共场所秩序的;

(五)持械扰乱单位、公共场所秩序的;

(六)其他情节较重的情形。

二、扰乱公共交通工具上的秩序

妨碍交通工具正常行驶

【法律依据】

(《中华人民共和国治安管理处罚法》第23条第1款第3项、第4项)有下列行为之一的,处警告或者二百元以下罚款;情节较重的,处五日以上十日以下拘留,可以并处五百元以下罚款:

(三)扰乱公共汽车、电车、火车、船舶、航空器或者其他公共交通工具上的秩序的;

（四）非法拦截或者强登、扒乘机动车、船舶、航空器以及其他交通工具，影响交通工具正常行驶的；

【理解与适用】

有下列情形之一的，属于"情节较重"：

（一）在公共交通工具上无理取闹，严重影响公共交通工具运行秩序的；

（二）在非停靠站点强行下车，或者拉扯驾驶员、乘务员，致使公共交通工具减速或者停行的；

（三）造成交通拥堵、人员受伤、财物损失等危害后果或者较大社会影响的；

（四）积极参与聚众扰乱公共交通工具上的秩序的；

（五）积极参与聚众实施妨碍交通工具正常行驶行为的；

（六）其他情节较重的情形。

三、破坏选举秩序

【法律依据】

(《中华人民共和国治安管理处罚法》第23条第1款第5项) 有下列行为之一的，处警告或者二百元以下罚款；情节较重的，处五日以上十日以下拘留，可以并处五百元以下罚款：

（五）破坏依法进行的选举秩序的。

【理解与适用】

有下列情形之一的，属于"情节较重"：

（一）使用暴力、威胁等方法干扰他人选举的；

（二）采取撕毁他人选票、毁坏票箱或者破坏其他选举设备等行为干扰选举秩序的；

（三）伪造选举文件的；

（四）积极参与聚众破坏选举秩序的；

（五）其他情节较重的情形。

《关于公安机关处置信访活动中违法犯罪行为适用法律的指导意见》（公通字〔2013〕25号　2013年7月19日修订）

一、对扰乱信访工作秩序违法犯罪行为的处理

1.违反《信访条例》第十六条、第十八条规定，越级走访，或者多人就

同一信访事项到信访接待场所走访,拒不按照《信访条例》第十八条第二款的规定推选代表,经有关国家机关工作人员劝阻、批评和教育无效的,依据《信访条例》第四十七条第二款规定,公安机关予以警告、训诫或者制止;符合《治安管理处罚法》第二十三条第一款第一项、第二款规定的,以扰乱单位秩序、聚众扰乱单位秩序依法予以治安管理处罚。

2. 违反《信访条例》第十四条、第十五条、第三十四条和第三十五条规定,拒不通过法定途径提出投诉请求,不依照法定程序请求信访事项复查、复核,或者信访诉求已经依法解决,仍然以同一事实和理由提出投诉请求,在信访接待场所多次缠访,经有关国家机关工作人员劝阻、批评和教育无效的,依据《信访条例》第四十七条第二款规定,公安机关予以警告、训诫或者制止;符合《治安管理处罚法》第二十三条第一款第一项规定的,以扰乱单位秩序依法予以治安管理处罚。

3. 在信访接待场所滞留、滋事,或者将年老、年幼、体弱、患有严重疾病、肢体残疾等生活不能自理的人弃留在信访接待场所,经有关国家机关工作人员劝阻、批评和教育无效的,依据《信访条例》第四十七条第二款规定,公安机关予以警告、训诫或者制止;符合《治安管理处罚法》第二十三条第一款第一项规定的,以扰乱单位秩序依法予以治安管理处罚。

4. 在信访接待场所摆放花圈、骨灰盒、遗像、祭品,焚烧冥币,或者停放尸体,不听有关国家机关工作人员劝阻、批评和教育,扰乱信访工作秩序,符合《治安管理处罚法》第二十三条第一款第一项、第六十五条第二项规定的,以扰乱单位秩序、违法停放尸体依法予以治安管理处罚。

5. 煽动、串联、胁迫、诱使他人采取过激方式表达诉求,扰乱信访工作秩序,符合《治安管理处罚法》第二十三条第一款第一项、第二款规定的,以扰乱单位秩序、聚众扰乱单位秩序依法予以治安管理处罚。

二、对危害公共安全违法犯罪行为的处理

2. 以递交信访材料、反映问题等为由,非法拦截、强登、扒乘机动车或者其他交通工具,或者乘坐交通工具时抛撒信访材料,影响交通工具正常行驶,符合《治安管理处罚法》第二十三条第一款第四项规定的,以妨碍交通工具正常行驶依法予以治安管理处罚。

四、对妨害社会管理秩序违法犯罪行为的处理

1. 在国家机关办公场所周围实施静坐,张贴、散发材料,呼喊口号,打

横幅、穿着状衣、出示状纸、扬言自伤、自残、自杀等行为或者非法聚集,经有关国家机关工作人员劝阻、批评和教育无效的,依据《信访条例》第四十七条第二款规定,公安机关予以警告、训诫或者制止,收缴相关材料和横幅、状纸、状衣等物品;符合《治安管理处罚法》第二十三条第一款第一项、第二款规定的,以扰乱单位秩序、聚众扰乱单位秩序依法予以治安管理处罚;符合《刑法》第二百九十条第一款规定的,对非法聚集的首要分子和其他积极参加者以聚众扰乱社会秩序罪追究刑事责任;聚集多人围堵、冲击国家机关,扰乱国家机关正常秩序,符合《刑法》第二百九十条第二款规定的,对首要分子和其他积极参加者以聚众冲击国家机关罪追究刑事责任。

2. 在车站、码头、商场、公园、广场等公共场所张贴、散发材料,呼喊口号,打横幅,穿着状衣、出示状纸,或者非法聚集,以及在举办文化、体育等大型群众性活动或者国内、国际重大会议期间,在场馆周围、活动区域或者场内实施前述行为,经劝阻、批评和教育无效的,依据《信访条例》第四十七条第二款规定,公安机关予以警告、训诫或者制止,收缴相关材料和横幅、状纸、状衣等物品;符合《治安管理处罚法》第二十三条第一款第二项、第二款或者第二十四条第一款第一项、第三项、第五项规定的,以扰乱公共场所秩序、聚众扰乱公共场所秩序或者强行进入大型活动场所内、在大型活动场所内展示侮辱性物品、向大型活动场所内投掷杂物依法予以治安管理处罚;聚众扰乱公共场所秩序,抗拒、阻碍国家治安管理工作人员依法执行职务,情节严重,符合《刑法》第二百九十一条规定的,对首要分子以聚众扰乱公共场所秩序罪追究刑事责任。

3. 在信访接待场所、其他国家机关门前或者交通通道上堵塞、阻断交通或者非法聚集,影响交通工具正常行驶,符合《治安管理处罚法》第二十三条第一款第四项、第二款规定的,以妨碍交通工具正常行驶、聚众妨碍交通工具正常行驶依法予以治安管理处罚;符合《刑法》第二百九十一条规定的,对首要分子以聚众扰乱交通秩序罪追究刑事责任。

4. 在外国使领馆区、国际组织驻华机构所在地实施静坐,张贴、散发材料,呼喊口号,打横幅,穿着状衣、出示状纸等行为或者非法聚集的,应当立即制止,根据《人民警察法》第八条规定,迅速带离现场,并收缴相关材料和横幅、状纸、状衣等物品;符合《治安管理处罚法》第二十三条第一款第一项、第二款规定的,以扰乱公共场所秩序、聚众扰乱公共场所秩序依法予以治安管理处罚;符合《刑法》第二百九十条第一款规定的,对首要分子和其他积极参加者以聚众扰乱社会秩序罪追究刑事责任。

5.煽动、策划非法集会、游行、示威,不听劝阻,符合《治安管理处罚法》第五十五条规定的,以煽动、策划非法集会、游行、示威依法予以治安管理处罚;举行集会、游行、示威活动未经主管机关许可,未按照主管机关许可的目的、方式、标语、口号、起止时间、地点、路线进行,或者在进行中出现危害公共安全、破坏社会秩序情形的,根据《集会游行示威法》第二十七条规定予以制止、命令解散;不听制止,拒不解散的,依法强行驱散、强行带离现场或者立即予以拘留;符合《集会游行示威法》第二十八条规定的,对其负责人和直接责任人员依法予以警告或者拘留;拒不服从解散命令,符合《刑法》第二百九十六条规定的,对负责人和直接责任人员,以非法集会、游行、示威罪追究刑事责任。集会游行示威过程中实施其他违法犯罪行为的,依法追究法律责任。

6.实施跳河、跳楼、跳桥、攀爬建筑物、铁塔、烟囱、树木,或者其他自伤、自残、自杀行为,制造社会影响的,应当积极组织解救;符合《治安管理处罚法》第二十三条第一款第一项、第二项规定的,以扰乱单位秩序、扰乱公共场所秩序依法予以治安管理处罚;符合《刑法》第二百九十条第一款规定的,对首要分子和其他积极参加者以聚众扰乱社会秩序罪追究刑事责任;符合《刑法》第二百九十一条规定的,对首要分子以聚众扰乱公共场所秩序罪追究刑事责任。

7.乘坐公共交通工具拒不按照规定购票,或者采取其他方式无理取闹,符合《治安管理处罚法》第二十三条第一款第三项规定的,以扰乱公共交通工具上的秩序依法予以治安管理处罚。

《公安机关执行〈中华人民共和国治安管理处罚法〉有关问题的解释(二)》(公通字〔2007〕1号 2007年1月26日)

六、关于扰乱居(村)民委员会秩序和破坏居(村)民委员会选举秩序行为的法律适用问题

对扰乱居(村)民委员会秩序的行为,应当根据其具体表现形式,如侮辱、诽谤、殴打他人、故意伤害、故意损毁财物等,依照《治安管理处罚法》的相关规定予以处罚。

对破坏居(村)民委员会选举秩序的行为,应当依照《治安管理处罚

法》第二十三条第一款第五项的规定予以处罚。

典型案例参考

李某某诉首都机场公安局北京首都国际机场东航站区派出所治安行政处罚案

[北京法院 2022 年优秀裁判文书　北京市朝阳区人民法院（2021）京 0105 行初 109 号行政判决书]

2021 年 2 月 4 日，北京首都国际机场东航站区派出所接报案称，在当日由深圳飞往北京的某航班上，座位号 60L 的李某某私自更换座位至 60F，且不听从航空公司工作人员劝阻。派出所认为李某某实施的行为扰乱了机舱内秩序，已构成扰乱公共交通工具上的秩序，根据《治安管理处罚法》第 23 条第 1 款第 3 项的规定对其进行罚款处罚。

法院认为，就航空器飞行安全角度而言，航空器与其他交通工具相比具有特殊性，它对配载的要求非常高，乘客的座位、行李重量及位置都对航空器的平衡有着极其重要的影响。每一位乘客办理选座时取得登机牌上确认的座位，直接影响航空器飞行的安全技术指标。乘客随意就座会破坏航空器为保证飞行安全已确定的平衡参数，给飞行安全造成极大隐患。因此，为避免航空器失衡影响操作性能而危及飞行安全，不允许乘客擅自调换座位。就社会公众法定义务的遵守角度而言，本案涉及民用航空器上的秩序，包括管理秩序、运营秩序等，其维护既需要机组人员切实履行工作职责，同时也离不开旅客对规则的自觉遵守。《民用航空安全保卫条例》第 22 条、第 23 条规定，航空器在飞行中的安全保卫工作由机长统一负责。航空安全员在机长领导下，承担安全保卫的具体工作。机长、航空安全员和机组其他成员，应当严格履行职责，保护民用航空器及其所载人员和财产的安全。在航空器飞行中，对扰乱航空器内秩序，干扰机组人员正常工作而不听劝阻的人，可以采取必要的管束措施。第 25 条规定，抢占座位、行李舱（架）为航空器内禁止实施的行为。《公共航空旅客运输飞行中安全保卫工作规则》中规定扰乱行为包括强占座位、行李架和妨碍机组成员履行职责的行为。本案中派出所对李某某实施行为的违法性定性准确，作出行政处罚种类的确定符合法律规定，且履行了法定程序，故驳回李某某的诉讼请求。

沙某某与许昌市公安局魏都区分局治安行政处罚纠纷上诉案

[河南省2017年全省优秀行政裁判文书 河南省许昌市中级人民法院(2016)豫10行终205号行政判决书]

2016年4月22日,沙某某因债务问题到北京中南海周边非正常上访,北京市西城区公安分局府右街派出所对沙某某予以训诫并将其送至马家楼接济中心。2016年4月23日,沙某某被魏都区分局工作人员带回许昌。魏都区分局根据沙某某违法事实、性质、情节、社会危害程度和相关证据,确定沙某某违法行为为"严重"。依照《治安管理处罚法》第23条第1款第2项之规定,决定对沙某某行政拘留10日。

法院认为,公民在行使自己正当权利时,应当按照法律、法规规定的方式、方法、途径行使,而不得扰乱公共秩序。沙某某到北京信访,应当到有关机关设立或者指定的接待场所提出,而不应到北京中南海周边地区上访。因该地区不是上访接待场所,故沙某某到中南海周边地区进行上访的行为不正当,未正确行使自己的权利,属于非正常上访,扰乱了公共场所秩序。许昌市公安局魏都区分局根据《治安管理处罚法》第23条之规定,对沙某某作出的许魏公(北)行罚决字〔2016〕0127号行政处罚决定事实清楚,证据充分,程序合法,适用法律、法规正确,处罚决定合法。

第二十七条 【对考试作弊行为的处罚】

在法律、行政法规规定的国家考试中,有下列行为之一,扰乱考试秩序的,处违法所得一倍以上五倍以下罚款,没有违法所得或者违法所得不足一千元的,处一千元以上三千元以下罚款;情节较重的,处五日以上十五日以下拘留:

(一)组织作弊的;
(二)为他人组织作弊提供作弊器材或者其他帮助的;
(三)为实施考试作弊行为,向他人非法出售、提供考试试题、答案的;
(四)代替他人或者让他人代替自己参加考试的。

> 条文应用提示 ●●●●●●

"法律、行政法规规定的国家考试"限于全国人民代表大会及其常务委员会制定的法律所规定的考试,包括:(1)普通高等学校招生考试、研究生招生考试、高等教育自学考试、成人高等学校招生考试等国家教育考试;(2)中央和地方公务员录用考试;(3)国家统一法律职业资格考试、国家教师资格考试、注册会计师全国统一考试、会计专业技术资格考试、资产评估师资格考试、医师资格考试、执业药师职业资格考试、注册建筑师考试、建造师执业资格考试等专业技术资格考试;(4)其他依照法律由中央或者地方主管部门以及行业组织的国家考试。"行政法规规定的国家考试"指由国务院制定的行政法规设立的国家考试,虽然不属于《刑法》中考试相关犯罪要求的考试范畴,但实施相应考试作弊行为,仍应受到治安管理处罚。

"组织作弊"是指组织、指挥、策划进行考试作弊的行为,既包括组成层级明确的作弊组织,也包括组成松散的作弊团伙;可以有比较严密的组织结构,也可以是为了进行一次考试作弊行为临时纠结在一起。

作弊器材包括密拍、发送和接收设备三大类。密拍设备如纽扣式数码相机、眼镜式和手表式密拍设备,其发射天线通常采用背心、腰带、发卡等形式。发送设备包括各种大功率发射机,负责将答案传送到考场中。接收设备包括语音机和数据接收机,语音接收机包括耳机、牙齿接收机、颅骨接收机等。

向他人非法出售或者提供法律规定的国家考试的试题、答案,试题不完整或者答案与标准答案不完全一致的,不影响非法出售、提供试题、答案行为的认定。行为人提供试题、答案的对象不限于组织作弊的团伙或个人,也包括参加考试的人员及其亲友。

代替他人参加考试,是指冒名顶替应当参加考试的人去参加考试,包括携带应考者的真实证件参加考试;携带伪造、变造的应考者的证件参加考试;替考者与应考者一同入场考试,但互填对方的考试信息等。让他人代替自己参加考试,是指使他人冒名顶替自己参加考试,如发布广告寻找替考者、委托他人寻找替考者、向替考者支付定金等。

条文新旧对照

《治安管理处罚法》2012 年版	《治安管理处罚法》2025 年版
	第二十七条　在法律、行政法规规定的国家考试中,有下列行为之一,扰乱考试秩序的,处违法所得一倍以上五倍以下罚款,没有违法所得或者违法所得不足一千元的,处一千元以上三千元以下罚款;情节较重的,处五日以上十五日以下拘留: (一)组织作弊的; (二)为他人组织作弊提供作弊器材或者其他帮助的; (三)为实施考试作弊行为,向他人非法出售、提供考试试题、答案的; (四)代替他人或者让他人代替自己参加考试的。

关联法律法规

《中华人民共和国刑法》(2023 年 12 月 29 日修正)

第二百八十四条之一　在法律规定的国家考试中,组织作弊的,处三年以下有期徒刑或者拘役,并处或者单处罚金;情节严重的,处三年以上七年以下有期徒刑,并处罚金。

为他人实施前款犯罪提供作弊器材或者其他帮助的,依照前款的规定处罚。

为实施考试作弊行为,向他人非法出售或者提供第一款规定的考试的试题、答案的,依照第一款的规定处罚。

代替他人或者让他人代替自己参加第一款规定的考试的,处拘役或者管制,并处或者单处罚金。

《国家教育考试违规处理办法》(教育部令第33号　2012年1月5日修正)

第五条　考生不遵守考场纪律,不服从考试工作人员的安排与要求,有下列行为之一的,应当认定为考试违纪:

(一)携带规定以外的物品进入考场或者未放在指定位置的;

(二)未在规定的座位参加考试的;

(三)考试开始信号发出前答题或者考试结束信号发出后继续答题的;

(四)在考试过程中旁窥、交头接耳、互打暗号或者手势的;

(五)在考场或者教育考试机构禁止的范围内,喧哗、吸烟或者实施其他影响考场秩序的行为的;

(六)未经考试工作人员同意在考试过程中擅自离开考场的;

(七)将试卷、答卷(含答题卡、答题纸等,下同)、草稿纸等考试用纸带出考场的;

(八)用规定以外的笔或者纸答题或者在试卷规定以外的地方书写姓名、考号或者以其他方式在答卷上标记信息的;

(九)其他违反考场规则但尚未构成作弊的行为。

第六条　考生违背考试公平、公正原则,在考试过程中有下列行为之一的,应当认定为考试作弊:

(一)携带与考试内容相关的材料或者存储有与考试内容相关资料的电子设备参加考试的;

(二)抄袭或者协助他人抄袭试题答案或者与考试内容相关的资料的;

(三)抢夺、窃取他人试卷、答卷或者胁迫他人为自己抄袭提供方便的;

(四)携带具有发送或者接收信息功能的设备的;

(五)由他人冒名代替参加考试的;

(六)故意销毁试卷、答卷或者考试材料的;

(七)在答卷上填写与本人身份不符的姓名、考号等信息的;

(八)传、接物品或者交换试卷、答卷、草稿纸的;

(九)其他以不正当手段获得或者试图获得试题答案、考试成绩的行为。

第七条　教育考试机构、考试工作人员在考试过程中或者在考试结束后发现下列行为之一的,应当认定相关的考生实施了考试作弊行为:

（一）通过伪造证件、证明、档案及其他材料获得考试资格、加分资格和考试成绩的；

（二）评卷过程中被认定为答案雷同的；

（三）考场纪律混乱、考试秩序失控,出现大面积考试作弊现象的；

（四）考试工作人员协助实施作弊行为,事后查实的；

（五）其他应认定为作弊的行为。

第二十八条　【对扰乱体育、文化等大型群众性活动秩序行为的处罚】

有下列行为之一,扰乱体育、文化等大型群众性活动秩序的,处警告或者五百元以下罚款；情节严重的,处五日以上十日以下拘留,可以并处一千元以下罚款：

（一）强行进入场内的；

（二）违反规定,在场内燃放烟花爆竹或者其他物品的；

（三）展示侮辱性标语、条幅等物品的；

（四）围攻裁判员、运动员或者其他工作人员的；

（五）向场内投掷杂物,不听制止的；

（六）扰乱大型群众性活动秩序的其他行为。

因扰乱体育比赛、文艺演出活动秩序被处以拘留处罚的,可以同时责令其六个月至一年以内不得进入体育场馆、演出场馆观看同类比赛、演出；违反规定进入体育场馆、演出场馆的,强行带离现场,可以处五日以下拘留或者一千元以下罚款。

▍条文应用提示 ●●●●●●

根据《大型群众性活动安全管理条例》,大型群众性活动是指法人或者其他组织面向社会公众举办的每场次预计参加人数达到1000人以上的体育比赛、演唱会、音乐会、展览、展销、游园、灯会、庙会、花会、焰火晚会、人才招聘会、彩票开奖等活动,不包含影剧院、音乐厅、公园、娱乐场所等在其日常业务范围内举办的活动。

强行进入场内主要针对有封闭活动场所的大型活动,是指不符合入场条件而强行进入场内的行为,既包括行为人不购买门票或者入场券,且不听工作人员制止,强行进入场内的情形,也包括行为人不服从安全检查,不按要求寄存包裹而强行进入场内以及其他强行进入场内的情形。

根据法律规定,在场内燃放烟花爆竹或者其他物品的,应当符合大型活动所在地的地方性法规以及赛事组织者关于燃放的具体规定。烟花爆竹之外的其他物品,主要是指燃放后可能造成环境污染,留下安全隐患,干扰大型群众性活动正常进行的物品,如燃烧报纸、标语、横幅等。

大型活动的组织者和参与者通常会在大型活动的现场悬挂各种标语、条幅等物品,但不得损害他人的合法权利和自由,在大型活动的举办场所不应当展示侮辱性标语、条幅等物品,这既是对他人的尊重,也是公共活动场所文明的重要内容。

"围攻"是指多人包围、攻击他人的行为。围攻裁判员、运动员或者其他工作人员,以及向场内投掷杂物等扰乱大型群众性活动秩序的行为导致他人受到轻微伤的,在扰乱大型群众性活动秩序和故意伤害中择一重处罚的行为处罚,如果伤害达到了刑事案件的立案标准,则应依法追究行为人的刑事责任。

往场内投掷杂物会威胁他人的人身安全,妨碍体育比赛等大型活动的秩序,干扰大型活动的正常进行。对于向场内投掷杂物的行为,赛事的组织者和在现场维持秩序的人员应当及时制止;对于不听制止的,应当根据本法的规定处理。

责令禁止观看比赛限于同类比赛,如果行为人因观看篮球比赛受到拘留处罚,则不可禁止其观看足球等其他类型比赛,但禁止观看比赛的场馆则不限于行为人实施违法行为的场馆。强行带离现场是指将危害社会治安秩序或者威胁公共安全的人强行带离违法犯罪现场或者突发事件现场,或者再进行审查的行政强制措施。对于拒不接受带离的,可以根据有关阻碍人民警察依法执行职务行为的规定,予以治安处罚或者追究刑事责任。

条文新旧对照

《治安管理处罚法》2012 年版	《治安管理处罚法》2025 年版
第二十四条　有下列行为之一,扰乱文化、体育等大型群众性活动秩序的,处警告或者二百元以下罚款;情节严重的,处五日以上十日以下拘留,可以并处五百元以下罚款: (一)强行进入场内的; (二)违反规定,在场内燃放烟花爆竹或者其他物品的; (三)展示侮辱性标语、条幅等物品的; (四)围攻裁判员、运动员或者其他工作人员的; (五)向场内投掷杂物,不听制止的; (六)扰乱大型群众性活动秩序的其他行为。 因扰乱体育比赛秩序被处以拘留处罚的,可以同时责令其十二个月内不得进入体育场馆观看同类比赛;违反规定进入体育场馆的,强行带离现场。	第二十八条　有下列行为之一,扰乱体育、文化等大型群众性活动秩序的,处警告或者五百元以下罚款;情节严重的,处五日以上十日以下拘留,可以并处一千元以下罚款: (一)强行进入场内的; (二)违反规定,在场内燃放烟花爆竹或者其他物品的; (三)展示侮辱性标语、条幅等物品的; (四)围攻裁判员、运动员或者其他工作人员的; (五)向场内投掷杂物,不听制止的; (六)扰乱大型群众性活动秩序的其他行为。 因扰乱体育比赛、文艺演出活动秩序被处以拘留处罚的,可以同时责令其六个月至一年以内不得进入体育场馆、演出场馆观看同类比赛、演出;违反规定进入体育场馆、演出场馆的,强行带离现场,可以处五日以下拘留或者一千元以下罚款。

关联法律法规

《烟花爆竹安全管理条例》(2016 年 2 月 6 日修订)

第四十二条　对未经许可举办焰火晚会以及其他大型焰火燃放活

动,或者焰火晚会以及其他大型焰火燃放活动燃放作业单位和作业人员违反焰火燃放安全规程、燃放作业方案进行燃放作业的,由公安部门责令停止燃放,对责任单位处1万元以上5万元以下的罚款。

在禁止燃放烟花爆竹的时间、地点燃放烟花爆竹,或者以危害公共安全和人身、财产安全的方式燃放烟花爆竹的,由公安部门责令停止燃放,处100元以上500元以下的罚款;构成违反治安管理行为的,依法给予治安管理处罚。

《大型群众性活动安全管理条例》(2007年9月14日)

第二条 本条例所称大型群众性活动,是指法人或者其他组织面向社会公众举办的每场次预计参加人数达到1000人以上的下列活动:

(一)体育比赛活动;

(二)演唱会、音乐会等文艺演出活动;

(三)展览、展销等活动;

(四)游园、灯会、庙会、花会、焰火晚会等活动;

(五)人才招聘会、现场开奖的彩票销售等活动。

影剧院、音乐厅、公园、娱乐场所等在其日常业务范围内举办的活动,不适用本条例的规定。

第九条 参加大型群众性活动的人员应当遵守下列规定:

(一)遵守法律、法规和社会公德,不得妨碍社会治安、影响社会秩序;

(二)遵守大型群众性活动场所治安、消防等管理制度,接受安全检查,不得携带爆炸性、易燃性、放射性、毒害性、腐蚀性等危险物质或者非法携带枪支、弹药、管制器具;

(三)服从安全管理,不得展示侮辱性标语、条幅等物品,不得围攻裁判员、运动员或者其他工作人员,不得投掷杂物。

《违反公安行政管理行为的名称及其适用意见》(公通字〔2020〕8号 2020年8月6日修订)

34.强行进入大型活动场内(第24条第1款第1项)

35.违规在大型活动场内燃放物品(第24条第1款第2项)

36.在大型活动场内展示侮辱性物品(第24条第1款第3项)

37.围攻大型活动工作人员(第24条第1款第4项)

38.向大型活动场内投掷杂物(第24条第1款第5项)

39.其他扰乱大型活动秩序的行为(第24条第1款第6项)

《公安机关对部分违反治安管理行为实施处罚的裁量指导意见》(公通字〔2018〕17号 2018年6月5日)

四、强行进入大型活动场内

【法律依据】

(《中华人民共和国治安管理处罚法》第24条第1款第1项)有下列行为之一,扰乱文化、体育等大型群众性活动秩序的,处警告或者二百元以下罚款;情节严重的,处五日以上十日以下拘留,可以并处五百元以下罚款:

(一)强行进入场内的;

【理解与适用】

有下列情形之一的,属于"情节严重":

(一)采取暴力、威胁等方法强行进入活动场内的;

(二)造成人员受伤、财物损失、秩序混乱等危害后果或者较大社会影响的;

(三)其他情节严重的情形。

五、违规在大型活动场内燃放物品

【法律依据】

(《中华人民共和国治安管理处罚法》第24条第1款第2项)有下列行为之一,扰乱文化、体育等大型群众性活动秩序的,处警告或者二百元以下罚款;情节严重的,处五日以上十日以下拘留,可以并处五百元以下罚款:

(二)违反规定,在场内燃放烟花爆竹或者其他物品的;

【理解与适用】

有下列情形之一的,属于"情节严重":

(一)不听现场安保人员或者工作人员制止的;

(二)造成人员受伤、财物损失、秩序混乱等危害后果或者较大社会影响的;

(三)严重影响活动正常进行的;

(四)其他情节严重的情形。

六、在大型活动场内展示侮辱性物品
【法律依据】
(《中华人民共和国治安管理处罚法》第 24 条第 1 款第 3 项)有下列行为之一,扰乱文化、体育等大型群众性活动秩序的,处警告或者二百元以下罚款;情节严重的,处五日以上十日以下拘留,可以并处五百元以下罚款:
(三)展示侮辱性标语、条幅等物品的;
【理解与适用】
有下列情形之一的,属于"情节严重":
(一)不听现场安保人员或者工作人员制止的;
(二)在大型文化、体育等活动中展示侮辱国家、民族尊严的标语、条幅、画像、服装等物品的;
(三)造成人员受伤、财物损失、秩序混乱等危害后果或者较大社会影响的;
(四)引发运动员、观众及场内其他人员冲突的;
(五)严重影响活动正常进行的;
(六)其他情节严重的情形。
七、围攻大型活动工作人员
【法律依据】
(《中华人民共和国治安管理处罚法》第 24 条第 1 款第 4 项)有下列行为之一,扰乱文化、体育等大型群众性活动秩序的,处警告或者二百元以下罚款;情节严重的,处五日以上十日以下拘留,可以并处五百元以下罚款:
(四)围攻裁判员、运动员或者其他工作人员的;
【理解与适用】
有下列情形之一的,属于"情节严重":
(一)不听现场安保人员或者工作人员制止的;
(二)造成人员受伤、财物损失、秩序混乱等危害后果或者较大社会影响的;
(三)引发运动员、观众及场内其他人员冲突的;
(四)严重影响活动正常进行的;

（五）其他情节严重的情形。

八、向大型活动场内投掷杂物

【法律依据】

（《中华人民共和国治安管理处罚法》第 24 条第 1 款第 5 项）有下列行为之一，扰乱文化、体育等大型群众性活动秩序的，处警告或者二百元以下罚款；情节严重的，处五日以上十日以下拘留，可以并处五百元以下罚款：

（五）向场内投掷杂物，不听制止的；

【理解与适用】

有下列情形之一的，属于"情节严重"：

（一）造成人员受伤、财物损失、秩序混乱等危害后果或者较大社会影响的；

（二）引发运动员、观众及场内其他人员冲突的；

（三）严重影响活动正常进行的；

（四）其他情节严重的情形。

九、其他扰乱大型活动秩序的行为

【法律依据】

（《中华人民共和国治安管理处罚法》第 24 条第 1 款第 6 项）有下列行为之一，扰乱文化、体育等大型群众性活动秩序的，处警告或者二百元以下罚款；情节严重的，处五日以上十日以下拘留，可以并处五百元以下罚款：

（六）扰乱大型群众性活动秩序的其他行为。

【理解与适用】

有下列情形之一的，属于"情节严重"：

（一）不听现场安保人员或者工作人员制止的；

（二）造成人员受伤、财物损失、秩序混乱等危害后果或者较大社会影响的；

（三）引发运动员、观众及场内其他人员之间冲突的；

（四）严重影响活动正常进行的。

典型案例参考 ●●●●●●

邸某某强行进入大型活动场内被罚案

[北京市公安局朝阳分局京公朝行罚决字〔2023〕56274号行政处罚决定书]

2023年6月16日,邸某某在北京市朝阳区工人体育场举办大型活动期间,强行进入场内,拥抱运动员,后被抓获。北京市公安局朝阳分局根据《治安管理处罚法》第24条第1款第1项之规定,决定给予邸某某行政拘留五日并责令其12个月内不得进入体育场馆观看同类比赛的行政处罚。

洪某某、时某某扰乱公共场所秩序被罚案

[北京市公安局朝阳分局京公朝行罚决字〔2023〕58965号行政处罚决定书]

2023年8月13日,洪某某在北京市朝阳区鸟巢体育场通过带他人进入演唱会现场的方式扰乱大型群众性活动秩序,后该人被民警查获。北京市公安局朝阳分局根据《治安管理处罚法》第24条第1款第6项之规定,决定给予洪某某行政拘留5日的行政处罚。

连某扰乱大型活动秩序被罚案

[北京市公安局丰台分局京公丰(右)行罚决字〔2023〕50085号行政处罚决定书]

2023年7月15日,连某因活动扰民问题在舞台上大声喧闹并关闭舞台音响,扰乱活动秩序,后被民警查获。北京市公安局丰台分局根据《治安管理处罚法》第24条第1款第6项之规定,决定给予连某罚款200元的行政处罚。

谭某扰乱大型活动秩序被罚案

[湖州市公安局湖州南太湖新区分局湖南公(仁)行罚决字〔2023〕00504号行政处罚决定书]

2023年5月14日,在湖州市奥体中心足球场馆看台处,谭某等人(上海海港队球迷)与浙江绿城队球迷观看中超联赛时产生纠纷,继而双方球迷发生肢体冲突。其中,违法行为人谭某有向浙江绿城队球迷泼水、挑衅、吐口水等行为,后被公安机关查获。浙江省湖州市公安局湖州南太湖新区分局根据《治安管理处罚法》第24条第1款第6项之规定,决定给予谭某罚款100元的行政处罚。

第二十九条 【对虚构事实扰乱公共秩序行为的处罚】
有下列行为之一的,处五日以上十日以下拘留,可以并处一千元以下罚款;情节较轻的,处五日以下拘留或者一千元以下罚款:
(一)故意散布谣言,谎报险情、疫情、灾情、警情或者以其他方法故意扰乱公共秩序的;
(二)投放虚假的爆炸性、毒害性、放射性、腐蚀性物质或者传染病病原体等危险物质扰乱公共秩序的;
(三)扬言实施放火、爆炸、投放危险物质等危害公共安全犯罪行为扰乱公共秩序的。

条文应用提示

散布谣言是指捏造并散布没有事实根据的谎言迷惑不明真相的群众,扰乱公共秩序的行为。谎报险情、疫情、灾情、警情是指编造火灾、水灾、地质灾害以及其他危险情况和传染病传播的情况以及有违法犯罪行为发生或者明知是虚假的险情、疫情、警情,向有关部门报告的行为。本条规定的行为在主观上应当出于扰乱公共秩序的故意,如果行为人只是出于对消息的判断失误过失向有关部门错报险情,则不构成违反治安管理的行为。无论行为人是否实现了扰乱公共秩序的目的,不影响行为的认定。

投放虚假的危险物质,是指明知是虚假的危险物质而以邮寄、放置等方式将虚假的危险物质置于他人或者公众面前或者周围的行为。这种行为不会实际造成爆炸、毒害、放射性、传染性疾病的传播等后果,不致危害公共安全,但是会引发群众恐慌,造成社会混乱,因此属于扰乱公共秩序行为。

"扬言实施"是指以公开表达的方式使人相信其将实施上述行为。除"扬言实施"这一行为外,散布此类信息还要求行为后果应当达到扰乱正常公共秩序的程度。

条文新旧对照

《治安管理处罚法》2012年版	《治安管理处罚法》2025年版
第二十五条 有下列行为之一的,处五日以上十日以下拘留,可以并处五百元以下罚款;情节较轻的,处五日以下拘留或者五百元以下罚款: (一)散布谣言,谎报险情、疫情、警情或者以其他方法故意扰乱公共秩序的; (二)投放虚假的爆炸性、毒害性、放射性、腐蚀性物质或者传染病病原体等危险物质扰乱公共秩序的; (三)扬言实施放火、爆炸、投放危险物质扰乱公共秩序的。	第二十九条 有下列行为之一的,处五日以上十日以下拘留,可以并处**一千元**以下罚款;情节较轻的,处五日以下拘留或者**一千元**以下罚款: (一)**故意**散布谣言,谎报险情、疫情、**灾情**、警情或者以其他方法故意扰乱公共秩序的; (二)投放虚假的爆炸性、毒害性、放射性、腐蚀性物质或者传染病病原体等危险物质扰乱公共秩序的; (三)扬言实施放火、爆炸、投放危险物质**等危害公共安全犯罪行为**扰乱公共秩序的。

关联法律法规

《中华人民共和国刑法》(2023年12月29日修正)

第二百九十一条之一 投放虚假的爆炸性、毒害性、放射性、传染病病原体等物质,或者编造爆炸威胁、生化威胁、放射威胁等恐怖信息,或者明知是编造的恐怖信息而故意传播,严重扰乱社会秩序的,处五年以下有期徒刑、拘役或者管制;造成严重后果的,处五年以上有期徒刑。

编造虚假的险情、疫情、灾情、警情,在信息网络或者其他媒体上传播,或者明知是上述虚假信息,故意在信息网络或者其他媒体上传播,严重扰乱社会秩序的,处三年以下有期徒刑、拘役或者管制;造成严重后果的,处三年以上七年以下有期徒刑。

《违反公安行政管理行为的名称及其适用意见》(公通字[2020]8号 2020年8月6日修订)
40.虚构事实扰乱公共秩序(第25条第1项)
41.投放虚假危险物质(第25条第2项)
42.扬言实施放火、爆炸、投放危险物质(第25条第3项)

《公安机关对部分违反治安管理行为实施处罚的裁量指导意见》(公通字[2018]17号 2018年6月5日)
十、虚构事实扰乱公共秩序
投放虚假危险物质
扬言实施放火、爆炸、投放危险物质
【法律依据】
(《中华人民共和国治安管理处罚法》第25条)有下列行为之一的,处五日以上十日以下拘留,可以并处五百元以下罚款;情节较轻的,处五日以下拘留或者五百元以下罚款:
(一)散布谣言,谎报险情、疫情、警情或者以其他方法故意扰乱公共秩序的;
(二)投放虚假的爆炸性、毒害性、放射性、腐蚀性物质或者传染病病原体等危险物质扰乱公共秩序的;
(三)扬言实施放火、爆炸、投放危险物质扰乱公共秩序的。
【理解与适用】
有下列情形之一的,属于"情节较轻":
(一)影响范围较小,未造成危害后果的;
(二)虽然造成轻微危害后果,但能及时采取措施,消除不良影响的;
(三)其他情节较轻的情形。

▎典型案例参考 ●●●●●●

卜某某诉上海市公安局嘉定分局封浜派出所治安行政处罚、上海市嘉定区人民政府行政复议案

(2019年上海法院行政审判十大典型案例之三)

2019年8月16日,卜某某的前男友卞某因与其感情纠纷到卜某某的住所对其进行纠缠,卞某从卜某某家中找出一把刀。在卜某某试图夺刀

的过程中,卞某用刀将其自身的手划伤流血,并沾到了卜某某的衣服上。卜某某报警称:有人非法闯入其家中,在里面动刀,两人都出血了,其受的是刀伤。上海市公安局嘉定分局封浜派出所经调查认为,卜某某是与卞某发生争吵,不存在有人硬闯入其家中,持刀砍卜某某致其受刀伤流血的情形。卜某某的行为构成《治安管理处罚法》第25条第1项规定的谎报警情扰乱公共秩序的违法行为,对卜某某作出罚款500元的行政处罚决定。

法院认为,本案争议焦点主要集中在派出所认定卜某某具有谎报警情,故意扰乱公共秩序的违法行为的事实是否清楚,证据是否充足。卜某某在报警电话中所作"有人非法闯入""动刀"的陈述符合事发现场情况。卜某某在与卞某夺刀的过程中,两人有肢体冲突,卜某某手上也有血迹,情急之下,卜某某认为其也受了伤,该解释符合情理。卜某某主观上不存在谎报警情,故意扰乱公共秩序的意图;客观上,卜某某报警时的陈述虽与实际情况有出入,但基本事实吻合。故派出所作出的被诉处罚决定书缺乏事实依据。

陈某与泰州市公安局医药高新区分局治安行政处罚案

[江苏省2020年全省法院百篇优秀裁判文书 江苏省泰州市海陵区人民法院(2020)苏1202行初93号行政判决书]

2019年10月10日,陈某通过其本人的微信,在未经查证属实的情况下,在泰州绿地世纪城业主1群微信群(500人)转发了"无锡天一""高架""目前36人死亡"等内容,群内其他成员又进行了转发行为。派出所于2019年10月12日作出高新公(周)行罚决字[2019]437号行政处罚决定书,对陈某行政拘留三日。

法院认为,陈某在多达500人的微信群散布的信息未经查证,且与事实并不相符,该不实言论被众多网友浏览、转发,误导众多网友,在一定范围一定程度上造成恐慌,扰乱公共秩序。陈某主张其行为是"误转",但根据派出所提供的证据,陈某在涉案微信群先后四次对涉案事故发言,显然是明知且有主观故意,故对其辩解不予采纳。派出所综合考量违反治安管理行为的后果、行为人主观故意的程度等相关因素,结合从重从轻等法定裁量情节,认定陈某的案涉行为情节较轻,作出行政拘留3日的行政处罚,并无不当。

> 第三十条 【对寻衅滋事行为的处罚】
> 有下列行为之一的,处五日以上十日以下拘留或者一千元以下罚款;情节较重的,处十日以上十五日以下拘留,可以并处二千元以下罚款:
> (一)结伙斗殴或者随意殴打他人的;
> (二)追逐、拦截他人的;
> (三)强拿硬要或者任意损毁、占用公私财物的;
> (四)其他无故侵扰他人、扰乱社会秩序的寻衅滋事行为。

条文应用提示

寻衅滋事是指行为人为寻求刺激、发泄情绪、逞强耍横等,无事生非,起哄闹事,肆意挑衅,横行霸道,打群架,破坏公共秩序的行为。寻衅滋事行为会损害公民的人身、财产安全,但寻衅滋事行为侵犯的对象并不是特定的人身、财产,而是指向公共秩序。

结伙斗殴主要体现为打群架的行为,"结伙"是指聚集多人同时进行违法活动,参与者为三人以上;"斗殴"是指有两方或者多方人员以暴力互相攻击。结伙斗殴与刑法中的聚众斗殴不同,聚众斗殴的情节更严重,对公共秩序的危害更大,其主体是聚众斗殴的首要分子和积极参加者,而结伙斗殴的主体是结伙斗殴的参加者和聚众斗殴的除首要分子和积极参加者以外的参加者。随意殴打他人,是指出于耍威风、取乐等不健康动机,无故、无理殴打相识或者素不相识的人。

追逐、拦截他人,是指在寻求精神刺激等动机的支配下,无故、无理追赶、拦挡他人,是凭借自己在身体或工具上的优势或者对社会公德满不在乎的态度无事生非骚扰他人的一种表现。

强拿硬要是指在显示威风、寻求精神刺激等动机以及蔑视社会公德的心态的支配下,以蛮不讲理的手段强行索要市场、商店的商品或者他人的财物。"任意损毁、占用财物",是指随心所欲毁坏、占用公私财物,既包括机关、企业、事业单位、社会团体专用的物品,也包括社会公共设施。

其他寻衅滋事行为主要体现为无故侵扰他人、扰乱公共秩序的行为。

条文新旧对照

《治安管理处罚法》2012 年版	《治安管理处罚法》2025 年版
第二十六条　有下列行为之一的,处五日以上十日以下拘留,可以并处五百元以下罚款;情节较重的,处十日以上十五日以下拘留,可以并处一千元以下罚款: （一）结伙斗殴的; （二）追逐、拦截他人的; （三）强拿硬要或者任意损毁、占用公私财物的; （四）其他寻衅滋事行为。	第三十条　有下列行为之一的,处五日以上十日以下拘留**或者一千元**以下罚款;情节较重的,处十日以上十五日以下拘留,可以并处**二千元**以下罚款: （一）结伙斗殴**或者随意殴打他人**的; （二）追逐、拦截他人的; （三）强拿硬要或者任意损毁、占用公私财物的; （四）其他**无故侵扰他人、扰乱社会秩序**的寻衅滋事行为。

关联法律法规

《中华人民共和国刑法》（2023 年 12 月 29 日修正）

第二百九十二条　聚众斗殴的,对首要分子和其他积极参加的,处三年以下有期徒刑、拘役或者管制;有下列情形之一的,对首要分子和其他积极参加的,处三年以上十年以下有期徒刑:

（一）多次聚众斗殴的;

（二）聚众斗殴人数多,规模大,社会影响恶劣的;

（三）在公共场所或者交通要道聚众斗殴,造成社会秩序严重混乱的;

（四）持械聚众斗殴的。

聚众斗殴,致人重伤、死亡的,依照本法第二百三十四条、第二百三十二条的规定定罪处罚。

第二百九十三条　有下列寻衅滋事行为之一,破坏社会秩序的,处五年以下有期徒刑、拘役或者管制:

（一）随意殴打他人,情节恶劣的;

（二）追逐、拦截、辱骂、恐吓他人,情节恶劣的;

(三) 强拿硬要或者任意损毁、占用公私财物,情节严重的;

(四) 在公共场所起哄闹事,造成公共场所秩序严重混乱的。

纠集他人多次实施前款行为,严重破坏社会秩序的,处五年以上十年以下有期徒刑,可以并处罚金。

《公安机关对部分违反治安管理行为实施处罚的裁量指导意见》(公通字〔2018〕17号 2018年6月5日)

十一、寻衅滋事

【法律依据】

(《中华人民共和国治安管理处罚法》第26条) 有下列行为之一的,处五日以上十日以下拘留,可以并处五百元以下罚款;情节较重的,处十日以上十五日以下拘留,可以并处一千元以下罚款:

(一) 结伙斗殴的;

(二) 追逐、拦截他人的;

(三) 强拿硬要或者任意损毁、占用公私财物的;

(四) 其他寻衅滋事行为。

【理解与适用】

有下列情形之一的,属于"情节较重":

(一) 纠集多人或者多次参加寻衅滋事的;

(二) 持械寻衅滋事的;

(三) 造成人员受伤、公共场所秩序混乱,或者造成较大社会影响的;

(四) 追逐、拦截他人并有侮辱性语言、挑逗性动作或者以暴力相威胁的;

(五) 驾驶机动车、非机动车、其他交通工具,或者持械追逐、拦截他人的;

(六) 强拿硬要或者任意损毁、占用公私财物价值达到有关司法解释认定构成刑法第二百九十三条第一款第三项规定的"情节严重"标准的百分之五十以上的;

(七) 在公共场所、公共交通工具上实施寻衅滋事行为,造成较大社会影响的;

(八) 利用信息网络教唆、煽动实施扰乱公共秩序违法活动的;

(九) 编造虚假信息,或者明知是编造的虚假信息,在信息网络上散布,或者组织、指使人员在信息网络上散布,起哄闹事的;

(十) 一次实施两种以上寻衅滋事行为的;

(十一)其他情节较重的情形。

《关于公安机关处置信访活动中违法犯罪行为适用法律的指导意见》(公通字〔2013〕25号 2013年7月19日修订)

10. 任意损毁、占用信访接待场所、国家机关或者他人财物,符合《治安管理处罚法》第二十六条第三项规定的,以寻衅滋事依法予以治安管理处罚;符合《刑法》第二百九十三条规定的,以寻衅滋事罪追究刑事责任。

典型案例参考

张某某与于都县公安局治安行政处罚案

[第三届全国法院"百篇优秀裁判文书" 江西省高级人民法院(2019)赣行再5号行政判决书]

2017年10月24日,张某某认为某工程项目部的两台挖机经过其所在的某县某村某组时损坏了路面,要求该项目部予以赔偿。因双方对于赔偿问题无法达成协议,张某某即不让该项目部的挖机开走而扣留在其所在的村。2017年11月10日,该项目部负责人杨某明向于都县公安局所属小溪派出所报案,要求依法处理。于都县公安局以张某某寻衅滋事为由,作出于公(小)决字〔2017〕0062号《行政处罚决定书》,决定对张某某行政拘留十五日。

法院认为,结合证人证言和张某某在再审庭审中的陈述、项目部提供的相关材料,可以认定张某某实施过1~2次阻拦行为,但对于2017年10月23日至11月9日挖掘机停留在现场期间,张某某何时参与、是否起主导作用、造成损害后果的责任大小等事实均无法证实。于都县公安局在答辩状中关于"原告(张某某)采取激烈手段违法拦截挖机施工长达16天之久,给国家重点工作造成巨大的负面影响和经济损失"的主张以及原二审法院关于"拦截两台挖机不放行长达十八天"的事实认定,均难以成立。本案中,张某某被处以15日拘留,属于"情节较重"的情形。但在现有证据不能证实张某某何时参与、是否起主导作用、造成损害后果的责任大小等情节的情况下,于都县公安局以张某某构成寻衅滋事并以"情节较重"为由作出拘留15日的行政处罚,证据不够充分。于都县公安局作出于公(小)决字〔2017〕0062号行政处罚决定的主要证据不足且存在程序违法的情形,应当判决撤销。

屈某某与邓州市公安局公安治安行政处罚案

[河南省南阳市中级人民法院(2020)豫13行终306号行政判决书]

2019年9月3日,屈某某趁卜某某宅子院墙坍塌,以宅基有纠纷为由组织人员在卜某某住宅院内搭建简易房一座,后该房被邓州市城建综合执法大队拆毁,但原告屈某某拒绝将第三人卜某某院内被拆毁的建筑垃圾挪走。2019年9月10日,邓州市公安局作出邓公(前)行罚决字(2019)11796号行政处罚决定书,以寻衅滋事对屈某某行政拘留8日。

法院认为,本案争议焦点是屈某某是否构成寻衅滋事、公安机关以其寻衅滋事作出行政处罚是否正确。卜某某通过购买取得该处房宅已居住数十年,并办理了土地使用证,卜某某的合法权益应当受到法律保护。屈某某若认为与卜某某之间存在宅基地纠纷,亦应当通过正当、合法的途径理性解决纠纷,但其趁卜某某院墙倒塌重建时,乘机借故于夜间将简易房搭建在卜某某土地使用证证载土地范围内,不具有合法性、合理性。经要求屈某某拒绝自行将简易房拆除移走,当被行政机关强制拆除后,也拒绝将违法建筑垃圾予以清理,双方为此发生纠纷。邓州市公安局决定对屈某某行政拘留8日,适用法律正确,裁量幅度适当。

第三十一条 【利用邪教、会道门、封建迷信进行非法活动行为的处罚】

有下列行为之一的,处十日以上十五日以下拘留,可以并处二千元以下罚款;情节较轻的,处五日以上十日以下拘留,可以并处一千元以下罚款:

(一)组织、教唆、胁迫、诱骗、煽动他人从事邪教活动、会道门活动、非法的宗教活动或者利用邪教组织、会道门、迷信活动,扰乱社会秩序、损害他人身体健康的;

(二)冒用宗教、气功名义进行扰乱社会秩序、损害他人身体健康活动的;

(三)制作、传播宣扬邪教、会道门内容的物品、信息、资料的。

条文应用提示

邪教是指冒用宗教、气功或者以其他名义建立,神化、鼓吹首要分子,利用制造、散布迷信邪说等手段蛊惑、蒙骗他人,发展、控制成员,危害社会的非法组织。邪教扰乱社会秩序,危害人民群众生命财产安全和经济发展,必须依法取缔,坚决惩治。"会道门"是封建迷信活动组织的总称,如我国历史上曾经出现的一贯道、九宫道、哥老会等组织。非法的宗教活动是指违反《宗教事务条例》等规定，未在依法登记的宗教活动场所内举行，或未经宗教部门批准、未由备案教职人员主持的宗教行为。

扰乱社会秩序包括聚众冲击国家机关、企业、事业等单位，以及煽动、欺骗、组织其成员或者其他人不履行法定义务等行为；损害他人身体健康包括制造、散布邪说蒙骗其成员或者其他人实施绝食、自残、自虐等行为或者组织病人正在进行的治疗，利用迷信、巫术等给他人治病等行为。

刑法相关司法解释规定，制作、传播邪教宣传品达到一定数量可构成组织、利用会道门、邪教组织、利用迷信破坏法律实施罪，包括传单、喷图、图片、标语、报纸、书籍、刊物、音像制品、标识、标志物、存储介质、横幅、条幅等邪教宣传品。对于未达到犯罪标准的行为，则可根据本法给予治安管理处罚。

条文新旧对照

《治安管理处罚法》2012 年版	《治安管理处罚法》2025 年版
第二十七条　有下列行为之一的，处十日以上十五日以下拘留，可以并处一千元以下罚款；情节较轻的，处五日以上十日以下拘留，可以并处五百元以下罚款： （一）组织、教唆、胁迫、诱骗、煽动他人从事邪教、会道门活动或者利用邪教、会道门、迷信活动，扰乱社会秩序、损害他人身体健康的； （二）冒用宗教、气功名义进行扰乱社会秩序、损害他人身体健康活动的。	第三十一条　有下列行为之一的，处十日以上十五日以下拘留，可以并处**二千元**以下罚款；情节较轻的，处五日以上十日以下拘留，可以并处**一千元**以下罚款： （一）组织、教唆、胁迫、诱骗、煽动他人从事邪教**活动**、会道门活动，**非法的宗教活动**或者利用邪教**组织**、会道门、迷信活动，扰乱社会秩序、损害他人身体健康的； （二）冒用宗教、气功名义进行扰乱社会秩序、损害他人身体健康活动的； （三）制作、传播宣扬邪教、会道门内容的物品、信息、资料的。

关联法律法规

《中华人民共和国宪法》(2018 年 3 月 11 日修正)

第三十六条 中华人民共和国公民有宗教信仰自由。

任何国家机关、社会团体和个人不得强制公民信仰宗教或者不信仰宗教,不得歧视信仰宗教的公民和不信仰宗教的公民。

国家保护正常的宗教活动。任何人不得利用宗教进行破坏社会秩序、损害公民身体健康、妨碍国家教育制度的活动。

宗教团体和宗教事务不受外国势力的支配。

《中华人民共和国刑法》(2023 年 12 月 29 日修正)

第三百条 组织、利用会道门、邪教组织或者利用迷信破坏国家法律、行政法规实施的,处三年以上七年以下有期徒刑,并处罚金;情节特别严重的,处七年以上有期徒刑或者无期徒刑,并处罚金或者没收财产;情节较轻的,处三年以下有期徒刑、拘役、管制或者剥夺政治权利,并处或者单处罚金。

组织、利用会道门、邪教组织或者利用迷信蒙骗他人,致人重伤、死亡的,依照前款的规定处罚。

犯第一款罪又有奸淫妇女、诈骗财物等犯罪行为的,依照数罪并罚的规定处罚。

《宗教事务条例》(2017 年 8 月 26 日修订)

第四十一条 非宗教团体、非宗教院校、非宗教活动场所、非指定的临时活动地点不得组织、举行宗教活动,不得接受宗教性的捐赠。

非宗教团体、非宗教院校、非宗教活动场所不得开展宗教教育培训,不得组织公民出境参加宗教方面的培训、会议、活动等。

第六十二条 强制公民信仰宗教或者不信仰宗教,或者干扰宗教团体、宗教院校、宗教活动场所正常的宗教活动的,由宗教事务部门责令改正;有违反治安管理行为的,依法给予治安管理处罚。

侵犯宗教团体、宗教院校、宗教活动场所和信教公民合法权益的,依法承担民事责任;构成犯罪的,依法追究刑事责任。

《违反公安行政管理行为的名称及其适用意见》(公通字〔2020〕8号 2020 年 8 月 6 日修订)

44.组织、教唆、胁迫、诱骗、煽动从事邪教、会道门活动(第 27 条第

1项)

45. 利用邪教、会道门、迷信活动危害社会(第27条第1项)

46. 冒用宗教、气功名义危害社会(第27条第2项)

《公安机关对部分违反治安管理行为实施处罚的裁量指导意见》(公通字〔2018〕17号 2018年6月5日)

十二、组织、教唆、胁迫、诱骗、煽动从事邪教、会道门活动

利用邪教、会道门、迷信活动危害社会

冒用宗教、气功名义危害社会

【法律依据】

(《中华人民共和国治安管理处罚法》第27条)有下列行为之一的,处十日以上十五日以下拘留,可以并处一千元以下罚款;情节较轻的,处五日以上十日以下拘留,可以并处五百元以下罚款:

(一)组织、教唆、胁迫、诱骗、煽动他人从事邪教、会道门活动或者利用邪教、会道门、迷信活动,扰乱社会秩序、损害他人身体健康的;

(二)冒用宗教、气功名义进行扰乱社会秩序、损害他人身体健康活动的。

【理解与适用】

有下列情形之一的,属于"情节较轻":

(一)危害后果较轻,并及时改正的;

(二)违法活动涉及数量或者数额未达到有关司法解释认定构成刑法第三百条第一款规定的"情节较轻"标准百分之十的;

(三)其他情节较轻的情形。

《最高人民法院、最高人民检察院关于办理组织、利用邪教组织破坏法律实施等刑事案件适用法律若干问题的解释》(法释〔2017〕3号 2017年1月25日)

第一条 组织、利用邪教组织,破坏国家法律、行政法规实施,具有下列情形之一的,应当依照刑法第三百条第一款的规定,处三年以上七年以下有期徒刑,并处罚金:

(一)建立邪教组织,或者邪教组织被取缔后又恢复、另行建立邪教组织的;

(二)聚众包围、冲击、强占、哄闹国家机关、企业事业单位或者公共场

所、宗教活动场所,扰乱社会秩序的;

(三)非法举行集会、游行、示威,扰乱社会秩序的;

(四)使用暴力、胁迫或者以其他方法强迫他人加入或者阻止他人退出邪教组织的;

(五)组织、煽动、蒙骗成员或者他人不履行法定义务的;

(六)使用"伪基站""黑广播"等无线电台(站)或者无线电频率宣扬邪教的;

(七)曾因从事邪教活动被追究刑事责任或者二年内受过行政处罚,又从事邪教活动的;

(八)发展邪教组织成员五十人以上的;

(九)敛取钱财或者造成经济损失一百万元以上的;

(十)以货币为载体宣扬邪教,数量在五百张(枚)以上的;

(十一)制作、传播邪教宣传品,达到下列数量标准之一的:

1. 传单、喷图、图片、标语、报纸一千份(张)以上的;

2. 书籍、刊物二百五十册以上的;

3. 录音带、录像带等音像制品二百五十盒(张)以上的;

4. 标识、标志物二百五十件以上的;

5. 光盘、U盘、储存卡、移动硬盘等移动存储介质一百个以上的;

6. 横幅、条幅五十条(个)以上的。

(十二)利用通讯信息网络宣扬邪教,具有下列情形之一的:

1. 制作、传播宣扬邪教的电子图片、文章二百张(篇)以上,电子书籍、刊物、音视频五十册(个)以上,或者电子文档五百万字符以上、电子音视频二百五十分钟以上的;

2. 编发信息、拨打电话一千条(次)以上的;

3. 利用在线人数累计达到一千以上的聊天室,或者利用群组成员、关注人员等账号数累计一千以上的通讯群组、微信、微博等社交网络宣扬邪教的;

4. 邪教信息实际被点击、浏览数达到五千次以上的。

(十三)其他情节严重的情形。

典型案例参考

杨某与乌鲁木齐市公安局水磨沟区分局行政处罚案

［新疆维吾尔自治区乌鲁木齐市新市区人民法院(2020)新0104行初48号行政判决书］

杨某自2018年11月起，陆续到广州、南宁、深圳参加母系鲁能量疗法培训班，其间参加张某在乌鲁木齐组织的母系鲁能量疗法培训班，学习《法语法印佛门修持治病秘法》，帮张某在会场和办公室服务，并给张某"渡了"（介绍）二个人参加初级培训班，费用为每人6800元。杨某表示其在张某忙不过来时帮张某给牛皮癣、糖尿病、肝衰竭、乳腺癌、偏瘫患者各一名进行过调理治疗，原理是通过光波能量进行调理身体，利用书上说的药方即"法语""法印"，空手根据不同法印图案在空中比着画，嘴里念相应的法语，迅速抓住光波能量放在患处，就这样调理身体并治病。乌市公安局水区分局于2019年7月20日作出水公(北)行罚决字〔2019〕S097号行政处罚决定，对杨某作出行政拘留10日的处罚。

法院认为，"会道门"是指封建迷信活动组织的总称，乌鲁木齐市公安局防范和处理邪教犯罪工作处作出的《关于徐锋、张云等人涉嫌"精神传销"有害培训涉案物品的审读意见》认定"母系鲁文化养生"能量疗法培训班课程《法语法印佛门修持治病秘法》具有虚构可以治疗疾病、修炼透视功能等邪说内容，杨某参加张某组织的该培训班课程并帮助张某组织会道门活动的事实清楚，水区分局作出的行政处罚认定事实清楚、证据充分、适用法律、法规正确。

张某某与睢县公安局公安治安行政处罚案

［河南省睢县人民法院(2019)豫1422行初30号行政判决书］

2018年7月份以来，张某某在睢县城关镇东环路西侧搭建供棚、设置带有封建迷信色彩的神像，供人烧香拜佛。居民张某多次到该供棚烧香拜佛，为其儿子治疗癫痫病。2019年11月12日，睢县公安局作出睢公(城)行罚决字〔2019〕10814号行政处罚决定，对原告张某某以利用迷信活动危害社会行政拘留7日。

法院认为，张某某搭建供棚，设置观音菩萨、佛祖等神像供人烧香拜佛等封建迷信活动，证人张某虽证明原告未收其钱财，但能证明其经常到原告所搭建的供棚烧香拜佛为其儿子治疗癫痫病进行封建迷信活动，故被诉处罚决定主要证据充分，符合法定程序，适用法律正确。

第三十二条 【对干扰无线电业务及无线电台(站)行为的处罚】
违反国家规定,有下列行为之一的,处五日以上十日以下拘留;情节严重的,处十日以上十五日以下拘留:
(一)故意干扰无线电业务正常进行的;
(二)对正常运行的无线电台(站)产生有害干扰,经有关主管部门指出后,拒不采取有效措施消除的;
(三)未经批准设置无线电广播电台、通信基站等无线电台(站)的,或者非法使用、占用无线电频率,从事违法活动的。

条文应用提示

违反国家规定,是指违反国家有关无线电业务和无线电台(站)管理的有关法律、行政法规及相关规范性文件。如果行为人没有违反国家规定,虽然客观上其行为造成了对无线电业务的干扰,但也不属于违反治安管理的行为,可以通过技术手段予以解决。

故意干扰无线电业务正常进行的行为人在主观上应具有干扰无线电业务正常进行的故意,即明知该行为会产生干扰无线电业务正常进行的后果,仍希望这种危害后果的发生。如果行为人在主观上并非出于故意,则需要对正常运行的无线电台(站)产生有害干扰,且经有关主管部门指出后,拒不采取有效措施消除的,才属于违反治安管理的行为。如果行为人在主管部门指出后,采取有效措施消除有害干扰,则不属于违反治安管理的行为。

"未经批准设置无线电广播电台、通信基站等无线电台(站)"是指未提出书面申请、未办理审批手续或者未领取电台执照而设置、使用无线电台(站)的行为。"非法使用、占用无线电频率",是指未经批准,擅自设立、使用无线电台(站),占用频率资源,以及擅自改变主管部门为其指配的频率而非法使用其他频率,或者在频率使用期满后,没有办理续用手续仍继续使用的行为。

条文新旧对照

《治安管理处罚法》2012年版	《治安管理处罚法》2025年版
第二十八条　违反国家规定，故意干扰无线电业务正常进行的，或者对正常运行的无线电台(站)产生有害干扰，经有关主管部门指出后，拒不采取有效措施消除的，处五日以上十日以下拘留；情节严重的，处十日以上十五日以下拘留。	第三十二条　违反国家规定，有下列行为之一的，处五日以上十日以下拘留；情节严重的，处十日以上十五日以下拘留： （一）故意干扰无线电业务正常进行的； （二）对正常运行的无线电台(站)产生有害干扰，经有关主管部门指出后，拒不采取有效措施消除的； （三）未经批准设置无线电广播电台、通信基站等无线电台(站)的，或者非法使用、占用无线电频率，从事违法活动的。

关联法律法规

《中华人民共和国刑法》(2023年12月29日修正)

第二百八十八条　违反国家规定，擅自设置、使用无线电台(站)，或者擅自使用无线电频率，干扰无线电通讯秩序，情节严重的，处三年以下有期徒刑、拘役或者管制，并处或者单处罚金；情节特别严重的，处三年以上七年以下有期徒刑，并处罚金。

单位犯前款罪的，对单位判处罚金，并对其直接负责的主管人员和其他直接责任人员，依照前款的规定处罚。

《中华人民共和国军事设施保护法》(2021年6月10日修订)

第六十一条　违反国家规定，故意干扰军用无线电设施正常工作的，或者对军用无线电设施产生有害干扰，拒不按照有关主管部门的要求改正的，依照《中华人民共和国治安管理处罚法》第二十八条的规定处罚。

《中华人民共和国无线电管理条例》(2016年11月11日修订)

第六条 任何单位或者个人不得擅自使用无线电频率,不得对依法开展的无线电业务造成有害干扰,不得利用无线电台(站)进行违法犯罪活动。

第七十条 违反本条例规定,未经许可擅自使用无线电频率,或者擅自设置、使用无线电台(站)的,由无线电管理机构责令改正,没收从事违法活动的设备和违法所得,可以并处5万元以下的罚款;拒不改正的,并处5万元以上20万元以下的罚款;擅自设置、使用无线电台(站)从事诈骗等违法活动,尚不构成犯罪的,并处20万元以上50万元以下的罚款。

《违反公安行政管理行为的名称及其适用意见》(公通字〔2020〕8号 2020年8月6日修订)

47. 故意干扰无线电业务正常进行(第28条)

48. 拒不消除对无线电台(站)的有害干扰(第28条)

《公安机关对部分违反治安管理行为实施处罚的裁量指导意见》(公通字〔2018〕17号 2018年6月5日)

十三、故意干扰无线电业务正常进行

拒不消除对无线电台(站)的有害干扰

【法律依据】

(《中华人民共和国治安管理处罚法》第28条)违反国家规定,故意干扰无线电业务正常进行的,或者对正常运行的无线电台(站)产生有害干扰,经有关主管部门指出后,拒不采取有效措施消除的,处五日以上十日以下拘留;情节严重的,处十日以上十五日以下拘留。

【理解与适用】

有下列情形之一的,属于"情节严重":

(一)造成较重危害后果或者较大社会影响的;

(二)对事关国家安全、公共安全、国计民生的无线电业务、无线电台(站)进行干扰的;

(三)长时间故意干扰无线电业务正常进行,或者对正常运行的无线电台(站)产生有害干扰的;

(四)违法所得达到有关司法解释认定构成刑法第二百八十八条第一

款规定的"情节严重"标准百分之五十以上的;

(五)其他情节严重的情形。

典型案例参考

李某齐故意干扰无线电业务正常进行被罚案

[越城区公安分局绍越公(斗)行罚决字〔2019〕50448号行政处罚决定书]

2017年12月21日,民警在河北保定市竞秀区七一西路自来水公司宿舍一幢三单元301室抓获涉嫌利用伪基站发送短信进行诈骗的犯罪嫌疑人李某齐,并当场搜出伪基站设备、电脑的作案工具。2019年1月18日,越城区公安分局根据《治安管理处罚法》第28条之规定,决定给予李某齐行政拘留15日的行政处罚。

第三十三条 【对侵入、破坏计算机信息系统行为的处罚】

有下列行为之一,造成危害的,处五日以下拘留;情节较重的,处五日以上十五日以下拘留:

(一)违反国家规定,侵入计算机信息系统或者采用其他技术手段,获取计算机信息系统中存储、处理或者传输的数据,或者对计算机信息系统实施非法控制的;

(二)违反国家规定,对计算机信息系统功能进行删除、修改、增加、干扰的;

(三)违反国家规定,对计算机信息系统中存储、处理、传输的数据和应用程序进行删除、修改、增加的;

(四)故意制作、传播计算机病毒等破坏性程序的;

(五)提供专门用于侵入、非法控制计算机信息系统的程序、工具,或者明知他人实施侵入、非法控制计算机信息系统的违法犯罪行为而为其提供程序、工具的。

条文应用提示

"计算机信息系统"是指具备自动处理数据功能的系统,包括计算机、网络设备、通信设备、自动化控制设备等。计算机信息系统中"存储"的数据,是指在计算机信息系统的硬盘或其他存储介质中保存的信息;"处理"的数据,是指计算机信息系统正在运算中的信息;"传输"的数据,是指计算机信息系统各设备、设施之间,或者与其他计算机信息系统之间正在交换、输送中的信息。存储、处理和传输涵括了计算机信息系统中所有的数据形态。

"侵入"是指未经授权或者他人同意,通过技术手段进入计算机信息系统。"获取"既包括通过直接复制信息等方式窃取,也包括通过设立假冒网站等方式骗取。"非法控制"是指通过各种技术手段,使他人计算机信息系统处于其掌控之中,能够接受其发出的指令,完成相应的操作活动,既包括完全控制,也包括部分控制,只要能够使他人计算机信息系统执行其发出的指令即可。

"计算机信息系统功能"是指在计算机中,按照一定的应用目标和规则对信息进行采集、加工、存储、传输、检索的功用和能力。"计算机应用程序"是指用户使用数据库的一种方式,是用户按数据库授予的子模式的逻辑结构,书写对数据进行操作和运算的程序。"计算机破坏性程序"是指隐藏在执行程序中或数据文件中,在计算机内部运行的一种干扰程序,如计算机病毒。"计算机病毒"是编制或者在计算机程序中插入的破坏计算机功能或者毁坏数据,影响计算机使用,并能自我复制的一组计算机指令或者程序代码。

"专门用于侵入、非法控制计算机信息系统的程序、工具"包括:(1)具有避开或者突破计算机信息系统安全保护措施,未经授权或者超越授权获取计算机信息系统数据的功能的;(2)具有避开或者突破计算机信息系统安全保护措施,未经授权或者超越授权对计算机信息系统实施控制的功能的;(3)其他专门设计用于侵入、非法控制计算机信息系统、非法获取计算机信息系统数据的程序、工具。

条文新旧对照 ●●●●●●●

《治安管理处罚法》2012 年版	《治安管理处罚法》2025 年版
第二十九条 有下列行为之一的,处五日以下拘留;情节较重的,处五日以上十日以下拘留: (一)违反国家规定,侵入计	第三十三条 有下列行为之一,**造成危害**的,处五日以下拘留;情节较重的,处五日以上十五日以下拘留:

算机信息系统,造成危害的; （二）违反国家规定,对计算机信息系统功能进行删除、修改、增加、干扰,造成计算机信息系统不能正常运行的; （三）违反国家规定,对计算机信息系统中存储、处理、传输的数据和应用程序进行删除、修改、增加的; （四）故意制作、传播计算机病毒等破坏性程序,影响计算机信息系统正常运行的。	（一）违反国家规定,侵入计算机信息系统或者采用其他技术手段,获取计算机信息系统中存储、处理或者传输的数据,或者对计算机信息系统实施非法控制的; （二）违反国家规定,对计算机信息系统功能进行删除、修改、增加、干扰的; （三）违反国家规定,对计算机信息系统中存储、处理、传输的数据和应用程序进行删除、修改、增加的; （四）故意制作、传播计算机病毒等破坏性程序的; （五）提供专门用于侵入、非法控制计算机信息系统的程序、工具,或者明知他人实施侵入、非法控制计算机信息系统的违法犯罪行为而为其提供程序、工具的。

关联法律法规

《中华人民共和国刑法》(2023年12月29日修正)

第二百八十五条　违反国家规定,侵入国家事务、国防建设、尖端科学技术领域的计算机信息系统的,处三年以下有期徒刑或者拘役。

违反国家规定,侵入前款规定以外的计算机信息系统或者采用其他技术手段,获取该计算机信息系统中存储、处理或者传输的数据,或者对该计算机信息系统实施非法控制,情节严重的,处三年以下有期徒刑或者拘役,并处或者单处罚金;情节特别严重的,处三年以上七年以下有期徒刑,并处罚金。

提供专门用于侵入、非法控制计算机信息系统的程序、工具,或者明知他人实施侵入、非法控制计算机信息系统的违法犯罪行为而为其提供程序、工具,情节严重的,依照前款的规定处罚。

单位犯前三款罪的,对单位判处罚金,并对其直接负责的主管人员和其他直接责任人员,依照各该款的规定处罚。

第二百八十六条 违反国家规定,对计算机信息系统功能进行删除、修改、增加、干扰,造成计算机信息系统不能正常运行,后果严重的,处五年以下有期徒刑或者拘役;后果特别严重的,处五年以上有期徒刑。

违反国家规定,对计算机信息系统中存储、处理或者传输的数据和应用程序进行删除、修改、增加的操作,后果严重的,依照前款的规定处罚。

故意制作、传播计算机病毒等破坏性程序,影响计算机系统正常运行,后果严重的,依照第一款的规定处罚。

单位犯前三款罪的,对单位判处罚金,并对其直接负责的主管人员和其他直接责任人员,依照第一款的规定处罚。

《互联网上网服务营业场所管理条例》(2022年3月29日修订)

第十五条 互联网上网服务营业场所经营单位和上网消费者不得进行下列危害信息网络安全的活动:

(一)故意制作或者传播计算机病毒以及其他破坏性程序的;

(二)非法侵入计算机信息系统或者破坏计算机信息系统功能、数据和应用程序的;

(三)进行法律、行政法规禁止的其他活动的。

《中华人民共和国计算机信息系统安全保护条例》(2011年1月8日修订)

第二十条 违反本条例的规定,有下列行为之一的,由公安机关处以警告或者停机整顿:

(一)违反计算机信息系统安全等级保护制度,危害计算机信息系统安全的;

(二)违反计算机信息系统国际联网备案制度的;

(三)不按照规定时间报告计算机信息系统中发生的案件的;

(四)接到公安机关要求改进安全状况的通知后,在限期内拒不改进的;

(五)有危害计算机信息系统安全的其他行为的。

第二十三条 故意输入计算机病毒以及其他有害数据危害计算机信

息系统安全的,或者未经许可出售计算机信息系统安全专用产品的,由公安机关处以警告或者对个人处以5000元以下的罚款、对单位处以1.5万元以下的罚款;有违法所得的,除予以没收外,可以处以违法所得1至3倍的罚款。

第二十四条 违反本条例的规定,构成违反治安管理行为的,依照《中华人民共和国治安管理处罚法》的有关规定处罚;构成犯罪的,依法追究刑事责任。

《计算机信息网络国际联网安全保护管理办法》(2011年1月8日修订)

第六条 任何单位和个人不得从事下列危害计算机信息网络安全的活动:

(一)未经允许,进入计算机信息网络或者使用计算机信息网络资源的;

(二)未经允许,对计算机信息网络功能进行删除、修改或者增加的;

(三)未经允许,对计算机信息网络中存储、处理或者传输的数据和应用程序进行删除、修改或者增加的;

(四)故意制作、传播计算机病毒等破坏性程序的;

(五)其他危害计算机信息网络安全的。

第二十条 违反法律、行政法规,有本办法第五条、第六条所列行为之一的,由公安机关给予警告,有违法所得的,没收违法所得,对个人可以并处5000元以下的罚款,对单位可以并处1.5万元以下的罚款;情节严重的,并可以给予6个月以内停止联网、停机整顿的处罚,必要时可以建议原发证、审批机构吊销经营许可证或者取消联网资格;构成违反治安管理行为的,依照治安管理处罚法的规定处罚;构成犯罪的,依法追究刑事责任。

《违反公安行政管理行为的名称及其适用意见》(公通字〔2020〕8号 2020年8月6日修订)

49.非法侵入计算机信息系统(第29条第1项)

50.非法改变计算机信息系统功能(第29条第2项)

51.非法改变计算机信息系统数据和应用程序(第29条第3项)

52.故意制作、传播计算机破坏性程序影响运行(第29条第4项)

《公安机关对部分违反治安管理行为实施处罚的裁量指导意见》(公通字[2018]17号　2018年6月5日)

十四、非法侵入计算机信息系统

【法律依据】

(《中华人民共和国治安管理处罚法》第29条第1项)有下列行为之一的,处五日以下拘留;情节较重的,处五日以上十日以下拘留:

(一)违反国家规定,侵入计算机信息系统,造成危害的;

【理解与适用】

有下列情形之一的,属于"情节较重":

(一)造成被侵入系统单位的商业秘密、公民个人信息泄露、数据丢失等较大危害的;

(二)侵入国家机关、涉密单位、防范恐怖袭击重点目标单位或者治安保卫重点单位的计算机信息系统,造成危害的;

(三)其他情节较重的情形。

十五、非法改变计算机信息系统功能

【法律依据】

(《中华人民共和国治安管理处罚法》第29条第2项)有下列行为之一的,处五日以下拘留;情节较重的,处五日以上十日以下拘留:

(二)违反国家规定,对计算机信息系统功能进行删除、修改、增加、干扰,造成计算机信息系统不能正常运行的;

【理解与适用】

有下列情形之一的,属于"情节较重":

(一)违法所得或者造成经济损失达到有关司法解释认定构成刑法第二百八十六条第一款规定的"后果严重"标准的百分之五十以上的;

(二)破坏计算机信息系统功能,造成计算机信息系统主要软件或者硬件功能不能恢复的;

(三)虽未达到前两项规定之一的情形,但多次对计算机信息系统功能进行删除、修改、增加、干扰的;

(四)其他情节较重的情形。

十六、非法改变计算机信息系统数据和应用程序

【法律依据】

(《中华人民共和国治安管理处罚法》第 29 条第 3 项)有下列行为之一的,处五日以下拘留;情节较重的,处五日以上十日以下拘留:

(三)违反国家规定,对计算机信息系统中存储、处理、传输的数据和应用程序进行删除、修改、增加的;

【理解与适用】

有下列情形之一的,属于"情节较重":

(一)对五台以上计算机信息系统中存储、处理、传输的数据和应用程序进行删除、修改、增加的;

(二)违法所得或者造成的经济损失达到有关司法解释认定构成刑法第二百八十六条第二款规定的"后果严重"标准的百分之五十以上的;

(三)虽未达到前两项规定之一的情形,但多次对数据和应用程序进行删除、修改、增加的;

(四)其他情节较重的情形。

十七、故意制作、传播计算机破坏性程序影响运行

【法律依据】

(《中华人民共和国治安管理处罚法》第 29 条第 4 项)有下列行为之一的,处五日以下拘留;情节较重的,处五日以上十日以下拘留:

(四)故意制作、传播计算机病毒等破坏性程序,影响计算机信息系统正常运行的。

【理解与适用】

有下列情形之一的,属于"情节较重":

(一)故意制作、传播计算机病毒等破坏性程序,造成五台以上计算机信息系统受感染的;

(二)违法所得或者造成经济损失达到有关司法解释认定构成刑法第二百八十六条第三款规定的"后果严重"标准的百分之五十以上的;

(三)虽未达到前两项规定之一的情形,但多次故意制作、传播计算机病毒的;

(四)其他情节较重的情形。

典型案例参考

刘某非法侵入计算机信息系统被罚案

[丹东市公安局大孤山经济区公安分局丹公大(治)行罚决字〔2018〕120号行政处罚决定书]

2018年7月2日,辽宁省东港市孤山镇刘屯村治保主任刘某通过计算机浏览孤山镇政府工作邮箱,后将邮箱中孤山中学上报的接待预案拍照后发送至孤山镇刘屯村警民联系群,后又删除,并发表声明不准外传。丹东市公安局大孤山经济区公安分局作出丹公大(治)行罚决字〔2018〕120号《行政处罚决定书》,根据《治安管理处罚法》第二十九条第一项,决定给予刘某拘留五日的行政处罚。

> **第三十四条 【对传销行为的处罚】**
> 组织、领导传销活动的,处十日以上十五日以下拘留;情节较轻的,处五日以上十日以下拘留。
> 胁迫、诱骗他人参加传销活动的,处五日以上十日以下拘留;情节较重的,处十日以上十五日以下拘留。

条文应用提示

传销组织通常以推销商品、提供服务等经营活动为名,要求参加者以缴纳费用或者购买商品、服务等方式获得加入资格,并按照一定顺序组成层级,直接或者间接以发展人员的数量作为计酬或者返利依据,引诱、胁迫参加者继续发展他人参加,骗取财物,扰乱经济社会秩序。

实践中,传销活动的名目繁多,但传销的本质特征在于其诈骗性。传销组织通常没有实际经营活动,或者以虚假的经营活动作为幌子,其资金来源在于参加者以各种方式缴纳的用于获取加入资格的费用,传销组织再以这些费用作为其"上层"的回报。

条文新旧对照

《治安管理处罚法》2012 年版	《治安管理处罚法》2025 年版
	第三十四条　组织、领导传销活动的,处十日以上十五日以下拘留;情节较轻的,处五日以上十日以下拘留。 　　胁迫、诱骗他人参加传销活动的,处五日以上十日以下拘留;情节较重的,处十日以上十五日以下拘留。

关联法律法规

《中华人民共和国刑法》(2023 年 12 月 29 日修正)

第二百二十四条之一　组织、领导以推销商品、提供服务等经营活动为名,要求参加者以缴纳费用或者购买商品、服务等方式获得加入资格,并按照一定顺序组成层级,直接或者间接以发展人员的数量作为计酬或者返利依据,引诱、胁迫参加者继续发展他人参加,骗取财物,扰乱经济社会秩序的传销活动的,处五年以下有期徒刑或者拘役,并处罚金;情节严重的,处五年以上有期徒刑,并处罚金。

禁止传销条例(自 2005 年 11 月 1 日起施行)

第一章　总　　则

第一条　为了防止欺诈,保护公民、法人和其他组织的合法权益,维护社会主义市场经济秩序,保持社会稳定,制定本条例。

第二条　本条例所称传销,是指组织者或者经营者发展人员,通过对被发展人员以其直接或者间接发展的人员数量或者销售业绩为依据计算和给付报酬,或者要求被发展人员以交纳一定费用为条件取得加入资格等方式牟取非法利益,扰乱经济秩序,影响社会稳定的行为。

第三条　县级以上地方人民政府应当加强对查处传销工作的领导,支持、督促各有关部门依法履行监督管理职责。

县级以上地方人民政府应当根据需要,建立查处传销工作的协调机制,对查处传销工作中的重大问题及时予以协调、解决。

第四条 工商行政管理部门、公安机关应当依照本条例的规定,在各自的职责范围内查处传销行为。

第五条 工商行政管理部门、公安机关依法查处传销行为,应当坚持教育与处罚相结合的原则,教育公民、法人或者其他组织自觉守法。

第六条 任何单位和个人有权向工商行政管理部门、公安机关举报传销行为。工商行政管理部门、公安机关接到举报后,应当立即调查核实,依法查处,并为举报人保密;经调查属实的,依照国家有关规定对举报人给予奖励。

第二章 传销行为的种类与查处机关

第七条 下列行为,属于传销行为:

(一)组织者或者经营者通过发展人员,要求被发展人员发展其他人员加入,对发展的人员以其直接或者间接滚动发展的人员数量为依据计算和给付报酬(包括物质奖励和其他经济利益,下同),牟取非法利益的;

(二)组织者或者经营者通过发展人员,要求被发展人员交纳费用或者以认购商品等方式变相交纳费用,取得加入或者发展其他人员加入的资格,牟取非法利益的;

(三)组织者或者经营者通过发展人员,要求被发展人员发展其他人员加入,形成上下线关系,并以下线的销售业绩为依据计算和给付上线报酬,牟取非法利益的。

第八条 工商行政管理部门依照本条例的规定,负责查处本条例第七条规定的传销行为。

第九条 利用互联网等媒体发布含有本条例第七条规定的传销信息的,由工商行政管理部门会同电信等有关部门依照本条例的规定查处。

第十条 在传销中以介绍工作、从事经营活动等名义欺骗他人离开居所地非法聚集并限制其人身自由的,由公安机关会同工商行政管理部门依法查处。

第十一条 商务、教育、民政、财政、劳动保障、电信、税务等有关部门和单位,应当依照各自职责和有关法律、行政法规的规定配合工商行政管理部门、公安机关查处传销行为。

第十二条 农村村民委员会、城市居民委员会等基层组织,应当在当地人民政府指导下,协助有关部门查处传销行为。

第十三条　工商行政管理部门查处传销行为,对涉嫌犯罪的,应当依法移送公安机关立案侦查;公安机关立案侦查传销案件,对经侦查不构成犯罪的,应当依法移交工商行政管理部门查处。

第三章　查处措施和程序

第十四条　县级以上工商行政管理部门对涉嫌传销行为进行查处时,可以采取下列措施:

(一)责令停止相关活动;

(二)向涉嫌传销的组织者、经营者和个人调查、了解有关情况;

(三)进入涉嫌传销的经营场所和培训、集会等活动场所,实施现场检查;

(四)查阅、复制、查封、扣押涉嫌传销的有关合同、票据、账簿等资料;

(五)查封、扣押涉嫌专门用于传销的产品(商品)、工具、设备、原材料等财物;

(六)查封涉嫌传销的经营场所;

(七)查询涉嫌传销的组织者或者经营者的账户及与存款有关的会计凭证、账簿、对账单等;

(八)对有证据证明转移或者隐匿违法资金的,可以申请司法机关予以冻结。

工商行政管理部门采取前款规定的措施,应当向县级以上工商行政管理部门主要负责人书面或者口头报告并经批准。遇有紧急情况需要当场采取前款规定措施的,应当在事后立即报告并补办相关手续;其中,实施前款规定的查封、扣押,以及第(七)项、第(八)项规定的措施,应当事先经县级以上工商行政管理部门主要负责人书面批准。

第十五条　工商行政管理部门对涉嫌传销行为进行查处时,执法人员不得少于2人。

执法人员与当事人有直接利害关系的,应当回避。

第十六条　工商行政管理部门的执法人员对涉嫌传销行为进行查处时,应当向当事人或者有关人员出示证件。

第十七条　工商行政管理部门实施查封、扣押,应当向当事人当场交付查封、扣押决定书和查封、扣押财物及资料清单。

在交通不便地区或者不及时实施查封、扣押可能影响案件查处的,可以先行实施查封、扣押,并应当在 24 小时内补办查封、扣押决定书,送达当事人。

第十八条　工商行政管理部门实施查封、扣押的期限不得超过 30 日;案件情况复杂的,经县级以上工商行政管理部门主要负责人批准,可以延长 15 日。

对被查封、扣押的财物,工商行政管理部门应当妥善保管,不得使用或者损毁;造成损失的,应当承担赔偿责任。但是,因不可抗力造成的损失除外。

第十九条　工商行政管理部门实施查封、扣押,应当及时查清事实,在查封、扣押期间作出处理决定。

对于经调查核实属于传销行为的,应当依法没收被查封、扣押的非法财物;对于经调查核实没有传销行为或者不再需要查封、扣押的,应当在作出处理决定后立即解除查封,退还被扣押的财物。

工商行政管理部门逾期未作出处理决定的,被查封的物品视为解除查封,被扣押的财物应当予以退还。拒不退还的,当事人可以向人民法院提起行政诉讼。

第二十条　工商行政管理部门及其工作人员违反本条例的规定使用或者损毁被查封、扣押的财物,造成当事人经济损失的,应当承担赔偿责任。

第二十一条　工商行政管理部门对涉嫌传销行为进行查处时,当事人有权陈述和申辩。

第二十二条　工商行政管理部门对涉嫌传销行为进行查处时,应当制作现场笔录。

现场笔录和查封、扣押清单由当事人、见证人和执法人员签名或者盖章,当事人不在现场或者当事人、见证人拒绝签名或者盖章的,执法人员应当在现场笔录中予以注明。

第二十三条　对于经查证属于传销行为的,工商行政管理部门、公安机关可以向社会公开发布警示、提示。

向社会公开发布警示、提示应当经县级以上工商行政管理部门主要负责人或者公安机关主要负责人批准。

第四章　法　律　责　任

第二十四条　有本条例第七条规定的行为,组织策划传销的,由工商行政管理部门没收非法财物,没收违法所得,处50万元以上200万元以下的罚款;构成犯罪的,依法追究刑事责任。

有本条例第七条规定的行为,介绍、诱骗、胁迫他人参加传销的,由工商行政管理部门责令停止违法行为,没收非法财物,没收违法所得,处10万元以上50万元以下的罚款;构成犯罪的,依法追究刑事责任。

有本条例第七条规定的行为,参加传销的,由工商行政管理部门责令停止违法行为,可以处2000元以下的罚款。

第二十五条　工商行政管理部门依照本条例第二十四条的规定进行处罚时,可以依照有关法律、行政法规的规定,责令停业整顿或者吊销营业执照。

第二十六条　为本条例第七条规定的传销行为提供经营场所、培训场所、货源、保管、仓储等条件的,由工商行政管理部门责令停止违法行为,没收违法所得,处5万元以上50万元以下的罚款。

为本条例第七条规定的传销行为提供互联网信息服务的,由工商行政管理部门责令停止违法行为,并通知有关部门依照《互联网信息服务管理办法》予以处罚。

第二十七条　当事人擅自动用、调换、转移、损毁被查封、扣押财物的,由工商行政管理部门责令停止违法行为,处被动用、调换、转移、损毁财物价值5%以上20%以下的罚款;拒不改正的,处被动用、调换、转移、损毁财物价值1倍以上3倍以下的罚款。

第二十八条　有本条例第十条规定的行为或者拒绝、阻碍工商行政管理部门的执法人员依法查处传销行为,构成违反治安管理行为的,由公安机关依照治安管理的法律、行政法规规定处罚;构成犯罪的,依法追究刑事责任。

第二十九条　工商行政管理部门、公安机关及其工作人员滥用职权、玩忽职守、徇私舞弊,未依照本条例规定的职责和程序查处传销行为,或者发现传销行为不予查处,或者支持、包庇、纵容传销行为,构成犯罪的,对直接负责的主管人员和其他直接责任人员,依法追究刑事责任;尚不构成犯罪的,依法给予行政处分。

第五章 附 则

第三十条 本条例自 2005 年 11 月 1 日起施行。

第三十五条 【对扰乱重要活动秩序、有辱英烈及历史尊严行为的处罚】

有下列行为之一的,处五日以上十日以下拘留或者一千元以上三千元以下罚款;情节较重的,处十日以上十五日以下拘留,可以并处五千元以下罚款:

(一)在国家举行庆祝、纪念、缅怀、公祭等重要活动的场所及周边管控区域,故意从事与活动主题和氛围相违背的行为,不听劝阻,造成不良社会影响的;

(二)在英雄烈士纪念设施保护范围内从事有损纪念英雄烈士环境和氛围的活动,不听劝阻的,或者侵占、破坏、污损英雄烈士纪念设施的;

(三)以侮辱、诽谤或者其他方式侵害英雄烈士的姓名、肖像、名誉、荣誉,损害社会公共利益的;

(四)亵渎、否定英雄烈士事迹和精神,或者制作、传播、散布宣扬、美化侵略战争、侵略行为的言论或者图片、音视频等物品,扰乱公共秩序的;

(五)在公共场所或者强制他人在公共场所穿着、佩戴宣扬、美化侵略战争、侵略行为的服饰、标志,不听劝阻,造成不良社会影响的。

条文应用提示

在国家举行庆祝、纪念、缅怀、公祭等重要活动的场所及周边管控区域,故意从事与活动主题和氛围相违背的行为,第一,行为人应当具有主观故意实施违背活动主体和氛围的行为;第二,行为实施点需要在特定区域范围内,即活动场所和相关管控区;第三,行为人经过工作人员的劝阻拒不改正,造成不良社会影响。

英雄烈士主要是指近代以来,为了争取民族独立和人民解放,实现国家富强和人民幸福,促进世界和平和人类进步而毕生奋斗、英勇献身的英雄烈士,重点是中国共产党、人民军队和中华人民共和国历史上的英雄烈士。英雄烈士既包括个人,也包括群体;既包括有名英雄烈士,也包括无名英雄烈士。

英雄烈士纪念设施包括为纪念英雄烈士专门修建的烈士陵园、纪念堂馆、纪念碑亭、纪念塔祠、纪念塑像、烈士骨灰堂、烈士墓等设施。例如天安门广场的 人民英雄纪念碑,是国家和人民纪念、缅怀英雄烈士的永久性纪念设施,人民英雄纪念碑及其名称、碑题、碑文、浮雕、图形、标志等受法律保护。在纪念设施保护范围内从事有损纪念英雄烈士环境和氛围的活动,不听劝阻的,构成违反治安管理行为;侵占、破坏、污损英雄烈士纪念设施的,无论是否经劝阻,均构成违反治安管理行为。

侮辱包括书面侮辱、言辞侮辱、多媒体侮辱、动作侮辱等形式,既包括直接针对特定英雄烈士的侮辱,也包括以含沙射影等间接方式进行的侮辱。诽谤通常是指采取无中生有、捏造事实并予以散布的方式贬损英雄烈士的名誉、荣誉的行为。除治安管理处罚外,《中华人民共和国英雄烈士保护法》中还规定了对侵害英雄烈士名誉荣誉的民事公益诉讼制度。

英雄烈士事迹和精神所凝聚的民族感情和历史记忆,是社会主义核心价值观的重要体现,是社会公共利益。国家保护英雄烈士,对英雄烈士予以褒扬、纪念,加强对英雄烈士事迹和精神的宣传、教育,维护英雄烈士尊严和合法权益。

中国坚持走和平发展道路,反对侵略战争、捍卫人类尊严、维护世界和平的坚定立场。侵略战争和侵略行为给中国人民带来了深重灾难,《中华人民共和国英雄烈士保护法》禁止宣扬、美化侵略战争、侵略行为,在《治安管理处罚法》中被细化为制作、传播、散布宣扬、美化侵略战争、侵略行为的言论或者图片、音视频等物品,扰乱公共秩序,以及在公共场所或者强制他人在公共场所穿着、佩戴宣扬、美化侵略战争、侵略行为的服饰、标志,不听劝阻,造成不良社会影响的行为。

条文新旧对照

《治安管理处罚法》2012年版	《治安管理处罚法》2025年版
	第三十五条　有下列行为之一的,处五日以上十日以下拘留或者一千元以上三千元以下罚款;情节较重的,处十日以上十五日以下拘留,可以并处五千元以下罚款: (一)在国家举行庆祝、纪念、缅怀、公祭等重要活动的场所及周边管控区域,故意从事与活动主题和氛围相违背的行为,不听劝阻,造成不良社会影响的; (二)在英雄烈士纪念设施保护范围内从事有损纪念英雄烈士环境和氛围的活动,不听劝阻的,或者侵占、破坏、污损英雄烈士纪念设施的; (三)以侮辱、诽谤或者其他方式侵害英雄烈士的姓名、肖像、名誉、荣誉,损害社会公共利益的; (四)亵渎、否定英雄烈士事迹和精神,或者制作、传播、散布宣扬、美化侵略战争、侵略行为的言论或者图片、音视频等物品,扰乱公共秩序的; (五)在公共场所或者强制他人在公共场所穿着、佩戴宣扬、美化侵略战争、侵略行为的服饰、标志,不听劝阻,造成不良社会影响的。

关联法律法规

《中华人民共和国刑法》(2023年12月29日修正)

第二百九十九条之一　侮辱、诽谤或者以其他方式侵害英雄烈士的名誉、荣誉,损害社会公共利益,情节严重的,处三年以下有期徒刑、拘役、管制或者剥夺政治权利。

《中华人民共和国爱国主义教育法》(2023年10月24日)

第三十七条　任何公民和组织都应当弘扬爱国主义精神,自觉维护国家安全、荣誉和利益,不得有下列行为:

(一)侮辱国旗、国歌、国徽或者其他有损国旗、国歌、国徽尊严的行为;

(二)歪曲、丑化、亵渎、否定英雄烈士事迹和精神;

(三)宣扬、美化、否认侵略战争、侵略行为和屠杀惨案;

(四)侵占、破坏、污损爱国主义教育设施;

(五)法律、行政法规禁止的其他行为。

第三十八条　教育、文化和旅游、退役军人事务、新闻出版、广播电视、电影、网信、文物等部门应当按照法定职责,对违反本法第三十七条规定的行为及时予以制止,造成不良社会影响的,应当责令及时消除影响,并依照有关法律、行政法规的规定予以处罚。构成违反治安管理行为的,依法给予治安管理处罚;构成犯罪的,依法追究刑事责任。

《中华人民共和国英雄烈士保护法》(2018年4月27日)

第二十二条　禁止歪曲、丑化、亵渎、否定英雄烈士事迹和精神。

英雄烈士的姓名、肖像、名誉、荣誉受法律保护。任何组织和个人不得在公共场所、互联网或者利用广播电视、电影、出版物等,以侮辱、诽谤或者其他方式侵害英雄烈士的姓名、肖像、名誉、荣誉。任何组织和个人不得将英雄烈士的姓名、肖像用于或者变相用于商标、商业广告,损害英雄烈士的名誉、荣誉。

公安、文化、新闻出版、广播电视、电影、网信、市场监督管理、负责英雄烈士保护工作的部门发现前款规定行为的,应当依法及时处理。

第二十六条　以侮辱、诽谤或者其他方式侵害英雄烈士的姓名、肖像、名誉、荣誉,损害社会公共利益的,依法承担民事责任;构成违反治安管理行为的,由公安机关依法给予治安管理处罚;构成犯罪的,依法追究刑事责任。

第二十七条　在英雄烈士纪念设施保护范围内从事有损纪念英雄烈士环境和氛围的活动的,纪念设施保护单位应当及时劝阻;不听劝阻的,由县级以上地方人民政府负责英雄烈士保护工作的部门、文物主管部门按照职责规定给予批评教育,责令改正;构成违反治安管理行为的,由公安机关依法给予治安管理处罚。

亵渎、否定英雄烈士事迹和精神,宣扬、美化侵略战争和侵略行为,寻衅滋事,扰乱公共秩序,构成违反治安管理行为的,由公安机关依法给予治安管理处罚;构成犯罪的,依法追究刑事责任。

第二十八条　侵占、破坏、污损英雄烈士纪念设施的,由县级以上人民政府负责英雄烈士保护工作的部门责令改正;造成损失的,依法承担民事责任;被侵占、破坏、污损的纪念设施属于文物保护单位的,依照《中华人民共和国文物保护法》的规定处罚;构成违反治安管理行为的,由公安机关依法给予治安管理处罚;构成犯罪的,依法追究刑事责任。

第二节　妨害公共安全的行为和处罚

第三十六条　【对违反危险物质管理行为的处罚】
违反国家规定,制造、买卖、储存、运输、邮寄、携带、使用、提供、处置爆炸性、毒害性、放射性、腐蚀性物质或者传染病病原体等危险物质的,处十日以上十五日以下拘留;情节较轻的,处五日以上十日以下拘留。

条文应用提示 ●●●●●

本条针对的是违反国家有关危险物质管理规定的行为,有关规定包括《传染病防治法》《固体废物污染环境防治法》《烟花爆竹安全管理条例》《民用爆炸物品安全管理条例》《危险化学品安全管理条例》《放射性物品运输安全管理条例》《核材料管制条例》等。

非法制造是指未经批准以各种方法生产危险物质的行为；买卖是指购买或销售危险物质的行为；非法存储是指明知是他人非法制造、买卖、运输、邮寄的危险物品而为其存放的行为；运输是指通过各种交通工具运送危险物质；邮寄是指通过邮政系统把危险物质寄往目的地；携带是指将少量危险物质从一处带往另一处或者进入公共场所、乘坐公共交通工具的行为；非法使用是指违反国家有关规定擅自使用的行为；非法提供是指非法出借、进出口或者赠与危险物质的行为；处置指将危险物质焚烧和用其他改变危险物质的物理、化学、生物特性的方法，达到减少已产生的危险物质数量、缩小危险物质体积、减少或者消除其危险成分的活动，或者将危险物质最终置于符合环境保护规定要求的填埋场的活动。

条文新旧对照

《治安管理处罚法》2012年版	《治安管理处罚法》2025年版
第三十条　违反国家规定，制造、买卖、储存、运输、邮寄、携带、使用、提供、处置爆炸性、毒害性、放射性、腐蚀性物质或者传染病病原体等危险物质的，处十日以上十五日以下拘留；情节较轻的，处五日以上十日以下拘留。	第三十六条　违反国家规定，制造、买卖、储存、运输、邮寄、携带、使用、提供、处置爆炸性、毒害性、放射性、腐蚀性物质或者传染病病原体等危险物质的，处十日以上十五日以下拘留；情节较轻的，处五日以上十日以下拘留。

关联法律法规

《中华人民共和国消防法》(2021年4月29日修正)

第六十二条　有下列行为之一的，依照《中华人民共和国治安管理处罚法》的规定处罚：

（一）违反有关消防技术标准和管理规定生产、储存、运输、销售、使用、销毁易燃易爆危险品的；

（二）非法携带易燃易爆危险品进入公共场所或者乘坐公共交通工具的；

（三）谎报火警的；

(四)阻碍消防车、消防艇执行任务的;
(五)阻碍消防救援机构的工作人员依法执行职务的。

《中华人民共和国固体废物污染环境防治法》(2020年4月29修订)

第二十条　产生、收集、贮存、运输、利用、处置固体废物的单位和其他生产经营者,应当采取防扬散、防流失、防渗漏或者其他防止污染环境的措施,不得擅自倾倒、堆放、丢弃、遗撒固体废物。

禁止任何单位或者个人向江河、湖泊、运河、渠道、水库及其最高水位线以下的滩地和岸坡以及法律法规规定的其他地点倾倒、堆放、贮存固体废物。

第八十条　从事收集、贮存、利用、处置危险废物经营活动的单位,应当按照国家有关规定申请取得许可证。许可证的具体管理办法由国务院制定。

禁止无许可证或者未按照许可证规定从事危险废物收集、贮存、利用、处置的经营活动。

禁止将危险废物提供或者委托给无许可证的单位或者其他生产经营者从事收集、贮存、利用、处置活动。

第一百二十三条　违反本法规定,构成违反治安管理行为的,由公安机关依法给予治安管理处罚;构成犯罪的,依法追究刑事责任;造成人身、财产损害的,依法承担民事责任。

《烟花爆竹安全管理条例》(2016年2月6日修订)

第三十六条　对未经许可生产、经营烟花爆竹制品,或者向未取得烟花爆竹安全生产许可的单位或者个人销售黑火药、烟火药、引火线的,由安全生产监督管理部门责令停止非法生产、经营活动,处2万元以上10万元以下的罚款,并没收非法生产、经营的物品及违法所得。

对未经许可经由道路运输烟花爆竹的,由公安部门责令停止非法运输活动,处1万元以上5万元以下的罚款,并没收非法运输的物品及违法所得。

非法生产、经营、运输烟花爆竹,构成违反治安管理行为的,依法给予治安管理处罚;构成犯罪的,依法追究刑事责任。

第四十一条　对携带烟花爆竹搭乘公共交通工具,或者邮寄烟花爆竹以及在托运的行李、包裹、邮件中夹带烟花爆竹的,由公安部门没收非法携带、邮寄、夹带的烟花爆竹,可以并处200元以上1000元以下的罚款。

第四十二条 对未经许可举办焰火晚会以及其他大型焰火燃放活动,或者焰火晚会以及其他大型焰火燃放活动燃放作业单位和作业人员违反焰火燃放安全规程、燃放作业方案进行燃放作业的,由公安部门责令停止燃放,对责任单位处1万元以上5万元以下的罚款。

在禁止燃放烟花爆竹的时间、地点燃放烟花爆竹,或者以危害公共安全和人身、财产安全的方式燃放烟花爆竹的,由公安部门责令停止燃放,处100元以上500元以下的罚款;构成违反治安管理行为的,依法给予治安管理处罚。

《民用爆炸物品安全管理条例》(2014年7月29日修订)

第四十四条 非法制造、买卖、运输、储存民用爆炸物品,构成犯罪的,依法追究刑事责任;尚不构成犯罪,有违反治安管理行为的,依法给予治安管理处罚。

违反本条例规定,在生产、储存、运输、使用民用爆炸物品中发生重大事故,造成严重后果或者后果特别严重,构成犯罪的,依法追究刑事责任。

违反本条例规定,未经许可生产、销售民用爆炸物品的,由民用爆炸物品行业主管部门责令停止非法生产、销售活动,处10万元以上50万元以下的罚款,并没收非法生产、销售的民用爆炸物品及其违法所得。

违反本条例规定,未经许可购买、运输民用爆炸物品或者从事爆破作业的,由公安机关责令停止非法购买、运输、爆破作业活动,处5万元以上20万元以下的罚款,并没收非法购买、运输以及从事爆破作业使用的民用爆炸物品及其违法所得。

民用爆炸物品行业主管部门、公安机关对没收的非法民用爆炸物品,应当组织销毁。

第四十九条 违反本条例规定,有下列情形之一的,由民用爆炸物品行业主管部门、公安机关按照职责责令限期改正,可以并处5万元以上20万元以下的罚款;逾期不改正的,责令停产停业整顿;情节严重的,吊销许可证:

(一)未按照规定在专用仓库设置技术防范设施的;

(二)未按照规定建立出入库检查、登记制度或者收存和发放民用爆

炸物品,致使账物不符的;

(三)超量储存、在非专用仓库储存或者违反储存标准和规范储存民用爆炸物品的;

(四)有本条例规定的其他违反民用爆炸物品储存管理规定行为的。

第五十一条　违反本条例规定,携带民用爆炸物品搭乘公共交通工具或者进入公共场所,邮寄或者在托运的货物、行李、包裹、邮件中夹带民用爆炸物品,构成犯罪的,依法追究刑事责任;尚不构成犯罪的,由公安机关依法给予治安管理处罚,没收非法的民用爆炸物品,处1000元以上1万元以下的罚款。

《危险化学品安全管理条例》(2013年12月7日修订)

第八十八条　有下列情形之一的,由公安机关责令改正,处5万元以上10万元以下的罚款;构成违反治安管理行为的,依法给予治安管理处罚;构成犯罪的,依法追究刑事责任:

(一)超过运输车辆的核定载质量装载危险化学品的;

(二)使用安全技术条件不符合国家标准要求的车辆运输危险化学品的;

(三)运输危险化学品的车辆未经公安机关批准进入危险化学品运输车辆限制通行的区域的;

(四)未取得剧毒化学品道路运输通行证,通过道路运输剧毒化学品的。

第八十九条　有下列情形之一的,由公安机关责令改正,处1万元以上5万元以下的罚款;构成违反治安管理行为的,依法给予治安管理处罚:

(一)危险化学品运输车辆未悬挂或者喷涂警示标志,或者悬挂或者喷涂的警示标志不符合国家标准要求的;

(二)通过道路运输危险化学品,不配备押运人员的;

(三)运输剧毒化学品或者易制爆危险化学品途中需要较长时间停车,驾驶人员、押运人员不向当地公安机关报告的;

(四)剧毒化学品、易制爆危险化学品在道路运输途中丢失、被盗、被抢或者发生流散、泄露等情况,驾驶人员、押运人员不采取必要的警示措施和安全措施,或者不向当地公安机关报告的。

《铁路安全管理条例》(2013 年 8 月 17 日)

第九十九条 旅客违法携带、夹带管制器具或者违法携带、托运烟花爆竹、枪支弹药等危险物品或者其他违禁物品的,由公安机关依法给予治安管理处罚。

《放射性物品运输安全管理条例》(2009 年 9 月 14 日)

第六十五条 违反本条例规定,在放射性物品运输中造成核与辐射事故的,由县级以上地方人民政府环境保护主管部门处以罚款,罚款数额按照核与辐射事故造成的直接损失的 20% 计算;构成犯罪的,依法追究刑事责任。

托运人、承运人未按照核与辐射事故应急响应指南的要求,做好事故应急工作并报告事故的,由县级以上地方人民政府环境保护主管部门处 5 万元以上 20 万元以下的罚款。

因核与辐射事故造成他人损害的,依法承担民事责任。

第六十六条 拒绝、阻碍国务院核安全监管部门或者其他依法履行放射性物品运输安全监督管理职责的部门进行监督检查,或者在接受监督检查时弄虚作假的,由监督检查部门责令改正,处 1 万元以上 2 万元以下的罚款;构成违反治安管理行为的,由公安机关依法给予治安管理处罚;构成犯罪的,依法追究刑事责任。

《中华人民共和国核材料管制条例》(1987 年 6 月 15 日)

第十一条 核材料许可证持有单位必须建立专职机构或指定专人负责保管核材料,严格交接手续,建立帐目与报告制度,保证帐物相符。

许可证持有单位必须建立核材料衡算制度和分析测量系统,应用批准的分析测量方法和标准,达到规定的衡算误差要求,保持核材料收支平衡。

第十二条 许可证持有单位应当在当地公安部门的指导下,对生产、使用、贮存和处置核材料的场所,建立严格的安全保卫制度,采用可靠的安全防范措施,严防盗窃、破坏、火灾等事故的发生。

第十三条 运输核材料必须遵守国家的有关规定,核材料托运单位负责与有关部门制定运输保卫方案,落实保卫措施。运输部门、公安部门和其他有关部门要密切配合,确保核材料运输途中安全。

《剧毒化学品购买和公路运输许可证件管理办法》（公安部令第77号 2005年5月25日）

第二十条 未申领《剧毒化学品购买凭证》《剧毒化学品准购证》《剧毒化学品公路运输通行证》，擅自购买、通过公路运输剧毒化学品的，由公安机关依法采取措施予以制止，处以一万元以上三万元以下罚款；对已经购买了剧毒化学品的，责令退回原销售单位；对已经实施运输的，扣留运输车辆，责令购买、使用和承运单位共同派员接受处理；对发生重大事故，造成严重后果的，依法追究刑事责任。

第二十四条 通过公路运输剧毒化学品未随车携带《剧毒化学品公路运输通行证》的，由公安机关责令提供已依法领取《剧毒化学品公路运输通行证》的证明，处以500元以上1000元以下罚款。

除不可抗力外，未按《剧毒化学品公路运输通行证》核准载明的运输车辆、驾驶人、押运人员、装载数量、有效期限、指定的路线、时间和速度运输剧毒化学品的，尚未造成严重后果的，由公安机关对单位处以1000元以上一万元以下罚款，对直接责任人员依法给予治安处罚；构成犯罪的，依法追究刑事责任。

《违反公安行政管理行为的名称及其适用意见》（公通字〔2020〕8号 2020年8月6日修订）

53.非法制造、买卖、储存、运输、邮寄、携带、使用、提供、处置危险物质（第30条）

《公安机关对部分违反治安管理行为实施处罚的裁量指导意见》（公通字〔2018〕17号 2018年6月5日）

十八、非法制造、买卖、储存、运输、邮寄、携带、使用、提供、处置危险物质

【法律依据】

(《中华人民共和国治安管理处罚法》第30条) 违反国家规定，制造、买卖、储存、运输、邮寄、携带、使用、提供、处置爆炸性、毒害性、放射性、腐蚀性物质或者传染病病原体等危险物质的，处十日以上十五日以下拘留；情节较轻的，处五日以上十日以下拘留。

【理解与适用】

有下列情形之一的，属于"情节较轻"：

（一）违反国家规定，制造、买卖、储存、运输、携带危险物质数量较少或者未达到有关刑事立案追诉标准百分之十的；

（二）违反国家规定，制造、买卖、储存、运输危险物质造成直接经济损失未达到有关刑事立案追诉标准百分之十的；

（三）违反国家规定，处置危险物质数量未达到有关司法解释认定构成刑法第三百三十八条规定的"严重污染环境"标准百分之十的；

（四）违反国家规定，处置危险物质违法所得或者致使公私财产损失未达到有关司法解释认定构成刑法第三百三十八条规定的"严重污染环境"标准百分之十的；

（五）其他情节较轻的情形。

十九、非法携带枪支、弹药、管制器具

【法律依据】

（《中华人民共和国治安管理处罚法》第32条第1款）非法携带枪支、弹药或者弩、匕首等国家规定的管制器具的，处五日以下拘留，可以并处五百元以下罚款；情节较轻的，处警告或者二百元以下罚款。

【理解与适用】

有下列情形之一的，属于"情节较轻"：

（一）非法携带弹药，经告知，主动交出的；

（二）以收藏、留念、赠送为目的，携带属于管制刀具的各类武术刀、工艺刀、礼品刀，未造成危害后果的；

（三）其他情节较轻的情形。

典型案例参考

胡某某与会同县公安局公安治安行政处罚案

[湖南省怀化市中级人民法院(2020)湘12行终118号行政判决书]

2020年1月18日上午，胡某某邀约王某某驾驶小型货车装有"中国梦""开门红""金玉满堂""贵族礼炮"等烟花爆竹送货，被会同县公安局交通警察查获，后移送会同县公安局治安管理大队处理。公安局于当日作出会公(治)决字〔2020〕第0034号行政处罚决定，以胡某某未取得道路运输烟花爆竹许可证和车辆运输证在道路上运输烟花爆竹为由，确认胡某某的行为构成非法运输危险物品的行为，决定对原告行政拘留六日。

法院认为，本案中，胡某某作为烟花爆竹的合法零售商，理应知道运输烟花爆竹必须取得公安部门行政许可的相关规定,但胡某某在没有取得烟花爆竹运输行政许可和车辆运输证的情况下为消费者运输烟花爆竹,数量较多,其行为已违反上述法律规定,构成非法运输危险物品的行为。

> **第三十七条** 【对危险物质被盗、被抢、丢失不报行为的处罚】
> 爆炸性、毒害性、放射性、腐蚀性物质或者传染病病原体等危险物质被盗、被抢或者丢失,未按规定报告的,处五日以下拘留;故意隐瞒不报的,处五日以上十日以下拘留。

条文应用提示 ●●●●●●

危险物质具有爆炸性、毒害性、放射性、腐蚀性、传染性等特性,我国对危险物质实行严格的管理制度,如果危险物质被盗、被抢或者丢失,不按照规定报告并追回,流入社会,会成为严重的治安隐患,对公共安全产生威胁。

"故意隐瞒不报"是指发生危险物质被盗、被抢或者丢失后,责任人意图通过自身的努力将危险物质追回而不报告;或者隐瞒实际情况,意图逃避责任,不如实报告的行为,主要表现为统一口径、隐匿证据、破坏现场等,因此应当加重处罚。

条文新旧对照 ●●●●●●

《治安管理处罚法》2012 年版	《治安管理处罚法》2025 年版
第三十一条 爆炸性、毒害性、放射性、腐蚀性物质或者传染病病原体等危险物质被盗、被抢或者丢失,未按规定报告的,处五日以下拘留;故意隐瞒不报的,处五日以上十日以下拘留。	第三十七条 爆炸性、毒害性、放射性、腐蚀性物质或者传染病病原体等危险物质被盗、被抢或者丢失,未按规定报告的,处五日以下拘留;故意隐瞒不报的,处五日以上十日以下拘留。

关联法律法规 ●●●●●●

《烟花爆竹安全管理条例》(2016 年 2 月 6 日修订)

第三十九条 生产、经营、使用黑火药、烟火药、引火线的企业,丢失黑火药、烟火药、引火线未及时向当地安全生产监督管理部门和公安部门报告的,由公安部门对企业主要负责人处 5000 元以上 2 万元以下的罚款,对丢失的物品予以追缴。

《民用爆炸物品安全管理条例》(2014 年 7 月 29 日修订)

第五十条 违反本条例规定,民用爆炸物品从业单位有下列情形之一的,由公安机关处 2 万元以上 10 万元以下的罚款;情节严重的,吊销其许可证;有违反治安管理行为的,依法给予治安管理处罚:

(一)违反安全管理制度,致使民用爆炸物品丢失、被盗、被抢的;

(二)民用爆炸物品丢失、被盗、被抢,未按照规定向当地公安机关报告或者故意隐瞒不报的;

(三)转让、出借、转借、抵押、赠送民用爆炸物品的。

《危险化学品安全管理条例》(2013 年 12 月 7 日修订)

第八十一条 有下列情形之一的,由公安机关责令改正,可以处 1 万元以下的罚款;拒不改正的,处 1 万元以上 5 万元以下的罚款:

(一)生产、储存、使用剧毒化学品、易制爆危险化学品的单位不如实记录生产、储存、使用的剧毒化学品、易制爆危险化学品的数量、流向的;

(二)生产、储存、使用剧毒化学品、易制爆危险化学品的单位发现剧毒化学品、易制爆危险化学品丢失或者被盗,不立即向公安机关报告的;

(三)储存剧毒化学品的单位未将剧毒化学品的储存数量、储存地点以及管理人员的情况报所在地县级人民政府公安机关备案的;

(四)危险化学品生产企业、经营企业不如实记录剧毒化学品、易制爆危险化学品购买单位的名称、地址、经办人的姓名、身份证号码以及所购买的剧毒化学品、易制爆危险化学品的品种、数量、用途,或者保存销售记录和相关材料的时间少于 1 年的;

(五)剧毒化学品、易制爆危险化学品的销售企业、购买单位未在规定的时限内将所销售、购买的剧毒化学品、易制爆危险化学品的品种、数量以及流向信息报所在地县级人民政府公安机关备案的;

(六)使用剧毒化学品、易制爆危险化学品的单位依照本条例规定转让其购买的剧毒化学品、易制爆危险化学品,未将有关情况向所在地县级人民政府公安机关报告的。

生产、储存危险化学品的企业或者使用危险化学品从事生产的企业未按照本条例规定将安全评价报告以及整改方案的落实情况报安全生产监督管理部门或者港口行政管理部门备案,或者储存危险化学品的单位未将其剧毒化学品以及储存数量构成重大危险源的其他危险化学品的储存数量、储存地点以及管理人员的情况报安全生产监督管理部门或者港口行政管理部门备案的,分别由安全生产监督管理部门或者港口行政管理部门依照前款规定予以处罚。

生产实施重点环境管理的危险化学品的企业或者使用实施重点环境管理的危险化学品从事生产的企业未按照规定将相关信息向环境保护主管部门报告的,由环境保护主管部门依照本条第一款的规定予以处罚。

《中华人民共和国核材料管制条例》(1987年6月15日)

第十五条 发现核材料被盗、破坏、丢失、非法转让和非法使用的事件,当事单位必须立即追查原因、追回核材料,并迅速报告其上级领导部门、核工业部、国防科学技术工业委员会和国家核安全局。对核材料被盗、破坏、丢失等事件,必须迅速报告当地公安机关。

《违反公安行政管理行为的名称及其适用意见》(公通字〔2020〕8号 2020年8月6日修订)

54. 危险物质被盗、被抢、丢失不报(第31条)

典型案例参考 ●●●●●●

张某某、史某某危险物质被盗、被抢、丢失不报被罚案

[浙江省兰溪市公安局兰公(兰公)行罚决字〔2022〕01177号 兰公(兰公)行罚决字〔2022〕01178号行政处罚决定书]

2022年4月29日,张某某将用于爆破的雷管过失踢入爆孔后,未按处置规定报告给公安机关,当天晚上法人代表史某某得知事实后,决定以技术手段将踢入爆孔的雷管"殉爆"。2022年4月30日上午,史某某使用起爆器操作,按照雷管注册的方式选择单发手工输入掉入爆孔中的雷管条码,手动进入起爆程序,张某某使用自己的民爆手机App操作,起爆成功后将该雷管的条码信息通过民爆手机App上传至民爆系统,故意隐瞒雷管丢失真相不报。浙江省兰溪市公安局治安大队根据《治安管理处罚法》第31条、第17条第1款之规定,决定给予史某某行政拘留八日的行政处罚,给予张某某行政拘留七日的行政处罚。

第三十八条 【对非法携带管制器具行为的处罚】
非法携带枪支、弹药或者弩、匕首等国家规定的管制器具的,处五日以下拘留,可以并处一千元以下罚款;情节较轻的,处警告或者五百元以下罚款。

非法携带枪支、弹药或者弩、匕首等国家规定的管制器具进入公共场所或者公共交通工具的,处五日以上十日以下拘留,可以并处一千元以下罚款。

条文应用提示 ●●●●●●

枪支是指以火药或者压缩气体等为动力,利用管状器具发射金属弹丸或者其他物质,足以致人伤亡或者丧失知觉的各种枪支;弹药是指枪支使用的子弹、火药、金属弹丸等。管制器具是指弩、管制刀具、电击器以及使用火药为动力的射钉器、射网器等国家规定对社会治安秩序和公共安全构成危害,对公民合法权益和人身安全构成威胁,需要实施特别管理的物品,包括匕首、三棱刀、弹簧刀以及其他相类似的单刃、双刃、三棱尖刀等管制刀具,具有电击、强光、催泪、麻醉等功能的器械,以及弩等器具。

携带是指随身携带或者放入行李、包裹中托运,包括公开携带和秘密携带。公共场所是指供不特定多数人出入、停留、使用的场所,公共交通工具是指供社会公众乘坐、运输的各种民用交通工具。

条文新旧对照 ●●●●●●

《治安管理处罚法》2012年版	《治安管理处罚法》2025年版
第三十二条 非法携带枪支、弹药或者弩、匕首等国家规定的管制器具的,处五日以下拘留,可以并处五百元以下罚款;情节较轻的,处警告或者二百元以下罚款。	第二十八条 非法携带枪支、弹药或者弩、匕首等国家规定的管制器具的,处五日以下拘留,可以并处**一千元**以下罚款;情节较轻的,处警告或者**五百元**以下罚款。 非法携带枪支、弹药或者弩、

非法携带枪支、弹药或者弩、匕首等国家规定的管制器具进入公共场所或者公共交通工具的,处五日以上十日以下拘留,可以并处五百元以下罚款。	匕首等国家规定的管制器具进入公共场所或者公共交通工具的,处五日以上十日以下拘留,可以并处一千元以下罚款。

关联法律法规

《中华人民共和国枪支管理法》(2015年4月24日修正)

第四十四条 违反本法规定,有下列行为之一的,由公安机关对个人或者单位负有直接责任的主管人员和其他直接责任人员处警告或者十五日以下拘留;构成犯罪的,依法追究刑事责任:

(一)未按照规定的技术标准制造民用枪支的;

(二)在禁止携带枪支的区域、场所携带枪支的;

(三)不上缴报废枪支的;

(四)枪支被盗、被抢或者丢失,不及时报告的;

(五)制造、销售仿真枪的。

有前款第(一)项至第(三)项所列行为的,没收其枪支,可以并处五千元以下罚款;有前款第(五)项所列行为的,由公安机关、工商行政管理部门按照各自职责范围没收其仿真枪,可以并处制造、销售金额五倍以下的罚款,情节严重的,由工商行政管理部门吊销营业执照。

《铁路安全管理条例》(2013年8月17日)

第九十九条 旅客违法携带、夹带管制器具或者违法携带、托运烟花爆竹、枪支弹药等危险物品或者其他违禁物品的,由公安机关依法给予治安管理处罚。

《公安部对部分刀具实行管制的暂行规定》(1983年3月12日)

第二条 本规定所管制的刀具是:匕首、三棱刀(包括机械加工用的三棱刮刀)、带有自锁装置的弹簧刀(跳刀)以及其它相类似的单刃、双刃、三棱尖刀。

第三条 匕首,除中国人民解放军和人民警察作为武器、警械配备的以外,专业狩猎人员和地质、勘探等野外作业人员必须持有的,须由县以上主管单位出具证明,经县以上公安机关批准,发给《匕首佩带证》,方准持有佩带。

佩带匕首人员如果不再从事原来的职业,应将匕首交还配发单位,《匕首佩带证》交回原发证公安机关。

第八条 使用上述管制范围内刀具的单位,必须建立健全使用保管制度,加强刀具的管理和检查,确保安全。持有上述刀具的个人,对刀具应妥善保管,不得随意赠送、转借他人使用。发现丢失、被盗,要及时报告公安保卫部门。凡因保管不当,造成丢失、被盗,而酿成严重后果的,要追究有关人员和单位领导的责任。

第十三条 违反本规定,非法制造、销售、携带和私自保存管制范围刀具的,公安机关应予取缔,没收其刀具,并按照《中华人民共和国治安管理处罚条例》有关条款予以治安处罚;有妨害公共安全行为,情节严重,触犯刑律的,依法追究刑事责任。

《违反公安行政管理行为的名称及其适用意见》(公通字〔2020〕8号 2020年8月6日修订)

55.非法携带枪支、弹药、管制器具(第32条)

《公安机关对部分违反治安管理行为实施处罚的裁量指导意见》(公通字〔2018〕17号 2018年6月5日)

十九、非法携带枪支、弹药、管制器具

【法律依据】

(《中华人民共和国治安管理处罚法》第32条第1款)非法携带枪支、弹药或者弩、匕首等国家规定的管制器具的,处五日以下拘留,可以并处五百元以下罚款;情节较轻的,处警告或者二百元以下罚款。

【理解与适用】

有下列情形之一的,属于"情节较轻":

(一)非法携带弹药,经告知,主动交出的;

(二)以收藏、留念、赠送为目的,携带属于管制刀具的各类武术刀、工艺刀、礼品刀,未造成危害后果的;

(三)其他情节较轻的情形。

典型案例参考

陈某某与黄山市人民政府行政复议案

[安徽省高级人民法院(2019)皖行终727号行政判决书]

2018年8月8日晚,陈某某驾车送查某某时,发现王某某在路边,因查某某与王某某曾发生过纠纷,陈某某停车后直接上前动手打了王某某脸部一拳,王某某被打后立即还手打了陈某某,林业检查站工作人员迅速将双方拉开。后陈某某从车内拿出一把管制刀具追赶王某某,王某某跑开电话报警求助。9月7日,黄山市公安局黄山分局作出黄公(谭家桥)行罚决字[2018]304号行政处罚决定,对陈某某殴打他人的违法行为处行政拘留10日并处罚款500元,对陈某某非法携带管制器具的违法行为处罚款200元,合并执行行政拘留10日、罚款700元,并对管制器具予以收缴。王某某不服上述行政处罚决定,向黄山市人民政府申请行政复议。黄山市人民政府于12月6日作出黄政复决字[2018]75号行政复议决定,撤销黄山市公安局黄山分局作出的黄公(谭家桥)行罚决字[2018]304号行政处罚决定,并责令其在30日内重新作出具体行政行为。陈某某不服,遂提起本案诉讼。

法院认为,本案争议的焦点问题是黄山市公安局黄山分局对陈某某案非法携带管制器具行为按"情节较轻"处罚是否准确,是否符合行政自由裁量权和比例原则的要求。关于何为"情节较轻"问题,法律没有明文规定,给行政机关一定的裁量空间,由于该裁量空间较为宽泛、模糊,实践中难以操作,容易产生分歧。《安徽省公安机关行政处罚裁量权基准》对此规定"有下列情形之一的,属于情节较轻:(一)初次非法携带枪支、弹药或者弩、匕首等国家规定的管制器具并主动、全部交出的;(二)不明知是国家规定的管制器具而携带,经指出后主动交出的;(三)以收藏纪念为目的,在旅游区购买并非法携带枪支、弹药、管制器具的;(四)其他情节较轻的情形"。该《裁量权基准》(治安管理章节)还规定,随意殴打他人造成他人身体伤害的以及采取驾驶机动车或者使用工具等追逐、拦截、殴打他人的等属于情节较重。案发当日陈某某与王某某并未发生争执,陈某某在王某某毫无防备的情况击打王某某头部并持管制刀具追赶王某某,致王某某身体受到伤害。黄山分局按照"情节较轻"对陈某某作出行政处罚决定,该行政处罚裁量权行使具有随意性,不符合比例原则的要求,亦不符合《安徽省公安机关行政处罚裁量权基准》的规定。黄山市人民政府据此撤销上述行政处罚决定,并责令黄山分局在30日内重新作出具体行政行为并无不当。

第三十九条 【对盗窃、损毁公共设施行为的处罚】

有下列行为之一的,处十日以上十五日以下拘留;情节较轻的,处五日以下拘留:

(一)盗窃、损毁油气管道设施、电力电信设施、广播电视设施、水利工程设施、公共供水设施、公路及附属设施或者水文监测、测量、气象测报、生态环境监测、地质监测、地震监测等公共设施,危及公共安全的;

(二)移动、损毁国家边境的界碑、界桩以及其他边境标志、边境设施或者领土、领海基点标志设施的;

(三)非法进行影响国(边)界线走向的活动或者修建有碍国(边)境管理的设施的。

条文应用提示

油气管道设施是指《石油天然气管道保护法》中规定的管道及管道附属设施;电力设施包括发电设施、变电设施和电力线路设施及其有关辅助设施;电信设施是指公用电信网、专用电信网、广播电视传输网的设施,包括所有有线、无线、电信管道和卫星等设施;广播电视设施包括广播电视信号发射设施、广播电视信号专用传输设施和广播电视信号监测设施;公路及附属设施包括公路以及保护、养护公路和保障公路安全畅通所设置的公路防护、排水、养护、管理、服务、交通安全、渡运、监控、通信、收费等设施、设备以及专用建筑物、构筑物等;水文监测、测量设施是指水利、电力、气象、海洋、农林等部门用于测算水位、流量等数据的水文站、雨量站等设施;气象测报设施是指气象探测设施、气象信息专用传输设施、大型气象专用技术装备等;生态环境监测设施是指用于监控和测量生态环境资源的质量、污染程度等各项指标设施、设备,如渗沥液监测井、尾气取样孔等;地震监测设施是指用于地震信息检测、传输和处理的设备、仪器和装置以及配套的监测场地。

"移动、损毁"是指将界碑、界桩以及其他边境标志、边境设施或者领土、领海基点标志设施砸毁、拆除、挖掉、盗走移动或者改变其原样等,从而使其失去原有的意义和作用的行为。

影响国(边)界线走向的活动如在临近国(边)界线附近挖沙、采矿、耕种、采伐树木,影响国(边)界河流向;修建有碍国(边)境管理的设施例如在靠近国(边)境位置修建房屋、挖鱼塘。

条文新旧对照 ●●●●●●

《治安管理处罚法》2012年版	《治安管理处罚法》2025年版
第三十三条 有下列行为之一的,处十日以上十五日以下拘留: (一)盗窃、损毁油气管道设施、电力电信设施、广播电视设施、水利防汛工程设施或者水文监测、测量、气象测报、环境监测、地质监测、地震监测等公共设施的; (二)移动、损毁国家边境的界碑、界桩以及其他边境标志、边境设施或者领土、领海标志设施的; (三)非法进行影响国(边)界线走向的活动或者修建有碍国(边)境管理的设施的。	第三十九条 有下列行为之一的,处十日以上十五日以下拘留;**情节较轻的,处五日以下拘留**: (一)盗窃、损毁油气管道设施、电力电信设施、广播电视设施、水利工程设施、**公共供水设施**、**公路及附属设施**或者水文监测、测量、气象测报、**生态**环境监测、地质监测、地震监测等公共设施,**危及公共安全的**; (二)移动、损毁国家边境的界碑、界桩以及其他边境标志、边境设施或者领土、领海**基点**标志设施的; (三)非法进行影响国(边)界线走向的活动或者修建有碍国(边)境管理的设施的。

关联法律法规 ●●●●●●

《中华人民共和国刑法》(2023年12月29日修正)

第三百二十三条 故意破坏国家边境的界碑、界桩或者永久性测量标志的,处三年以下有期徒刑或者拘役。

《中华人民共和国陆地国界法》(2021年10月23日)

第三十二条 界标和边防基础设施受法律保护。

任何组织或者个人不得擅自移动、损毁界标和边防基础设施。

界标被移动、损毁、遗失的,由外交部与陆地邻国相关部门协商后组织恢复、修缮或者重建。

第三十四条　国务院有关部门和边境省、自治区的各级人民政府应当采取措施维护界河(江、湖)走向稳定,并依照有关条约保护和合理利用边界水。

船舶和人员需要进入界河(江、湖)活动的,应当由有关主管部门批准或者备案,向公安机关报告,并接受查验。

第四十条　任何组织或者个人未经有关主管部门批准不得在陆地国界附近修建永久性建筑物。

第五十七条第一款　有违反本法第三十二条第二款行为的,由公安机关依照《中华人民共和国治安管理处罚法》、《中华人民共和国军事设施保护法》有关规定处罚。损毁界标、边防基础设施的,应当责令行为人赔偿损失。

《中华人民共和国军事设施保护法》(2021年6月10日修订)

第六十二条　毁坏边防、海防管控设施以及军事禁区、军事管理区的围墙、铁丝网、界线标志或者其他军事设施的,依照《中华人民共和国治安管理处罚法》第三十三条的规定处罚。

《中华人民共和国电力法》(2018年12月29日修正)

第五十二条　任何单位和个人不得危害发电设施、变电设施和电力线路设施及其有关辅助设施。

在电力设施周围进行爆破及其他可能危及电力设施安全的作业的,应当按照国务院有关电力设施保护的规定,经批准并采取确保电力设施安全的措施后,方可进行作业。

《中华人民共和国公路法》(2017年11月4日修正)

第七条　公路受国家保护,任何单位和个人不得破坏、损坏或者非法占用公路、公路用地及公路附属设施。

任何单位和个人都有爱护公路、公路用地及公路附属设施的义务,有权检举和控告破坏、损坏公路、公路用地、公路附属设施和影响公路安全的行为。

第五十二条　任何单位和个人不得损坏、擅自移动、涂改公路附属设施。

前款公路附属设施,是指为保护、养护公路和保障公路安全畅通所设置的公路防护、排水、养护、管理、服务、交通安全、渡运、监控、通信、收费等设施、设备以及专用建筑物、构筑物等。

《中华人民共和国测绘法》(2017年4月27日修正)

第四十一条 任何单位和个人不得损毁或者擅自移动永久性测量标志和正在使用中的临时性测量标志,不得侵占永久性测量标志用地,不得在永久性测量标志安全控制范围内从事危害测量标志安全和使用效能的活动。

本法所称永久性测量标志,是指各等级的三角点、基线点、导线点、军用控制点、重力点、天文点、水准点和卫星定位点的觇标和标石标志,以及用于地形测图、工程测量和形变测量的固定标志和海底大地点设施。

第六十四条 违反本法规定,有下列行为之一的,给予警告,责令改正,可以并处二十万元以下的罚款;对直接负责的主管人员和其他直接责任人员,依法给予处分;造成损失的,依法承担赔偿责任;构成犯罪的,依法追究刑事责任:

(一)损毁、擅自移动永久性测量标志或者正在使用中的临时性测量标志;

(二)侵占永久性测量标志用地;

(三)在永久性测量标志安全控制范围内从事危害测量标志安全和使用效能的活动;

(四)擅自拆迁永久性测量标志或者使永久性测量标志失去使用效能,或者拒绝支付迁建费用;

(五)违反操作规程使用永久性测量标志,造成永久性测量标志毁损。

《中华人民共和国气象法》(2016年11月7日修正)

第十一条 国家依法保护气象设施,任何组织或者个人不得侵占、损毁或者擅自移动气象设施。

气象设施因不可抗力遭受破坏时,当地人民政府应当采取紧急措施,组织力量修复,确保气象设施正常运行。

《中华人民共和国水法》(2016年7月2日修正)

第七十二条 有下列行为之一,构成犯罪的,依照刑法的有关规定追究刑事责任;尚不够刑事处罚,且防洪法未作规定的,由县级以上地方人民政府水行政主管部门或者流域管理机构依据职权,责令停止违法行为,采取补救措施,处一万元以上五万元以下的罚款;违反治安管理处罚法的,由公

安机关依法给予治安管理处罚;给他人造成损失的,依法承担赔偿责任:

(一)侵占、毁坏水工程及堤防、护岸等有关设施,毁坏防汛、水文监测、水文地质监测设施的;

(二)在水工程保护范围内,从事影响水工程运行和危害水工程安全的爆破、打井、采石、取土等活动的。

《中华人民共和国防洪法》(2016年7月2日修正)

第六十条 违反本法规定,破坏、侵占、毁损堤防、水闸、护岸、抽水站、排水渠系等防洪工程和水文、通信设施以及防汛备用的器材、物料的,责令停止违法行为,采取补救措施,可以处五万元以下的罚款;造成损坏的,依法承担民事责任;应当给予治安管理处罚的,依照治安管理处罚法的规定处罚;构成犯罪的,依法追究刑事责任。

第六十三条 除本法第五十九条的规定外,本章规定的行政处罚和行政措施,由县级以上人民政府水行政主管部门决定,或者由流域管理机构按照国务院水行政主管部门规定的权限决定。但是,本法第六十条、第六十一条规定的治安管理处罚的决定机关,按照治安管理处罚法的规定执行。

《中华人民共和国石油天然气管道保护法》(2010年6月25日)

第五十一条 采用移动、切割、打孔、砸撬、拆卸等手段损坏管道或者盗窃、哄抢管道输送、泄漏、排放的石油、天然气,尚不构成犯罪的,依法给予治安管理处罚。

《中华人民共和国防震减灾法》(2008年12月27日修订)

第八十四条 违反本法规定,有下列行为之一的,由国务院地震工作主管部门或者县级以上地方人民政府负责管理地震工作的部门或者机构责令停止违法行为,恢复原状或者采取其他补救措施;造成损失的,依法承担赔偿责任:

(一)侵占、毁损、拆除或者擅自移动地震监测设施的;

(二)危害地震观测环境的;

(三)破坏典型地震遗址、遗迹的。

单位有前款所列违法行为,情节严重的,处二万元以上二十万元以下的罚款;个人有前款所列违法行为,情节严重的,处二千元以下的罚款。构成违反治安管理行为的,由公安机关依法给予处罚。

《中华人民共和国河道管理条例》(2018年3月19日修订)

第四十五条 违反本条例规定,有下列行为之一的,县级以上地方人民政府河道主管机关除责令其纠正违法行为、赔偿损失、采取补救措施外,可以并处警告、罚款;应当给予治安管理处罚的,按照《中华人民共和国治安管理处罚法》的规定处罚;构成犯罪的,依法追究刑事责任:

(一)损毁堤防、护岸、闸坝、水工程建筑物,损毁防汛设施、水文监测和测量设施、河岸地质监测设施以及通信照明等设施的;

(二)在堤防安全保护区内进行打井、钻探、爆破、挖筑鱼塘、采石、取土等危害堤防安全的活动的;

(三)非管理人员操作河道上的涵闸闸门或者干扰河道管理单位正常工作的。

《电力设施保护条例》(2011年1月8日修订)

第三十条 凡违反本条例规定而构成违反治安管理行为的单位或个人,由公安部门根据《中华人民共和国治安管理处罚法》予以处罚;构成犯罪的,由司法机关依法追究刑事责任。

《地质灾害防治条例》(2003年11月24日)

第十六条 国家保护地质灾害监测设施。任何单位和个人不得侵占、损毁、损坏地质灾害监测设施。

第四十六条 违反本条例规定,侵占、损毁、损坏地质灾害监测设施或者地质灾害治理工程设施的,由县级以上地方人民政府国土资源主管部门责令停止违法行为,限期恢复原状或者采取补救措施,可以处5万元以下的罚款;构成犯罪的,依法追究刑事责任。

《广播电视设施保护条例》(2000年11月5日)

第二十一条 违反本条例规定,损坏广播电视设施的,由县级以上人民政府广播电视行政管理部门或者其授权的广播电视设施管理单位责令改正,对个人处1000元以上1万元以下的罚款,对单位处2万元以上10万元以下的罚款;对其直接负责的主管人员及其他直接责任人员依法给予行政处分;违反治安管理规定的,由公安机关依法给予治安管理处罚;构成犯罪的,依法追究刑事责任。

《环境监测管理办法》(国家环境保护总局令第39号 2007年7月25日)

第十六条 任何单位和个人不得损毁、盗窃环境监测设施。

第二十条 损毁、盗窃环境监测设施的,县级以上环境保护部门移送公安机关,由公安机关依照《治安管理处罚法》的规定处10日以上15日以下拘留;构成犯罪的,依法追究刑事责任。

《违反公安行政管理行为的名称及其适用意见》(公通字〔2020〕8号 2020年8月6日修订)

57. 移动、损毁边境、领土、领海标志设施(第33条第2项)
58. 非法进行影响国(边)界线走向的活动(第33条第3项)
59. 非法修建有碍国(边)境管理的设施(第33条第3项)

典型案例参考

付某诉通化市公安局治安行政处罚、通化市公安局东昌区分局行政复议案

[通化铁路运输法院(2021)吉7103行初36号行政判决书]

通化市某小区楼房电力配套设施不完善,前期入住的业主自筹资金,由电力部门完善了电力等配套设施,故要求后来法拍户分摊应承担的配套费用,法拍户不同意分摊费用,私自将自家电线接在电力设施上。2020年7月3日,维护该小区业主利益的群众组织找到物业公司协助采取措施,物业公司安排付某及秦某将法拍户私接的电线11根掐断。2021年6月11日,通化市公安局东昌区分局作出东昌公(民)行罚决字〔2021〕164号行政处罚决定,认定付某伙同秦某损坏居民电力公共设施,根据《治安管理处罚法》第33条第1项之规定,对付某行政拘留10日。

法院认为,该案争议焦点为付某剪断的电线是否属于《治安管理处罚法》第33条第1项规定的"电力设施",被诉行政处罚决定适用法律是否正确,裁量是否适当。本案中,付某剪断的11根电线,系连接电表,置于公共空间的居民楼电线井内用于供电且已经通电使用的电力线路,属于公共电力设施;供电部门对电力设施产权分界点的划分,系便于对电力设施维护管理,不影响电力设施的公共属性。对危害电力设施的行为,有权处理的机关是电力管理部门或者公安部门,物业管理部门、公民个人的私力救济手段为合法制止而非径行拆除,故东昌分局对付某的行政处罚决定适用法律正确。

> 第四十条 【对妨害公共交通工具安全行驶行为的处罚】
> 盗窃、损坏、擅自移动使用中的航空设施,或者强行进入航空器驾驶舱的,处十日以上十五日以下拘留。
> 在使用中的航空器上使用可能影响导航系统正常功能的器具、工具,不听劝阻的,处五日以下拘留或者一千元以下罚款。
> 盗窃、损坏、擅自移动使用中的其他公共交通工具设施、设备,或者以抢控驾驶操纵装置、拉扯、殴打驾驶人员等方式,干扰公共交通工具正常行驶的,处五日以下拘留或者一千元以下罚款;情节较重的,处五日以上十日以下拘留。

条文应用提示

"航空设施"主要包括飞行区设施、空中交通管理系统、货运区设施、航空器维修区设施、供油设施、公用设施以及其他与飞行安全有关的各类设施。强行进入航空器驾驶舱的行为,是指航空器上的乘客强行进入航空器驾驶舱,既包括不听劝阻执意进入,也包括经劝阻后又再次或者多次进入航空器驾驶舱。

对于在使用中的航空器上使用可能影响导航系统正常功能的器具、工具,行为人主观上应当出于故意,即明知在使用中的航空器上使用可能影响导航系统正常功能的器具、工具会危及航空器飞行安全,仍实施该行为。

"使用中的公共交通工具"是指处于运营状态的公共交通工具,如果公共交通工具尚未投入使用,或者在维修保养中,则不在本条规定的范畴。盗窃、损坏、擅自移动使用中的公共交通工具设施、设备,或者强行进入公共交通工具驾驶舱,会干扰驾驶员对公共交通工具的操控,从而妨害公共交通工具安全行驶。

以抢控驾驶操纵装置、拉扯、殴打驾驶人员等方式,干扰公共交通工具正常行驶的,行为主体主要是公共交通工具上的乘客等人员。"驾驶操纵装置"主要是指供驾驶人员控制车辆行驶的装置,包括方向盘、离合器踏板、加速踏板、制动踏板、变速杆、驻车制动手柄等。刑法及相关司法解释已经将抢夺方向盘、变速杆等操纵装置,殴打、拉拽驾驶人员等妨害安全驾驶行为纳入以危险方法危害公共安全罪范畴,对于尚不构成犯罪但构成违反治安管理行为的,依法给予治安管理处罚。

条文新旧对照 ●●●●●

《治安管理处罚法》2012年版	《治安管理处罚法》2025年版
第三十四条 盗窃、损坏、擅自移动使用中的航空设施,或者强行进入航空器驾驶舱的,处十日以上十五日以下拘留。 在使用中的航空器上使用可能影响导航系统正常功能的器具、工具,不听劝阻的,处五日以下拘留或者五百元以下罚款。	第四十条 盗窃、损坏、擅自移动使用中的航空设施,或者强行进入航空器驾驶舱的,处十日以上十五日以下拘留。 在使用中的航空器上使用可能影响导航系统正常功能的器具、工具,不听劝阻的,处五日以下拘留或者一千元以下罚款。 盗窃、损坏、擅自移动使用中的其他公共交通工具设施、设备,或者以抢控驾驶操纵装置、拉扯、殴打驾驶人员等方式,干扰公共交通工具正常行驶的,处五日以下拘留或者一千元以下罚款;情节较重的,处五日以上十日以下拘留。

关联法律法规 ●●●●●

《中华人民共和国刑法》(2023年12月29日修正)

第一百一十七条 破坏轨道、桥梁、隧道、公路、机场、航道、灯塔、标志或者进行其他破坏活动,足以使火车、汽车、电车、船只、航空器发生倾覆、毁坏危险,尚未造成严重后果的,处三年以上十年以下有期徒刑。

第一百三十三条之二 对行驶中的公共交通工具的驾驶人员使用暴力或者抢控驾驶操纵装置,干扰公共交通工具正常行驶,危及公共安全的,处一年以下有期徒刑、拘役或者管制,并处或者单处罚金。

前款规定的驾驶人员在行驶的公共交通工具上擅离职守,与他人互殴或者殴打他人,危及公共安全的,依照前款的规定处罚。

有前两款行为,同时构成其他犯罪的,依照处罚较重的规定定罪处罚。

《违反公安行政管理行为的名称及其适用意见》(公通字〔2020〕8号 2020年8月6日修订)

60. 盗窃、损坏、擅自移动航空设施(第34条第1款)
61. 强行进入航空器驾驶舱(第34条第1款)
62. 在航空器上使用禁用物品(第34条第2款)

典型案例参考

张某某与上海市公安局国际机场分局治安行政处罚案

[上海市第一中级人民法院(2019)沪01行初221号行政判决书]

2019年8月14日上午,张某某乘坐由郑州飞往上海的航班,在飞机滑行准备起飞阶段,张某某分别于7:43接听电话(1分钟)、于7:45呼出电话(41秒)。在此过程中,该航班安全员雷某对原告进行了多次劝阻,但张某某未予接受,直至安全员准备上前用手制止其使用手机时原告才挂断电话。上海市公安局国际机场分局于2019年8月14日作出沪公机行罚决字〔2019〕100601号《行政处罚决定书》,决定给予某某行政拘留五日的行政处罚。

法院认为,张某某使用手机通话时,其所乘坐的航班飞机已经处于滑行准备起飞阶段,其在此时使用手机的行为可能会对飞机导航等系统产生影响,进而危及飞行安全。航班安全员发现后,曾多次对张某某进行劝阻,但张某某未予配合,直至安全员准备用手制止其继续使用手机时,张某某方挂断电话。张某某的上述行为已符合《治安管理处罚法》第34条第2款规定的违法行为构成,机场分局对张某某处以行政拘留5日的处罚决定,事实依据充分,适用法律正确,量罚亦属适当。

第四十一条 【对妨害铁路、城市轨道交通运行安全行为的处罚】
有下列行为之一的,处五日以上十日以下拘留,可以并处一千元以下罚款;情节较轻的,处五日以下拘留或者一千元以下罚款:

(一)盗窃、损毁、擅自移动铁路、城市轨道交通设施、设备、机车车辆配件或者安全标志的;

(二)在铁路、城市轨道交通线路上放置障碍物,或者故意向列车投掷物品的;

(三)在铁路、城市轨道交通线路、桥梁、隧道、涵洞处挖掘坑穴、采石取沙的;

(四)在铁路、城市轨道交通线路上私设道口或者平交过道的。

条文应用提示

铁路设备是指用于铁路运输的铁路机车、动车组、客车、货车、轨道车、救援起重机、铺轨机和架桥机(组)车辆、接触网作业车、大型养路机械等铁路机车车辆,以及铁路道岔及其转辙设备、信号控制软件和控制设备、通信设备、牵引供电设备、电力设备、线路路基、轨道、桥隧等铁路基础设施设备。

城市轨道交通设施是指投入运营的土建设施及附属软硬件监测设备,包括桥梁、隧道、轨道、路基、车站、控制中心和车辆基地等。城市轨道交通设备是指投入运营的各类机械、电气、自动化设备及软件系统,包括车辆、通风空调与供暖、给水与排水、供电、通信、信号、自动售检票系统、火灾自动报警系统、综合监控系统、环境与设备监控系统、乘客信息系统、门禁、站台门、车辆基地检修设备和相关检测监测设备等。

铁路道口,是指在铁路线路上铺面宽度在 2.5 米及以上,直接与道路贯通的平面交叉,按看守情况分为"有人看守道口"和"无人看守道口"。人行过道,是指铁路线路上铺面宽度在 2.5 米以下,直接与道路贯通的平面交叉。其中:城市人行过道的宽度一般为 0.75~1.5 米,乡村人行过道的宽度一般为 0.4~1.2 米。人行过道禁止畜力车、机动车通行。平交道口是指铁路与道路的平面交叉口。

本条列举的行为是没有造成现实危害或者不足以使列车发生倾覆、毁坏危险,尚不构成犯罪的行为。如果行为足以使列车发生倾覆、毁坏危险,则可能构成《刑法》中的破坏交通设施罪和过失损坏交通设施罪,造成列车机车损毁或者人员伤亡的,则可能构成故意毁坏财物罪或者故意伤害罪。

条文新旧对照

《治安管理处罚法》2012 年版	《治安管理处罚法》2025 年版
第三十五条 有下列行为之一的,处五日以上十日以下拘留,可以并处五百元以下罚款;情节较轻的,处五日以下拘留或者五百元以下罚款:	第四十一条 有下列行为之一的,处五日以上十日以下拘留,可以并处**一千元**以下罚款;情节较轻的,处五日以下拘留或者**一千元**以下罚款:

（一）盗窃、损毁或者擅自移动铁路设施、设备、机车车辆配件或者安全标志的； （二）在铁路线路上放置障碍物，或者故意向列车投掷物品的； （三）在铁路线路、桥梁、涵洞处挖掘坑穴、采石取沙的； （四）在铁路线路上私设道口或者平交过道的。	（一）盗窃、损毁、擅自移动铁路、**城市轨道交通**设施、设备、机车车辆配件或者安全标志的； （二）在铁路、**城市轨道交通**线路上放置障碍物，或者故意向列车投掷物品的； （三）在铁路、**城市轨道交通**线路、桥梁、**隧道**、涵洞处挖掘坑穴、采石取沙的； （四）在铁路、**城市轨道交通**线路上私设道口或者平交过道的。

关联法律法规

《中华人民共和国刑法》（2023 年 12 月 29 日修正）

第一百一十七条　破坏轨道、桥梁、隧道、公路、机场、航道、灯塔、标志或者进行其他破坏活动，足以使火车、汽车、电车、船只、航空器发生倾覆、毁坏危险，尚未造成严重后果的，处三年以上十年以下有期徒刑。

第一百一十九条　破坏交通工具、交通设施、电力设备、燃气设备、易燃易爆设备，造成严重后果的，处十年以上有期徒刑、无期徒刑或者死刑。

过失犯前款罪的，处三年以上七年以下有期徒刑；情节较轻的，处三年以下有期徒刑或者拘役。

《中华人民共和国铁路法》（2015 年 4 月 24 日修正）

第四十七条　禁止擅自在铁路线路上铺设平交道口和人行过道。

平交道口和人行过道必须按照规定设置必要的标志和防护设施。

行人和车辆通过铁路平交道口和人行过道时，必须遵守有关通行的规定。

第四十九条　对损毁、移动铁路信号装置及其他行车设施或者在铁路线路上放置障碍物的，铁路职工有权制止，可以扭送公安机关处理。

第五十一条　禁止在铁路线路上行走、坐卧。对在铁路线路上行走、坐卧的,铁路职工有权制止。

第六十一条 故意损毁、移动铁路行车信号装置或者在铁路线路上放置足以使列车倾覆的障碍物的,依照刑法有关规定追究刑事责任。

第六十二条 盗窃铁路线路上行车设施的零件、部件或者铁路线路上的器材,危及行车安全的,依照刑法有关规定追究刑事责任。

第六十七条 违反本法规定,尚不够刑事处罚,应当给予治安管理处罚的,依照治安管理处罚法的规定处罚。

第六十八条 擅自在铁路线路上铺设平交道口、人行过道的,由铁路公安机关或者地方公安机关责令限期拆除,可以并处罚款。

《铁路安全管理条例》(2013 年 8 月 17 日)

第七条 禁止扰乱铁路建设、运输秩序。禁止损坏或者非法占用铁路设施设备、铁路标志和铁路用地。

任何单位或者个人发现损坏或者非法占用铁路设施设备、铁路标志、铁路用地以及其他影响铁路安全的行为,有权报告铁路运输企业,或者向铁路监管部门、公安机关或者其他有关部门举报。接到报告的铁路运输企业、接到举报的部门应当根据各自职责及时处理。

对维护铁路安全作出突出贡献的单位或者个人,按照国家有关规定给予表彰奖励。

第三十条 在铁路线路安全保护区内建造建筑物、构筑物等设施,取土、挖砂、挖沟、采空作业或者堆放、悬挂物品,应当征得铁路运输企业同意并签订安全协议,遵守保证铁路安全的国家标准、行业标准和施工安全规范,采取措施防止影响铁路运输安全。铁路运输企业应当派员对施工现场实行安全监督。

第七十七条 禁止实施下列危害铁路安全的行为:

(一)非法拦截列车、阻断铁路运输;

(二)扰乱铁路运输指挥调度机构以及车站、列车的正常秩序;

(三)在铁路线路上放置、遗弃障碍物;

(四)击打列车;

(五)擅自移动铁路线路上的机车车辆,或者擅自开启列车车门、违规操纵列车紧急制动设备;

(六)拆盗、损毁或者擅自移动铁路设施设备、机车车辆配件、标桩、防护设施和安全标志；

（七）在铁路线路上行走、坐卧或者在未设道口、人行过道的铁路线路上通过；

（八）擅自进入铁路线路封闭区域或者在未设置行人通道的铁路桥梁、隧道通行；

（九）擅自开启、关闭列车的货车阀、盖或者破坏施封状态；

（十）擅自开启列车中的集装箱箱门，破坏箱体、阀、盖或者施封状态；

（十一）擅自松动、拆解、移动列车中的货物装载加固材料、装置和设备；

（十二）钻车、扒车、跳车；

（十三）从列车上抛扔杂物；

（十四）在动车组列车上吸烟或者在其他列车的禁烟区域吸烟；

（十五）强行登乘或者以拒绝下车等方式强占列车；

（十六）冲击、堵塞、占用进出站通道或者候车区、站台。

《城市轨道交通运营管理规定》（交通运输部令2018年第8号　2018年5月21日）

第三十三条　禁止下列危害城市轨道交通运营设施设备安全的行为：

（一）损坏隧道、轨道、路基、高架、车站、通风亭、冷却塔、变电站、管线、护栏护网等设施；

（二）损坏车辆、机电、电缆、自动售检票等设备，干扰通信信号、视频监控设备等系统；

（三）擅自在高架桥梁及附属结构上钻孔打眼，搭设电线或者其他承力绳索，设置附着物；

（四）损坏、移动、遮盖安全标志、监测设施以及安全防护设备。

第五十三条　违反本规定第三十三条、第三十四条，运营单位有权予以制止，并由城市轨道交通运营主管部门责令改正，可以对个人处以5000元以下的罚款，对单位处以3万元以下的罚款；违反治安管理规定的，由公安机关依法处理；构成犯罪的，依法追究刑事责任。

《违反公安行政管理行为的名称及其适用意见》(公通字[2020]8号 2020年8月6日修订)

63.盗窃、损毁、擅自移动铁路设施、设备、机车车辆配件、安全标志(第35条第1项)

64.在铁路线路上放置障碍物(第35条第2项)

65.故意向列车投掷物品(第35条第2项)

66.在铁路沿线非法挖掘坑穴、采石取沙(第35条第3项)

67.在铁路线路上私设道口、平交过道(《中华人民共和国治安管理处罚法》第35条第4项和《中华人民共和国铁路法》第68条)

《公安机关对部分违反治安管理行为实施处罚的裁量指导意见》(公通字[2018]17号 2018年6月5日)

二十、盗窃、损毁、擅自移动铁路设施、设备、机车车辆配件、安全标志

【法律依据】

(《中华人民共和国治安管理处罚法》第35条第1项)有下列行为之一的,处五日以上十日以下拘留,可以并处五百元以下罚款;情节较轻的,处五日以下拘留或者五百元以下罚款:

(一)盗窃、损毁或者擅自移动铁路设施、设备、机车车辆配件或者安全标志的;

【理解与适用】

有下列情形之一的,属于"情节较轻":

(一)及时采取补救措施,尚未造成危害后果的;

(二)盗窃、损毁设施、设备的价值较小,且不足以造成危害后果的;

(三)其他情节较轻的情形。

二十一、在铁路线上放置障碍物

【法律依据】

(《中华人民共和国治安管理处罚法》第35条第2项)有下列行为之一的,处五日以上十日以下拘留,可以并处五百元以下罚款;情节较轻的,处五日以下拘留或者五百元以下罚款:

(二)在铁路线路上放置障碍物,或者故意向列车投掷物品的;

【理解与适用】

有下列情形之一的,属于"情节较轻":

（一）在火车到来前及时采取补救措施,危害后果没有发生的;

（二）不足以对行车安全和旅客人身安全造成影响的;

（三）其他情节较轻的情形。

二十二、故意向列车投掷物品

【法律依据】

(《中华人民共和国治安管理处罚法》第 35 条第 2 项)有下列行为之一的,处五日以上十日以下拘留,可以并处五百元以下罚款;情节较轻的,处五日以下拘留或者五百元以下罚款:

（二）在铁路线路上放置障碍物,或者故意向列车投掷物品的;

【理解与适用】

有下列情形之一的,属于"情节较轻":

（一）不足以对行车安全和旅客人身安全造成影响的;

（二）未造成机车车辆损坏、旅客人身伤害的;

（三）其他情节较轻的情形。

二十三、在铁路沿线非法挖掘坑穴、采石取沙

【法律依据】

(《中华人民共和国治安管理处罚法》第 35 条第 3 项)有下列行为之一的,处五日以上十日以下拘留,可以并处五百元以下罚款;情节较轻的,处五日以下拘留或者五百元以下罚款:

（三）在铁路线路、桥梁、涵洞处挖掘坑穴、采石取沙的;

【理解与适用】

有下列情形之一的,属于"情节较轻":

（一）及时采取补救措施,尚未造成危害后果的;

（二）不足以影响铁路路基稳定或者危害铁路桥梁、涵洞安全的;

（三）其他情节较轻的情形。

二十四、在铁路线路上私设道口、平交过道

【法律依据】

(《中华人民共和国治安管理处罚法》第 35 条第 4 项)有下列行为之一的,处五日以上十日以下拘留,可以并处五百元以下罚款;情节较轻的,处五日以下拘留或者五百元以下罚款:

（四）在铁路线路上私设道口或者平交过道的。

【理解与适用】

有下列情形之一的,属于"情节较轻":

(一)及时采取补救措施,尚未造成危害后果的;

(二)不足以对行车安全造成影响的;

(三)其他情节较轻的情形。

典型案例参考 ●●●●●●

苗某某在铁路沿线非法挖掘坑穴被罚案

[平度市公安局平公(新)快行罚决字〔2023〕11号行政处罚决定书]

苗某某在平度市新河镇大苗家村村南侧大莱龙铁路上,使用拖拉机在铁路南侧抽水,将铁路道渣挖坑,使用两寸半水管从铁轨下枕木中间穿过,到铁路北侧灌溉。平度市公安局根据《治安管理处罚法》第35条第2项之规定,决定给予苗某某罚款贰佰元的行政处罚。

第四十二条 【对妨害列车行车安全行为的处罚】

擅自进入铁路、城市轨道交通防护网或者火车、城市轨道交通列车来临时在铁路、城市轨道交通线路上行走坐卧,抢越铁路、城市轨道,影响行车安全的,处警告或者五百元以下罚款。

条文应用提示 ●●●●●●

擅自进入铁路、城市轨道交通防护网是指行为人明知铁路、城市轨道交通防护网是保障列车安全行车的重要措施,是禁止进入的,但为了个人便利,未经铁路工作人员的允许而进入。在铁路或城市轨道交通线路上行走坐卧可能出于各种目的,不仅限于妨害列车行车安全,还包括自杀、劳资纠纷、拆迁补偿等,但其行为均对列车行车安全造成了影响,仍应惩处。列车来临时抢越铁路、城市轨道的行为人往往心存侥幸心理,认为自己的速度能抢在列车到达前穿过线路,抢越铁路、城市轨道属于妨害列车行车安全的最常见类型。

条文新旧对照

《治安管理处罚法》2012 年版	《治安管理处罚法》2025 年版
第三十六条　擅自进入铁路防护网或者火车来临时在铁路线路上行走坐卧、抢越铁路，影响行车安全的，处警告或者二百元以下罚款。	第四十二条　擅自进入铁路、**城市轨道交通**防护网或者火车、**城市轨道交通**列车来临时在铁路、**城市轨道交通**线路上行走坐卧，抢越铁路、**城市轨道**，影响行车安全的，处警告或者**五百元**以下罚款。

关联法律法规

《中华人民共和国铁路法》（2015 年 4 月 24 日修正）

第五十一条　禁止在铁路线路上行走、坐卧。对在铁路线路上行走、坐卧的，铁路职工有权制止。

第六十七条　违反本法规定，尚不够刑事处罚，应当给予治安管理处罚的，依照治安管理处罚法的规定处罚。

《铁路安全管理条例》（2013 年 8 月 17 日）

第七十七条　禁止实施下列危害铁路安全的行为：

（一）非法拦截列车、阻断铁路运输；

（二）扰乱铁路运输指挥调度机构以及车站、列车的正常秩序；

（三）在铁路线路上放置、遗弃障碍物；

（四）击打列车；

（五）擅自移动铁路线路上的机车车辆，或者擅自开启列车车门、违规操纵列车紧急制动设备；

（六）拆盗、损毁或者擅自移动铁路设施设备、机车车辆配件、标桩、防护设施和安全标志；

（七）在铁路线路上行走、坐卧或者在未设道口、人行过道的铁路线路上通过；

（八）擅自进入铁路线路封闭区域或者在未设置行人通道的铁路桥梁、隧道通行；

（九）擅自开启、关闭列车的货车阀、盖或者破坏施封状态；

（十）擅自开启列车中的集装箱箱门、破坏箱体、阀、盖或者施封状态；

（十一）擅自松动、拆解、移动列车中的货物装载加固材料、装置和设备；

（十二）钻车、扒车、跳车；

（十三）从列车上抛扔杂物；

（十四）在动车组列车上吸烟或者在其他列车的禁烟区域吸烟；

（十五）强行登乘或者以拒绝下车等方式强占列车；

（十六）冲击、堵塞、占用进出站通道或者候车区、站台。

《城市轨道交通运营管理规定》（交通运输部令 2018 年第 8 号 2018 年 5 月 21 日）

第三十四条 禁止下列危害或者可能危害城市轨道交通运营安全的行为：

（一）拦截列车；

（二）强行上下车；

（三）擅自进入隧道、轨道或者其他禁入区域；

（四）攀爬或者跨越围栏、护栏、护网、站台门等；

（五）擅自操作有警示标志的按钮和开关装置，在非紧急状态下动用紧急或者安全装置；

（六）在城市轨道交通车站出入口 5 米范围内停放车辆、乱设摊点等，妨碍乘客通行和救援疏散；

（七）在通风口、车站出入口 50 米范围内存放有毒、有害、易燃、易爆、放射性和腐蚀性等物品；

（八）在出入口、通风亭、变电站、冷却塔周边躺卧、留宿、堆放和晾晒物品；

（九）在地面或者高架线路两侧各 100 米范围内升放风筝、气球等低空飘浮物体和无人机等低空飞行器。

第五十三条 违反本规定第三十三条、第三十四条，运营单位有权予以制止，并由城市轨道交通运营主管部门责令改正，可以对个人处以 5000 元以下的罚款，对单位处以 3 万元以下的罚款；违反治安管理规定的，由公安机关依法处理；构成犯罪的，依法追究刑事责任。

《违反公安行政管理行为的名称及其适用意见》(公通字〔2020〕8号 2020年8月6日修订)

68.擅自进入铁路防护网(第36条)

69.违法在铁路线路上行走坐卧、抢越铁路(第36条)

第四十三条 【对妨害公共安全行为的处罚】

有下列行为之一的,处五日以下拘留或者一千元以下罚款;情节严重的,处十日以上十五日以下拘留,可以并处一千元以下罚款:

(一)未经批准,安装、使用电网的,或者安装、使用电网不符合安全规定的;

(二)在车辆、行人通行的地方施工,对沟井坎穴不设覆盖物、防围和警示标志的,或者故意损毁、移动覆盖物、防围和警示标志的;

(三)盗窃、损毁路面井盖、照明等公共设施的;

(四)违反有关法律法规规定,升放携带明火的升空物体,有发生火灾事故危险,不听劝阻的;

(五)从建筑物或者其他高空抛掷物品,有危害他人人身安全、公私财产安全或者公共安全危险的。

▎**条文应用提示** ●●●●●●

本条的"电网"是指用金属线连接,用以使用电流通过的拦截物。确因安全保卫工作的特殊要求,需安装使用电网的单位,必须经所在地公安分、县局审核批准,向供电部门申请安装。经批准安装电网的单位,必须严格按批准的范围安装电网。电网安装完毕,须经原批准的公安机关安全检查合格后,方准使用。

在车辆、行人通行的地方施工,对沟井坎穴不设覆盖物、防围和警示标志的,或者故意损毁、移动覆盖物、防围和警示标志,其行为的危害性在于可能导致车辆、行人陷入或者跌入沟井坎穴,造成人身财产损害,无论是否实际造成了损害后果,都构成违反治安管理规定的行为。故意损毁、移动覆盖物、防围和警示标志要求行为人存在主观故意,过失损毁、移动覆盖物、防围和警示标志的,则不构成违反治安管理行为。

盗窃、损毁路面井盖、照明等公共设施的,其中的路面井盖包括自来水井盖、污水井盖、电信井盖等,盗窃、毁损的公共设施数额不影响行为成立。如果盗窃的数额较大,应当以本法关于盗窃公私财物的规定给予相应处罚,因为盗窃公私财物的处罚重于本条规定。

携带明火的升空物体对飞机起降、高压电线、油库等具有威胁,容易引发火灾等安全事故,存在较大的安全隐患。因此,对于违法升放携带明火的升空物体,有发生火灾事故危险,不听劝阻的,应当给予治安管理处罚。

从建筑物中抛掷物品,不需要造成现实的危害后果,有危害他人人身安全、公私财产安全或者公共安全危险,即可成立该行为。建筑物是指人工建筑而成的东西,既包括居住建筑、公共建筑,也包括构筑物。居住建筑是指供人们居住使用的建筑,公共建筑,是指供人们购物、办公、学习、医院、娱乐、体育活动等使用的建筑,构筑物是指不具备、不包含或不提供人类居住功能的人工建筑,如桥梁、堤坝、隧道、水塔、电塔、纪念碑、围墙、水泥杆等。

条文新旧对照

《治安管理处罚法》2012年版	《治安管理处罚法》2025年版
第三十七条 有下列行为之一的,处五日以下拘留或者五百元以下罚款;情节严重的,处五日以上十日以下拘留,可以并处五百元以下罚款: (一)未经批准,安装、使用电网的,或者安装、使用电网不符合安全规定的; (二)在车辆、行人通行的地方施工,对沟井坎穴不设覆盖物、防围和警示标志的,或者故意损毁、移动覆盖物、防围和警示标志的;	第四十三条 有下列行为之一的,处五日以下拘留或者一千元以下罚款;情节严重的,处十日以上十五日以下拘留,可以并处一千元以下罚款: (一)未经批准,安装、使用电网的,或者安装、使用电网不符合安全规定的; (二)在车辆、行人通行的地方施工,对沟井坎穴不设覆盖物、防围和警示标志的,或者故意损毁、移动覆盖物、防围和警示标志的;

(三)盗窃、损毁路面井盖、照明等公共设施的。	(三)盗窃、损毁路面井盖、照明等公共设施的; (四)违反有关法律法规规定,升放携带明火的升空物体,有发生火灾事故危险,不听劝阻的; (五)从建筑物或者其他高空抛掷物品,有危害他人人身安全、公私财产安全或者公共安全危险的。

▌关联法律法规 ••••••••

《中华人民共和国刑法》(2023年12月29日修正)

第二百九十一条之二 从建筑物或者其他高空抛掷物品,情节严重的,处一年以下有期徒刑、拘役或者管制,并处或者单处罚金。

有前款行为,同时构成其他犯罪的,依照处罚较重的规定定罪处罚

《违反公安行政管理行为的名称及其适用意见》(公通字〔2020〕8号 2020年8月6日修订)

70. 擅自安装、使用电网(第37条第1项)

71. 安装、使用电网不符合安全规定(第37条第1项)

72. 道路施工不设置安全防护设施(第37条第2项)

73. 故意损毁、移动道路施工安全防护设施(第37条第2项)

74. 盗窃、损毁路面公共设施(第37条第3项)

《公安机关对部分违反治安管理行为实施处罚的裁量指导意见》(公通字〔2018〕17号 2018年6月5日)

二十五、擅自安装、使用电网

安装、使用电网不符合安全规定

【法律依据】

(《中华人民共和国治安管理处罚法》第37条第1项)有下列行为之一的,处五日以下拘留或者五百元以下罚款;情节严重的,处五日以上十日以下拘留,可以并处五百元以下罚款:

(一)未经批准,安装、使用电网的,或者安装、使用电网不符合安全规定的;

【理解与适用】

有下列情形之一的,属于"情节严重":

(一)在人畜活动较多的区域或者存储易燃易爆危险物品的场所附近安装、使用电网的;

(二)造成人员受伤或者财物损失等危害后果的;

(三)其他情节严重的情形。

二十六、道路施工不设置安全防护设施

【法律依据】

(《中华人民共和国治安管理处罚法》第37条第2项)有下列行为之一的,处五日以下拘留或者五百元以下罚款;情节严重的,处五日以上十日以下拘留,可以并处五百元以下罚款:

(二)在车辆、行人通行的地方施工,对沟井坎穴不设覆盖物、防围和警示标志的,或者故意损毁、移动覆盖物、防围和警示标志的;

【理解与适用】

有下列情形之一的,属于"情节严重":

(一)造成人员受伤或者财物损失等危害后果的;

(二)多次实施,或者对多个沟井坎穴不设覆盖物、防围和警示标志;

(三)其他情节严重的情形。

二十七、故意损毁、移动道路施工安全防护设施

【法律依据】

(《中华人民共和国治安管理处罚法》第37条第2项)有下列行为之一的,处五日以下拘留或者五百元以下罚款;情节严重的,处五日以上十日以下拘留,可以并处五百元以下罚款:

(二)在车辆、行人通行的地方施工,对沟井坎穴不设覆盖物、防围和警示标志的,或者故意损毁、移动覆盖物、防围和警示标志的;

【理解与适用】

有下列情形之一的,属于"情节严重":

(一)造成人员受伤或者财物损失等危害后果的;

(二)损毁、移动多个设施、标志的;

(三)其他情节严重的情形。

二十八、盗窃、损毁路面公共设施

【法律依据】

(《中华人民共和国治安管理处罚法》第 37 条第 3 项) 有下列行为之一的,处五日以下拘留或者五百元以下罚款;情节严重的,处五日以上十日以下拘留,可以并处五百元以下罚款:

(三) 盗窃、损毁路面井盖、照明等公共设施的。

【理解与适用】

有下列情形之一的,属于"情节严重":

(一) 造成人员受伤或者财物损失等危害后果的;

(二) 盗窃、损毁多个设施的;

(三) 其他情节严重的情形。

典型案例参考

郁某某与东宁市公安局治安行政处罚、东宁市人民政府行政复议案

[黑龙江省牡丹江市中级人民法院(2018)黑 10 行终 35 号行政判决书]

2017 年 7 月 15 日起,郁某某在与邻居范某某家中间的院子护栏上(护栏为郁某某所有) 未经批准,擅自安装电子灭鼠器并通电使用,在 8 月 5 日早上 7 时许,在除草过程中的范某某不慎将铁锄头碰到院子护栏触电。9 月 1 日,东宁市公安局作出东公(绥) 行罚决字〔2017〕343 号行政处罚决定书,对郁某某作出行政拘留 10 日处罚。

法院认为,郁某某安装"电网"应到相应批准部门进行请批,并要定期进行检查。郁某某在自家院子护栏上未经批准,擅自安装电子灭鼠器并通电使用,致使范某某在除草中触电,其行为违反治安管理,且有社会危害性。东宁市公安局作出行政处罚决定,对郁某某的处罚事实清楚,证据确凿,适用法律、法规正确,符合法定程序。

第四十四条 【对违反规定举办大型活动行为的处罚】

举办体育、文化等大型群众性活动,违反有关规定,有发生安全事故危险,经公安机关责令改正而拒不改正或者无法改正的,责令停止活动,立即疏散;对其直接负责的主管人员和其他直接责任人员处五日以上十日以下拘留,并处一千元以上三千元以下罚款;情节较重的,处十日以上十五日以下拘留,并处三千元以上五千元以下罚款,可以同时责令六个月至一年以内不得举办大型群众性活动。

条文应用提示

举办文化、体育等大型群众性活动,违反有关规定的行为包括:违反大型活动安全许可规定,未经公安机关许可擅自举办大型活动;场地及其附属设施不符合安全标准,存在安全隐患;消防设施不符合法定要求;未制定安全保卫工作方案等。

条文新旧对照

《治安管理处罚法》2012 年版	《治安管理处罚法》2025 年版
第三十八条 举办文化、体育等大型群众性活动,违反有关规定,有发生安全事故危险的,责令停止活动,立即疏散。对组织者处五日以上十日以下拘留,并处二百元以上五百元以下罚款;情节较轻的,处五日以下拘留或者五百元以下罚款。	第四十四条 举办体育、文化等大型群众性活动,违反有关规定,有发生安全事故危险,**经公安机关责令改正而拒不改正或者无法改正的,**责令停止活动,立即疏散;对其直接负责的主管人员和其他直接责任人员处五日以上十日以下拘留,并处一千元以上三千元以下罚款;情节较重的,处十日以上十五日以下拘留,并处三千元以上五千元以下罚款,可以同时责令六个月至一年以内不得举办大型群众性活动。

关联法律法规

《营业性演出管理条例》(2020 年 11 月 29 日修订)

第十八条 演出场所经营单位应当确保演出场所的建筑、设施符合国家安全标准和消防安全规范,定期检查消防安全设施状况,并及时维护、更新。

演出场所经营单位应当制定安全保卫工作方案和灭火、应急疏散预案。

演出举办单位在演出场所进行营业性演出,应当核验演出场所经营单位的消防安全设施检查记录、安全保卫工作方案和灭火、应急疏散预案,并与演出场所经营单位就演出活动中突发安全事件的防范、处理等事项签订安全责任协议。

第十九条　在公共场所举办营业性演出,演出举办单位应当依照有关安全、消防的法律、行政法规和国家有关规定办理审批手续,并制定安全保卫工作方案和灭火、应急疏散预案。演出场所应当配备应急广播、照明设施,在安全出入口设置明显标识,保证安全出入口畅通;需要临时搭建舞台、看台的,演出举办单位应当按照国家有关安全标准搭建舞台、看台,确保安全。

第三十六条　公安部门对其依照有关法律、行政法规和国家有关规定批准的营业性演出,应当在演出举办前对营业性演出现场的安全状况进行实地检查;发现安全隐患的,在消除安全隐患后方可允许进行营业性演出。

公安部门可以对进入营业性演出现场的观众进行必要的安全检查;发现观众有本条例第二十二条第一款禁止行为的,在消除安全隐患后方可允许其进入。

公安部门可以组织警力协助演出举办单位维持营业性演出现场秩序。

第五十一条　有下列行为之一的,由公安部门或者公安消防机构依据法定职权依法予以处罚;构成犯罪的,依法追究刑事责任:

(一)违反本条例安全、消防管理规定的;

(二)伪造、变造营业性演出门票或者倒卖伪造、变造的营业性演出门票的。

演出举办单位印制、出售超过核准观众数量的或者观众区域以外的营业性演出门票的,由县级以上人民政府公安部门依据各自职权责令改正,没收违法所得,并处违法所得3倍以上5倍以下的罚款;没有违法所得或者违法所得不足1万元的,并处3万元以上5万元以下的罚款;造成严重后果的,由原发证机关吊销营业性演出许可证;构成犯罪的,依法追究刑事责任。

《大型群众性活动安全管理条例》(2007年9月14日)

第九条　参加大型群众性活动的人员应当遵守下列规定:

(一)遵守法律、法规和社会公德,不得妨碍社会治安、影响社会秩序;

（二）遵守大型群众性活动场所治安、消防等管理制度，接受安全检查，不得携带爆炸性、易燃性、放射性、毒害性、腐蚀性等危险物质或者非法携带枪支、弹药、管制器具；

（三）服从安全管理，不得展示侮辱性标语、条幅等物品，不得围攻裁判员、运动员或者其他工作人员，不得投掷杂物。

第二十一条　承办者或者大型群众性活动场所管理者违反本条例规定致使发生重大伤亡事故、治安案件或者造成其他严重后果构成犯罪的，依法追究刑事责任；尚不构成犯罪的，对安全责任人和其他直接责任人员依法给予处分、治安管理处罚，对单位处1万元以上5万元以下罚款。

第二十三条　参加大型群众性活动的人员有违反本条例第九条规定行为的，由公安机关给予批评教育；有危害社会治安秩序、威胁公共安全行为的，公安机关可以将其强行带离现场，依法给予治安管理处罚；构成犯罪的，依法追究刑事责任。

《违反公安行政管理行为的名称及其适用意见》（公通字〔2020〕8号　2020年8月6日修订）

75.违规举办大型活动（第38条）

《公安机关对部分违反治安管理行为实施处罚的裁量指导意见》（公通字〔2018〕17号　2018年6月5日）

二十九、违规举办大型活动

【法律依据】

(《中华人民共和国治安管理处罚法》第38条)举办文化、体育等大型群众性活动，违反有关规定，有发生安全事故危险的，责令停止活动，立即疏散；对组织者处五日以上十日以下拘留，并处二百元以上五百元以下罚款；情节较轻的，处五日以下拘留或者五百元以下罚款。

【理解与适用】

有下列情形之一的，属于"情节较轻"：

（一）存在安全隐患，经公安机关指出及时采取措施消除的；

（二）发现安全隐患后，主动停止活动、积极组织疏散，未造成危害后果的；

（三）其他情节较轻的情形。

典型案例参考 ●●●●●●

詹某某与莆田市公安局荔城分局治安行政处罚、莆田市人民政府行政复议案

［福建省莆田市城厢区人民法院(2017)闽0302行初7号行政判决书］

2016年7月21日,"2016伍佰&ChinaBlue巡回演唱会(莆田站)"承办方向莆田公安局荔城分局申请行政许可。7月27日,荔城分局作出荔公许可不字(2016)第001号《不予行政许可决定书》。7月30日,承办方及主办在公安机关不予许可情况下如期举办演唱会。7月31日,荔城分局作出莆公荔(治安)行罚决字(2016)00040号《行政处罚决定书》,决定对演唱会主办方法定代表人詹某某处以行政拘留五日。

法院认为,本案中,根据主办方与承办方签订的《世界巡回演唱会——莆田站安全协议书》,明确"谁主办、谁负责"的原则,由主办方组织实施现场安全工作,并对活动期间出现的非承办方原因发生的各类安全问题及事故承担全部责任。演出当晚主办方法定代表人詹某某在演出现场负责现场指挥和统筹,综上认定詹某某为本次演唱会组织者之一。主办方及承办方在公安机关不予许可情况下仍然举办演唱会,违反了公安机关对大型群众性活动实行安全许可制度的规定,存在发生安全事故的危险。荔城分局作出的《行政处罚决定书》事实清楚,适用法律正确。

第四十五条　【对违反公共场所安全规定行为的处罚】

旅馆、饭店、影剧院、娱乐场、体育场馆、展览馆或者其他供社会公众活动的场所违反安全规定,致使该场所有发生安全事故危险,经公安机关责令改正而拒不改正的,对其直接负责的主管人员和其他直接责任人员处五日以下拘留;情节较重的,处五日以上十日以下拘留。

条文应用提示 ●●●●●●

本条中的违反安全规定,主要指《消防法》《旅馆业治安管理办法》《娱乐场所管理条例》等规范中关于安全管理的规定。违反安全规定并不必然导致治安管理处罚,如果经公安机关责令改正后采取措施消除危险,则不构成本条规定的违反治安管理行为,经公安机关责令改正而拒不改正的,则对其直接负责的主管人员和其他直接责任人员给予治安管理处罚。

条文新旧对照

《治安管理处罚法》2012年版	《治安管理处罚法》2025年版
第三十九条　旅馆、饭店、影剧院、娱乐场、运动场、展览馆或者其他供社会公众活动的场所 的经营管理人员，违反安全规定，致使该场所有发生安全事故危险，经公安机关责令改正，拒不改正的，处五日以下拘留。	第四十五条　旅馆、饭店、影剧院、娱乐场、**体育场馆**、展览馆或者其他供社会公众活动的场所违反安全规定，致使该场所有发生安全事故危险，经公安机关责令改正而拒不改正的，**对其直接负责的主管人员和其他直接责任人员**处五日以下拘留；情节较重的，处五日以上十日以下拘留。

关联法律法规

《中华人民共和国消防法》(2021年4月29日修正)

第十六条　机关、团体、企业、事业等单位应当履行下列消防安全职责：

(一)落实消防安全责任制，制定本单位的消防安全制度、消防安全操作规程，制定灭火和应急疏散预案；

(二)按照国家标准、行业标准配置消防设施、器材，设置消防安全标志，并定期组织检验、维修，确保完好有效；

(三)对建筑消防设施每年至少进行一次全面检测，确保完好有效，检测记录应当完整准确，存档备查；

(四)保障疏散通道、安全出口、消防车通道畅通，保证防火防烟分区、防火间距符合消防技术标准；

(五)组织防火检查，及时消除火灾隐患；

(六)组织进行有针对性的消防演练；

(七)法律、法规规定的其他消防安全职责。

单位的主要负责人是本单位的消防安全责任人。

《旅馆业治安管理办法》(2022年3月29日修订)

第三条　开办旅馆，要具备必要的防盗等安全设施。

第六条　旅馆接待旅客住宿必须登记。登记时,应当查验旅客的身份证件,按规定的项目如实登记。

接待境外旅客住宿,还应当在24小时内向当地公安机关报送住宿登记表。

第十一条　严禁旅客将易燃、易爆、剧毒、腐蚀性和放射性等危险物品带入旅馆。

第十二条　旅馆内,严禁卖淫、嫖宿、赌博、吸毒、传播淫秽物品等违法犯罪活动。

第十七条　违反本办法第六、十一、十二条规定的,依照《中华人民共和国治安管理处罚法》有关条款的规定,处罚有关人员;发生重大事故、造成严重后果构成犯罪的,依法追究刑事责任。

《娱乐场所管理条例》(2020年11月29日修订)

第二十条　娱乐场所的法定代表人或者主要负责人应当对娱乐场所的消防安全和其他安全负责。

娱乐场所应当确保其建筑、设施符合国家安全标准和消防技术规范,定期检查消防设施状况,并及时维护、更新。

娱乐场所应当制定安全工作方案和应急疏散预案。

第二十一条　营业期间,娱乐场所应当保证疏散通道和安全出口畅通,不得封堵、锁闭疏散通道和安全出口,不得在疏散通道和安全出口设置栅栏等影响疏散的障碍物。

娱乐场所应当在疏散通道和安全出口设置明显指示标志,不得遮挡、覆盖指示标志。

第二十二条　任何人不得非法携带枪支、弹药、管制器具或者携带爆炸性、易燃性、毒害性、放射性、腐蚀性等危险物品和传染病病原体进入娱乐场所。

迪斯科舞厅应当配备安全检查设备,对进入营业场所的人员进行安全检查。

《违反公安行政管理行为的名称及其适用意见》(公通字〔2020〕8号　2020年8月6日修订)

76.公共场所经营管理人员违反安全规定(第39条)

典型案例参考 ●●●●●●

方某女诉浙江省淳安县公安局治安管理行政处罚案

[最高人民法院发布9起行政诉讼附带审查规范性文件典型案例之二 浙江省杭州市中级人民法院(2015)浙杭行终字第254号行政判决书]

2015年1月至2月,浙江省淳安县公安局城区派出所和淳安县公安消防大队多次对方某女经营的出租房进行消防检查。2月13日,城区派出所和淳安消防大队均向方某女发出责令限期改正通知书,责令其改正消防安全违法行为。3月13日,城区派出所和淳安消防大队民警对涉案出租房进行复查,发现方某女未予改正。3月17日,淳安县公安局作出淳公行罚决字[2015]第1-0001号《行政处罚决定书》,认定方某女的行为构成违反安全规定致使场所有发生安全事故危险的违法行为,决定对其行政拘留3日。

《浙江省居住出租房屋消防安全要求》规范了出租房屋的消防安全要求,《关于解决消防监督执法工作若干问题的批复》和《关于居住出租房屋消防安全整治中若干问题的法律适用意见(试行)》规定"居住的出租房屋同时设置10个以上(含)出租床位用于出租,且租赁期限在3个月以内的,或者集中设置出租床位出租,该居住出租房屋可以视为《治安管理处罚法》第39条规定的'其他供社会公众活动的场所',该房屋出租人(含转租人)可以视为第39条规定的'供社会公众活动的场所的经营管理人员'"。

法院认为,本案争议的焦点在于,当事人申请附带审查的上述三份规范性文件是否对《治安管理处罚法》第三十九条规定的"其他供社会公众活动的场所"进行了扩大解释。由于"其他供社会公众活动的场所"为不确定法律概念,其内容与范围并不固定。本案中,居住的出租房物理上将毗邻的多幢、多间(套)房屋集中用于向不特定多数人出租,并且承租人具有较高的流动性,已与一般的居住房屋只关涉公民私人领域有质的区别,已经构成了与旅馆类似的具有一定开放性的公共活动场所。对于此类场所的经营管理人员,在出租获利的同时理应承担更高的消防安全管理责任。方某女的出租房屋虽被确定为征迁范围,但其在征迁程序中仍用于出租,且出租房内未按要求配置逃生用口罩、报警哨、手电筒、逃生绳等消防设施,且在责令整改后拒不改正。被诉处罚决定认定事实清楚,适用法律正确,程序合法,量罚适当。

第四十六条 【对违反无人驾驶航空器管理行为的处罚】
违反有关法律法规关于飞行空域管理规定,飞行民用无人驾驶航空器、航空运动器材,或者升放无人驾驶自由气球、系留气球等升空物体,情节较重的,处五日以上十日以下拘留。

飞行、升放前款规定的物体非法穿越国（边）境的，处十日以上十五日以下拘留。

条文应用提示 ●●●●●●

本条中的有关法律法规关于飞行空域管理规定，主要指《中华人民共和国民用航空法》《无人驾驶航空器飞行管理暂行条例》关于无人驾驶航空器及升空物体相关规定。《无人驾驶航空器飞行管理暂行条例》对无人驾驶航空器的质量管理和操控人员都提出了相应要求，并规定了运营合格证和强制保险制度。强制性国家标准《民用无人驾驶航空器系统安全要求》提出了无人驾驶航空器在电子围栏、远程识别、应急处置、结构强度、机体结构、整机跌落、动力能源系统、可控性、防差错、感知和避让、数据链保护、电磁兼容性、抗风性、噪声、灯光、标识、使用说明书等17个方面的强制性技术要求及相应的试验方法。违反有关规定，在低空飞行无人驾驶航空器、航空运动器材，或者升放无人驾驶自由气球、系留气球等升空物体，可能损害他人的人身财产安全以及生产生活安全。

条文新旧对照 ●●●●●●

《治安管理处罚法》2012年版	《治安管理处罚法》2025年版
	第四十六条　违反有关法律法规关于飞行空域管理规定，飞行民用无人驾驶航空器、航空运动器材，或者升放无人驾驶自由气球、系留气球等升空物体，情节较重的，处五日以上十日以下拘留。 飞行、升放前款规定的物体非法穿越国（边）境的，处十日以上十五日以下拘留。

关联法律法规

《中华人民共和国陆地国界法》(2021年10月23日)

第三十九条 航空器飞越陆地国界,应当经有关主管机关批准并且遵守我国法律法规规定。未经批准飞越陆地国界的,有关主管机关应当采取必要措施进行处置。

任何组织或者个人未经有关主管机关批准不得在陆地国界附近操控无人驾驶航空器飞行。模型航空器、三角翼、无人驾驶自由气球等的飞行活动,参照无人驾驶航空器管理。

《无人驾驶航空器飞行管理暂行条例》(2023年5月31日)

第三十四条 禁止利用无人驾驶航空器实施下列行为:

(一)违法拍摄军事设施、军工设施或者其他涉密场所;

(二)扰乱机关、团体、企业、事业单位工作秩序或者公共场所秩序;

(三)妨碍国家机关工作人员依法执行职务;

(四)投放含有违反法律法规规定内容的宣传品或者其他物品;

(五)危及公共设施、单位或者个人财产安全;

(六)危及他人生命健康,非法采集信息,或者侵犯他人其他人身权益;

(七)非法获取、泄露国家秘密,或者违法向境外提供数据信息;

(八)法律法规禁止的其他行为。

第四十二条 无人驾驶航空器违反飞行管理规定、扰乱公共秩序或者危及公共安全的,空中交通管理机构、民用航空管理部门和公安机关可以依法采取必要技术防控、扣押有关物品、责令停止飞行、查封违法活动场所等紧急处置措施。

第五十六条 违反本条例规定,构成违反治安管理行为的,由公安机关依法给予治安管理处罚,构成犯罪的,依法追究刑事责任;造成人身、财产或者其他损害的,依法承担民事责任。

第三节　侵犯人身权利、财产权利的行为和处罚

> **第四十七条**　【对恐怖表演、强迫劳动、限制人身自由的处罚】
> 有下列行为之一的,处十日以上十五日以下拘留,并处一千元以上二千元以下罚款;情节较轻的,处五日以上十日以下拘留,并处一千元以下罚款:
> （一）组织、胁迫、诱骗不满十六周岁的人或者残疾人进行恐怖、残忍表演的;
> （二）以暴力、威胁或者其他手段强迫他人劳动的;
> （三）非法限制他人人身自由、非法侵入他人住宅或者非法搜查他人身体的。

条文应用提示

1. 组织、胁迫、诱骗不满 16 周岁的人或者残疾人进行恐怖、残忍表演的行为

所谓"残疾人",是指在心理、生理、人体结构上,某种组织、功能丧失或者不正常,全部或者部分丧失以正常方式从事某种活动的能力的人,包括视力残疾、听力残疾、言语残疾、肢体残疾、智力残疾、精神残疾、多重残疾和其他残疾的人。不满 16 周岁的人或残疾人因身心发育不成熟或有欠缺,易受欺瞒和威胁,需要特别关注和保护。

"组织"是指以策划、指挥、协调等方式,将不满 16 周岁的人或残疾人聚集起来进行恐怖、残忍表演的行为,聚集手段可能是雇佣、招募、纠集、控制等。"胁迫"是指通过暴力、威胁、恐吓、精神强制等手段,迫使不满 16 周岁的人或残疾人违背真实意愿地进行恐怖、残忍表演的行为。"诱骗"是指通过虚构事实、隐瞒真相、承诺利益等欺骗手段,使不满 16 周岁的人或残疾人陷入错误认识并基于该认识进行恐怖、残忍表演的行为。

实践中应区分恐怖、残忍表演与杂技表演的界限,恐怖、残忍表演往往以营造恐怖、暴力气氛为目的,通过对人体进行残酷折磨为内容,博取观众同情、新奇、感官刺激等以获取利益,严重摧残表演者的身心健康,如刀劈活人、大卸人体组织、人吃活蛇、汽车过人等。而杂技表演虽也有一些惊险、离奇的动作,但有诸多安全措施以保护表演者,且表演内容颇具观赏性和文艺美感,以彰显表演者功底,弘扬中华传统文化。

2. 以暴力、威胁或者其他手段强迫他人劳动的行为

暴力和威胁分别指向物理和精神上的强制,包括限制人身自由、殴打、体罚等方式,使他人违背真实意思表示,不得不按行为人的要求进行劳动,这是强迫劳动与一般工作的区别。如果行为人并没有使用暴力、威胁或者其他手段强迫他人劳动,只是对劳动者的工作提出严格要求,或者劳动者自愿超时间、超负荷地工作,则不属于违反治安管理行为。

3. 非法限制他人人身自由、非法侵入他人住宅或者非法搜查他人身体的行为

"非法限制他人人身自由"要求行为人主观上是故意而不论其动机如何。限制人身自由的方式包括捆绑、关押、扣留身份证件不让随意外出或者与外界联系等。但公民对正在实施违法犯罪或者违法犯罪后被及时发觉或者正在被追捕的人有权立即扭送到司法机关,这种扭送行为以及在途中实施的捆绑、扣留等行为,不属于是非法限制他人人身自由的行为。

"非法侵入他人住宅",是指未经住宅主人同意,非法强行闯入他人住宅,或者无正当理由进入他人住宅,经住宅主人要求其退出仍拒不退出等行为。但为依法执行搜查、逮捕、拘留等任务,或者依法进行搜查、检查而进入他人住宅的,则不构成非法侵入他人住宅。

"非法搜查他人身体"包括两种情况:一是无权进行搜查的单位和个人,非法对他人身体进行搜查;二是指有搜查权的侦查人员,滥用职权,擅自决定对他人身体进行搜查或者搜查的程序和手续不符合法律规定。

条文新旧对照

《治安管理处罚法》2012年版	《治安管理处罚法》2025年版
第四十条　有下列行为之一的,处十日以上十五日以下拘留,并处五百元以上一千元以下罚款;情节较轻的,处五日以上十日以下拘留,并处二百元以上五百元以下罚款: （一）组织、胁迫、诱骗不满十六周岁的人或者残疾人进行恐怖、残忍表演的; （二）以暴力、威胁或者其他手段强迫他人劳动的; （三）非法限制他人人身自由、非法侵入他人住宅或者非法搜查他人身体的。	第四十七条　有下列行为之一的,处十日以上十五日以下拘留,并处**一千元以上二千元以下**罚款;情节较轻的,处五日以上十日以下拘留,并处**一千元以下**罚款: （一）组织、胁迫、诱骗不满十六周岁的人或者残疾人进行恐怖、残忍表演的; （二）以暴力、威胁或者其他手段强迫他人劳动的; （三）非法限制他人人身自由、非法侵入他人住宅或者非法搜查他人身体的。

关联法律法规

《中华人民共和国刑法》(2023年12月29日修正)

第二百三十八条　非法拘禁他人或者以其他方法非法剥夺他人人身自由的,处三年以下有期徒刑、拘役、管制或者剥夺政治权利。具有殴打、侮辱情节的,从重处罚

犯前款罪,致人重伤的,处三年以上十年以下有期徒刑;致人死亡的,处十年以上有期徒刑。使用暴力致人伤残、死亡的,依照本法第二百三十四条、第二百三十二条的规定定罪处罚。

为索取债务非法扣押、拘禁他人的,依照前两款的规定处罚。

国家机关工作人员利用职权犯前三款罪的,依照前三款的规定从重处罚。

第二百四十四条　以暴力、威胁或者限制人身自由的方法强迫他人劳动的,处三年以下有期徒刑或者拘役,并处罚金;情节严重的,处三年以上十年以下有期徒刑,并处罚金。

明知他人实施前款行为,为其招募、运送人员或者有其他协助强迫他人劳动行为的,依照前款的规定处罚。

单位犯前两款罪的,对单位判处罚金,并对其直接负责的主管人员和其他直接责任人员,依照第一款的规定处罚。

《中华人民共和国劳动法》(2018年12月29日修正)

第九十六条 用人单位有下列行为之一,由公安机关对责任人员处以十五日以下拘留、罚款或者警告;构成犯罪的,对责任人员依法追究刑事责任:

(一)以暴力、威胁或者非法限制人身自由的手段强迫劳动的;

(二)侮辱、体罚、殴打、非法搜查和拘禁劳动者的。

《违反公安行政管理行为的名称及其适用意见》(公通字〔2020〕8号 2020年8月6日修订)

77.组织、胁迫、诱骗进行恐怖、残忍表演(第40条第1项)

78.强迫劳动(第40条第2项)

《中华人民共和国劳动法》第96条第1项与《中华人民共和国治安管理处罚法》第40条第2项竞合。对用人单位以暴力、威胁或者非法限制人身自由的手段强迫劳动的,违法行为名称表述为"强迫劳动",法律依据适用《中华人民共和国治安管理处罚法》第40条第2项。

79.非法限制人身自由(第40条第3项)

《保安服务管理条例》第45条第1款第1项与《中华人民共和国治安管理处罚法》第40条第3项竞合。对保安员限制他人人身自由的,违法行为名称表述为"非法限制人身自由"。如果其行为依法应当予以治安管理处罚的,法律依据适用《中华人民共和国治安管理处罚法》第40条第3项。如果其行为情节严重,依法应当吊销保安员证,并应当依法予以治安管理处罚的,法律依据适用《中华人民共和国治安管理处罚法》第40条第3项和《保安服务管理条例》第45条第1款第1项。如果其行为情节轻微,不构成违反治安管理行为,仅应当予以训诫的,法律依据适用《保安服务管理条例》第45条第1款第1项。

《中华人民共和国劳动法》第96条第2项与《中华人民共和国治安管理处罚法》第40条第3项竞合。对用人单位拘禁劳动者的,违法行为名称表述为"非法限制人身自由",法律依据适用《中华人民共和国治安管理处罚法》第 40 条第 3 项。

80. 非法侵入住宅(第 40 条第 3 项)
81. 非法搜查身体(第 40 条第 3 项)

《保安服务管理条例》第 45 条第 1 款第 1 项与《中华人民共和国治安管理处罚法》第 40 条第 3 项竞合。对保安员搜查他人身体的,违法行为名称表述为"非法搜查身体"。如果其行为依法应当予以治安管理处罚的,法律依据适用《中华人民共和国治安管理处罚法》第 40 条第 3 项。如果其行为情节严重,依法应当吊销保安员证,并应当依法予以治安管理处罚的,法律依据适用《中华人民共和国治安管理处罚法》第 40 条第 3 项和《保安服务管理条例》第 45 条第 1 款第 1 项。如果其行为情节轻微,不构成违反治安管理行为,仅应当予以训诫的,法律依据适用《保安服务管理条例》第 45 条第 1 款第 1 项。

《中华人民共和国劳动法》第 96 条第 2 项与《中华人民共和国治安管理处罚法》第 40 条第 3 项竞合。对用人单位非法搜查劳动者的,违法行为名称表述为"非法搜查身体",法律依据适用《中华人民共和国治安管理处罚法》第 40 条第 3 项。

《公安机关对部分违反治安管理行为实施处罚的裁量指导意见》(公通字〔2018〕17 号　2018 年 6 月 5 日)

三十、组织、胁迫、诱骗进行恐怖、残忍表演

【法律依据】

(《中华人民共和国治安管理处罚法》第 40 条第 1 项)有下列行为之一的,处十日以上十五日以下拘留,并处五百元以上一千元以下罚款;情节较轻的,处五日以上十日以下拘留,并处二百元以上五百元以下罚款:

(一)组织、胁迫、诱骗不满十六周岁的人或者残疾人进行恐怖、残忍表演的;

【理解与适用】

有下列情形之一的,属于"情节较轻":

(一)未使用暴力方法,且对他人身心健康影响较小的,但将相关表演视频在信息网络上散布的除外;

(二)经被侵害人要求或者他人劝阻及时停止,且后果轻微的;

(三)其他情节较轻的情形。

三十一、强迫劳动

【法律依据】

(《中华人民共和国治安管理处罚法》第40条第2项)有下列行为之一的,处十日以上十五日以下拘留,并处五百元以上一千元以下罚款;情节较轻的,处五日以上十日以下拘留,并处二百元以上五百元以下罚款:

(二)以暴力、威胁或者其他手段强迫他人劳动的;

【理解与适用】

有下列情形之一的,属于"情节较轻":

(一)经被侵害人要求或者他人劝阻及时停止,且后果轻微的;

(二)强迫他人劳动系以劳务抵偿合法债务,且劳动强度较低的;

(三)其他情节较轻的情形。

三十二、非法限制人身自由

【法律依据】

(《中华人民共和国治安管理处罚法》第40条第3项)有下列行为之一的,处十日以上十五日以下拘留,并处五百元以上一千元以下罚款;情节较轻的,处五日以上十日以下拘留,并处二百元以上五百元以下罚款:

(三)非法限制他人人身自由、非法侵入他人住宅或者非法搜查他人身体的。

【理解与适用】

非法限制他人人身自由,未使用殴打、捆绑、侮辱等恶劣手段,且未造成人身伤害或者其他较重危害后果,取得被侵害人谅解的,属于"情节较轻"。

三十三、非法侵入住宅

【法律依据】

(《中华人民共和国治安管理处罚法》第40条第3项)有下列行为之一的,处十日以上十五日以下拘留,并处五百元以上一千元以下罚款;情节较轻的,处五日以上十日以下拘留,并处二百元以上五百元以下罚款:

(三)非法限制他人人身自由、非法侵入他人住宅或者非法搜查他人身体的。

【理解与适用】

有下列情形之一的,属于"情节较轻":

(一)因债务纠纷、邻里纠纷侵入他人住宅,经劝阻及时退出,且未造

成危害后果的;

(二)非法侵入他人住宅,自行退出,且未造成危害后果的;

(三)其他情节较轻的情形。

三十四、非法搜查身体

【法律依据】

(《中华人民共和国治安管理处罚法》第40条第3项)有下列行为之一的,处十日以上十五日以下拘留,并处五百元以上一千元以下罚款;情节较轻的,处五日以上十日以下拘留,并处二百元以上五百元以下罚款:

(三)非法限制他人人身自由、非法侵入他人住宅或者非法搜查他人身体的。

【理解与适用】

有下列情形之一的,属于"情节较轻":

(一)经被侵害人要求或者他人劝阻及时停止,且未造成人身伤害或者其他危害后果的;

(二)未使用暴力或者未以暴力相威胁的;

(三)其他情节较轻的情形。

▍典型案例参考 ●●●●●●

狄某某与北京市海淀区人民政府等撤销终止案件调查决定书及复议决定案

[北京法院2021年优秀裁判文书 北京市门头沟区人民法院(2020)京0109行初65号行政裁定书]

2018年11月5日,北京市海淀区青龙桥街道林业科学研究院社区居民委员会居干闵某和志愿者陈某,到狄某某家中进行2018北京市年度人口抽样调查工作。狄某某及其孩子在家,闵某和陈某当时推开狄某某家门,进入其家门内,站在门内口处。狄某某要求闵某和陈某离开,并和陈某发生言语冲突后打电话报警,闵某和陈某自行离开。青龙桥派出所对狄某某、闵某和陈某进行询问并制作了询问笔录,对狄某某家门锁进行检查,确认狄某某家门锁并没有被破坏。11月8日,青龙桥派出所作出京公海(青)行终止决字[2018]000001号《终止案件调查决定书》,12月13日,作出京公海(青)补正字[2018]1号《补正说明》,两者共同认定狄某某被非法侵入他人住宅一案具有没有违法事实的情形,决定终止调查。

法院认为,行政机关工作人员执行职务时的侵权行为,不属于《治安管理处罚法》规定的违反治安管理的行为,不应当给予治安管理处罚。本案中,闵某、陈某虽为居民委员会工作人员,但履行的是行政法规所赋予的统计职责,可视为行政机关工作人员。而狄某某的报警事项实质指向为行政机关工作人员执行职务过程中的行为,行政机关工作人员具有依法进行社会管理的职责,其在依法执行职务过程中是否存在因故意或过失给行政相对人造成侵害行为,不属于《治安管理处罚法》的调整范围。

> **第四十八条 【对组织、胁迫未成年人从事有偿陪侍活动的处罚】**
> 组织、胁迫未成年人在不适宜未成年人活动的经营场所从事陪酒、陪唱等有偿陪侍活动的,处十日以上十五日以下拘留,并处五千元以下罚款;情节较轻的,处五日以下拘留或者五千元以下罚款。

▍条文应用提示 ●●●●●

《娱乐场所管理条例》将以有偿陪侍与卖淫嫖娼、赌博等行为并列,一并予以禁止,并规定了相应的处罚措施,明确了该行为具有妨害社会治安管理的行政违法性。未成年人的生理和心理尚不成熟,组织、胁迫未成年人从事有偿陪侍服务,不仅败坏社会风气,危害社会治安秩序,更严重侵害未成年人的人格尊严和身心健康。在实践中,可以从被组织人数、持续时间、组织手段、陪侍情节、危害后果等方面综合确定情节轻重与处罚结果。

▍条文新旧对照 ●●●●●

《治安管理处罚法》2012年版	《治安管理处罚法》2025年版
	第四十八条 组织、胁迫未成年人在不适宜未成年人活动的经营场所从事陪酒、陪唱等有偿陪侍活动的,处十日以上十五日以下拘留,并处五千元以下罚款;情节较轻的,处五日以下拘留或者五千元以下罚款。

关联法律法规 ●●●●●●

《中华人民共和国未成年人保护法》(2024年4月26日修订)

第五十八条　学校、幼儿园周边不得设置营业性娱乐场所、酒吧、互联网上网服务营业场所等不适宜未成年人活动的场所。营业性歌舞娱乐场所、酒吧、互联网上网服务营业场所等不适宜未成年人活动场所的经营者,不得允许未成年人进入;游艺娱乐场所设置的电子游戏设备,除国家法定节假日外,不得向未成年人提供。经营者应当在显著位置设置未成年人禁入、限入标志;对难以判明是否是未成年人的,应当要求其出示身份证件。

《娱乐场所管理条例》(2020年11月29日修订)

第十四条　娱乐场所及其从业人员不得实施下列行为,不得为进入娱乐场所的人员实施下列行为提供条件:

(一)贩卖、提供毒品,或者组织、强迫、教唆、引诱、欺骗、容留他人吸食、注射毒品;

(二)组织、强迫、引诱、容留、介绍他人卖淫、嫖娼;

(三)制作、贩卖、传播淫秽物品;

(四)提供或者从事以营利为目的的陪侍;

(五)赌博;

(六)从事邪教、迷信活动;

(七)其他违法犯罪行为。

娱乐场所的从业人员不得吸食、注射毒品,不得卖淫、嫖娼;娱乐场所及其从业人员不得为进入娱乐场所的人员实施上述行为提供条件。

《违反公安行政管理行为的名称及其适用意见》(公通字〔2020〕8号　2020年8月6日修订)

(二十七)《娱乐场所管理条例》(行政法规)

323.娱乐场所为制作、贩卖、传播淫秽物品提供条件(第14条和第43条)

324.娱乐场所提供营利性陪侍(第14条和第43条)

325.娱乐场所从业人员从事营利性陪侍(第14条和第43条)

326.娱乐场所为提供、从事营利性陪侍提供条件(第14条和第43条)

第四十九条 【对胁迫、诱骗或者利用他人乞讨和滋扰乞讨行为的处罚】

胁迫、诱骗或者利用他人乞讨的,处十日以上十五日以下拘留,可以并处二千元以下罚款。

反复纠缠、强行讨要或者以其他滋扰他人的方式乞讨的,处五日以下拘留或者警告。

条文应用提示 ●●●●●●

"胁迫"是指行为人以实施暴力或其他有损身心健康的行为,如冻饿、罚跪等相要挟,逼迫他人进行乞讨的行为。"诱骗"是指行为人利用他人的弱点或亲属等人身依附关系,或者以许愿、诱惑、欺骗等手段指使他人进行乞讨的行为。"利用他人乞讨"是指行为人使用各种手段让他人自愿地按其要求进行乞讨的行为,包括租借或其他形式。此类情形下,乞讨者的乞讨行为并非出于自身本意,而是源于对行为人的恐惧和欺骗;乞讨的目的也并非为自身谋取利益,而是将所获财物上供或交给行为人所有。

乞讨行为本身不违反治安管理规定,但采用反复纠缠、强行讨要或者以其他滋扰他人的方式乞讨,则侵犯了他人的权利。"反复纠缠"是指多次、不断地纠缠他人进行乞讨的行为,"强行讨要"是指以蛮不讲理的方式,向他人乞讨,致使他人不得不满足其乞讨要求的行为,主要体现为"不给钱就不松手"等方式,"其他滋扰他人方式"如尾随讨要、拦车乞讨、拎包乞讨、言语侮辱或威胁乞讨等。

条文新旧对照 ●●●●●●

《治安管理处罚法》2012年版	《治安管理处罚法》2025年版
第四十一条 胁迫、诱骗或者利用他人乞讨的,处十日以上十五日以下拘留,可以并处一千元以下罚款。	第四十九条 胁迫、诱骗或者利用他人乞讨的,处十日以上十五日以下拘留,可以并处**二千元以下**罚款。

| 反复纠缠、强行讨要或者以其他滋扰他人的方式乞讨的,处五日以下拘留或者警告。 | 反复纠缠、强行讨要或者以其他滋扰他人的方式乞讨的,处五日以下拘留或者警告。 |

关联法律法规 ●●●●●●

《中华人民共和国刑法》(2023年12月29日修正)

第二百六十二条之一 以暴力、胁迫手段组织残疾人或者不满十四周岁的未成年人乞讨的,处三年以下有期徒刑或者拘役,并处罚金;情节严重的,处三年以上七年以下有期徒刑,并处罚金。

《违反公安行政管理行为的名称及其适用意见》(公通字〔2020〕8号 2020年8月6日修订)

82. 胁迫、诱骗、利用他人乞讨(第41条第1款)

83. 以滋扰他人的方式乞讨(第41条第2款)

典型案例参考 ●●●●●●

奚某某与上海铁路公安局上海公安处治安行政处罚案

[上海市第三中级人民法院(2020)沪03行终326号行政判决书]

2018年10月14日12时50分许,奚某某在铁路上海虹桥站B1层北通道地铁自助售票处主动搭识正在购票的旅客李某,向其讨要零钱,李某未予理睬,奚某某仍继续纠缠李某讨要零钱,在实施过程中被上海铁路公安处执勤民警查获。虹桥站派出所经调查认为奚某某犯有以滋扰他人的方式乞讨的违法行为,且系六个月内再次违反治安管理。上海铁路公安处于当日根据《治安管理处罚法》第41条第2款、第20条第4项之规定,对奚某某作出沪铁公(治)行罚决字〔2018〕613号《行政处罚决定书》,决定给予奚某某行政拘留三日的处罚。

法院认为,根据在案证据反映,旅客李某明确指证奚某某对其有"搭识、要钱、拉住、干扰、纠缠"等行为,在场无利害关系目击证人徐某也指认奚某某对李某实施了"拉住、干扰、要钱"等行为。在同一地域因同一行为曾多次被上海铁路公安处处以行政处罚的情况下,奚某某又在几乎相同的地点,再次以相同的方式去"帮助"他人购票,对自身之前的遭遇毫不担心。在与本案相隔仅6日的同月20日的处罚案件中,奚某某亦辩解因热心帮助他人购票而被上海铁路公安处构陷遭受了处罚。综合上述情况,上海铁路公安处认定奚某某具有以滋扰他人的方式乞讨的违法行为事实清楚。

> **第五十条　【对侵犯人身权利等六项行为的处罚】**
> 有下列行为之一的,处五日以下拘留或者一千元以下罚款;情节较重的,处五日以上十日以下拘留,可以并处一千元以下罚款:
> (一)写恐吓信或者以其他方法威胁他人人身安全的;
> (二)公然侮辱他人或者捏造事实诽谤他人的;
> (三)捏造事实诬告陷害他人,企图使他人受到刑事追究或者受到治安管理处罚的;
> (四)对证人及其近亲属进行威胁、侮辱、殴打或者打击报复的;
> (五)多次发送淫秽、侮辱、恐吓等信息或者采取滋扰、纠缠、跟踪等方法,干扰他人正常生活的;
> (六)偷窥、偷拍、窃听、散布他人隐私的。
> 有前款第五项规定的滋扰、纠缠、跟踪行为的,除依照前款规定给予处罚外,经公安机关负责人批准,可以责令其一定期限内禁止接触被侵害人。对违反禁止接触规定的,处五日以上十日以下拘留,可以并处一千元以下罚款。

条文应用提示 ●●●●●●●

(一)写恐吓信或者以其他方法威胁他人人身安全的行为

"恐吓信"是指以加害他人或损害其权益等为内容,通过书面形式发出,旨在使他人产生恐惧心理的信件。常见的"其他方式"包括投寄恐吓物、当面或电话威胁、暗示威胁、通过第三人转告威胁、投掷杂物威胁等,携带管制刀具尾随他人亦构成本条违法行为。"威胁他人人身安全"中的"他人"既可以是被恐吓者本人,也可以是被恐吓者的亲友。

(二)公然侮辱他人或者捏造事实诽谤他人的行为

"侮辱"是指公然诋毁他人人格、破坏他人名誉的行为,既可以是暴力形式如吐口水、公开场合推搡殴打等,也可以是非暴力形式如公开嘲讽他人身体缺陷、书写张贴丑化他人形象的传单、漫画等。侮辱他人应当"公然"进行,即当众或者利用能够使多人听到或看到的方式,对他人进行侮辱。侮辱他人的行为必须明确地针对某特定对象实施,如果不是针对特定的人,而是一般的谩骂等,不属于本项规定的违反治安管理行为。但被侮辱者是否在场,不影响行为成立。

实践中应注意区分文学创作、舆论监督、考核评价等与侮辱的界限,可以从行为人目的是否为了丑化他人,内容上是否为客观事实,后果上是否导致他人评价降低等综合考量。

"诽谤"要求行为人必须:(1)主观上是故意。(2)捏造事实,即虚假内容。如果散布的是客观事实,则虽可能同样造成他人声誉减损的后果,但构成的是名誉侵权而非诽谤。(3)捏造事实必须散布。如果只是私下里谈论捏造的事实,则不属于诽谤行为。(4)诽谤必须针对特定对象进行,但不一定要指名道姓,只要从诽谤的内容上知道是谁或者可以推断出或者明显地影射特定的人,就可以构成诽谤行为,如果行为人散布的事实没有特定的对象,不可能贬损某人人格、名誉,则不能以诽谤论处。

(三)捏造事实诬告陷害他人,企图使他人受到刑事追究或者受到治安管理处罚的行为

构成本行为有以下几个要件:(1)行为人应当捏造事实。如果不是捏造事实,而是客观存在的事实,则不属于诬告陷害他人的行为。(2)行为人应当以使他人受到刑事追究或者受到治安管理处罚为目的,且足以使他人受到刑事追究或者受到治安管理处罚,如果只是以败坏他人名誉,损害他人利益为目的,或者捏造的事实不足以使他人受到刑事追究或者受到治安管理处罚的,也不属于诬告陷害他人的行为。(3)行为应当有明确的对象,如果行为人只是捏造了某种违法犯罪事实,向有关机关告发,并没有具体的告发对象,这种行为虽然侵犯了司法机关的正常活动,但不属于诬告陷害他人的行为。(4)行为人应当有诬告陷害的故意,错告或者检举失实不属于诬告陷害他人的行为。

(四)对证人及其近亲属进行威胁、侮辱、殴打或者打击报复的行为

"证人"包括刑事诉讼、民事诉讼、行政诉讼中的证人以及行政执法活动中涉及的证人。近亲属是指夫、妻、父、母、子、女、同胞兄弟姊妹、祖父母、外祖父母、孙子女、外孙子女。"威胁"是指实行恐吓、要挟等精神强制手段,如以人身伤害、毁坏财物、损害名誉等相要挟,使人产生恐惧;"侮辱"是指公然诋毁证人及其近亲属人格,破坏其名誉;"殴打"是指采用拳打脚踢等方式打人;"打击报复"包括多种方式,如利用职权降薪、降职、辞

退等。

（五）多次发送淫秽、侮辱、恐吓等信息或者采取滋扰、纠缠、跟踪等方法，干扰他人正常生活的行为

"多次"要求至少三次以上。"淫秽信息"是指具体描绘性行为或者露骨宣扬色情的、诲淫性的信息；"侮辱信息"是指诋毁他人人格、破坏他人名誉的信息；"恐吓信息"是指威胁或要挟他人，使他人精神受到恐慌的信息。发送信息的行为应当干扰了他人的正常生活不得安宁，例如发送信息遭到拒绝后仍然不停地发送，或夜间在他人入睡后发送等。

本次修法将"滋扰、纠缠、跟踪等方法干扰他人正常生活的行为"，列入侵犯人身权利的行为，扩大了公民人身权利的保护范围，体现了法律对公民生活安宁秩序的重视与保护。

滋扰、纠缠、跟踪都具有干扰性的特征。"滋扰"核心是为制造事端进行扰乱使他人不得安宁，如泼油漆、打骚扰电话、故意制造噪声等；"纠缠"通常是指对他人进行持续性的、不必要的打扰，通过反复的行为或言语使对方感到困扰，常见有跟踪、尾随、拦截或在他人住宅、工作场所静坐等；"跟踪"基本含义是秘密尾随、紧追不放，目的往往是为了获取对方的动态信息，除了传统的线下尾随外，还包括电话跟踪、互联网跟踪等线上新形式，如通过监控电话、监测网络等活动来掌握他人行踪。

滋扰、纠缠、跟踪等行为会给被侵害人带来心理压力和安全隐患，因而本条增设第二款，"经公安机关负责人批准，责令行为人在一定期限内禁止接触被侵害人"，以作为一种附加的预防性措施，防止行为人再次对被侵害人实施干扰行为，有助于被侵害人尽快恢复正常生活秩序。

（六）偷窥、偷拍、窃听、散布他人隐私的行为

"偷窥"是指对他人的隐私活动进行偷看的行为；"偷拍"是指对他人的隐私进行秘密摄录的行为；"窃听"是指对他人的谈话或者通话等进行偷听或者秘密录音的行为；"散布"，是指以文字、语言或者其他手段将他人的隐私在社会或一定范围内加以传播的行为。

条文新旧对照

《治安管理处罚法》2012 年版	《治安管理处罚法》2025 年版
第四十二条　有下列行为之一的，处五日以下拘留或者五百元以下罚款；情节较重的，处五日以上十日以下拘留，可以并处五百元以下罚款： （一）写恐吓信或者以其他方法威胁他人人身安全的； （二）公然侮辱他人或者捏造事实诽谤他人的； （三）捏造事实诬告陷害他人，企图使他人受到刑事追究或者受到治安管理处罚的； （四）对证人及其近亲属进行威胁、侮辱、殴打或者打击报复的； （五）多次发送淫秽、侮辱、恐吓或者其他信息，干扰他人正常生活的； （六）偷窥、偷拍、窃听、散布他人隐私的。	第五十条　有下列行为之一的，处五日以下拘留或者**一千元**以下罚款；情节较重的，处五日以上十日以下拘留，可以并处**一千元**以下罚款： （一）写恐吓信或者以其他方法威胁他人人身安全的； （二）公然侮辱他人或者捏造事实诽谤他人的； （三）捏造事实诬告陷害他人，企图使他人受到刑事追究或者受到治安管理处罚的； （四）对证人及其近亲属进行威胁、侮辱、殴打或者打击报复的； （五）多次发送淫秽、侮辱、恐吓**等**信息**或者采取滋扰、纠缠、跟踪等方法**，干扰他人正常生活的； （六）偷窥、偷拍、窃听、散布他人隐私的。 **有前款第五项规定的滋扰、纠缠、跟踪行为的，除依照前款规定给予处罚外，经公安机关负责人批准，可以责令其一定期限内禁止接触被侵害人。对违反禁止接触规定的，处五日以上十日以下拘留，可以并处一千元以下罚款。**

关联法律法规

《中华人民共和国刑法》（2023年12月29日修正）

第二百四十三条　捏造事实诬告陷害他人，意图使他人受刑事追究，情节严重的，处三年以下有期徒刑、拘役或者管制；造成严重后果的，处三年以上十年以下有期徒刑。

国家机关工作人员犯前款罪的，从重处罚。

不是有意诬陷，而是错告，或者检举失实的，不适用前两款的规定。

第二百四十六条　以暴力或者其他方法公然侮辱他人或者捏造事实诽谤他人，情节严重的，处三年以下有期徒刑、拘役、管制或者剥夺政治权利。

前款罪，告诉的才处理，但是严重危害社会秩序和国家利益的除外。

通过信息网络实施第一款规定的行为，被害人向人民法院告诉，但提供证据确有困难的，人民法院可以要求公安机关提供协助。

第三百零八条　对证人进行打击报复的，处三年以下有期徒刑或者拘役；情节严重的，处三年以上七年以下有期徒刑。

《中华人民共和国刑事诉讼法》（2018年10月26日修正）

第六十四条　对于危害国家安全犯罪、恐怖活动犯罪、黑社会性质的组织犯罪、毒品犯罪等案件，证人、鉴定人、被害人因在诉讼中作证，本人或者其近亲属的人身安全面临危险的，人民法院、人民检察院和公安机关应当采取以下一项或者多项保护措施：

（一）不公开真实姓名、住址和工作单位等个人信息；

（二）采取不暴露外貌、真实声音等出庭作证措施；

（三）禁止特定的人员接触证人、鉴定人、被害人及其近亲属；

（四）对人身和住宅采取专门性保护措施；

（五）其他必要的保护措施。

证人、鉴定人、被害人认为因在诉讼中作证，本人或者其近亲属的人身安全面临危险的，可以向人民法院、人民检察院、公安机关请求予以保护。

人民法院、人民检察院、公安机关依法采取保护措施，有关单位和个人应当配合。

《中华人民共和国监察法实施条例》(2025年6月1日)

第九十七条　证人、鉴定人、被害人因作证,本人或者近亲属人身安全面临危险,向监察机关请求保护的,监察机关应当受理并及时进行审查;对于确实存在人身安全危险的,监察机关应当采取必要的保护措施。监察机关发现存在上述情形的,应当主动采取保护措施。

监察机关可以采取下列一项或者多项保护措施:

(一)不公开真实姓名、住址和工作单位等个人信息;

(二)禁止特定的人员接触证人、鉴定人、被害人及其近亲属;

(三)对人身和住宅采取专门性保护措施;

(四)其他必要的保护措施。

依法决定不公开证人、鉴定人、被害人的真实姓名、住址和工作单位等个人信息的,可以在询问笔录等法律文书、证据材料中使用化名。但是应当另行书面说明使用化名的情况并标明密级,单独成卷。

监察机关采取保护措施需要协助的,可以提请公安机关等有关单位和要求有关个人依法予以协助。

《违反公安行政管理行为的名称及其适用意见》(公通字〔2020〕8号　2020年8月6日修订)

84. 威胁人身安全(第42条第1项)

85. 侮辱(第42条第2项)

《保安服务管理条例》第45条第1款第1项与《中华人民共和国治安管理处罚法》第42条第2项竞合。对保安员侮辱他人的,违法行为名称表述为"侮辱"。如果其行为依法应当予以治安管理处罚的,法律依据适用《中华人民共和国治安管理处罚法》第42条第2项。如果其行为情节严重,依法应当吊销保安员证,并应当依法予以治安管理处罚的,法律依据适用《中华人民共和国治安管理处罚法》第42条第2项和《保安服务管理条例》第45条第1款第1项。如果其行为情节轻微,不构成违反治安管理行为,仅应当予以训诫的,法律依据适用《保安服务管理条例》第45条第1款第1项。

《中华人民共和国劳动法》第96条第2项与《中华人民共和国治安管理处罚法》第42条第2项竞合。对用人单位侮辱劳动者的,违法行为名称表述为"侮辱",法律依据适用《中华人民共和国治安管理处罚法》第42

条第 2 项。

86. 诽谤(第 42 条第 2 项)

87. 诬告陷害(第 42 条第 3 项)

88. 威胁、侮辱、殴打、打击报复证人及其近亲属(第 42 条第 4 项)

89. 发送信息干扰正常生活(第 42 条第 5 项)

90. 侵犯隐私(第 42 条第 6 项)

《保安服务管理条例》第 45 条第 1 款第 6 项与《中华人民共和国治安管理处罚法》第 42 条第 6 项竞合。对保安员侵犯个人隐私的,违法行为名称表述为"侵犯隐私"。如果其行为依法应当予以治安管理处罚的,法律依据适用《中华人民共和国治安管理处罚法》第 42 条第 6 项。如果其行为情节严重,依法应当吊销保安员证,并应当依法予以治安管理处罚的,法律依据适用《中华人民共和国治安管理处罚法》第 42 条第 6 项和《保安服务管理条例》第 45 条第 1 款第 6 项。如果其行为情节轻微,不构成违反治安管理行为,仅应当予以训诫的,法律依据适用《保安服务管理条例》第 45 条第 1 款第 6 项。

《公安机关对部分违反治安管理行为实施处罚的裁量指导意见》(公通字〔2018〕17 号　2018 年 6 月 5 日)

三十五、威胁人身安全

【法律依据】

(《中华人民共和国治安管理处罚法》第 42 条第 1 项)有下列行为之一的,处五日以下拘留或者五百元以下罚款;情节较重的,处五日以上十日以下拘留,可以并处五百元以下罚款:

(一)写恐吓信或者以其他方法威胁他人人身安全的;

【理解与适用】

有下列情形之一的,属于"情节较重":

(一)给他人正常工作、生活、身心健康造成较大影响的;

(二)经劝阻仍不停止的;

(三)针对多人实施的;

(四)采取多种方式和手段威胁他人人身安全的;

(五)其他情节较重的情形。

三十六、侮辱

诽谤

诬告陷害

【法律依据】

(《中华人民共和国治安管理处罚法》第42条第2项、第3项)有下列行为之一的,处五日以下拘留或者五百元以下罚款;情节较重的,处五日以上十日以下拘留,可以并处五百元以下罚款:

(二)公然侮辱他人或者捏造事实诽谤他人的;

(三)捏造事实诬告陷害他人,企图使他人受到刑事追究或者受到治安管理处罚的;

【理解与适用】

有下列情形之一的,属于"情节较重":

(一)使用恶劣手段、方式的;

(二)给他人正常工作、生活、身心健康、名誉造成较大影响的;

(三)经劝阻仍不停止的;

(四)利用信息网络公然侮辱、诽谤、诬告陷害他人的;

(五)针对多人实施的;

(六)其他情节较重的情形。

三十七、威胁、侮辱、殴打、打击报复证人及其近亲属

【法律依据】

(《中华人民共和国治安管理处罚法》第42条第4项)有下列行为之一的,处五日以下拘留或者五百元以下罚款;情节较重的,处五日以上十日以下拘留,可以并处五百元以下罚款:

(四)对证人及其近亲属进行威胁、侮辱、殴打或者打击报复的;

【理解与适用】

有下列情形之一的,属于"情节较重":

(一)使用恶劣手段、方式的;

(二)给他人正常工作、生活、身心健康、名誉造成较大影响的;

(三)造成人身伤害的;

(四)针对多人实施的;

(五)其他情节较重的情形。

三十八、发送信息干扰正常生活

【法律依据】

(《中华人民共和国治安管理处罚法》第42条第5项)有下列行为之一的,处五日以下拘留或者五百元以下罚款;情节较重的,处五日以上十日以下拘留,可以并处五百元以下罚款:

(五)多次发送淫秽、侮辱、恐吓或者其他信息,干扰他人正常生活的;

【理解与适用】

有下列情形之一的,属于"情节较重":

(一)给他人正常工作、生活、身心健康、名誉造成较大影响的;

(二)向多人发送的;

(三)经被侵害人制止仍不停止的;

(四)其他情节较重的情形。

三十九、侵犯隐私

【法律依据】

(《中华人民共和国治安管理处罚法》第42条第6项)有下列行为之一的,处五日以下拘留或者五百元以下罚款;情节较重的,处五日以上十日以下拘留,可以并处五百元以下罚款:

(六)偷窥、偷拍、窃听、散布他人隐私的。

【理解与适用】

有下列情形之一的,属于"情节较重":

(一)给他人正常工作、生活、身心健康、名誉造成较大影响的;

(二)利用信息网络散布他人隐私的;

(三)多次侵犯他人隐私或者侵犯多人隐私的;

(四)其他情节较重的情形。

《公安部关于严格依法办理侮辱诽谤案件的通知》(2009年4月3日)

对于不构成犯罪但违反《治安管理处罚法》的,要通过治安调解,最大限度地化解矛盾和纠纷;对于调解不成的,应依法给予治安管理处罚。公安机关在办理侮辱、诽谤案件时,要深入细致,辨法析理,努力争取让违法犯罪行为人和被侵害人心悦诚服地接受处理结果,化消极因素为积极因素,取得法律效果和社会效果的统一。

典型案例参考

林某某诉福州市长乐区公安局治安行政处罚及福州市公安局复议决定案
(2020年福州中院发布弘扬社会主义核心价值观十大典型案例之六)

林某某在长乐区医院住院部二楼病房内向产妇介绍催乳业务被护士陈某某巡查病房时制止,因不满意护士劝导其离开,林某某在护士站公然辱骂"护士是社会最低级的人""证明你父母也是最低级的人"。福州市长乐区公安局于2019年8月28日作出长乐区公安局长公(城关)行罚决字〔2019〕00184号《行政处罚决定书》,决定对林某某处以行政拘留5日。

法院认为,事发护士站位于楼层过道旁,属于公共场所,监控视频显示林某某辱骂护士时护士站周围有多人在场,且高某某、林某作为在场人指认林某某实施了辱骂行为。长乐公安局依据《治安管理处罚法》第42条规定,对原告作出行政拘留5日的处罚决定,适用法律正确,处罚幅度亦在裁量范围内。

李某某与成武县公安局行政处罚案
[山东省菏泽市中级人民法院(2013)菏行终字第52号行政判决书]

2013年3月8日下午,李某某用手机151开头的号码5次拨打张某某的电话,对张某某使用了侮辱和威胁性的语言。张某某报案后,成武县公安局3月18日作出对李某某行政拘留10日的处罚决定。

法院认为,公然侮辱是指侮辱他人的行为必须是公然进行,系采取当众或者利用能够使多人听到或看到的方式,对他人进行侮辱。本案中,李某某采取的系打电话的方式,"点对点"通话方式决定其具有天然的私密性,并非能够使多人听到或者看到,不具有侮辱的公然性。虽然张某某打开电话免提功能进行录音时,被证人吴某、田某某听到,此系张某某的自身行为导致,而非李某某打电话行为所应当导致的客观结果,不应将被他人听到的结果而对李某某予以苛责。李某某的行为非公然侮辱行为,并不违反《治安管理处罚法》第42条第2项规定。

第五十一条 【对殴打或故意伤害他人身体行为的处罚】

殴打他人的,或者故意伤害他人身体的,处五日以上十日以下拘留,并处五百元以上一千元以下罚款;情节较轻的,处五日以下拘留或者一千元以下罚款。

有下列情形之一的,处十日以上十五日以下拘留,并处一千元以上二千元以下罚款:

(一)结伙殴打、伤害他人的;

（二）殴打、伤害残疾人、孕妇、不满十四周岁的人或者七十周岁以上的人的；

（三）多次殴打、伤害他人或者一次殴打、伤害多人的。

条文应用提示

"殴打他人"是指打人的行为，行为方式一般采用拳打脚踢，或者使用棍棒等器具殴打他人。殴打会造成他人身体皮肉暂时的疼痛，并不要求造成被殴打者受伤的结果。"故意伤害他人身体"是指非法损害他人身体健康的行为，主要表现为以外力直接作用于他人的身体组织和器官。

"结伙殴打"是指纠集多人对他人进行殴打，与结伙斗殴不同，结伙殴打是一方对无辜者单方面的殴打，结伙斗殴是双方违反社会公共秩序，相互斗殴的行为。残疾人、孕妇、不满14周岁的人或者70周岁以上的人属于弱势群体，自我保护的能力较差，需要法律给予特殊的保护，因此对于殴打、伤害这类人员加重处罚。多次殴打、伤害他人或者一次殴打、伤害多人的造成的后果更严重，影响更恶劣，因此对此加重处罚。

条文新旧对照

《治安管理处罚法》2012年版	《治安管理处罚法》2025年版
第四十三条　殴打他人的，或者故意伤害他人身体的，处五日以上十日以下拘留，并处二百元以上五百元以下罚款；情节较轻的，处五日以下拘留或者五百元以下罚款。 有下列情形之一的，处十日以上十五日以下拘留，并处五百元以上一千元以下罚款： （一）结伙殴打、伤害他人的； （二）殴打、伤害残疾人、孕妇、不满十四周岁的人或者六十周岁以上的人的；	第五十一条　殴打他人的，或者故意伤害他人身体的，处五日以上十日以下拘留，并处**五百元**以上**一千元**以下罚款；情节较轻的，处五日以下拘留或者**一千元**以下罚款。 有下列情形之一的，处十日以上十五日以下拘留，并处**一千元**以上**二千元**以下罚款： （一）结伙殴打、伤害他人的； （二）殴打、伤害残疾人、孕妇、不满十四周岁的人或者**七十**周岁以上的人的；

| (三)多次殴打、伤害他人或者一次殴打、伤害多人的。 | (三)多次殴打、伤害他人或者一次殴打、伤害多人的。 |

关联法律法规

《中华人民共和国刑法》(2023年12月29日修正)

第二百三十四条 故意伤害他人身体的,处三年以下有期徒刑、拘役或者管制。

犯前款罪,致人重伤的,处三年以上十年以下有期徒刑;致人死亡或者以特别残忍手段致人重伤造成严重残疾的,处十年以上有期徒刑、无期徒刑或者死刑。本法另有规定的,依照规定。

《违反公安行政管理行为的名称及其适用意见》(公通字〔2020〕8号 2020年8月6日修订)

91.殴打他人(第43条第1款)

《保安服务管理条例》第45条第1款第1项与《中华人民共和国治安管理处罚法》第43条第1款竞合。对保安员殴打他人的,违法行为名称表述为"殴打他人"。如果其行为依法应当予以治安管理处罚,法律依据适用《中华人民共和国治安管理处罚法》第43条第1款。如果其行为情节严重,依法应当吊销保安员证,并应当依法予以治安管理处罚的,法律依据适用《中华人民共和国治安管理处罚法》第43条第1款和《保安服务管理条例》第45条第1款第1项;有法定加重情节的,法律依据适用《中华人民共和国治安管理处罚法》第43条第2款和《保安服务管理条例》第45条第1款第1项。如果其行为情节轻微,不构成违反治安管理行为,仅应当予以训诫的,法律依据适用《保安服务管理条例》第45条第1款第1项。

《中华人民共和国劳动法》第96条第2项与《中华人民共和国治安管理处罚法》第43条第1款竞合。对用人单位体罚、殴打劳动者的,违法行为名称表述为"殴打他人",法律依据适用《中华人民共和国治安管理处罚法》第43条第1款。

92.故意伤害(第43条第1款)

《公安机关对部分违反治安管理行为实施处罚的裁量指导意见》(公通字〔2018〕17号　2018年6月5日)

四十、殴打他人

故意伤害

【法律依据】

(《中华人民共和国治安管理处罚法》第43条第1款)殴打他人的,或者故意伤害他人身体的,处五日以上十日以下拘留,并处二百元以上五百元以下罚款;情节较轻的,处五日以下拘留或者五百元以下罚款。

【理解与适用】

有下列情形之一的,属于"情节较轻":

(一)被侵害方有过错,且伤害后果较轻的;

(二)亲友、邻里或者同事之间因琐事发生纠纷,双方均有过错,且伤害后果较轻的;

(三)已满十四周岁未成年在校学生初次殴打他人、故意伤害他人身体,悔过态度较好且伤害后果较轻的;

(四)因民间纠纷引发且行为人主动赔偿合理费用,伤害后果较轻的;

(五)其他情节较轻的情形。

《公安机关执行〈中华人民共和国治安管理处罚法〉有关问题的解释(二)》(公通字〔2007〕1号　2007年1月26日)

七、关于殴打、伤害特定对象的处罚问题

对违反《治安管理处罚法》第四十三条第二款第二项规定行为的处罚,不要求行为人主观上必须明知殴打、伤害的对象为残疾人、孕妇、不满十四周岁的人或者六十周岁以上的人。

八、关于"结伙"、"多次"、"多人"的认定问题

《治安管理处罚法》中规定的"结伙"是指两人(含两人)以上;"多次"是指三次(含三次)以上;"多人"是指三人(含三人)以上。

《公安机关办理伤害案件规定》(公通字〔2005〕98号　2005年12月27日)

第二十九条　根据《中华人民共和国刑法》第十三条及《中华人民共和国刑事诉讼法》第十五条第一项规定,对故意伤害他人致轻伤,情节显

著轻微、危害不大,不认为是犯罪的,以及被害人伤情达不到轻伤的,应当依法予以治安管理处罚。

典型案例参考

仇某某与平原县公安局等治安行政处罚上诉案

[2014年山东省高级人民法院公布十件典型行政案例之七 山东省德州市中级人民法院(2013)德中行终字第67号行政判决书]

2013年2月21日,平原县王凤楼镇后王村村民仇某某因认为村文书王某少上报了自家的小麦亩数,首先到王某家问有关情况,王某称上报的数目不归自己管。仇某某在回家路上遇见其夫张某某,二人又共同返还至王某家,张某某质问王某为什么少报了亩数,并拉王某去村支书家,王某不去,张某某、王某开始发生争执并动手,其后仇某某也参与进来。王某的伤情经鉴定为:右颌面部淤血及右外耳道充血,属轻微伤。平原县公安局于2013年3月23日作出了平公(治)行罚决字〔2013〕008号行政处罚决定书,对仇某某处以拘留15日并罚款500元的行政处罚。

法院认为,平原县公安局在一审答辩状中称"张某某、王某发生争执并动手,争执中仇某某参与打架,并打王某的头且将右脸部抓伤",既然认定两家男人发生争执并打架,作为女性的仇某某参与了打架,却认定王某面部伤情由仇某某所为,并且处以治安拘留15日并罚款500元的这种较重的行政处罚,就应有更为充分的证据。在本案中,平原县公安局认定该事实的证据主要有受害人陈述、证人证言和伤情鉴定文书。王某伤情鉴定文书中载明王某的伤情"系钝性外力作用形成",但刘某某、仇某某、王某某、张某某在平原县公安局的询问笔录中均称王某的脸是被仇某某抓伤,与钝性外力作用形成的鉴定意见不符,且仇某某和张某某的证言与平原县公安局询问笔录中的内容相互矛盾。刘某某为受害人王某的妻子,与被上诉人王某存在利害关系,其证言证明效力较低。因此,平原县公安局认定仇某某对王某造成轻微伤,作出平公(治)行罚决字〔2013〕008号行政处罚决定主要证据不足。

第五十二条 【对猥亵及在公共场所故意裸露身体隐私部位行为的处罚】

猥亵他人的,处五日以上十日以下拘留;猥亵精神病人、智力残疾人、不满十四周岁的人或者有其他严重情节的,处十日以上十五日以下拘留。

在公共场所故意裸露身体隐私部位的,处警告或者五百元以下罚款;情节恶劣的,处五日以上十日以下拘留。

条文应用提示

"猥亵他人"是指违背对方意志,实施的正常性接触以外的能够满足刺激、满足行为人或者第三人性欲的行为,主要包括以抠摸、指奸、鸡奸等淫秽下流的手段对他人身体的性接触行为。如果行为人只是追逐、堵截他人,或者向他人身上泼洒腐蚀物、涂抹污物,或者用下流的语言辱骂他人等,则不属于猥亵他人,而可能构成其他侵犯他人人身权利的违法行为。

"智力残疾"是指人的智力明显低于一般人水平,并显示适应行为障碍,包括在智力发育期间由于各种原因引起的智力低下和智力发育成熟以后由于各种原因引起的智力损伤或老年期的智力明显衰退。精神病人是不能辨认或者控制自己行为的人,包括完全丧失辨认或者控制自己行为的精神病人、间歇性精神病人和尚未完全丧失辨认或者控制自己行为的精神病人。智力残疾人、精神病人、不满14周岁的人对社会各方面的认知能力较弱,因此法律给予特殊保护。其他严重情节包括猥亵孕妇,或者在众人面前猥亵他人,或者猥亵行为给他人精神上造成伤害或者在社会上造成恶劣影响等。

"公共场所"主要是指公众进行公开活动的场所,如商店、体育场、公共交通工具、影院、街道等。"裸露身体",不仅包括赤裸全身,也包括比较常见的赤裸下身或者暴露阴私部位,或者女性赤裸上身等情形。"情节恶劣",如多次实施此行为,引起众人围观,群众意见很大、社会影响恶劣等。

应当注意的是,本条是从原第四十四条"对猥亵他人和公共场所裸露身体的处罚"中拆分出来的。旧法要求在公共场所故意裸露身体需达到"情节恶劣"的程度,方可给予处罚。修改后,只要有在公共场所故意裸露身体的行为,即可处以警告处罚;情节恶劣的为加重处罚。

条文新旧对照

《治安管理处罚法》2012年版	《治安管理处罚法》2025年版
第四十四条　猥亵他人的,或者在公共场所故意裸露身体,情节恶劣的,处五日以上十日以下拘留;猥亵智力残疾人、精神病人、不满十四周岁的人或者有其他严重情节的,处十日以上十五日以下拘留。	第五十二条　猥亵他人的,处五日以上十日以下拘留;猥亵精神病人、智力残疾人、不满十四周岁的人或者有其他严重情节的,处十日以上十五日以下拘留。 　　在公共场所故意裸露身体隐私部位的,处警告或者五百元以下罚款;情节恶劣的,处五日以上十日以下拘留。

关联法律法规

《中华人民共和国刑法》(2023年12月29日修正)

第二百三十七条　以暴力、胁迫或者其他方法强制猥亵他人或者侮辱妇女的,处五年以下有期徒刑或者拘役。

聚众或者在公共场所当众犯前款罪的,或者有其他恶劣情节的,处五年以上有期徒刑。

猥亵儿童的,处五年以下有期徒刑;有下列情形之一的,处五年以上有期徒刑:

(一)猥亵儿童多人或者多次的;

(二)聚众猥亵儿童的,或者在公共场所当众猥亵儿童,情节恶劣的;

(三)造成儿童伤害或者其他严重后果的;

(四)猥亵手段恶劣或者有其他恶劣情节的。

《违反公安行政管理行为的名称及其适用意见》(公通字〔2020〕8号　2020年8月6日修订)

93.猥亵(第44条)

94.在公共场所故意裸露身体(第44条)

《公安机关对部分违反治安管理行为实施处罚的裁量指导意见》(公通字[2018]17号　2018年6月5日)

四十一、猥亵

【法律依据】

(《中华人民共和国治安管理处罚法》第44条)猥亵他人的,或者在公共场所故意裸露身体,情节恶劣的,处五日以上十日以下拘留;猥亵智力残疾人、精神病人、不满十四周岁的人或者有其他严重情节的,处十日以上十五日以下拘留。

【理解与适用】

有下列情形之一的,属于"有其他严重情节":

(一)在公共场所猥亵他人的;

(二)猥亵多人的;

(三)其他情节严重的情形。

四十二、在公共场所故意裸露身体

【法律依据】

(《中华人民共和国治安管理处罚法》第44条)猥亵他人的,或者在公共场所故意裸露身体,情节恶劣的,处五日以上十日以下拘留;猥亵智力残疾人、精神病人、不满十四周岁的人或者有其他严重情节的,处十日以上十五日以下拘留。

【理解与适用】

有下列情形之一的,属于"情节恶劣":

(一)造成现场秩序混乱等危害后果或者较大社会影响的;

(二)在有多名异性或者未成年人的公共场所故意裸露身体的;

(三)经制止拒不改正的;

(四)伴随挑逗性语言或者动作的;

(五)其他情节恶劣的情形。

典型案例参考

许某某与济南市公安局历下分局等治安行政复议上诉案

[2021年最高人民法院第四届"百篇优秀裁判文书"　山东省济南市中级人民法院(2020)鲁01行终1034号行政判决书]

2019年10月6日,许某某酒后在济南市历下区环山路某某饭店,趁张某某趴在 15 号桌子上看手机时亲了张某某左脸一下,趁孔某某开酒之际摸了孔某某左侧屁股一下。当日,历下公安分局作出历公(科)行罚决字[2019]585号《行政处罚决定书》,对许某某给予行政拘留 10 日的行政处罚。

法院认为,本案证据可以排除合理怀疑、形成完整的证据链条。许某某与张某某和孔某某之间并无任何亲密关系,依照中国传统的行为规范,陌生异性之间应以常人可以接受的方式进行沟通交流。在异性面前故意暴露身体、使用色情言语进行骚扰等非接触行为即可构成猥亵,亲吻面部、触摸异性腰臀等敏感部位的行为,当然构成猥亵。许某某对自己对第三人张某某实施亲吻行为所作辩解,不具有合理性,许某某主张其用手拍第三人孔某某屁股系提醒其开酒,即使该理由为真,该方式显然超过常人接受范围,不能成为否定其实施了猥亵行为的理由。故历下公安分局对上诉人所实施行为定性为猥亵,证据确实充分,并无不当。

> **第五十三条 【对虐待、遗弃行为的处罚】**
> 有下列行为之一的,处五日以下拘留或者警告;情节较重的,处五日以上十日以下拘留,可以并处一千元以下罚款:
> (一)虐待家庭成员,被虐待人或者其监护人要求处理的;
> (二)对未成年人、老年人、患病的人、残疾人等负有监护、看护职责的人虐待被监护、看护的人的;
> (三)遗弃没有独立生活能力的被扶养人的。

▌条文应用提示 ●●●●●●

"家庭成员"是指配偶、父母、子女和其他共同生活的近亲属。"虐待家庭成员",是指经常用打骂、冻饿、禁闭、强迫过度劳动等方法,摧残、折磨家庭成员的行为。虐待发生在存在一定亲属关系或者抚养、赡养关系的家庭成员之间。只有被虐待人或者其监护人向公安机关提出控告要求公安机关处理的,公安机关才能够予以处罚,对于被虐待人或者其监护人没有提出控告的,公安机关不能主动给予行为人处罚。被虐待人的亲属、朋友以及邻里提出来要求公安机关给予处罚的,也不能给予处罚。

本条新增第二项,对"负有监护、看护职责的人虐待未成年人、老年人、患病的人、残疾人"的处罚。"监护人"是指依照法律规定对无民事行为能力人和限制民事行为能力人的人身、财产及其他合法权益进行监督和保护的人。"看护"是指对未成年人、老年人、患病的人、残疾人等进行护理和照料,看护人既包括家庭成员,也包括教师、医护人员以及临时接受委托而具有看护责任或义务的自然人或单位。

"遗弃没有独立生活能力的被扶养人",是指对于年老、年幼、患病或者其他没有独立生活能力的人,负有扶养义务而拒绝扶养的行为。"没有独立生活能力"是指不具备或者丧失劳动能力,无生活来源而需要他人照顾等情况。行为人对没有独立生活能力的被扶养人,应当依据《民法典》规定负有扶养义务。

▎条文新旧对照 ●●●●●●

《治安管理处罚法》2012 年版	《治安管理处罚法》2025 年版
第四十五条 有下列行为之一的,处五日以下拘留或者警告: (一)虐待家庭成员,被虐待人要求处理的; (二)遗弃没有独立生活能力的被扶养人的。	第五十三条 有下列行为之一的,处五日以下拘留或者警告;情节较重的,处五日以上十日以下拘留可以并处一千元以下罚款: (一)虐待家庭成员,被虐待人或者其监护人要求处理的; (二)对未成年人、老年人、患病的人、残疾人等负有监护、看护职责的人虐待被监护、看护的人的; (三)遗弃没有独立生活能力的被扶养人的。

▎关联法律法规 ●●●●●●

《中华人民共和国人口与计划生育法》(2021 年 8 月 20 日修正)

第二十二条 禁止歧视、虐待生育女婴的妇女和不育的妇女。

禁止歧视、虐待、遗弃女婴。

第四十一条 托育机构违反托育服务相关标准和规范的,由卫生健康主管部门责令改正,给予警告;拒不改正的,处五千元以上五万元以下的罚款;情节严重的,责令停止托育服务,并处五万元以上十万元以下的罚款。

托育机构有虐待婴幼儿行为的,其直接负责的主管人员和其他直接责任人员终身不得从事婴幼儿照护服务;构成犯罪的,依法追究刑事责任。

《中华人民共和国刑法》(2023年12月29日修正)

第二百六十条　虐待家庭成员,情节恶劣的,处二年以下有期徒刑、拘役或者管制。

犯前款罪,致使被害人重伤、死亡的,处二年以上七年以下有期徒刑。

第一款罪,告诉的才处理,但被害人没有能力告诉,或者因受到强制、威吓无法告诉的除外。

第二百六十条之一　对未成年人、老年人、患病的人、残疾人等负有监护、看护职责的人虐待被监护、看护的人,情节恶劣的,处三年以下有期徒刑或者拘役。

单位犯前款罪的,对单位判处罚金,并对其直接负责的主管人员和其他直接责任人员,依照前款的规定处罚。

有第一款行为,同时构成其他犯罪的,依照处罚较重的规定定罪处罚。

第二百六十一条　对于年老、年幼、患病或者其他没有独立生活能力的人,负有扶养义务而拒绝扶养,情节恶劣的,处五年以下有期徒刑、拘役或者管制。

《中华人民共和国民法典》(2020年5月28日)

第二十六条　父母对未成年子女负有抚养、教育和保护的义务。

成年子女对父母负有赡养、扶助和保护的义务。

第一千零四十二条　禁止包办、买卖婚姻和其他干涉婚姻自由的行为。禁止借婚姻索取财物。

禁止重婚。禁止有配偶者与他人同居。

禁止家庭暴力。禁止家庭成员间的虐待和遗弃。

第一千零五十八条　夫妻双方平等享有对未成年子女抚养、教育和保护的权利,共同承担对未成年子女抚养、教育和保护的义务。

第一千零五十九条　夫妻有相互扶养的义务。

需要扶养的一方,在另一方不履行扶养义务时,有要求其给付扶养费的权利。

第一千零七十四条　有负担能力的祖父母、外祖父母,对于父母已经死亡或者父母无力抚养的未成年孙子女、外孙子女,有抚养的义务。

有负担能力的孙子女、外孙子女,对于子女已经死亡或者子女无力赡养的祖父母、外祖父母,有赡养的义务。

第一千零七十五条　有负担能力的兄、姐,对于父母已经死亡或者父母无力抚养的未成年弟、妹,有扶养的义务。

由兄、姐扶养长大的有负担能力的弟、妹,对于缺乏劳动能力又缺乏生活来源的兄、姐,有扶养的义务。

第一千零八十四条　父母与子女间的关系,不因父母离婚而消除。离婚后,子女无论由父或者母直接抚养,仍是父母双方的子女。

离婚后,父母对于子女仍有抚养、教育、保护的权利和义务。

离婚后,不满两周岁的子女,以由母亲直接抚养为原则。已满两周岁的子女,父母双方对抚养问题协议不成的,由人民法院根据双方的具体情况,按照最有利于未成年子女的原则判决。子女已满八周岁的,应当尊重其真实意愿。

《中华人民共和国老年人权益保障法》(2018年12月29日修正)

第三条　国家保障老年人依法享有的权益。

老年人有从国家和社会获得物质帮助的权利,有享受社会服务和社会优待的权利,有参与社会发展和共享发展成果的权利。

禁止歧视、侮辱、虐待或者遗弃老年人。

《违反公安行政管理行为的名称及其适用意见》(公通字[2020]8号　2020年8月6日修订)

95.虐待(第45条第1项)

96.遗弃(第45条第2项)

典型案例参考 ●●●●●●

朱某某与杭州市公安局下城区分局治安处罚案

[浙江省杭州市中级人民法院(2020)浙01行终136号行政判决书]

朱某某与阮某某于2007年11月15日共同生育一子朱某甲,双方于2011年7月协议离婚。离婚协议书约定朱某甲由阮某某抚养。朱某甲患有癫痫、智障重度二级。自 2019 年 9 月起双方协商轮流照顾朱某甲。2019 年 9 月 12 日朱某某接朱某甲放学后,于同日 18 时接到阮某某电话称人在外地。18 时 40 分许,朱某某将朱某甲放在月桂苑小区门口后离开。在案件调查过程中,石桥派出所民警要求朱某某领回朱某甲抚养,朱某某拒绝领回。下城公安分局于 2019 年 9 月 13 日作出杭下公(石)行罚决字〔2019〕51666 号行政处罚决定,对朱某某行政拘留 3 日。

法院认为,《婚姻法》第 21 条规定,父母对子女有抚养教育的义务。第三十六条规定,离婚后,父母对于子女仍有抚养和教育的权利和义务。本案中,朱某某作为朱某甲的父亲,负有抚养朱某甲的法定义务。根据法律规定,遗弃是指对于年老、年幼、患病或者其他没有独立生活能力的人,负有扶养义务而拒绝扶养。朱某甲系未成年人,且智力残疾,没有独立生活能力。朱某某具有抚养义务而拒绝抚养朱某甲,应当认定朱某某构成遗弃朱某甲的行为。下城公安分局根据调查情况认定朱某某的行为构成遗弃,符合客观实际,量罚亦属恰当。

> **第五十四条 【对强迫交易行为的处罚】**
> 强买强卖商品,强迫他人提供服务或者强迫他人接受服务的,处五日以上十日以下拘留,并处三千元以上五千元以下罚款;情节较轻的,处五日以下拘留或者一千元以下罚款。

条文应用提示

"强迫交易"是指以暴力、威胁等手段强买强卖、强迫他人提供服务或者强迫他人接受服务的行为。"强买强卖商品"是指在商品交易中违反法律、法规和商品交易规则,强迫他人把不愿意出售的物品卖给行为人,或者强迫他人向行为人购买不愿意购买的物品的行为。"强迫他人提供服务"是指不顾提供服务方是否同意,强迫对方提供某种服务的行为。"强迫他人接受服务"主要是指餐饮业、旅馆业、娱乐业、美容服务业、维修业等服务性质的行业在营业中,违反法律、法规和商业道德及公平自愿的原则,不顾消费者是否同意,强迫消费者接受其服务的行为。

条文新旧对照

《治安管理处罚法》2012年版	《治安管理处罚法》2025年版
第四十六条　强买强卖商品,强迫他人提供服务或者强迫他人接受服务的,处五日以上十日以下拘留,并处二百元以上五百元以下罚款;情节较轻的,处五日以下拘留或者五百元以下罚款。	第五十四条　强买强卖商品,强迫他人提供服务或者强迫他人接受服务的,处五日以上十日以下拘留,并处三千元以上五千元以下罚款;情节较轻的,处五日以下拘留或者一千元以下罚款。

关联法律法规

《中华人民共和国刑法》(2023年12月29日修正)

第二百二十六条　以暴力、威胁手段,实施下列行为之一,情节严重的,处三年以下有期徒刑或者拘役,并处或者单处罚金;情节特别严重的,处三年以上七年以下有期徒刑,并处罚金:

(一)强买强卖商品的;

(二)强迫他人提供或者接受服务的;

(三)强迫他人参与或者退出投标、拍卖的;

(四)强迫他人转让或者收购公司、企业的股份、债券或者其他资产的;

(五)强迫他人参与或者退出特定的经营活动的。

《违反公安行政管理行为的名称及其适用意见》(公通字〔2020〕8号　2020年8月6日修订)

97. 强迫交易(第46条)

《公安机关对部分违反治安管理行为实施处罚的裁量指导意见》(公通字〔2018〕17号　2018年6月5日)

四十三、强迫交易

【法律依据】

(《中华人民共和国治安管理处罚法》第46条)强买强卖商品,强迫他人提供服务或者强迫他人接受服务的,处五日以上十日以下拘留,并处二百元以上五百元以下罚款;情节较轻的,处五日以下拘留或者五百元以下罚款。

【理解与适用】

有下列情形之一的,属于"情节较轻":

(一)强迫交易造成直接经济损失未达到有关刑事立案追诉标准百分之十的;

(二)强迫交易数额或者违法所得未达到有关刑事立案追诉标准百分之十的;

(三)强迫他人购买伪劣商品数额或者违法所得未达到有关刑事立案追诉标准百分之十的;

(四)事后主动返还财物或者支付有关费用,取得被侵害人谅解的;

(五)其他情节较轻的情形。

典型案例参考

王某与淄博市公安局张店分局公安治安管理处罚案

[山东省淄博市中级人民法院(2020)鲁03行终184号行政判决书]

王某将房屋于2016年8月12日出租给王某甲经营超市,双方签订了租赁协议,租期一年,合同到期后,双方没有再签订书面租赁合同,王某甲继续租赁经营。2019年3月,王某甲称要回老家承包鱼塘,想把超市转租给他人,王某同意。此后因王某甲将超市交给其他人看管等原因与王某发生矛盾,王某要求与王某甲解除租赁合同,经多次协商,王某同意王某甲于2019年6月12日搬走。2019年6月12日晚上十点左右,王某甲、李某、刘某与王某及其母亲因上述租赁问题在王某家附近发生争执,李某、刘某与王某相互殴打。2019年7月18日淄博市公安局张店分局做出张公(西)行罚决字〔2019〕1000号行政处罚决定,对刘某罚款500.00元。王某认为刘某构成强迫交易和结伙殴打他人,而张店分局仅以刘某殴打他人的行为进行处罚,遂提起诉讼。

法院认为,强迫交易行为客观方面表现为以暴力、威胁手段强买强卖商品,强迫他人提供服务或者强迫他人接受服务的,尚不构成刑事处罚的行为。暴力是指行为人对被侵害人的身体实行强制或者殴打,如强拉硬拽、捆绑、围困、伤害等,致使被侵害人不能或者不敢抗拒,不得不购买或卖出商品,或者不得不接受或提供服务。威胁,是指交易一方对另一方实行精神上的强制,如以实施暴力相恐吓或者以损害名誉相要挟,致使被侵害人出于恐惧不得不购买或出售商品,或者不得不接受或提供服务。本案中,王某提交的证据并不能证明刘某实施了符合上述强迫交易情形的行为,因此,王某要求张店分局追究刘某强迫交易违法行为的请求不能成立。

> **第五十五条** 【对煽动民族仇恨、民族歧视行为的处罚】
> 煽动民族仇恨、民族歧视,或者在出版物、信息网络中刊载民族歧视、侮辱内容的,处十日以上十五日以下拘留,可以并处三千元以下罚款;情节较轻的,处五日以下拘留或者三千元以下罚款。

条文应用提示

"民族仇恨"是指一个民族对另一个民族的强烈不满和痛恨的情绪和心理,即民族间的相互敌对和仇视。"民族歧视"是指对于某个民族不平等、不公正的对待,包括观念上的歧视和具体行为上的歧视。煽动民族仇恨、民族歧视应当出于主观故意,如果是因为不了解民族政策或者民族心理、风俗及社会发展状况,过失引起民族间的仇恨和歧视的行为,则不属于本条规定的违反治安管理行为。

出版物包括指报纸、期刊、图书、音像制品和电子出版物等。刊载包括发表、制作、转载等。刊载的应当是民族歧视、侮辱的内容,即针对民族的来源、历史、风俗习惯等进行贬低、诬蔑、嘲讽、辱骂以及其他歧视、侮辱的内容。刊载民族歧视、侮辱内容一般出自主观故意,如果是因为不了解民族政策或者民族心理、风俗及社会发展状况,在出版物、计算机信息网络中刊载失实信息的,则不属于本条规定的违反治安管理行为。

条文新旧对照

《治安管理处罚法》2012 年版	《治安管理处罚法》2025 年版
第四十七条　煽动民族仇恨、民族歧视,或者在出版物、计算机信息网络中刊载民族歧视、侮辱内容的,处十日以上十五日以下拘留,可以并处一千元以下罚款。	第五十五条　煽动民族仇恨、民族歧视,或者在出版物、信息网络中刊载民族歧视、侮辱内容的,处十日以上十五日以下拘留,可以并处三千元以下罚款;情节较轻的,处五日以下拘留或者三千元以下罚款。

关联法律法规

《中华人民共和国刑法》(2023年12月29日修正)

第二百四十九条 煽动民族仇恨、民族歧视,情节严重的,处三年以下有期徒刑、拘役、管制或者剥夺政治权利;情节特别严重的,处三年以上十年以下有期徒刑。

《中华人民共和国网络安全法》(2016年11月7日)

第十二条 国家保护公民、法人和其他组织依法使用网络的权利,促进网络接入普及,提升网络服务水平,为社会提供安全、便利的网络服务,保障网络信息依法有序自由流动。

任何个人和组织使用网络应当遵守宪法法律,遵守公共秩序,尊重社会公德,不得危害网络安全,不得利用网络从事危害国家安全、荣誉和利益,煽动颠覆国家政权、推翻社会主义制度,煽动分裂国家、破坏国家统一,宣扬恐怖主义、极端主义,宣扬民族仇恨、民族歧视,传播暴力、淫秽色情信息,编造、传播虚假信息扰乱经济秩序和社会秩序,以及侵害他人名誉、隐私、知识产权和其他合法权益等活动。

《互联网上网服务营业场所管理条例》(2024年12月6日修订)

第十四条 互联网上网服务营业场所经营单位和上网消费者不得利用互联网上网服务营业场所制作、下载、复制、查阅、发布、传播或者以其他方式使用含有下列内容的信息:

(一)反对宪法确定的基本原则的;

(二)危害国家统一、主权和领土完整的;

(三)泄露国家秘密,危害国家安全或者损害国家荣誉和利益的;

(四)煽动民族仇恨、民族歧视,破坏民族团结,或者侵害民族风俗、习惯的;

(五)破坏国家宗教政策,宣扬邪教、迷信的;

(六)散布谣言,扰乱社会秩序,破坏社会稳定的;

(七)宣传淫秽、赌博、暴力或者教唆犯罪的;

(八)侮辱或者诽谤他人,侵害他人合法权益的;

(九)危害社会公德或者民族优秀文化传统的;

(十)含有法律、行政法规禁止的其他内容的。

《音像制品管理条例》(2024年12月6日修订)

第三条　出版、制作、复制、进口、批发、零售、出租音像制品,应当遵守宪法和有关法律、法规,坚持为人民服务和为社会主义服务的方向,传播有益于经济发展和社会进步的思想、道德、科学技术和文化知识。

音像制品禁止载有下列内容:

(一)反对宪法确定的基本原则的;

(二)危害国家统一、主权和领土完整的;

(三)泄露国家秘密、危害国家安全或者损害国家荣誉和利益的;

(四)煽动民族仇恨、民族歧视,破坏民族团结,或者侵害民族风俗、习惯的;

(五)宣扬邪教、迷信的;

(六)扰乱社会秩序,破坏社会稳定的;

(七)宣扬淫秽、赌博、暴力或者教唆犯罪的;

(八)侮辱或者诽谤他人,侵害他人合法权益的;

(九)危害社会公德或者民族优秀文化传统的;

(十)有法律、行政法规和国家规定禁止的其他内容的。

《出版管理条例》(2024年12月6日修订)

第二十五条　任何出版物不得含有下列内容:

(一)反对宪法确定的基本原则的;

(二)危害国家统一、主权和领土完整的;

(三)泄露国家秘密、危害国家安全或者损害国家荣誉和利益的;

(四)煽动民族仇恨、民族歧视,破坏民族团结,或者侵害民族风俗、习惯的;

(五)宣扬邪教、迷信的;

(六)扰乱社会秩序,破坏社会稳定的;

(七)宣扬淫秽、赌博、暴力或者教唆犯罪的;

(八)侮辱或者诽谤他人,侵害他人合法权益的;

(九)危害社会公德或者民族优秀文化传统的;

(十)有法律、行政法规和国家规定禁止的其他内容的。

《营业性演出管理条例》(2020年11月29日修订)

第二十五条　营业性演出不得有下列情形:

(一)反对宪法确定的基本原则的;

(二)危害国家统一、主权和领土完整,危害国家安全,或者损害国家荣誉和利益的;

(三)煽动民族仇恨、民族歧视,侵害民族风俗习惯,伤害民族感情,破坏民族团结,违反宗教政策的;

(四)扰乱社会秩序,破坏社会稳定的;

(五)危害社会公德或者民族优秀文化传统的;

(六)宣扬淫秽、色情、邪教、迷信或者渲染暴力的;

(七)侮辱或者诽谤他人,侵害他人合法权益的;

(八)表演方式恐怖、残忍,摧残演员身心健康的;

(九)利用人体缺陷或者以展示人体变异等方式招徕观众的;

(十)法律、行政法规禁止的其他情形。

《娱乐场所管理条例》(2020年11月29日修订)

第十三条 国家倡导弘扬民族优秀文化,禁止娱乐场所内的娱乐活动含有下列内容:

(一)违反宪法确定的基本原则的;

(二)危害国家统一、主权或者领土完整的;

(三)危害国家安全,或者损害国家荣誉、利益的;

(四)煽动民族仇恨、民族歧视,伤害民族感情或者侵害民族风俗、习惯,破坏民族团结的;

(五)违反国家宗教政策,宣扬邪教、迷信的;

(六)宣扬淫秽、赌博、暴力以及与毒品有关的违法犯罪活动,或者教唆犯罪的;

(七)违背社会公德或者民族优秀文化传统的;

(八)侮辱、诽谤他人,侵害他人合法权益的;

(九)法律、行政法规禁止的其他内容。

《中华人民共和国电信条例》(2016年2月6日修订)

第五十六条 任何组织或者个人不得利用电信网络制作、复制、发布、传播含有下列内容的信息:

(一)反对宪法所确定的基本原则的;

(二)危害国家安全,泄露国家秘密,颠覆国家政权,破坏国家统一的;

(三)损害国家荣誉和利益的;
(四)煽动民族仇恨、民族歧视,破坏民族团结的;
(五)破坏国家宗教政策,宣扬邪教和封建迷信的;
(六)散布谣言,扰乱社会秩序,破坏社会稳定的;
(七)散布淫秽、色情、赌博、暴力、凶杀、恐怖或者教唆犯罪的;
(八)侮辱或者诽谤他人,侵害他人合法权益的;
(九)含有法律、行政法规禁止的其他内容的。

《互联网信息服务管理办法》(2024年12月6日修订)

第十五条　互联网信息服务提供者不得制作、复制、发布、传播含有下列内容的信息:
(一)反对宪法所确定的基本原则的;
(二)危害国家安全,泄露国家秘密,颠覆国家政权,破坏国家统一的;
(三)损害国家荣誉和利益的;
(四)煽动民族仇恨、民族歧视,破坏民族团结的;
(五)破坏国家宗教政策,宣扬邪教和封建迷信的;
(六)散布谣言,扰乱社会秩序,破坏社会稳定的;
(七)散布淫秽、色情、赌博、暴力、凶杀、恐怖或者教唆犯罪的;
(八)侮辱或者诽谤他人,侵害他人合法权益的;
(九)含有法律、行政法规禁止的其他内容的。

《违反公安行政管理行为的名称及其适用意见》(公通字〔2020〕8号　2020年8月6日修订)

98.煽动民族仇恨、民族歧视(第47条)
99.刊载民族歧视、侮辱内容(第47条)

第五十六条　【对侵犯公民个人信息的处罚】

违反国家有关规定,向他人出售或者提供个人信息的,处十日以上十五日以下拘留;情节较轻的,处五日以下拘留。

窃取或者以其他方法非法获取个人信息的,依照前款的规定处罚。

条文应用提示

本条为新增条文。"公民个人信息",是指以电子或者其他方式记录的能够单独或者与其他信息结合识别特定自然人身份或者反映特定自然人活动情况的各种信息,包括姓名、身份证件号码、通信联系方式、住址、账号密码、财产状况、行踪轨迹等。

"窃取"是指在权利人不知道的情况下,违反国家有关规定,秘密获取他人的个人信息。"其他方法"包括非法侵入计算机系统、欺骗、要挟等方法。

本条修订体现了对于个人信息及个人隐私的保护。

条文新旧对照

《治安管理处罚法》2012 年版	《治安管理处罚法》2025 年版
	第五十六条　违反国家有关规定,向他人出售或者提供个人信息的,处十日以上十五日以下拘留;情节较轻的,处五日以下拘留。 窃取或者以其他方法非法获取个人信息的,依照前款的规定处罚。

关联法律法规

《中华人民共和国个人信息保护法》(2021 年 8 月 20 日)

第十条　任何组织、个人不得非法收集、使用、加工、传输他人个人信息,不得非法买卖、提供或者公开他人个人信息;不得从事危害国家安全、公共利益的个人信息处理活动。

《中华人民共和国刑法》(2023 年 12 月 29 日修正)

第二百五十三条之一　违反国家有关规定,向他人出售或者提供公民个人信息,情节严重的,处三年以下有期徒刑或者拘役,并处或者单处罚金;情节特别严重的,处三年以上七年以下有期徒刑,并处罚金。

违反国家有关规定,将在履行职责或者提供服务过程中获得的公民个人信息,出售或者提供给他人的,依照前款的规定从重处罚。

窃取或者以其他方法非法获取公民个人信息的,依照第一款的规定处罚。

单位犯前三款罪的,对单位判处罚金,并对其直接负责的主管人员和其他直接责任人员,依照各该款的规定处罚。

《电信和互联网用户个人信息保护规定》(工业和信息化部令第24号 2013年7月16日)

第十八条 电信管理机构及其工作人员对在履行职责中知悉的用户个人信息应当予以保密,不得泄露、篡改或者毁损,不得出售或者非法向他人提供。

> **第五十七条 【对侵犯通信自由行为的处罚】**
> 冒领、隐匿、毁弃、倒卖、私自开拆或者非法检查他人邮件、快件的,处警告或者一千元以下罚款;情节较重的,处五日以上十日以下拘留。

▎条文应用提示 ●●●●●●

通信自由是指公民与他人进行的正当通信的自由。通信秘密是指公民发送给他人的信件、快件,其内容不经写信人(寄件人)或收信人(收件人)同意不得公开,不受任何组织或者个人非法干涉和侵犯的权利。

"冒领"是指假冒他人名义领取邮件、快件的行为。"隐匿"是指秘密隐藏他人的邮件、快件,使收件人无法查收的行为。"毁弃"是指将他人的邮件、快件丢弃、撕毁、焚毁等,致使他人无法查收的行为。"倒卖"是指以牟利为目的,未经许可或违反国家法律规定,任意处置他人邮件、快件进行低买高卖、赚取差额利润的行为。如凭借职务便利欺瞒侵占他人邮件后,低价出售,侵犯了公民的合法财产权,即构成倒卖行为。"私自开拆"是指违反国家有关规定,未经投寄人或者收件人的同意,私自开拆他人邮件、快件的行为。非法检查是指违反国家有关规定,擅自检查他人邮件、快件的行为。如果行为人误将他人的邮件、快件当作自己的拿走,或者误将他人的邮件、快件当作自己的而开拆,或因疏忽大意丢失他人邮件、快件等行为,不属于本条规定的违反治安管理行为。

条文新旧对照

《治安管理处罚法》2012 年版	《治安管理处罚法》2025 年版
第四十八条 冒领、隐匿、毁弃、私自开拆或者非法检查他人邮件的,处五日以下拘留或者五百元以下罚款。	第五十七条 冒领、隐匿、毁弃、**倒卖**、私自开拆或者非法检查他人邮件、**快件的**,处警告或者一千元以下罚款;情节较重的,处五日以上十日以下拘留。

关联法律法规

《中华人民共和国刑法》(2023 年 12 月 29 日修正)

第二百五十二条 隐匿、毁弃或者非法开拆他人信件,侵犯公民通信自由权利,情节严重的,处一年以下有期徒刑或者拘役。

《中华人民共和国邮政法》(2015 年 4 月 24 日修正)

第三十五条 任何单位和个人不得私自开拆、隐匿、毁弃他人邮件。

除法律另有规定外,邮政企业及其从业人员不得向任何单位或者个人泄露用户使用邮政服务的信息。

第七十一条 冒领、私自开拆、隐匿、毁弃或者非法检查他人邮件、快件,尚不构成犯罪的,依法给予治安管理处罚。

《违反公安行政管理行为的名称及其适用意见》(公通字〔2020〕8 号 2020 年 8 月 6 日修订)

100.冒领、隐匿、毁弃、私自开拆、非法检查他人邮件(第 48 条)

对冒领、隐匿、毁弃、私自开拆、非法检查他人快件,尚不构成犯罪的,违法行为名称表述为"冒领、隐匿、毁弃、私自开拆、非法检查他人邮件",法律依据适用《快递暂行条例》第 42 条第 1 款和《中华人民共和国治安管理处罚法》第 48 条。

典型案例参考

乐清市公安局等与卓某某等治安行政处罚案

[浙江省温州市中级人民法院(2016)浙 03 行终 195 号行政判决书]

2015 年 5 月 20 日,卓某某等人将若干份实名举报材料投入乐清市农村基层作风第三巡查组(以下简称巡查组)设立的意见箱内。5 月 21 日,卓某甲伙同卓某乙一起走到意见箱旁边,由卓某甲从意见箱内取出一份举报材料,两人一起到卓某甲家中观看,后卓某甲重新将该举报材料投入意见箱中。乐清市公安局于7月23日作出乐公不罚决字[2015]第26号不予行政处罚决定书,认定卓某甲的行为不属于违反治安管理的行为,决定对卓某甲不予行政处罚。卓某某不服。

法院认为,意见箱是乐清市委巡查组收集群众反映问题、提供线索的"平台",应认定系巡查组开展巡查工作场所的延伸。卓某甲以擅自拆看举报信的形式非法获取举报信息,导致举报内容泄露,影响群众举报的积极性,造成巡查工作秩序不能正常进行,涉嫌违反《治安管理处罚法》第23条关于扰乱单位秩序的规定。同时,公民有通过书信、电话、电报、电子邮件等方式与他人进行正当通信的自由,且内容未经同意不得公开。卓某某以举报信为载体向巡查组检举违规违纪行为,卓某甲从意见箱窃取举报信并阅看,涉嫌违反《治安管理处罚法》第48条侵犯通信自由的规定。卓某甲实施一个行为,涉嫌触犯治安管理处罚法多个条款,依法应当"择重处罚"。至于对该行为如何定性、处罚,尚需公安机关进一步调查和裁量。乐清市公安局以卓某甲不违反治安管理的规定为由作出被诉不予行政处罚决定,适用法律错误。

第五十八条 【对盗窃、诈骗、哄抢、抢夺、敲诈勒索行为的处罚】
盗窃、诈骗、哄抢、抢夺或者敲诈勒索的,处五日以上十日以下拘留或者二千元以下罚款;情节较重的,处十日以上十五日以下拘留,可以并处三千元以下罚款。

条文应用提示 ●●●●●●

"盗窃"是指行为人以非法占有为目的,秘密窃取公私财物的行为。如果对某种财物未经物主同意暂时挪用或借用,准备日后归还而无非法占有的目的,不构成盗窃。秘密窃取,是指在财物的所有人、保管人、使用人没有发觉的情况下取走,即使被其他人发觉,也是秘密窃取,但如果被他人发现并阻止,而强行拿走的,则不是秘密窃取,构成抢劫。没有被发觉是指行为人自认为没有被发觉。如果在取得财物过程中,事实上已为他人发觉,但行为人不知道被发觉,仍是秘密窃取。

"诈骗"是指以非法占有为目的,用虚构事实或者隐瞒真相的方法,骗取公私财物的行为。虚构事实,是指捏造不存在的事实,既可以是部分虚构,也可以是完全虚构。隐瞒真相,是指掩盖客观存在的某种事实。用虚构事实或者隐瞒真相的方法,使财物所有人、持有人、管理人产生错觉,信以为真,从而"自愿"地交出财物,是诈骗行为区别于盗窃、敲诈勒索、抢劫等行为的主要特征。被侵害人表面上"自愿"地交出财物,实质上是违背其真实意愿的。常见的诈骗形式包括编造谎言,假冒身份,伪造、涂改单据,伪造公文、证件等。

"哄抢"是指采取起哄、制造混乱、滋扰等手段,利用人多势众致使所有人或者保管人无法阻止,公然抢走公私财物的行为。参加哄抢的人数较多,从几人到成百上千人不等。

"抢夺"是指以非法占有为目的,公然夺取公私财物的行为。如果行为人不是以非法占有财物为目的,而是为了戏弄他人取乐夺取他人财物的行为,且事后归还,则不属于抢夺行为。

"敲诈勒索"是指以非法占有为目的,使用威胁、要挟的方法,勒索公私财物的行为。威胁、要挟,是指通过对他人实行精神上的强制,使其在心理上产生恐惧或者压力,不得已而交出财物。威胁或者要挟的内容包括合法与非法利益,包括人身、财产、名誉、隐私等。威胁、要挟的形式可以是书面的,也可以是口头的,还可以通过第三者转达,既可以是明示,也可以是暗示。敲诈勒索应当以非法占有他人财物的目的,如果是其他目的,如债权人为讨债而威胁债务人的,则不属于敲诈勒索行为。

条文新旧对照

《治安管理处罚法》2012年版	《治安管理处罚法》2025年版
第四十九条　盗窃、诈骗、哄抢、抢夺、敲诈勒索或者故意损毁公私财物的,处五日以上十日以下拘留,可以并处五百元以下罚款;情节较重的,处十日以上十五日以下拘留,可以并处一千元以下罚款。	第五十八条　盗窃、诈骗、哄抢、抢夺**或者**敲诈勒索的,处五日以上十日以下拘留**或者二千元以下罚款**;情节较重的,处十日以上十五日以下拘留,可以并处**三千元**以下罚款。

关联法律法规

《中华人民共和国刑法》(2023年12月29日修正)

第二百六十四条　盗窃公私财物,数额较大的,或者多次盗窃、入户盗窃、携带凶器盗窃、扒窃的,处三年以下有期徒刑、拘役或者管制,并处或者单处罚金;数额巨大或者有其他严重情节的,处三年以上十年以下有期徒刑,并处罚金;数额特别巨大或者有其他特别严重情节的,处十年以上有期徒刑或者无期徒刑,并处罚金或者没收财产。

第二百六十六条　诈骗公私财物,数额较大的,处三年以下有期徒刑、拘役或者管制,并处或者单处罚金;数额巨大或者有其他严重情节的,处三年以上十年以下有期徒刑,并处罚金;数额特别巨大或者有其他特别严重情节的,处十年以上有期徒刑或者无期徒刑,并处罚金或者没收财产。本法另有规定的,依照规定。

第二百六十七条　抢夺公私财物,数额较大的,或者多次抢夺的,处三年以下有期徒刑、拘役或者管制,并处或者单处罚金;数额巨大或者有其他严重情节的,处三年以上十年以下有期徒刑,并处罚金;数额特别巨大或者有其他特别严重情节的,处十年以上有期徒刑或者无期徒刑,并处罚金或者没收财产。

携带凶器抢夺的,依照本法第二百六十三条的规定定罪处罚。

第二百六十八条　聚众哄抢公私财物,数额较大或者有其他严重情节的,对首要分子和积极参加的,处三年以下有期徒刑、拘役或者管制,并处罚金;数额巨大或者有其他特别严重情节的,处三年以上十年以下有期徒刑,并处罚金。

第二百七十四条　敲诈勒索公私财物,数额较大或者多次敲诈勒索的,处三年以下有期徒刑、拘役或者管制,并处或者单处罚金;数额巨大或者有其他严重情节的,处三年以上十年以下有期徒刑,并处罚金;数额特别巨大或者有其他特别严重情节的,处十年以上有期徒刑,并处罚金。

《违反公安行政管理行为的名称及其适用意见》(公通字〔2020〕8号　2020年8月6日修订)

101.盗窃(第49条)

102.诈骗(第49条)

103.哄抢(第49条)

104. 抢夺(第 49 条)

105. 敲诈勒索(第 49 条)

《公安机关对部分违反治安管理行为实施处罚的裁量指导意见》(公通字[2018]17 号 2018 年 6 月 5 日)

四十四、盗窃

【法律依据】

(《中华人民共和国治安管理处罚法》第 49 条)盗窃、诈骗、哄抢、抢夺、敲诈勒索或者故意损毁公私财物的,处五日以上十日以下拘留,可以并处五百元以下罚款;情节较重的,处十日以上十五日以下拘留,可以并处一千元以下罚款。

【理解与适用】

有下列情形之一的,属于"情节较重":

(一)盗窃财物价值达到有关司法解释认定构成刑法第二百六十四条规定的"数额较大"标准的百分之五十以上的;

(二)盗窃防灾、救灾、救济等特定财物的;

(三)在医院盗窃病人或者其亲友财物的;

(四)采用破坏性手段盗窃的;

(五)组织、控制未成年人、残疾人、孕妇或者哺乳期妇女盗窃的;

(六)其他情节较重的情形。

四十五、诈骗

【法律依据】

(《中华人民共和国治安管理处罚法》第 49 条)盗窃、诈骗、哄抢、抢夺、敲诈勒索或者故意损毁公私财物的,处五日以上十日以下拘留,可以并处五百元以下罚款;情节较重的,处十日以上十五日以下拘留,可以并处一千元以下罚款。

【理解与适用】

有下列情形之一的,属于"情节较重":

(一)诈骗财物价值达到有关司法解释认定构成刑法第二百六十六条规定的"数额较大"标准的百分之五十以上的;

(二)诈骗防灾、救灾、救济等特定财物的;

(三)在公共场所或者公共交通工具上设局行骗的;

(四)以开展慈善活动名义实施诈骗的;
(五)其他情节较重的情形。

四十六、哄抢

【法律依据】

(《中华人民共和国治安管理处罚法》第49条)盗窃、诈骗、哄抢、抢夺、敲诈勒索或者故意损毁公私财物的,处五日以上十日以下拘留,可以并处五百元以下罚款;情节较重的,处十日以上十五日以下拘留,可以并处一千元以下罚款。

【理解与适用】

有下列情形之一的,属于"情节较重":
(一)哄抢防灾、救灾、救济、军用等特定财物的;
(二)在自然灾害、交通事故等现场趁机哄抢,不听劝阻的;
(三)造成人员受伤或者财物损失较大的;
(四)其他情节较重的情形。

四十七、抢夺

【法律依据】

(《中华人民共和国治安管理处罚法》第49条)盗窃、诈骗、哄抢、抢夺、敲诈勒索或者故意损毁公私财物的,处五日以上十日以下拘留,可以并处五百元以下罚款;情节较重的,处十日以上十五日以下拘留,可以并处一千元以下罚款。

【理解与适用】

有下列情形之一的,属于"情节较重":
(一)抢夺财物价值达到有关司法解释认定构成刑法第二百六十七条规定的"数额较大"标准的百分之五十以上的;
(二)抢夺防灾、救灾、救济等特定财物的;
(三)造成人员受伤或者财物损坏的;
(四)抢夺多人财物的;
(五)驾驶机动车、非机动车或者其他交通工具实施抢夺的;
(六)其他情节较重的情形。

四十八、敲诈勒索

【法律依据】

(《中华人民共和国治安管理处罚法》第 49 条)盗窃、诈骗、哄抢、抢夺、敲诈勒索或者故意损毁公私财物的,处五日以上十日以下拘留,可以并处五百元以下罚款;情节较重的,处十日以上十五日以下拘留,可以并处一千元以下罚款。

【理解与适用】

有下列情形之一的,属于"情节较重":

(一)敲诈勒索数额达到有关司法解释认定构成刑法第二百七十四条规定的"数额较大"标准的百分之五十以上的;

(二)利用或者冒充国家机关工作人员、军人、新闻工作者等特殊身份敲诈勒索的;

(三)敲诈勒索多人的;

(四)其他情节较重的情形。

典型案例参考 ●●●●●●

周某某等与北京市石景山区人民政府不履行治安管理处罚职责及行政复议案

[北京市第一中级人民法院(2021)京 01 行终 60 号行政判决书]

2019 年 8 月 4 日,张某私自将所租房屋内属于周某某所有的洗衣机搬走,并留下纸条载明搬走洗衣机的原因为周某某未退还张某租房的押金 2000 元,周某某遂报警,主张被搬走的洗衣机于 2017 年购买,购买时价格为 1599 元。10 月 3 日,北京市公安局石景山分局苹果园派出所认为周某某被盗窃案没有违法事实,作出《终止案件调查决定书》京公石(苹)行终止决字〔2019〕000011 号。

法院认为,本案中,张某与周某某在解除租赁合同后,存在房屋租金、押金等纠纷。张某将周某某所有的洗衣机搬走的原因系其租房押金未被退还。张某搬走洗衣机的购买价格小于其未被退还的租房押金数额。张某搬走洗衣机之时明确告知房屋内租户搬走洗衣机的原因,且留存字条告知周某某洗衣机搬走的情况。本案现有证据不能证明张某搬走洗衣机时采取了秘密窃取或暴力等违反治安管理处罚的行为。综上所述,苹果园派出所认为周某某的报警案件没有违反治安管理处罚法的违法事实,并作出本案被诉终止调查决定,具有相应的事实及法律依据。

> **第五十九条 【对故意损毁公私财物行为的处罚】**
> 故意损毁公私财物的,处五日以下拘留或者一千元以下罚款;情节较重的,处五日以上十日以下拘留,可以并处三千元以下罚款。

条文应用提示 ●●●●●

"故意损毁公私财物"是指非法毁灭或者损坏公共财物或者公民私人所有的财物,使其丧失部分乃至全部价值或者使用价值的行为。"损毁"包括损坏和毁灭。"损坏"是指使物品部分丧失价值和使用价值。"毁灭"是指用焚烧、摔砸等方法使物品全部丧失其价值和使用价值。

条文新旧对照 ●●●●●

《治安管理处罚法》2012年版	《治安管理处罚法》2025年版
第四十九条 盗窃、诈骗、哄抢、抢夺、敲诈勒索或者故意损毁公私财物的,处五日以上十日以下拘留,可以并处五百元以下罚款;情节较重的,处十日以上十五日以下拘留,可以并处一千元以下罚款。	第五十九条 故意损毁公私财物的,处五日以下拘留或者一千元以下罚款;情节较重的,处五日以上十日以下拘留,可以并处三千元以下罚款。

关联法律法规 ●●●●●

《中华人民共和国刑法》(2023年12月29日修正)

第二百七十五条 故意毁坏公私财物,数额较大或者有其他严重情节的,处三年以下有期徒刑、拘役或者罚金;数额巨大或者有其他特别严重情节的,处三年以上七年以下有期徒刑。

《违反公安行政管理行为的名称及其适用意见》(公通字〔2020〕8号 2020年8月6日修订)

106.故意损毁财物(第49条)

《公安机关对部分违反治安管理行为实施处罚的裁量指导意见》(公通字[2018]17号 2018年6月5日)

四十九、故意损毁财物

【法律依据】

(《中华人民共和国治安管理处罚法》第49条)盗窃、诈骗、哄抢、抢夺、敲诈勒索或故意损毁公私财物的,处五日以上十日以下拘留,可以并处五百元以下罚款;情节较重的,处十日以上十五日以下拘留,可以并处一千元以下罚款。

【理解与适用】

有下列情形之一的,属于"情节较重":

(一)故意损毁财物价值达到有关刑事立案追诉标准百分之五十以上的;

(二)故意损毁防灾、救灾、救济等特定财物的;

(三)故意损毁财物,对被侵害人生产、生活影响较大的;

(四)损毁多人财物的;

(五)其他情节较重的情形。

典型案例参考

候某某与东阿县公安局行政拘留案

[山东省聊城市中级人民法院(2021)鲁15行终20号行政判决书]

2015年10月5日,程某某与东阿县高集镇大侯村村民委员会签订《农村土地承包合同》,后东阿县人民政府为其颁发了农村土地承包经营权证书,上述合同及证书均载明程某某家庭户承包地为一块、地块名称:七队园北,面积为3.83亩。刘某持有的日期为1998年的土地承包经营权证书中载明其中一块地块名称为"包地",面积为3.8亩。程某某多年未在家种植过田地,候某某、刘某一直在争议的田地上种植庄稼。2020年4月15日下午,候某某和其儿媳路某将程某某种在争议的田地里的50余棵杨树苗拔掉。东阿县公安局于5月12日向候某某作出东公(高集)行罚决字[2020]63号《行政处罚决定书》,认定候某某故意损毁财物的违法行为成立,根据《治安管理处罚法》第49条之规定,决定给予候某某行政拘留5日的行政处罚。

法院认为,本案中,程某某虽持有该涉案地块的2015年的农村土地承包经营权证,但候某某主张案涉地块系其丈夫刘某持有的1998年证书中载明的包地,且该地块一直由候某某家种植。因该地块的种植问题程某某与候某某自 2019 年秋天就有争议,并提起了民事诉讼。另,候某某和程某某均领取了涉案地块的高速占地补偿费,可见,候某某和程某某关于涉案地块的使用存在纠纷。在这种情况下,东阿县公安局认定候某某故意损毁财物的违法行为成立并作出行政拘留 5 日的行政处罚属事实不清、处罚不当。

第六十条 【对学生欺凌行为的处罚】

以殴打、侮辱、恐吓等方式实施学生欺凌,违反治安管理的,公安机关应当依照本法、《中华人民共和国预防未成年人犯罪法》的规定,给予治安管理处罚、采取相应矫治教育等措施。

学校违反有关法律法规规定,明知发生严重的学生欺凌或者明知发生其他侵害未成年学生的犯罪,不按规定报告或者处置的,责令改正,对其直接负责的主管人员和其他直接责任人员,建议有关部门依法予以处分。

条文应用提示 ●●●●●●

本条为此次修订新增条款,明确反对校园欺凌。

学生欺凌,是指发生在学生之间,一方蓄意或者恶意通过肢体、语言及网络等手段实施欺压、侮辱,造成另一方人身伤害、财产损失或者精神损害的行为。第一,学生欺凌发生在学生之间,如果只有一方是学生,其他一方校外人员,则按照一般行为判断是否属于违反治安管理的其他行为。第二,学生欺凌的地点既包括校内,也包括校外。第三,学生欺凌行为在主观上是蓄意或者恶意实施欺压、侮辱,如果是过失行为,则不构成学生欺凌行为。第四,在危害后果上,由于学生的心理较尚未成熟,在遭受欺凌后容易产生心理阴影,出于对学生的特殊保护,学生欺凌要求的损害结果不仅限于人身财产损害,还包括精神损害。对严重的欺凌行为。

针对行为人实施学生欺凌的违法行为,应给予治安管理处罚,同时采取相应矫正教育措施。

作为学校,应关心关爱学生,知晓校园欺凌行为存在的,应当及时向公安机关、教育行政部门报告,并配合相关部门依法处理,否则应承担相应责任。

条文新旧对照

《治安管理处罚法》2012年版	《治安管理处罚法》2025年版
	第六十条 以殴打、侮辱、恐吓等方式实施学生欺凌,违反治安管理的,公安机关应当依照本法、《中华人民共和国预防未成年人犯罪法》的规定,给予治安管理处罚、采取相应矫治教育等措施。 学校违反有关法律法规规定,明知发生严重的学生欺凌或者明知发生其他侵害未成年学生的犯罪,不按规定报告或者处置的,责令改正,对其直接负责的主管人员和其他直接责任人员,建议有关部门依法予以处分。

关联法律法规

《中华人民共和国未成年人保护法》(2024年4月26日修正)

第三十九条 学校应当建立学生欺凌防控工作制度,对教职员工、学生等开展防治学生欺凌的教育和培训。

学校对学生欺凌行为应当立即制止,通知实施欺凌和被欺凌未成年学生的父母或者其他监护人参与欺凌行为的认定和处理;对相关未成年学生及时给予心理辅导、教育和引导;对相关未成年学生的父母或者其他监护人给予必要的家庭教育指导。

对实施欺凌的未成年学生,学校应当根据欺凌行为的性质和程度,依法加强管教。对严重的欺凌行为,学校不得隐瞒,应当及时向公安机关、教育行政部门报告,并配合相关部门依法处理。

《中华人民共和国预防未成年人犯罪法》(2020年12月26日修订)

第四十一条 对有严重不良行为的未成年人,公安机关可以根据具体情况,采取以下矫治教育措施:

(一)予以训诫；
(二)责令赔礼道歉、赔偿损失；
(三)责令具结悔过；
(四)责令定期报告活动情况；
(五)责令遵守特定的行为规范,不得实施特定行为、接触特定人员或者进入特定场所；
(六)责令接受心理辅导、行为矫治；
(七)责令参加社会服务活动；
(八)责令接受社会观护,由社会组织、有关机构在适当场所对未成年人进行教育、监督和管束；
(九)其他适当的矫治教育措施。

第六十二条　学校及其教职员工违反本法规定,不履行预防未成年人犯罪工作职责,或者虐待、歧视相关未成年人的,由教育行政等部门责令改正,通报批评；情节严重的,对直接负责的主管人员和其他直接责任人员依法给予处分。构成违反治安管理行为的,由公安机关依法予以治安管理处罚。

教职员工教唆、胁迫、引诱未成年人实施不良行为或者严重不良行为,以及品行不良、影响恶劣的,教育行政部门、学校应当依法予以解聘或者辞退。

第四节　妨害社会管理的行为和处罚

第八十一条　【对拒不执行紧急状态决定、命令和阻碍执行公务的处罚】

有下列行为之一的,处警告或者五百元以下罚款；情节严重的,处五日以上十日以下拘留,可以并处一千元以下罚款：

(一)拒不执行人民政府在紧急状态情况下依法发布的决定、命令的；

(二)阻碍国家机关工作人员依法执行职务的；

(三)阻碍执行紧急任务的消防车、救护车、工程抢险车、警车或者执行上述紧急任务的专用船舶通行的；
(四)强行冲闯公安机关设置的警戒带、警戒区或者检查点的。
阻碍人民警察依法执行职务的,从重处罚。

条文应用提示

所谓紧急状态,是指危及国家和社会正常的法律秩序、对广大人民群众生命财产和安全构成严重威胁的、正在发生的或迫在眉睫的危险事态,如严重自然灾害、重大人为事故、突发公共卫生事件或战争武装冲突等。"拒不执行"要求行为人主观上是故意,明知或被告知后仍执意不履行其法定义务的行为,包括作为和不作为两种。前者如重大传染病防控期间,伪造相关证明的行为;后者如抗洪救灾时,不服从安全转移命令等。

"阻碍国家机关工作人员依法执行职务"客观上须具备三个特征:一是实施了阻碍行为,通常表现为吵闹、谩骂、无理纠缠等非暴力行为。二是阻碍对象为各级国家权力机关、行政机关、司法机关、监察机关和军事机关的工作人员,或被授权或委托行使国家行政管理职权的组织中从事公务的人员,或虽未列入国家机关人员编制但在国家机关中从事公务的人员。实践中,乡镇以上中国共产党机关、人民政协机关也应视为国家机关工作人员。三是阻碍的是国家机关工作人员依法执行职务的行为,无论时间、地点。

消防车、救护车、工程抢险车、警车等特种车辆在执行紧急任务时享有优先通行权。此外,领水作为国家安全体系的重要组成部分,不仅关乎国家主权和领土完整,还对经济发展、生态保护等方面具有深远影响,因而执行紧急任务的专用船舶如救助船、打捞船、消防船、执法船等,在内水和领海上亦享有优先通行权。"阻碍"表现为不让行、穿插、超越或者设置路障、挖壕沟、堵塞等延缓特种交通工具快速通行的行为。

公安机关设置警戒区域的情形有:刑事案件的发案现场;交通事故的现场;重大自然灾害、火灾、重大责任事故现场;需要进行隔离的传染病发生、流行地;重大突发治安事件现场等。常见的公安机关设置的检查点有交通违反检查点、治安防控检查点、反恐检查点和专项行动检查点等。"强行冲闯"要求行为人是强制或强硬的方式,包括但不限于劝阻后不听、多次闯入、武力暴力闯入或借助工具闯入等。行为人主观上有的是出于好奇,有的是为了制造混乱,动机可以作为衡量"情节严重"与否的依据。

条文新旧对照

《治安管理处罚法》2012 年版	《治安管理处罚法》2025 年版
第五十条　有下列行为之一的,处警告或者二百元以下罚款;情节严重的,处五日以上十日以下拘留,可以并处五百元以下罚款: (一)拒不执行人民政府在紧急状态情况下依法发布的决定、命令的; (二)阻碍国家机关工作人员依法执行职务的; (三)阻碍执行紧急任务的消防车、救护车、工程抢险车、警车等车辆通行的; (四)强行冲闯公安机关设置的警戒带、警戒区的。 阻碍人民警察依法执行职务的,从重处罚。	第六十一条　有下列行为之一的,处警告或者**五百元**以下罚款;情节严重的,处五日以上十日以下拘留,可以并处**一千元**以下罚款: (一)拒不执行人民政府在紧急状态情况下依法发布的决定、命令的; (二)阻碍国家机关工作人员依法执行职务的; (三)阻碍执行紧急任务的消防车、救护车、工程抢险车、警车**或者执行上述紧急任务的专用船舶**通行的; (四)强行冲闯公安机关设置的警戒带、警戒区**或者检查点**的。 阻碍人民警察依法执行职务的,从重处罚。

关联法律法规

《中华人民共和国消防法》(2021 年 1 月 29 日修正)

第六十条　单位违反本法规定,有下列行为之一的,责令改正,处五千元以上五万元以下罚款:

(一)消防设施、器材或者消防安全标志的配置、设置不符合国家标准、行业标准,或者未保持完好有效的;

(二)损坏、挪用或者擅自拆除、停用消防设施、器材的;

（三）占用、堵塞、封闭疏散通道、安全出口或者有其他妨碍安全疏散行为的；

（四）埋压、圈占、遮挡消火栓或者占用防火间距的；

（五）占用、堵塞、封闭消防车通道，妨碍消防车通行的；

（六）人员密集场所在门窗上设置影响逃生和灭火救援的障碍物的；

（七）对火灾隐患经消防救援机构通知后不及时采取措施消除的。

个人有前款第二项、第三项、第四项、第五项行为之一的，处警告或者五百元以下罚款。

有本条第一款第三项、第四项、第五项、第六项行为，经责令改正拒不改正的，强制执行，所需费用由违法行为人承担。

第六十二条　有下列行为之一的，依照《中华人民共和国治安管理处罚法》的规定处罚：

（一）违反有关消防技术标准和管理规定生产、储存、运输、销售、使用、销毁易燃易爆危险品的；

（二）非法携带易燃易爆危险品进入公共场所或者乘坐公共交通工具的；

（三）谎报火警的；

（四）阻碍消防车、消防艇执行任务的；

（五）阻碍消防救援机构的工作人员依法执行职务的。

《中华人民共和国道路交通安全法》(2021年4月29日修正)

第五十三条　警车、消防车、救护车、工程救险车执行紧急任务时，可以使用警报器、标志灯具；在确保安全的前提下，不受行驶路线、行驶方向、行驶速度和信号灯的限制，其他车辆和行人应当让行。

警车、消防车、救护车、工程救险车非执行紧急任务时，不得使用警报器、标志灯具，不享有前款规定的道路优先通行权。

《中华人民共和国刑法》(2023年12月29日修正)

第二百七十七条　以暴力、威胁方法阻碍国家机关工作人员依法执行职务的，处三年以下有期徒刑、拘役、管制或者罚金。

以暴力、威胁方法阻碍全国人民代表大会和地方各级人民代表大会代表依法执行代表职务的，依照前款的规定处罚。

在自然灾害和突发事件中，以暴力、威胁方法阻碍红十字会工作人员依法履行职责的,依照第一款的规定处罚。

故意阻碍国家安全机关、公安机关依法执行国家安全工作任务,未使用暴力、威胁方法,造成严重后果的,依照第一款的规定处罚。

暴力袭击正在依法执行职务的人民警察的,处三年以下有期徒刑、拘役或者管制;使用枪支、管制刀具,或者以驾驶机动车撞击等手段,严重危及其人身安全的,处三年以上七年以下有期徒刑。

《中华人民共和国防洪法》(2016年7月2日修正)

第六十一条 阻碍、威胁防汛指挥机构、水行政主管部门或者流域管理机构的工作人员依法执行职务,构成犯罪的,依法追究刑事责任;尚不构成犯罪,应当给予治安管理处罚的,依照治安管理处罚法的规定处罚。

《中华人民共和国传染病防治法》(2025年4月30日修正)

第六十三条 传染病暴发、流行时,县级以上地方人民政府应当立即组织力量,按照传染病预防控制应急预案进行防治,控制传染源,切断传染病的传播途径;发生重大传染病疫情,经评估必要时,可以采取下列紧急措施:

(一)限制或者停止集市、影剧院演出或者其他人群聚集的活动;

(二)停工、停业、停课;

(三)封闭或者封存被传染病病原体污染的公共饮用水源、食品以及相关物品;

(四)控制或者扑杀、无害化处理染疫动物;

(五)封闭可能造成传染病扩散的场所;

(六)防止传染病传播的其他必要措施。

县级以上地方人民政府采取前款规定的紧急措施,应当同时向上一级人民政府报告。接到报告的上级人民政府认为采取的紧急措施不适当的,应当立即调整或者撤销。

必要时,国务院或者国务院授权的部门可以决定在全国或者部分区域采取本条第一款规定的紧急措施。

第六十四条 对已经发生甲类传染病病例的场所或者该场所内的特定区域的人员,所在地县级以上地方人民政府可以实施隔离措施,同时向上一级人民政府报告。接到报告的上级人民政府认为实施的隔离措施不适当的,应当立即调整或者撤销。

被实施隔离措施的人员应当予以配合;拒绝执行隔离措施的,由公安机关协助疾病预防控制机构采取强制隔离措施。

第六十五条　发生新发传染病、突发原因不明的传染病,县级以上地方人民政府经评估认为确有必要的,可以预先采取本法规定的甲类传染病预防、控制措施,同时向上一级人民政府报告。接到报告的上级人民政府认为预先采取的预防、控制措施不适当的,应当立即调整或者撤销。

第六十六条　因甲类、乙类传染病发生重大传染病疫情时,县级以上地方人民政府报经上一级人民政府决定,可以对进入或者离开本行政区域受影响的相关区域的人员、物资和交通工具实施卫生检疫。

因甲类传染病发生重大传染病疫情时,省级人民政府可以决定对本行政区域受影响的相关区域实施封锁;封锁大、中城市或者跨省级行政区域的受影响的相关区域,以及因封锁导致中断干线交通或者封锁国境的,由国务院决定。

第六十七条　依照本法第六十三条至第六十六条规定采取传染病疫情防控措施时,决定采取措施的机关应当向社会发布公告,明确措施的具体内容、实施范围和实施期限,并进行必要的解释说明。相关疫情防控措施的解除,由原决定机关决定并宣布。

采取前款规定的措施期间,当地人民政府应当保障食品、饮用水等基本生活必需品的供应,提供基本医疗服务,维护社会稳定;对未成年人、老年人、残疾人、孕产期和哺乳期的妇女以及需要及时救治的伤病人员等群体给予特殊照顾和安排,并确保相关人员获得医疗救治。当地人民政府应当公布求助电话等,畅通求助途径,及时向有需求的人员提供帮助。

因采取本法第五十八条、第六十三条至第六十六条规定的措施导致劳动者不能工作的,用人单位应当保留其工作,按照规定支付其在此期间的工资、发放生活费。用人单位可以按照规定享受有关帮扶政策。

第六十八条　发生甲类传染病时,为了防止该传染病通过交通工具及其乘运的人员、物资传播,省级人民政府可以决定实施交通卫生检疫。具体办法由国务院制定。

《中华人民共和国人民警察法》(2012年10月26日修正)

第三十五条　拒绝或者阻碍人民警察依法执行职务,有下列行为之一的,给予治安管理处罚:

（一）公然侮辱正在执行职务的人民警察的；

（二）阻碍人民警察调查取证的；

（三）拒绝或者阻碍人民警察执行追捕、搜查、救险等任务进入有关住所、场所的；

（四）对执行救人、救险、追捕、警卫等紧急任务的警车故意设置障碍的；

（五）有拒绝或者阻碍人民警察执行职务的其他行为的。

以暴力、威胁方法实施前款规定的行为，构成犯罪的，依法追究刑事责任。

《中华人民共和国突发事件应对法》(2024年6月28日修订)

第二条 本法所称突发事件，是指突然发生，造成或者可能造成严重社会危害，需要采取应急处置措施予以应对的自然灾害、事故灾难、公共卫生事件和社会安全事件。

突发事件的预防与应急准备、监测与预警、应急处置与救援、事后恢复与重建等应对活动，适用本法。

《中华人民共和国传染病防治法》等有关法律对突发公共卫生事件应对作出规定的，适用其规定。有关法律没有规定的，适用本法。

第三条 按照社会危害程度、影响范围等因素，突发自然灾害、事故灾难、公共卫生事件分为特别重大、重大、较大和一般四级。法律、行政法规或者国务院另有规定的，从其规定。

突发事件的分级标准由国务院或者国务院确定的部门制定。

第九十八条 单位或者个人违反本法规定，不服从所在地人民政府及其有关部门依法发布的决定、命令或者不配合其依法采取的措施的，责令改正；造成严重后果的，依法给予行政处罚；负有直接责任的人员是公职人员的，还应当依法给予处分。

第一百零二条 违反本法规定，构成违反治安管理行为的，依法给予治安管理处罚；构成犯罪的，依法追究刑事责任。

《中华人民共和国戒严法》(1996年3月1日)

第二十四条 戒严执勤人员依照戒严实施机关的规定，有权对下列人员立即予以拘留：

（一）正在实施危害国家安全、破坏社会秩序的犯罪或者有重大嫌疑的；

（二）阻挠或者抗拒戒严执勤人员执行戒严任务的；

（三）抗拒交通管制或者宵禁规定的；

（四）从事其他抗拒戒严令的活动的。

《突发公共卫生事件应急条例》（2011年1月8日修订）

第五十一条 在突发事件应急处理工作中，有关单位和个人未依照本条例的规定履行报告职责，隐瞒、缓报或者谎报，阻碍突发事件应急处理工作人员执行职务，拒绝国务院卫生行政主管部门或者其他有关部门指定的专业技术机构进入突发事件现场，或者不配合调查、采样、技术分析和检验的，对有关责任人员依法给予行政处分或者纪律处分；触犯《中华人民共和国治安管理处罚法》，构成违反治安管理行为的，由公安机关依法予以处罚；构成犯罪的，依法追究刑事责任。

《中华人民共和国人民警察使用警械和武器条例》（1996年1月16日）

第七条 人民警察遇有下列情形之一，经警告无效的，可以使用警棍、催泪弹、高压水枪、特种防暴枪等驱逐性、制服性警械：

（一）结伙斗殴、殴打他人、寻衅滋事、侮辱妇女或者进行其他流氓活动的；

（二）聚众扰乱车站、码头、民用航空站、运动场等公共场所秩序的；

（三）非法举行集会、游行、示威的；

（四）强行冲越人民警察为履行职责设置的警戒线的；

（五）以暴力方法抗拒或者阻碍人民警察依法履行职责的；

（六）袭击人民警察的；

（七）危害公共安全、社会秩序和公民人身安全的其他行为，需要当场制止的；

（八）法律、行政法规规定可以使用警械的其他情形。

人民警察依照前款规定使用警械，应当以制止违法犯罪行为为限度；当违法犯罪行为得到制止时，应当立即停止使用。

《公安机关警戒带使用管理办法》（公安部令第34号 1998年3月11日）

第二条 本办法所称警戒带，是指公安机关按照规定装备，用于依法履行职责在特定场所设置禁止进入范围的专用标志物。

第五条　公安机关及其人民警察履行职责时,可以根据现场需要经公安机关现场负责人批准,在下列场所使用警戒带:

(一)警卫工作需要;

(二)集会、游行、示威活动的场所;

(三)治安事件的现场;

(四)刑事案件的现场;

(五)交通事故或交通管制的现场;

(六)灾害事故的现场;

(七)爆破或危险品实(试)验的现场;

(八)重大的文体、商贸等活动的现场;

(九)其他需要使用警戒带的场所。

第六条　公安机关及其人民警察依法使用警戒带的行为,受法律保护。任何单位和个人不得阻碍、干扰公安机关及其人民警察依法使用警戒带。

第七条　公安机关及其人民警察在使用警戒带设置警戒区时,在场人员应当服从人民警察的指令,无关人员应当及时退出警戒区;未经允许任何人不得跨越警戒带、进入警戒区。

第八条　公安机关及其人民警察违反本规定使用警戒带造成严重后果的,依照有关法律和规定追究主管领导和直接责任人的法律、行政责任。

第九条　对破坏、冲闯警戒带或擅自进入警戒区的,经警告无效,可以强制带离现场,并可依照《中华人民共和国治安管理处罚条例》的规定予以处罚。构成犯罪的,依法追究刑事责任。

《违反公安行政管理行为的名称及其适用意见》(公通字〔2020〕8号　2020年8月6日修订)

107.拒不执行紧急状态下的决定、命令(第50条第1款第1项)

108.阻碍执行职务(第50条第1款第2项)

《保安服务管理条例》第45条第1款第3项与《中华人民共和国治安管理处罚法》第50条第1款第2项竞合。对保安员阻碍依法执行公务,违法行为名称表述为"阻碍执行职务"。如果其行为依法应当予以治安管理处罚的,法律依据适用《中华人民共和国治安管理处罚法》第50条第1款第2项。如果其行为情节严重,依法应当吊销保安员证,并应当依法予以治安管理处罚的,法律依据适用《中华人民共和国治安管理处罚法》第50条第1款第2项和《保安服务管理条例》第45条第1款第3项。如果其行为情节轻微,不构成违反治安管理行为,仅应当予以训诫的,法律依据适用《保安服务管理条例》第45条第1款第3项。

对阻碍消防救援机构的工作人员依法执行职务,尚不够刑事处罚的,违法行为名称表述为"阻碍执行职务",法律依据适用《中华人民共和国消防法》第62条第5项和《中华人民共和国治安管理处罚法》第50条第1款第2项。

对阻碍国家情报工作机构及其工作人员依法开展情报工作,尚不够刑事处罚的,违法行为名称及法律适用规范按照本意见第777条的规定执行。

109. 阻碍特种车辆通行(第50条第1款第3项)

对阻碍消防车、消防艇执行任务的,违法行为名称表述为"阻碍特种车辆通行(消防车、消防艇)",法律依据适用《中华人民共和国消防法》第62条第4项和《中华人民共和国治安管理处罚法》第50条第1款第3项。

110. 冲闯警戒带、警戒区(第50条第1款第4项)

《公安机关对部分违反治安管理行为实施处罚的裁量指导意见》(公通字[2018]17号　2018年6月5日)

五十、拒不执行紧急状态下的决定、命令

【法律依据】

(《中华人民共和国治安管理处罚法》第50条第1款第1项)有下列行为之一的,处警告或者二百元以下罚款;情节严重的,处五日以上十日以下拘留,可以并处五百元以下罚款:

(一)拒不执行人民政府在紧急状态情况下依法发布的决定、命令的;

【理解与适用】

有下列情形之一的,属于"情节严重":

(一)不听执法人员劝阻的;

(二)造成人员受伤、财产损失等危害后果的;

(三)其他情节严重的情形。

五十一、阻碍执行职务

【法律依据】

(《中华人民共和国治安管理处罚法》第50条第1款第2项)有下列行为之一的,处警告或者二百元以下罚款;情节严重的,处五日以上十日以下拘留,可以并处五百元以下罚款:

(二)阻碍国家机关工作人员依法执行职务的;

【理解与适用】

有下列情形之一的,属于"情节严重":

(一)不听执法人员制止的;

(二)造成人员受伤、财物损失等危害后果的;

(三)在公共场所或者公共交通工具上阻碍执行职务的;

(四)以驾驶机动车冲闯检查卡点等危险方法阻碍执行任务的;

(五)其他情节严重的情形。

五十二、阻碍特种车辆通行 冲闯警戒带、警戒区

【法律依据】

(《中华人民共和国治安管理处罚法》第50条第1款第3项、第4项)有下列行为之一的,处警告或者二百元以下罚款;情节严重的,处五日以上十日以下拘留,可以并处五百元以下罚款:

(三)阻碍执行紧急任务的消防车、救护车、工程抢险车、警车等车辆通行的;

(四)强行冲闯公安机关设置的警戒带、警戒区的。

【理解与适用】

有下列情形之一的,属于"情节严重":

(一)不听执法人员制止的;

(二)造成人员受伤、财物损失等危害后果的;

(三)其他情节严重的情形。

典型案例参考 ●●●●●●

江苏无锡市李某某等人拒不执行紧急状态下的决定、命令案

(最高人民检察院、公安部发布6起依法惩治妨害疫情防控秩序违法犯罪典型案例之六:第十七批全国检察机关依法办理涉新冠肺炎疫情典型案例)

2022年3月14日,无锡市新冠肺炎疫情联防联控指挥部发布《无锡市疫情防控第78号通告》,明确除部分采取其他管理措施人员以外,其他市外来(返)锡人员,严格实行"3+11"健康管理措施。3月25日,无锡市新冠肺炎疫情联防联控指挥部发布《无锡市疫情防控第92号通告》,要求全市范围内的各类场所部位出入口全面推广应用"门铃码",通过扫码页面查验苏康码、行程卡无误后方可入内。

4月7日,李某某从浙江杭州乘坐高铁抵达无锡火车站,在办理酒店入住手续时,为躲避通行验证,提前使用他人手机号码在微信注册生成行程卡,酒店工作人员未仔细查验,即为其办理登记入住。4月8日,无锡市公安机关排查发现,李某某14日内曾途经广东省汕头市、揭阳市等地,即通知酒店及所在社区工作人员对其采取管理措施,在酒店房间内进行居家健康监测。李某某对隐瞒行程、冒用他人行程卡入住酒店的事实供认不讳。同时查明,酒店负责人陈某某未按要求落实疫情防控措施。江阴市公安局依据治安管理处罚法第五十条第一款第一项之规定,以拒不执行紧急状态下的决定、命令,对李某某、陈某某分别作出处警告的处罚决定。

上海浦东新区田某某拒不执行紧急状态下的决定、命令案

(最高人民检察院、公安部发布6起依法惩治妨害疫情防控秩序违法犯罪典型案例之五:第十七批全国检察机关依法办理涉新冠肺炎疫情典型案例)

2022年3月29日,上海浦东新区新冠肺炎疫情防控指挥部发布《浦东新区关于严格落实封控管理期间人员足不出户措施告知书》,通告封控期间,浦东新区所有居民足不出户,人员车辆只进不出。3月31日,田某某私自外出采购食物,被执勤民警及防疫工作人员发现,因其未佩戴口罩,经防疫工作人员再三提醒,田某某拒不配合,并欲加速离开。执勤民警当场将田某某截停,责令其佩戴口罩、出示核酸检测证明,田某某仍拒不配合。3月31日,上海市新冠肺炎疫情防控工作领导小组办公室发布《浦东、浦南及毗邻区域后续分区防控有关工作通告》,根据通告要求,田某某居住的小区调整为管控区,居民不得出小区、需参加核酸检测。经查,3月28日,防疫工作人员上门对田某某进行核酸采样,田某某拒不配合,直至4月1日仍未进行核酸检测。4月1日,田某某再次违反疫情防控规定,擅自离开居住小区,当日民警上门要求田某某立即配合进行核酸检测,田某某仍拒不开门。4月2日,上海市公安局浦东分局依据《治安管理处罚法》第50条第1款第1项之规定,以拒不执行紧急状态下的决定、命令,对田某某作出处行政拘留10日、并处500元罚款的处罚决定。

邓某某与广安市公安局广安区分局治安管理处罚案

[四川省广安市中级人民法院(2020)川16行终133号行政判决书]

2019年11月6日,广安市公安局广安区分局所属中桥派出所民警通知邓某甲、邓某乙(系邓某某的妹妹)两姐妹于11月7日到中桥派出所调解。11月7日,在中桥派出所大门处的院坝内,办案民警经询问二人不同意调解意见后,进行了拟作出治安行政处罚的告知,先后对二人进行传唤,此时,邓某某正在距离二人十几米处接打电话;邓某某在看见民警强制带离二人后,其左手拿包右手拿着电话走过来。邓某甲、邓某乙先后被民警强制带离现场,在此过程中,邓某某有吵闹、纠缠行为,并当场拨打电话投诉民警执法活动。11月8日,广安区分局为作出广广公(治)行罚决字〔2019〕1211号行政处罚决定,根据《治安管理处罚法》第50条第1款第2项、第2款之规定,对邓某某处行政拘留七日。

法院认为,邓某某在民警执行职务时吵闹、纠缠、阻挠、妨碍民警带离被传唤人,其行为应予否定评价。但公安机关实施行政处罚时,应遵循过罚相当原则,必须以事实为根据,所科处罚种类和处罚幅度要与违反治安管理行为的性质、情节以及社会危害程度相当,与行为人的违法过错程度相适应。对违法者施以适度的处罚,既能纠正违法行为,又能使违法者自我反省,同时还能教育其他公民自觉守法。如果处罚过当,非但起不到教育的作用,反而会使被处罚者产生抵触心理,不利于矛盾的化解和社会和谐稳定,也不利于树立行政处罚的公信力。

首先,广安区分局并没有提前采取书面或口头方式对邓某甲、邓某乙进行传唤,而是在11月7日当天二人不同意调解意见,且民警进行拟作出行政处罚的告知其拒不配合后,才决定对二人进行传唤,事发偶然,且起因特殊。其次,广安区分局民警对二人进行传唤时,邓某某正在十米处接打电话,对民警传唤的事情其可能并不知道,强制带离其妹对于邓某某而言事发突然,其出于对自己妹妹的担心,在现场有吵闹、纠缠行为,并当场打电话投诉民警的执法活动,与强制带离其妹的民警亦发生了肢体接触,但从其当时的语言及肢体动作的幅度大小,结合邓某某在讯问笔录中的陈述,其实施上述行为的原因主要是担心邓某乙的身体受到伤害以及表达对现场警察执法方式的不满,阻碍民警现场执法的主观故意并不严重。再次,邓某某与民警发生肢体接触时左手拿着包,右手拿着手机,其轻微短暂的推拉行为并未对民警的身体造成实质的伤害和影响,也未对现场民警实施的强制带离行为造成实质性妨碍影响。最后,根据邓某某在讯问笔录中的陈述"我现在想能不能请公安机关能不能够酌情从轻处理,我当时确实担心是你们警察方法不当,怕打我妹妹,我并不是有意思去推、拉警察的,我也愿意给被踢的警察道歉"。事发后邓某某已认识到自己的错误,并愿意道歉,具有认错悔过表现。综合考量上述情形,邓某某的违法行为不属于"情节严重"的范围,广安区分局作出的被诉行政处罚决定适用《治安管理处罚法》第50条第1款规定的"情节严重"的处罚幅度,对原告处以行政拘留7日的处罚,有违过罚相当原则,属适用法律错误,结果明显不当。

> **第六十二条 【对招摇撞骗行为的处罚】**
> 冒充国家机关工作人员招摇撞骗的,处十日以上十五日以下拘留,可以并处一千元以下罚款;情节较轻的,处五日以上十日以下拘留。
> 冒充军警人员招摇撞骗的,从重处罚。
> 盗用、冒用个人、组织的身份、名义或者以其他虚假身份招摇撞骗的,处五日以下拘留或者一千元以下罚款;情节较重的,处五日以上十日以下拘留,可以并处一千元以下罚款。

▎条文应用提示 ●●●●●●

"冒充国家机关工作人员"包括:(1)非国家机关工作人员冒充国家机关工作人员;(2)此种国家机关工作人员冒充他种国家机关工作人员,如行政机关工作人员冒充司法机关工作人员;(3)职务低的国家机关工作人员冒充职务高的国家机关工作人员。

冒充军警人员招摇撞骗的,从重处罚。

"盗用"是指未经他人授权或同意,擅自使用他人姓名、身份信息,以获取某种利益或达到某种目的的行为,强调的是对他人权利的非法使用。

"冒用"是指使用他人姓名、身份等,冒充他人本人进行活动,旨在使他人产生误解,将冒用者视为被冒用者,如冒用他人身份考试、签订合同、办理贷款等,让相关方误以为冒用者就是被冒用者从而实施相应行为。"其他虚假身份"是指非国家机关工作人员、军警人员以外的其他身份,如律师、记者、医生、高干等。"招摇撞骗"要求行为人主观上有谋取非法利益的目的,希望借用假冒身份进行炫耀、欺骗,以获得地位、荣誉、待遇或玩弄女性等,一般具有连续性、多次性的特点。

应当注意:对本行为的认定不需要行为人获得实质非法利益,只要有冒充国家机关工作人员招摇撞骗的行为,即违反本规定应予处罚。

条文新旧对照

《治安管理处罚法》2012 年版	《治安管理处罚法》2025 年版
第五十一条 冒充国家机关工作人员 或者以其他虚假身份 招摇撞骗的,处五日以上十日以下拘留,可以并处五百元以下罚款;情节较轻的,处五日以下拘留 或者 五百元以下罚款 。 冒充军警人员招摇撞骗的,从重处罚。	第六十二条 冒充国家机关工作人员招摇撞骗的,处十日以上十五日以下拘留,可以并处一千元以下罚款;情节较轻的,处五日以上十日以下拘留。 冒充军警人员招摇撞骗的,从重处罚。 盗用、冒用个人、组织的身份、名义或者以其他虚假身份招摇撞骗的,处五日以下拘留或者一千元以下罚款;情节较重的,处五日以上十日以下拘留,可以并处一千元以下罚款。

关联法律法规

《中华人民共和国刑法》(2023 年 12 月 29 日修正)

第二百七十九条 冒充国家机关工作人员招摇撞骗的,处三年以下有期徒刑、拘役、管制或者剥夺政治权利;情节严重的,处三年以上十年以下有期徒刑。

冒充人民警察招摇撞骗的,依照前款的规定从重处罚。

第三百七十二条　冒充军人招摇撞骗的,处三年以下有期徒刑、拘役、管制或者剥夺政治权利;情节严重的,处三年以上十年以下有期徒刑。

《军服管理条例》(2009年1月13日)

第十六条　穿着军服或者军服仿制品冒充军人招摇撞骗的,由公安机关依法给予治安管理处罚;构成犯罪的,依法追究刑事责任。

《违反公安行政管理行为的名称及其适用意见》(公通字〔2020〕8号　2020年8月6日修订)

111. 招摇撞骗(第51条第1款)

《公安机关对部分违反治安管理行为实施处罚的裁量指导意见》(公通字〔2018〕17号　2018年6月5日)

五十三、招摇撞骗

【法律依据】

(《中华人民共和国治安管理处罚法》第51条第1款)冒充国家机关工作人员或者以其他虚假身份招摇撞骗的,处五日以上十日以下拘留,可以并处五百元以下罚款;情节较轻的,处五日以下拘留或者五百元以下罚款。

【理解与适用】

有下列情形之一的,属于"情节较轻":

(一)社会影响较小,未取得实际利益的;

(二)未造成当事人财物损失或者其他危害后果的;

(三)其他情节较轻的情形。

典型案例参考 ●●●●●●●

雷某与辰溪县公安局公安行政处罚案

[湖南省怀化市中级人民法院(2021)湘12行终28号行政判决书]

2020年6月20日,雷某为帮助匡某夫妇解决迁户、危房改造等扶贫问题,冒充怀化市扶贫办工作人员,拨打辰溪县修溪镇荠子湾村村主任刘某电话,虚构事实以检查扶贫,要求刘某解决匡某相关问题。辰溪县公安局于8月25日作出辰公(修)决字〔2020〕第0453号公安行政处罚决定书,根据《治安管理处罚法》第51条之规定,决定对雷某罚款伍佰元整。

法院认为,本案中,上诉人雷某虽属怀化市鹤城区财政局工作人员,但其在为妻子的妹夫匡某解决享受贫困户政策问题上以其为怀化市扶贫办工作人员的虚假身份,打电话给辰溪县修溪镇芥子湾村村主任刘某,以期引起村主任重视。该行为已构成以虚假身份招摇撞骗的行为。

> **第六十三条 【对伪造、变造、买卖、出租、出借公文、证件、票证的处罚】**
> 有下列行为之一的,处十日以上十五日以下拘留,可以并处五千元以下罚款;情节较轻的,处五日以上十日以下拘留,可以并处三千元以下罚款:
> (一)伪造、变造或者买卖国家机关、人民团体、企业、事业单位或者其他组织的公文、证件、证明文件、印章的;
> (二)出租、出借国家机关、人民团体、企业、事业单位或者其他组织的公文、证件、证明文件、印章供他人非法使用的;
> (三)买卖或者使用伪造、变造的国家机关、人民团体、企业、事业单位或者其他组织的公文、证件、证明文件、印章的;
> (四)伪造、变造或者倒卖车票、船票、航空客票、文艺演出票、体育比赛入场券或者其他有价票证、凭证的;
> (五)伪造、变造船舶户牌,买卖或者使用伪造、变造的船舶户牌,或者涂改船舶发动机号码的。

条文应用提示 ●●●●●●

"伪造"是指无制作权的人,冒用有关机关、团体、企事业单位等的名义,非法制作用以骗取他人信任的行为,包括制作实际不存在的即"无中生有"和仿照某种实际存在的即"以假乱真"两种形式。"变造"是指在真实公文、证件、证明文件上,采取涂改、拼接等手段,改变其真实内容或印章的行为,即"移花接木"。"买卖",既包括购买,也包括出卖的行为,这里要求买卖的公文、证件、证明文件、印章是真的,而不是伪造、变造的。对于买卖或使用"伪造、变造的国家机关、人民团体、企业、事业单位或其他组织的公文、证件、证明文件、印章的",本条第3项作了单独规定。

本条新增第2项,对"出租、出借公文、证件、印章等供他人非法使用"的处罚。本项针对特殊主体,限于管理和接触到国家机关、人民团体、企业、事业单位或其他组织的公文、证件、证明文件、印章的工作人员,其出租、出借行为违反了公文、印章等的日常管理秩序，更有可能侵害国家机关、人民团体等的名誉。主观上，要求行为人有明知他人有非法使用的故意。"出租"要求出租人以获取金钱财物为目的，因此只要有出租行为，就应认定为知晓他人非法使用，应予处罚。而"出借"具有无偿性，如果行为人按规定出借，但他人非法使用的，则不构成本行为。

"倒卖"是指低价买进，高价卖出的行为。倒卖对象一定是真实的有价票证、凭证。反之，则构成诈骗。行为人只要有倒卖行为，就应予治安处罚，其是否因倒卖获利，不影响本行为的成立。"其他有价票证、凭证"包括但不限于机动车油票、邮票、公园门票、彩票等具有金钱价值或限定资格的证明。

"船舶户牌"是指船舶登记管理机关依法发给船舶的载有名称、编号等内容的牌证。船舶发动机号码同机动车发动机号码牌一样具有独特性，涂改船舶发动机号码的行为在于隐瞒船舶特征、混淆国家对船舶的正常管理，以达到鱼目混珠的效果，因而需要处罚。

条文新旧对照

《治安管理处罚法》2012年版	《治安管理处罚法》2025年版
第五十二条 有下列行为之一的，处十日以上十五日以下拘留，可以并处一千元以下罚款；情节较轻的，处五日以上十日以下拘留，可以并处五百元以下罚款： （一）伪造、变造或者买卖国家机关、人民团体、企业、事业单位或者其他组织的公文、证件、证明文件、印章的； （二）买卖或者使用伪造、变造的国家机关、人民团体、企业、事业单位或者其他组织的公文、证件、证明文件的；	第六十三条 有下列行为之一的，处十日以上十五日以下拘留，可以并处**五千元**以下罚款；情节较轻的，处五日以上十日以下拘留，可以并处**三千元**以下罚款： （一）伪造、变造或者买卖国家机关、人民团体、企业、事业单位或者其他组织的公文、证件、证明文件、印章的； （二）**出租、出借国家机关、人民团体、企业、事业单位或者其他组织的公文、证件、证明文件、印章供他人非法使用的；**

（三）伪造、变造、倒卖车票、船票、航空客票、文艺演出票、体育比赛入场券或者其他有价票证、凭证的； （四）伪造、变造船舶户牌，买卖或者使用伪造、变造的船舶户牌，或者涂改船舶发动机号码的。	（三）买卖或者使用伪造、变造的国家机关、人民团体、企业、事业单位或者其他组织的公文、证件、证明文件、**印章**的； （四）伪造、变造**或者**倒卖车票、船票、航空客票、文艺演出票、体育比赛入场券或者其他有价票证、凭证的； （五）伪造、变造船舶户牌，买卖或者使用伪造、变造的船舶户牌，或者涂改船舶发动机号码的。

关联法律法规 ●●●●●●

《中华人民共和国道路交通安全法》(2021年4月29日修正)

第十六条 任何单位或者个人不得有下列行为：
(一)拼装机动车或者擅自改变机动车已登记的结构、构造或者特征；
(二)改变机动车型号、发动机号、车架号或者车辆识别代号；
(三)伪造、变造或者使用伪造、变造的机动车登记证书、号牌、行驶证、检验合格标志、保险标志；
(四)使用其他机动车的登记证书、号牌、行驶证、检验合格标志、保险标志。

第九十六条 伪造、变造或者使用伪造、变造的机动车登记证书、号牌、行驶证、驾驶证的，由公安机关交通管理部门予以收缴，扣留该机动车，处十五日以下拘留，并处二千元以上五千元以下罚款；构成犯罪的，依法追究刑事责任。

伪造、变造或者使用伪造、变造的检验合格标志、保险标志的，由公安机关交通管理部门予以收缴，扣留该机动车，处十日以下拘留，并处一千元以上三千元以下罚款；构成犯罪的，依法追究刑事责任。

使用其他车辆的机动车登记证书、号牌、行驶证、检验合格标志、保险标志的，由公安机关交通管理部门予以收缴，扣留该机动车，处二千元以上五千元以下罚款。

当事人提供相应的合法证明或者补办相应手续的,应当及时退还机动车。

《中华人民共和国刑法》(2023年12月29日修正)

第二百二十七条　伪造或者倒卖伪造的车票、船票、邮票或者其他有价票证,数额较大的,处二年以下有期徒刑、拘役或者管制,并处或者单处票证价额一倍以上五倍以下罚金;数额巨大的,处二年以上七年以下有期徒刑,并处票证价额一倍以上五倍以下罚金。

倒卖车票、船票,情节严重的,处三年以下有期徒刑、拘役或者管制,并处或者单处票证价额一倍以上五倍以下罚金。

第二百八十条　伪造、变造、买卖或者盗窃、抢夺、毁灭国家机关的公文、证件、印章的,处三年以下有期徒刑、拘役、管制或者剥夺政治权利,并处罚金;情节严重的,处三年以上十年以下有期徒刑,并处罚金。

伪造公司、企业、事业单位、人民团体的印章的,处三年以下有期徒刑、拘役、管制或者剥夺政治权利,并处罚金。

伪造、变造、买卖居民身份证、护照、社会保障卡、驾驶证等依法可以用于证明身份的证件的,处三年以下有期徒刑、拘役、管制或者剥夺政治权利,并处罚金;情节严重的,处三年以上七年以下有期徒刑,并处罚金。

《中华人民共和国居民身份证法》(2011年10月29日修正)

第十七条　有下列行为之一的,由公安机关处二百元以上一千元以下罚款,或者处十日以下拘留,有违法所得的,没收违法所得:

(一)冒用他人居民身份证或者使用骗领的居民身份证的;

(二)购买、出售、使用伪造、变造的居民身份证的。

伪造、变造的居民身份证和骗领的居民身份证,由公安机关予以收缴。

《中华人民共和国船舶登记条例》(2014年7月29日修订)

第五十一条　违反本条例规定,有下列情形之一的,船籍港船舶登记机关可以视情节给予警告、根据船舶吨位处以本条例第五十条规定的罚款数额的50%直至没收船舶登记证书:

(一)在办理登记手续时隐瞒真实情况、弄虚作假的;

(二)隐瞒登记事实,造成重复登记的;

(三)伪造、涂改船舶登记证书的。

《违反公安行政管理行为的名称及其适用意见》(公通字〔2020〕8号 2020年8月6日修订)

112.伪造、变造、买卖公文、证件、证明文件、印章(第52条第1项)

《报废机动车回收管理办法》第20条第1款第1项与《中华人民共和国治安管理处罚法》第52条第1项竞合。对买卖、伪造、变造报废机动车回收证明的,违法行为名称表述为"伪造、变造、买卖证明文件(报废机动车回收证明)",处罚的法律依据适用《中华人民共和国治安管理处罚法》第52条第1项和《报废机动车回收管理办法》第20条第1款第1项。

113.买卖、使用伪造、变造的公文、证件、证明文件(第52条第2项)

114.伪造、变造、倒卖有价票证、凭证(第52条第3项)

115.伪造、变造船舶户牌(第52条第4项)

116.买卖、使用伪造、变造的船舶户牌(第52条第4项)

117.涂改船舶发动机号码(第52条第4项)

《公安机关对部分违反治安管理行为实施处罚的裁量指导意见》(公通字〔2018〕17号 2018年6月5日)

五十四、伪造、变造、买卖公文、证件、证明文件、印章

买卖、使用伪造、变造的公文、证件、证明文件

【法律依据】

(《中华人民共和国治安管理处罚法》第52条第1项、第2项)有下列行为之一的,处十日以上十五日以下拘留,可以并处一千元以下罚款;情节较轻的,处五日以上十日以下拘留,可以并处五百元以下罚款:

(一)伪造、变造或者买卖国家机关、人民团体、企业、事业单位或者其他组织的公文、证件、证明文件、印章的;

(二)买卖或者使用伪造、变造的国家机关、人民团体、企业、事业单位或其他组织的公文、证件、证明文件的;

【理解与适用】

有下列情形之一的,属于"情节较轻":

(一)尚未造成危害后果,且获利较少的;

(二)尚未造成危害后果,且能够及时纠正或者弥补的;

(三)其他情节较轻的情形。

五十五、伪造、变造、倒卖有价票证、凭证

【法律依据】

(《中华人民共和国治安管理处罚法》第 52 条第 3 项)有下列行为之一的,处十日以上十五日以下拘留,可以并处一千元以下罚款;情节较轻的,处五日以上十日以下拘留,可以并处五百元以下罚款:

(三)伪造、变造、倒卖车票、船票、航空客票、文艺演出票、体育比赛入场券或者其他有价票证、凭证的;

【理解与适用】

有下列情形之一的,属于"情节较轻":

(一)伪造有价票证、凭证的票面数额、数量或者非法获利未达到有关刑事立案追诉标准百分之十的;

(二)倒卖车票、船票票面数额或者非法获利未达到有关刑事立案追诉标准百分之十的;

(三)其他情节较轻的情形。

五十六、伪造、变造船舶户牌

买卖、使用伪造、变造的船舶户牌

涂改船舶发动机号码

【法律依据】

(《中华人民共和国治安管理处罚法》第 52 条第 4 项)有下列行为之一的,处十日以上十五日以下拘留,可以并处一千元以下罚款;情节较轻的,处五日以上十日以下拘留,可以并处五百元以下罚款:

(四)伪造、变造船舶户牌,买卖或者使用伪造、变造的船舶户牌,或者涂改船舶发动机号码的。

【理解与适用】

有下列情形之一的,属于"情节较轻":

(一)伪造、变造船舶户牌数量较少,或者以营利为目的买卖伪造、变造的船舶户牌、涂改船舶发动机号码,获利较少的;

(二)伪造、变造船舶户牌,或者涂改船舶发动机号码的船舶,尚未出售或者未投入使用的;

(三)因船舶户牌丢失,伪造、变造或者购买、使用伪造、变造的船舶户牌的;

(四)其他情节较轻的情形。

典型案例参考

胡某与广州市番禺区人民政府、广州市公安局番禺区分局大龙派出所治安管理处罚案

[广东省广州铁路运输中级法院(2020)粤71行终2890号行政判决书]

2015年下半年,张某祥将广州市辽廊酒类有限公司门面转让给叶某荣经营,但叶某荣注册手续一直没办好,就默许其使用广州市辽廊酒类有限公司的名义经营一段时间,并在收据上加盖广州市辽廊酒类有限公司的公章,后张某祥将公司注销。2015年10月26日,胡某在广州市辽廊酒类有限公司门面购买马爹利蓝带1L3瓶,销售人员李某华出具收据,收据上盖有广州市辽廊酒类有限公司的公章。2017年12月3日,大龙派出所向胡某进行调查,胡某确认是因为叶某荣、李某华使用假公章的事,导致其无法起诉广州市辽廊酒类有限公司,因此报案。同时胡某提交了广州市番禺区某某监督管理局出具的证明,内容为经电子档案查询,截至2015年12月30日在本分局企业登记数据库未查到"广州市辽廊酒类有限公司"的记录。2019年9月11日,大龙派出所作出穗公(番)行终止决字〔2019〕9号终止案件调查决定书,认为胡某报李某华伪造公章一案没有违法事实,根据《公安机关办理行政案件程序规定》第259条第1款第1项之规定,决定终止调查。

法院认为,本案中,"广州市辽廊酒类有限公司"并未在工商行政管理机关进行登记,因此李某华并无《治安管理处罚法》第52条第1项规定的伪造企业印章的行为;至于李某华是否有未登记为有限责任公司而冒用有限责任公司名义的违法行为,按照《公司登记管理条例》第74条规定,大龙派出所无权对此进行查处。因此,大龙派出所作出被诉终止案件调查决定,认定事实清楚,适用法律正确。

第六十四条 【对船舶擅自进入禁、限入水域或岛屿的处罚】
船舶擅自进入、停靠国家禁止、限制进入的水域或者岛屿的,对船舶负责人及有关责任人员处一千元以上二千元以下罚款;情节严重的,处五日以下拘留,可以并处二千元以下罚款。

条文应用提示

"国家禁止、限制进入的水域或者岛屿"是指国家的军事目标、军事重地、军事隔离区、未被开放的水域、港口、水库或岛屿等。因紧急避险及不可抗力等原因而进入、停靠国家禁止、限制进入水域或岛屿的,在原因消除后立即离开,抵港后及时向公安边防部门报告的,不构成本行为。此外,《沿海船舶边防治安管理规定》(部门规章)第 28 条第 1 项规定,非法进入国家禁止或限制进入的水域或岛屿的,对船舶负责人及其有关责任人员处 1000 元以下罚款,与本条规定构成法条竞合。根据上位法优于下位法的适用原则,公安机关应当依据本条予以处罚。

条文新旧对照

《治安管理处罚法》2012 年版	《治安管理处罚法》2025 年版
第五十三条　船舶擅自进入、停靠国家禁止、限制进入的水域或者岛屿的,对船舶负责人及有关责任人员处五百元以上一千元以下罚款;情节严重的,处五日以下拘留,并处五百元以上一千元以下罚款。	第六十四条　船舶擅自进入、停靠国家禁止、限制进入的水域或者岛屿的,对船舶负责人及有关责任人员处一千元以上二千元以下罚款;情节严重的,处五日以下拘留,可以并处二千元以下罚款。

关联法律法规

《中华人民共和国内河交通安全管理条例》(2019 年 3 月 2 日修订)

第二十条　船舶进出港口和通过交通管制区、通航密集区或者航行条件受限制的区域,应当遵守海事管理机构发布的有关通航规定。

任何船舶不得擅自进入或者穿越海事管理机构公布的禁航区。

第六十八条　违反本条例的规定,船舶在内河航行时,有下列情形之一的,由海事管理机构责令改正,处 5000 元以上 5 万元以下的罚款;情节严重的,禁止船舶进出港口或者责令停航,并可以对责任船员给予暂扣适任证书或者其他适任证件 3 个月至 6 个月的处罚:

(一)未按照规定悬挂国旗,标明船名、船籍港、载重线的;

(二)未按照规定向海事管理机构报告船舶的航次计划、适航状态、船员配备和载货载客等情况的；

（三）未按照规定申请引航的；

（四）擅自进出内河港口，强行通过交通管制区、通航密集区、航行条件受限制区域或者禁航区的；

（五）载运或者拖带超重、超长、超高、超宽、半潜的物体，未申请或者未按照核定的航路、时间航行的。

《沿海船舶边防治安管理规定》（公安部令第 47 号　2000 年 2 月 15 日）

第十七条　出海船舶和人员不得擅自进入国家禁止或者限制进入的海域或岛屿，不得擅自搭靠外国籍或者香港、澳门特别行政区以及台湾地区的船舶。

因避险及其他不可抗力的原因发生前款情形的，应当在原因消除后立即离开，抵港后及时向公安边防部门报告。

第二十八条　违反本规定，有下列情形之一的，对船舶负责人及其有关责任人员处一千元以下罚款：

（一）非法进入国家禁止或者限制进入的海域或者岛屿的；

（二）未经许可，将外国籍或者香港、澳门特别行政区、台湾地区的船舶引航到未对上述船舶开放的港口、锚地的；

（三）擅自搭靠外国籍或者香港、澳门特别行政区以及台湾地区船舶的，或者因避险及其他不可抗力的原因被迫搭靠，事后未及时向公安边防部门报告的；

（四）航行于内地与香港、澳门特别行政区之间的小型船舶擅自在非指定的港口停泊、上下人员或者装卸货物的。

《违反公安行政管理行为的名称及其适用意见》（公通字〔2020〕8 号　2020 年 8 月 6 日修订）

118 驾船擅自进入、停靠国家管制的水域、岛屿（第 53 条）

《沿海船舶边防治安管理规定》第 28 条第 1 项与《中华人民共和国治安管理处罚法》第 53 条竞合。对沿海船舶非法进入国家禁止或者限制进入的海域或者岛屿的，违法行为名称表述为"驾船擅自进入国家管制的水域、岛屿"，法律依据适用《中华人民共和国治安管理处罚法》第 53 条。

《公安机关对部分违反治安管理行为实施处罚的裁量指导意见》(公通字〔2018〕17号 2018年6月5日)

五十七、驾船擅自进入、停靠国家管制的水域、岛屿

【法律依据】

(《中华人民共和国治安管理处罚法》第53条)船舶擅自进入、停靠国家禁止、限制进入的水域或者岛屿的,对船舶负责人及有关责任人员处五百元以上一千元以下罚款;情节严重的,处五日以下拘留,并处五百元以上一千元以下罚款。

【理解与适用】

有下列情形之一的,属于"情节严重":

(一)不听制止,强行进入、停靠的;

(二)经责令离开而拒不驶离的;

(三)其他情节严重的情形。

第六十五条 【对违法设立社会团体的处罚】

有下列行为之一的,处十日以上十五日以下拘留,可以并处五千元以下罚款;情节较轻的,处五日以上十日以下拘留或者一千元以上三千元以下罚款:

(一)违反国家规定,未经注册登记,以社会团体、基金会、社会服务机构等社会组织名义进行活动,被取缔后,仍进行活动的;

(二)被依法撤销登记或者吊销登记证书的社会团体、基金会、社会服务机构等社会组织,仍以原社会组织名义进行活动的;

(三)未经许可,擅自经营按照国家规定需要由公安机关许可的行业的。

有前款第三项行为的,予以取缔。被取缔一年以内又实施的,处十日以上十五日以下拘留,并处三千元以上五千元以下罚款。

取得公安机关许可的经营者,违反国家有关管理规定,情节严重的,公安机关可以吊销许可证件。

条文应用提示

成立社会团体、基金会、社会服务机构等或者以社会团体的名义开展活动，首先要依法履行登记手续，经批准后进行活动。"违反国家规定"主要是指违反国务院颁布的《社会团体登记管理条例》《基金会管理条例》及民政部公布的《关于进一步加强和改进社会服务机构登记管理工作的实施意见》等有关规定。本项包含两种违法行为：(1)行为人未经注册，擅自以社会团体名义进行活动；(2)合法注册的团体在被取缔后，仍进行活动的。

"依法撤销登记"是指社会团体违反《社会团体登记管理条例》第29、30、31条有关规定，以及基金会违反《基金会管理条例》第40、41、42条有关规定，而被取消资格不再存在。"吊销"是一种行政处罚，针对的是社会团体因行政违法而被取消资格的社会团体，吊销不是自始无效，吊销前的行为仍有效力。行为人在社会团体、基金会、社会服务机构等被撤销或吊销后，依然以社会团体名义活动的，与前款未进行登记就擅自开展活动对社会造成的危害一样，都应受到惩处。

"需要由公安机关许可的行业"主要是指旅馆业、公章刻制业、典当业、保安服务培训业等。这些行业直接关系到社会治安的稳定，因此需要由公安机关对其准入进行审批许可。为加强管理，本条第二款新增对"被取缔后一年内又未经许可擅自经营的"，给予治安处罚。

条文新旧对照

《治安管理处罚法》2012年版	《治安管理处罚法》2025年版
第五十四条　有下列行为之一的，处十日以上十五日以下拘留，并处五百元以上一千元以下罚款；情节较轻的，处五日以下拘留或者五百元以下罚款： （一）违反国家规定，未经注	第六十五条　有下列行为之一的，处十日以上十五日以下拘留，可以并处五十元以下罚款；情节较轻的，处五日以上十日以下拘留或者一千元以上三千元以下罚款：

册登记,以社会团体名义进行活动,被取缔后,仍进行活动的; (二)被依法撤销登记的社会团体,仍以社会团体名义进行活动的; (三)未经许可,擅自经营按照国家规定需要由公安机关许可的行业的。 有前款第三项行为的,予以取缔。 取得公安机关许可的经营者,违反国家有关管理规定,情节严重的,公安机关可以吊销许可证。	(一)违反国家规定,未经注册登记,以社会团体、**基金会、社会服务机构等社会组织**名义进行活动,被取缔后,仍进行活动的; (二)被依法撤销登记**或者吊销登记证书**的社会团体、**基金会、社会服务机构等社会组织**,仍以**原社会组织**名义进行活动的; (三)未经许可,擅自经营按照国家规定需要由公安机关许可的行业的。 有前款第三项行为的,予以取缔。**被取缔一年以内又实施的,处十日以上十五日以下拘留,并处三千元以上五千元以下罚款。** 取得公安机关许可的经营者,违反国家有关管理规定,情节严重的,公安机关可以吊销许可证**件**。

关联法律法规

《社会团体登记管理条例》(2016年2月6日修订)

第三条 成立社会团体,应当经其业务主管单位审查同意,并依照本条例的规定进行登记。

社会团体应当具备法人条件。

下列团体不属于本条例规定登记的范围:

(一)参加中国人民政治协商会议的人民团体;

(二)由国务院机构编制管理机关核定,并经国务院批准免于登记的团体;

(三)机关、团体、企业事业单位内部经本单位批准成立、在本单位内部活动的团体。

第三十二条 筹备期间开展筹备以外的活动,或者未经登记,擅自以社会团体名义进行活动,以及被撤销登记的社会团体继续以社会团体名义进行活动的,由登记管理机关予以取缔,没收非法财产;构成犯罪的,依法追究刑事责任;尚不构成犯罪的,依法给予治安管理处罚。

《废旧金属收购业治安管理办法》(2023年7月20日修订)

第三条　收购废旧金属的企业和个体工商户,应当在取得营业执照后15日内向所在地县级人民政府公安机关备案。

备案事项发生变更的,收购废旧金属的企业和个体工商户应当自变更之日起15日内(属于工商登记事项的自工商登记变更之日起15日内)向县级人民政府公安机关办理变更手续。

公安机关可以通过网络等方式,便利企业和个体工商户备案。

《旅馆业治安管理办法》(2022年3月29日修订)

第四条　申请开办旅馆,应取得市场监管部门核发的营业执照,向当地公安机关申领特种行业许可证后,方准开业。

经批准开业的旅馆,如有歇业、转业、合并、迁移、改变名称等情况,应当在市场监管部门办理变更登记后3日内,向当地的县、市公安局、公安分局备案。

《保安服务管理条例》(2022年3月29日修订)

第四十一条　任何组织或者个人未经许可,擅自从事保安服务的,依法给予治安管理处罚,并没收违法所得;构成犯罪的,依法追究刑事责任。

《报废机动车回收管理办法》(2019年4月22日修订)

第十九条　未取得资质认定,擅自从事报废机动车回收活动的,由负责报废机动车回收管理的部门没收非法回收的报废机动车、报废机动车"五大总成"和其他零部件,没收违法所得;违法所得在5万元以上的,并处违法所得2倍以上5倍以下的罚款;违法所得不足5万元或者没有违法所得的,并处5万元以上10万元以下的罚款。对负责报废机动车回收管理的部门没收非法回收的报废机动车、报废机动车"五大总成"和其他零部件,必要时有关主管部门应当予以配合。

《无证无照经营查处办法》(2017年8月6日)

第五条　经营者未依法取得许可从事经营活动的,由法律、法规、国务院决定规定的部门予以查处;法律、法规、国务院决定没有规定或者规定不明确的,由省、自治区、直辖市人民政府确定的部门予以查处。

《保安培训机构管理办法》(公安部令第136号 2016年1月14日修正)

第三十二条 未经省级人民政府公安机关批准,擅自设立保安培训机构,开展保安培训业务的,由设区的市级人民政府公安机关依照《中华人民共和国治安管理处罚法》第五十四条的规定予以取缔和处罚。

以欺骗、贿赂等不正当手段取得《保安培训许可证》的,由设区的市级人民政府公安机关对该保安培训机构处以一万元以上三万元以下罚款,对其直接负责的主管人员和其他直接责任人员处以二百元以上一千元以下罚款,并由发证的公安机关撤销《保安培训许可证》。

《基金会管理条例》(2004年6月1日)

第四十条 未经登记或者被撤销登记后以基金会、基金会分支机构、基金会代表机构或者境外基金会代表机构名义开展活动的,由登记管理机关予以取缔,没收非法财产并向社会公告。

第四十一条 基金会、基金会分支机构、基金会代表机构或者境外基金会代表机构有下列情形之一的,登记管理机关应当撤销登记:

(一)在申请登记时弄虚作假骗取登记的,或者自取得登记证书之日起12个月内未按章程规定开展活动的;

(二)符合注销条件,不按照本条例的规定办理注销登记仍继续开展活动的。

第四十二条 基金会、基金会分支机构、基金会代表机构或者境外基金会代表机构有下列情形之一的,由登记管理机关给予警告、责令停止活动;情节严重的,可以撤销登记:

(一)未按照章程规定的宗旨和公益活动的业务范围进行活动的;

(二)在填制会计凭证、登记会计账簿、编制财务会计报告中弄虚作假的;

(三)不按照规定办理变更登记的;

(四)未按照本条例的规定完成公益事业支出额度的;

(五)未按照本条例的规定接受年度检查,或者年度检查不合格的;

(六)不履行信息公布义务或者公布虚假信息的。

基金会、境外基金会代表机构有前款所列行为的,登记管理机关应当提请税务机关责令补交违法行为存续期间所享受的税收减免。

《典当管理办法》(商务部、公安部2005年第8号令 2005年2月9日)

第五十八条 非法设立典当行及分支机构或者以其他方式非法经营典当业务的,依据国务院《无照经营查处取缔办法》予以处罚。

《印铸刻字业暂行管理规则》(2024年12月6日)

第三条 公章刻制经营者取得市场监管部门核发的营业执照后,应当在5日内将以下信息材料向所在地县级人民政府公安机关备案:

(一)营业执照复印件;
(二)法定代表人、经营负责人及从业人员有效身份证件复印件;
(三)标注安全防范设施的经营场所内部结构平面图;
(四)公章刻制和信息备案设备清单;
(五)内部管理制度和安全制度。

公安机关能够通过部门间信息共享获得的备案信息,不要求当事人提供。

公章刻制经营者上述备案信息发生变化的,应当自有关变化发生之日起15日内向原备案公安机关更新备案信息。

公章刻制经营者终止公章刻制业务的,应当及时向公安机关办理备案注销。

《违反公安行政管理行为的名称及其适用意见》(公通字〔2020〕8号 2020年8月6日修订)

119.非法以社团名义活动(第54条第1款第1项)
120.以被撤销登记的社团名义活动(第54条第1款第2项)
121.未获公安许可擅自经营(第54条第1款第3项)

《旅馆业治安管理办法》第15条与《中华人民共和国治安管理处罚法》第54条第1款第3项、第2款竞合。对未经公安机关许可开办旅馆的,违法行为名称表述为"未获公安许可擅自经营(旅馆)",法律依据适用《中华人民共和国治安管理处罚法》第54条第1款第3项、第2款和《旅馆业治安管理办法》第4条。

《保安服务管理条例》第41条与《中华人民共和国治安管理处罚法》第54条第1款第3项、第2款竞合。对未经许可从事保安服务的,违法行为名称表述为"未获公安许可擅自经营(保安服务)",法律依据适用《中华人民共和国治安管理处罚法》第54条第1款第3项、第2款以及《保安服务管理条例》第9条和第41条。对未经许可从事保安培训的,违法行为名称表述为"未获公安许可擅自经营(保安培训)",法律依据适用《中华人民共和国治安管理处罚法》第54条第1款第3项、第2款以及《保安服务管理条例》第33条和第41条。

《公安机关对部分违反治安管理行为实施处罚的裁量指导意见》(公通字[2018]17号　2018年6月5日)

五十八、非法以社团名义活动

以被撤销登记的社团名义活动

【法律依据】

(《中华人民共和国治安管理处罚法》第54条第1款第1项、第2项)有下列行为之一的,处十日以上十五日以下拘留,并处五百元以上一千元以下罚款;情节较轻的,处五日以下拘留或者五百元以下罚款:

(一)违反国家规定,未经注册登记,以社会团体名义进行活动,被取缔后,仍进行活动的;

(二)被依法撤销登记的社会团体,仍以社会团体名义进行活动的;

【理解与适用】

有下列情形之一的,属于"情节较轻":

(一)尚未造成危害后果或者较大社会影响的;

(二)以营利为目的,但获利较少的;

(三)其他情节较轻的情形。

五十九、未获公安许可擅自经营

【法律依据】

(《中华人民共和国治安管理处罚法》第54条第1款第3项、第3款)有下列行为之一的,处十日以上十五日以下拘留,并处五百元以上一千元以下罚款;情节较轻的,处五日以下拘留或者五百元以下罚款:

(三)未经许可,擅自经营按照国家规定需要由公安机关许可的行业的。

取得公安机关许可的经营者,违反国家有关管理规定,情节严重的,公安机关可以吊销许可证。

【理解与适用】

有下列情形之一的,属于"情节较轻":

(一)经营时间较短且规模较小的;

(二)主动停止经营且获利较少的;

(三)其他情节较轻的情形。
有下列情形之一的,属于"情节严重":
(一)造成较重危害后果或者较大社会影响的;
(二)多次违反国家有关管理规定的;
(三)其他情节严重的情形。

典型案例参考

朱某东与广州市公安局海珠区分局治安管理行政处罚案

[最高人民法院第二届全国法院"百篇优秀裁判文书" 广东省广州铁路运输中级法院(2018)粤71行终309号行政判决书]

朱某东自2016年9月份开始利用房内划分的房间,开办"花城小调",通过网络平台向他人提供住宿业务。2017年8月23日,广州市公安局海珠区分局对前述场所进行检查,未发现旅馆业特种行业许可证、工商营业执照等,检查发现五本《出租屋租住人员登记交换册》,遂于8月24日作出穗公海行罚决字〔2017〕06155号《行政处罚决定书》,根据《中华人民共和国治安管理处罚法》第54条第1款第3项和第2款之规定,决定对朱某东处以行政拘留5日,取缔其经营的花城小调旅馆。

法院认为,首先,海珠区分局认定朱某东开办"花城小调"系经营旅馆业,作出被诉行政处罚决定,主要证据不足,适用法律错误。《广东省旅游条例》第21条第1款规定,"城镇和乡村居民可以利用自己拥有所有权或者使用权的住宅或者其他条件开办民宿旅游经营,为旅游者休闲度假、体验当地人文、自然景观和风俗文化等提供住宿、餐饮服务。"尽管"花城小调"实际开办的时间早于该《广东省旅游条例》的出台,但符合国家鼓励发展共享经济的基本政策,且符合上述有关民宿的行业标准。其次,即使朱某东开办"花城小调"确实构成经营旅馆业,海珠区分局在朱某东并未逃避行政监管、且受到其他行政机关误导的情况下,未给予朱某东正确指引和改正机会即直接予以行政处罚,仍属明显不当。《治安管理处罚法》第54条之所以规定对擅自经营需公安机关许可的行业进行处罚,其原因在于违法者逃避了行政监管,从而导致社会治安隐患。朱某东在开办"花城小调"前,积极了解有关民宿旅游经营的政策法规,并通过12345(公安)进行咨询,得到"民宿不属于旅馆业,按日租房由街道管理"的答复后,即向街道出租屋管理中心办理了出租屋登记,亦向辖区派出所进行申报,朱某东开办"花城小调"在当地已经属于众所周知的事情,且已纳入街道出租屋管理中心和辖区派出所的监管范围,没有任何证据证明朱某东存在逃避行政监管的主观意图和行为。关于以上咨询、登记、申报、接受监管的事实,朱某东在行政处罚程序中已向海珠区分局进行陈述、申辩,且有相应证据予以证明。如果在此种情形下朱某东的行为仍然实质上构成违法经营旅馆业,亦是其他行政机关的错误指引误导朱某东而共同导致的结果,由此产生的法律后果完全由朱某东承担亦明显不公平。在相关政策法规鼓励发展民宿旅游经营,而现实中又确实缺乏具体管理办法的时候,对本案这种存有争议的经营行为启动行政处罚程序,应持相当谨慎的态度。海珠区分局既然发现其他行政机关对朱某东作出了错误指引,亦应考虑上述实际情况,先给予朱某东正确的指引或者给予其改正的机会,而不是径行作出行政处罚。综上所述,海珠区分局于 2017 年 8 月 24 日作出的被诉行政处罚决定主要证据不足,适用法律错误,应予以撤销。

> **第六十六条** 【对煽动、策划非法集会、游行、示威行为的处罚】
> 煽动、策划非法集会、游行、示威,不听劝阻的,处十日以上十五日以下拘留。

▎条文应用提示 ●●●●●●

"非法集会、游行、示威"是指未依照《集会游行示威法》规定申请或申请未获许可,或未按照许可的时间、地点、路线而进行的扰乱社会秩序的集会、游行、示威活动。本条没有规定"煽动""劝阻"的具体行为,因而无论是借助互联网、电话等通信工具,或是串联、发传单等其他任何方式,都属于"煽动""策划"。

要注意,在认定本行为时,只有在经过有关部门劝阻后,仍继续煽动、策划非法集会、游行、示威的,公安机关才予以处罚。

▎条文新旧对照 ●●●●●●

《治安管理处罚法》2012 年版	《治安管理处罚法》2025 年版
第五十五条 煽动、策划非法集会、游行、示威,不听劝阻的,处十日以上十五日以下拘留。	第六十六条 煽动、策划非法集会、游行、示威,不听劝阻的,处十日以上十五日以下拘留。

关联法律法规 ●●●●●●

《中华人民共和国刑法》(2023年12月29日修正)

第二百九十六条　举行集会、游行、示威,未依照法律规定申请或者申请未获许可,或者未按照主管机关许可的起止时间、地点、路线进行,又拒不服从解散命令,严重破坏社会秩序的,对集会、游行、示威的负责人和直接责任人员,处五年以下有期徒刑、拘役、管制或者剥夺政治权利。

《中华人民共和国集会游行示威法》(2009年8月27日修正)

第十二条　申请举行的集会、游行、示威,有下列情形之一的,不予许可:

(一)反对宪法所确定的基本原则的;

(二)危害国家统一、主权和领土完整的;

(三)煽动民族分裂的;

(四)有充分根据认定申请举行的集会、游行、示威将直接危害公共安全或者严重破坏社会秩序的。

第二十六条　举行集会、游行、示威,不得违反治安管理法规,不得进行犯罪活动或者煽动犯罪。

第二十七条　举行集会、游行、示威,有下列情形之一的,人民警察应当予以制止:

(一)未依照本法规定申请或者申请未获许可的;

(二)未按照主管机关许可的目的、方式、标语、口号、起止时间、地点、路线进行的;

(三)在进行中出现危害公共安全或者严重破坏社会秩序情况的。

有前款所列情形之一,不听制止的,人民警察现场负责人有权命令解散;拒不解散的,人民警察现场负责人有权依照国家有关规定决定采取必要手段强行驱散,并对拒不服从的人员强行带离现场或者立即予以拘留。

参加集会、游行、示威的人员越过依照本法第二十二条规定设置的临时警戒线,进入本法第二十三条所列不得举行集会、游行、示威的特定场所周边一定范围或者有其他违法犯罪行为的,人民警察可以将其强行带离现场或者立即予以拘留。

第二十八条　举行集会、游行、示威,有违反治安管理行为的,依照治安管理处罚法有关规定予以处罚。

举行集会、游行、示威,有下列情形之一的,公安机关可以对其负责人和直接责任人员处以警告或者十五日以下拘留:

(一)未依照本法规定申请或者申请未获许可的;

(二)未按照主管机关许可的目的、方式、标语、口号、起止时间、地点、路线进行,不听制止的。

《中华人民共和国集会游行示威法实施条例》(2011年1月8日修订)

第二十三条　依照《集会游行示威法》第二十七条的规定,对非法举行集会、游行、示威或者在集会、游行、示威进行中出现危害公共安全或者严重破坏社会秩序情况的,人民警察有权立即予以制止。对不听制止,需要命令解散的,应当通过广播、喊话等明确方式告知在场人员在限定时间内按照指定通道离开现场。对在限定时间内拒不离去的,人民警察现场负责人有权依照国家有关规定,命令使用警械或者采用其他警用手段强行驱散;对继续滞留现场的人员,可以强行带离现场或者立即予以拘留。

《违反公安行政管理行为的名称及其适用意见》(公通字〔2020〕8号　2020年8月6日修订)

122.煽动、策划非法集会、游行、示威(第55条)

典型案例参考 ●●●●●●

尹某利与抚顺市公安局东洲公安分局公安治安管理处罚与行政复议案

[辽宁省抚顺市中级人民法院(2020)辽04行终205号行政判决书]

尹某利原系抚顺炭黑厂职工,该厂已于2009年宣布破产。2019年8月20日,东洲公安分局新屯公安派出所在工作中发现尹某利在名为"工人齐心维权后盾群"微信群内发布"本月22日(星期四)早八点,大家一起去市政府,解决我们未买断、未交保费的相关事宜,望大家届时都能参加!大家不要再沉默了!再也不能等了!大家都积极行动起来吧!在线且一定到位的回复1"。8月21日,东洲公安分局新屯派出所对原告作出训诫,并告知相关信访规定。8月22日,尹某利带领原抚顺炭黑厂职工20余人到抚顺市政府西侧广场表达上访诉求,滞留约一小时后经市政府工作人员劝说后离开了现场。8月24日,东洲分局作出抚公东(治)行罚决字〔2019〕246号行政处罚决定,根据《治安管理处罚法》第55条之规定,决定给予尹某利拘留十日的行政处罚。

法院认为,尹某利2019年8月20日在手机微信群内发布集会信息,串联、煽动原抚顺炭黑厂职工在2019年8月22日实施集体到抚顺市人民政府聚集、集体表达共同诉求意愿进行上访,其行为违反了《信访条例》的上述规定,被定性为煽动非法集会行为,并无不妥,符合《治安管理处罚法》第55条规定的处罚情形。

> **第六十七条 【对旅馆业违反规定行为的处罚】**
> 从事旅馆业经营活动不按规定登记住宿人员姓名、有效身份证件种类和号码等信息的,或者为身份不明、拒绝登记身份信息的人提供住宿服务的,对其直接负责的主管人员和其他直接责任人员处五百元以上一千元以下罚款;情节较轻的,处警告或者五百元以下罚款。
> 实施前款行为,妨害反恐怖主义工作进行,违反《中华人民共和国反恐怖主义法》规定的,依照其规定处罚。
> 从事旅馆业经营活动有下列行为之一的,对其直接负责的主管人员和其他直接责任人员处一千元以上三千元以下罚款;情节严重的,处五日以下拘留,可以并处三千元以上五千元以下罚款:
> (一)明知住宿人员违反规定将危险物质带入住宿区域,不予制止的;
> (二)明知住宿人员是犯罪嫌疑人员或者被公安机关通缉的人员,不向公安机关报告的;
> (三)明知住宿人员利用旅馆实施犯罪活动,不向公安机关报告的。

条文应用提示

根据《旅馆业治安管理办法》第2条的规定,凡经营接待旅客住宿的旅馆、饭店、宾馆、招待所、客货栈、车马店、浴池等(以下统称旅馆),不论是国营、集体经营,还是合伙经营、个体经营、外商投资经营、中外合作经营,不论是专营还是兼营,不论是常年经营,还是季节性经营,都必须遵守该办法。

本条新增第2款。《反恐怖主义法》第21条规定,住宿业务经营者、服务提供者,应当对客户身份进行查验。对身份不明或者拒绝身份查验的,不得提供服务。如果旅馆业经营者该登记未登记或违法提供住宿的行为,妨害反恐怖主义工作进行的,属于同时违反《中华人民共和国反恐怖主义法》规定的,依照其规定处罚。

本条第 3 款第 3 项规定处罚较重,主观上均要求经营者"明知",而不仅仅是怀疑或者猜测。"危险物质"是指爆炸性、毒害性、放射性、腐蚀性物质和传染病病原体。对于危险物质,法律没有要求经营者的制止行为一定要达到何种效果,但要求其必须履行这一职责,即有具体的行为而非简单口头劝导。

实践中,民宿是否属于旅馆业的范畴,理论界和实务界仍有争议。根据《旅游法》第 46 条,城镇和乡村居民利用自有住宅或其他条件依法从事旅游经营,其管理办法由省、自治区、直辖市制定。换言之,公安机关应当根据各地对民宿的相关管理办法,再行确定。部分省份已经出台地方性法规或政府规章,其中均明确治安主管部门负责民宿日常治安管理工作,如《广东省民宿管理暂行办法》。

条文新旧对照

《治安管理处罚法》2012 年版	《治安管理处罚法》2025 年版
第五十六条 旅馆业的工作人员对住宿的旅客不按规定登记姓名、身份证件种类和号码的,或者明知住宿的旅客将危险物质带入旅馆,不予制止的,处二百元以上五百元以下罚款。 旅馆业的工作人员明知住宿的旅客是犯罪嫌疑人员或者被公安机关通缉的人员,不向公安机关报告的,处二百元以上五百元以下罚款;情节严重的,处五日以下拘留,可以并处五百元以下罚款。	第六十七条 从事旅馆业经营活动不按规定登记住宿人员姓名、有效身份证件种类和号码等信息的,或者为身份不明、拒绝登记身份信息的人提供住宿服务的,对其直接负责的主管人员和其他直接责任人员处五百元以上一千元以下罚款;情节较轻的,处警告或者五百元以下罚款。 实施前款行为,妨害反恐怖主义工作进行,违反《中华人民共和国反恐怖主义法》规定的,依照其规定处罚。

从事旅馆业经营活动有下列行为之一的,对其直接负责的主管人员和其他直接责任人员处一千元以上三千元以下罚款;情节严重的,处五日以下拘留,可以并处三千元以上五千元以下罚款:

(一)明知住宿**人员违反规定**将危险物质带入**住宿区域**,不予制止的;

(二)明知住宿**人员**是犯罪嫌疑人员或者被公安机关通缉的人员,不向公安机关报告的;

(三)明知住宿人员利用旅馆实施犯罪活动,不向公安机关报告的。

关联法律法规

《旅馆业治安管理办法》(2022 年 3 月 29 日修订)

第六条　旅馆接待旅客住宿必须登记。登记时,应当查验旅客的身份证件,按规定的项目如实登记。

接待境外旅客住宿,还应当在 24 小时内向当地公安机关报送住宿登记表。

第九条　旅馆工作人员发现违法犯罪分子、行迹可疑的人员和被公安机关通缉的罪犯,应当立即向当地公安机关报告,不得知情不报或隐瞒包庇。

第十一条　严禁旅客将易燃、易爆、剧毒、腐蚀性和放射性等危险物品带入旅馆。

第十二条　旅馆内,严禁卖淫、嫖宿、赌博、吸毒、传播淫秽物品等违法犯罪活动。

第十六条　旅馆工作人员违反本办法第九条规定的,公安机关可以酌情给予警告或者处以 200 元以下罚款;情节严重构成犯罪的,依法追究刑事责任。

旅馆负责人参与违法犯罪活动,其所经营的旅馆已成为犯罪活动场所的,公安机关除依法追究其责任外,对该旅馆还应当会同工商行政管理部门依法处理。

《中华人民共和国反恐怖主义法》(2018年4月27日修正)

第二十一条 电信、互联网、金融、住宿、长途客运、机动车租赁等业务经营者、服务提供者,应当对客户身份进行查验。对身份不明或者拒绝身份查验的,不得提供服务。

第八十六条 电信、互联网、金融业务经营者、服务提供者未按规定对客户身份进行查验,或者对身份不明、拒绝身份查验的客户提供服务的,主管部门应当责令改正;拒不改正的,处二十万元以上五十万元以下罚款,并对其直接负责的主管人员和其他直接责任人员处十万元以下罚款;情节严重的,处五十万元以上罚款,并对其直接负责的主管人员和其他直接责任人员,处十万元以上五十万元以下罚款。

住宿、长途客运、机动车租赁等业务经营者、服务提供者有前款规定情形的,由主管部门处十万元以上五十万元以下罚款,并对其直接负责的主管人员和其他直接责任人员处十万元以下罚款。

《违反公安行政管理行为的名称及其适用意见》(公通字〔2020〕8号 2020年8月6日修订)

123. 不按规定登记住宿旅客信息(第56条第1款)

124. 不制止住宿旅客带入危险物质(第56条第1款)

125. 明知住宿旅客是犯罪嫌疑人不报(第56条第2款)

《公安机关对部分违反治安管理行为实施处罚的裁量指导意见》(公通字〔2018〕17号 2018年6月5日)

六十、明知住宿旅客是犯罪嫌疑人不报

【法律依据】

(《中华人民共和国治安管理处罚法》第56条第2款)旅馆业的工作人员明知住宿的旅客是犯罪嫌疑人员或者被公安机关通缉的人员,不向公安机关报告的,处二百元以上五百元以下罚款;情节严重的,处五日以下拘留,可以并处五百元以下罚款。

【理解与适用】

有下列情形之一的,属于"情节严重":

(一)发现多名犯罪嫌疑人、被通缉人不报告的;

(二)明知住宿旅客是严重暴力犯罪嫌疑人不报告的;

(三)阻挠他人报告或者在公安机关调查时故意隐瞒的;

(四)其他情节严重的情形。

> 第六十八条 【对违法出租房屋的处罚】
> 房屋出租人将房屋出租给身份不明、拒绝登记身份信息的人的,或者不按规定登记承租人姓名、有效身份证件种类和号码等信息的,处五百元以上一千元以下罚款;情节较轻的,处警告或者五百元以下罚款。
> 房屋出租人明知承租人利用出租房屋实施犯罪活动,不向公安机关报告的,处一千元以上三千元以下罚款;情节严重的,处五日以下拘留,可以并处三千元以上五千元以下罚款。

▎**条文应用提示** ●●●●●●

房屋出租人既包括个人,也包括单位,如房屋所有人、房屋实际占有人、房屋代管人、单位房屋管理人、转租人等。出租房屋时,出租人应当对承租人提供的有效身份证件进行形式审查,对身份证件种类、有效期间、基本信息等予以核对并登记。

如果房屋出租人明知承租人利用出租房屋实施犯罪活动的,要及时向公安机关报告,因为该犯罪行为是跟该房屋有关,该房屋又跟出租人有关,提供违法线索、举报违法行为成为其法律义务,未予报告的,构成违法行为。

条文新旧对照 ●●●●●●

《治安管理处罚法》2012年版	《治安管理处罚法》2025年版
第五十七条　房屋出租人将房屋出租给无身份证件的人居住的，或者不按规定登记承租人姓名、身份证件种类和号码的，处二百元以上五百元以下罚款。 房屋出租人明知承租人利用出租房屋进行犯罪活动，不向公安机关报告的，处二百元以上五百元以下罚款；情节严重的，处五日以下拘留，可以并处五百元以下罚款。	第六十八条　房屋出租人将房屋出租给**身份不明、拒绝登记身份信息**的人的，或者不按规定登记承租人姓名、**有效**身份证件种类和号码**等信息**的，处**五百元以上一千元以下罚款；情节较轻的，处五百元以下罚款**。 房屋出租人明知承租人利用出租房屋**实施**犯罪活动，不向公安机关报告的，**处一千元以上三千元以下罚款**；情节严重的，处五日以下拘留，可以并处**三千元以上五千元以下罚款**。

关联法律法规 ●●●●●●

《租赁房屋治安管理规定》(公安部令第24号　1995年3月6日)

第二条　本规定所称的租赁房屋，是指旅馆业以外以营利为目的，公民私有和单位所有出租用于他人居住的房屋。

第七条　房屋出租人的治安责任：

(一)不准将房屋出租给无合法有效证件的承租人；

(二)与承租人签订租赁合同，承租人是外来暂住人员的，应当带领其到公安派出所申报暂住户口登记，并办理暂住证；

(三)对承租人的姓名、性别、年龄、常住户口所在地、职业或者主要经济来源、服务处所等基本情况进行登记并向公安派出所备案；

(四)发现承租人有违法犯罪活动或者有违法犯罪嫌疑的，应当及时报告公安机关；

(五)对出租的房屋经常进行安全检查，及时发现和排除不安全隐患，保障承租人的居住安全；

（六）房屋停止租赁的,应当到公安派出所办理注销手续；

（七）房屋出租单位或者个人委托代理人管理出租房屋的,代理人必须遵守有关规定,承担相应责任。

第九条　违反本规定的行为,由县(市)公安局或者城市公安分局予以处罚：

（一）出租人未向公安机关办理登记手续或者未签定治安责任保证书出租房屋的,责令限期补办手续并没收非法所得,情节严重的可以并处月租金五倍以下的罚款；

（二）出租人将房屋出租给无合法有效证件承租人的,处以警告、月租金三倍以下的罚款；

（三）出租人不履行治安责任,发现承租人利用所租房屋进行违法犯罪活动或者有违法犯罪嫌疑不制止、不报告,或者发生案件、治安灾害事故的,责令停止出租,可以并处月租金十倍以下的罚款；

（四）承租人将承租房屋转租、转借他人未按规定报告公安机关的,处以警告,没收非法所得；

（五）承租人利用出租房屋非法生产、储存、经营易燃、易爆、有毒等危险物品的,没收物品,处月租金十倍以下罚款。

《违反公安行政管理行为的名称及其适用意见》(公通字〔2020〕8号　2020年8月6日修订)

126. 将房屋出租给无身份证件人居住(第57条第1款)

127. 不按规定登记承租人信息(第57条第1款)

128. 明知承租人利用出租屋犯罪不报(第57条第2款)

《公安机关对部分违反治安管理行为实施处罚的裁量指导意见》(公通字〔2018〕17号　2018年6月5日)

六十一、明知承租人利用出租屋犯罪不报

【法律依据】

(《中华人民共和国治安管理处罚法》第57条第2款)房屋出租人明知承租人利用出租房屋进行犯罪活动,不向公安机关报告的,处二百元以上五百元以下罚款；情节严重的,处五日以下拘留,可以并处五百元以下罚款。

【理解与适用】

有下列情形之一的,属于"情节严重":

(一)房屋承租人利用出租房屋进行犯罪活动,造成较严重后果的;

(二)阻挠他人报告或者在公安机关调查时故意隐瞒的;

(三)其他情节严重的情形。

典型案例参考 ●●●●●●●●

张某明与杭州市公安局余杭区分局五常派出所、余杭区人民政府行政处罚及行政复议案

[浙江省杭州市中级人民法院(2020)浙01行终777号行政判决书]

2019年5月30日,张某明与朱某某、张某某夫妻签订了房屋租赁协议,约定张某明将房间租赁给案外人朱某某、张某某居住使用,月租金1200元。协定签订后,案外人朱某某、张某某夫妻入住上述房屋,并办理了居住登记。2019年7月15日,朱某某、张某某夫妻的三个未成年子女放暑假来杭与父母团聚。7月26日,五常派出所在检查时,发现朱某某、张某某夫妻的三个未成年子女未进行居住登记。8月26日,五常派出所作出余公(五)行罚决字〔2019〕55447号《行政处罚决定书》,根据《治安管理处罚法》第57条第1款之规定,决定给予张某明罚款200元的行政处罚。

法院认为,《治安管理处罚法》第57条第1款规定了两种情形,一种是出租给无身份证件的人居住;另一种是不按规定登记承租人姓名、身份证件种类和号码的。本案中,张某明将房屋出租给案外人朱某某、张某某夫妻,案外人朱某某、张某某夫妻依上述法律规定办理了居住登记。据此,张某明不构成上述法律规定所需处罚的情形。张某明作为房屋出租人,已经在签订租赁协议时依照规定上报房屋承租人朱某、张某的相关信息。依照《杭州市居住房屋出租安全管理若干规定》第21条第2项规定,承租人增加居住使用人的,应当征得出租人同意。朱某、张某的三位未成年子女于2019年暑假期间居住于案涉房屋内,未事先征得张某明同意,亦未将相关信息告知张某明,也没有证据材料能够证明张某明已经知道或者应当知道案涉房屋内新增三位共同居住人员。据此,不能认定张某明已与该三位未成年人建立房屋租赁关系。在此情况下,被诉处罚决定认定张某明构成未按规定登记承租人信息违法行为,属适用法律错误。

第六十九条 【对特定行业经营者未报送登记信息的处罚】
娱乐场所和公章刻制、机动车修理、报废机动车回收行业经营者违反法律法规关于要求登记信息的规定,不登记信息的,处警告;拒不改正或者造成后果的,对其直接负责的主管人员和其他直接责任人员处五日以下拘留或者三千元以下罚款。

条文应用提示

本条为新增条文。近年来,一些地区利用娱乐场所和印章、旧货、机动车修理等场所和行业特点、性质进行违法犯罪活动的现象比较多。为了预防、打击这类利用特种行业谋取非法利益的行为,规范和促进娱乐场所和特种行业有序发展,本次修订要求经营者应当按照相关规定,如《娱乐场所治安管理办法》《印铸刻字业暂行管理规则》《再生资源回收管理办法》《废旧金属收购业治安管理办法》《机动车修理业、报废机动车回收业治安管理办法》等进行相关信息的登记,并及时报送公安机关。

条文新旧对照

《治安管理处罚法》2012年版	《治安管理处罚法》2025年版
	第六十九条 娱乐场所和公章刻制、机动车修理、报废机动车回收行业经营者违反法律法规关于要求登记信息的规定,不登记信息的,处警告;拒不改正或者造成后果的,对其直接负责的主管人员和其他直接责任人员处五日以下拘留或者三千元以下罚款。

关联法律法规

《废旧金属收购业治安管理办法》(2023年7月20日修订)

第七条 收购废旧金属的企业在收购生产性废旧金属时,应当查验出售单位开具的证明,对出售单位的名称和经办人的姓名、住址、身份证号码以及物品的名称、数量、规格、新旧程度等如实进行登记。

第十一条 有下列情形之一的,由公安机关给予相应处罚:

(一)违反本办法第四条第一款规定,未履行备案手续收购生产性废旧金属的,予以警告,责令限期改正,逾期拒不改正的,视情节轻重,处以 500 元以上 2000 元以下的罚款;未履行备案手续收购非生产性废旧金属的,予以警告或者处以 500 元以下的罚款;

(二)违反本办法第四条第二款规定,未向公安机关办理变更手续的,予以警告或者处以 200 元以下的罚款;

(三)违反本办法第六条规定,非法设点收购废旧金属的,予以取缔,没收非法收购的物品及非法所得,可以并处 5000 元以上 10000 元以下的罚款;

(四)违反本办法第七条规定,收购生产性废旧金属时未如实登记的,视情节轻重,处以 2000 元以上 5000 元以下的罚款或者责令停业整顿;

(五)违反本办法第八条规定,收购禁止收购的金属物品的,视情节轻重,处以 2000 元以上 10000 元以下的罚款或者责令停业整顿。

有前款所列第(一)、(三)、(四)、(五)项情形之一,构成犯罪的,依法追究刑事责任。

《再生资源回收管理办法》(2019 年 11 月 30 日修订)

第九条 再生资源回收企业回收生产性废旧金属时,应当对物品的名称、数量、规格、新旧程度等如实进行登记。

出售人为单位的,应当查验出售单位开具的证明,并如实登记出售单位名称、经办人姓名、住址、身份证号码;出售人为个人的,应当如实登记出售人的姓名、住址、身份证号码。

登记资料保存期限不得少于两年。

《娱乐场所治安管理办法》(2008 年 6 月 3 日)

第十九条 娱乐场所对从业人员应当实行实名登记制度,建立从业人员名簿,统一建档管理。

第二十二条 娱乐场所应当建立营业日志,由各岗位负责人及时登记填写并签名,专人负责保管。

营业日志应当详细记载从业人员的工作职责、工作内容、工作时间、工作地点及遇到的治安问题。

《机动车修理业、报废机动车回收业治安管理办法》(公安部令第38号 1999年3月25日)

第六条 机动车修理企业和个体工商户、报废机动车回收企业,必须建立承修登记、查验制度,并接受公安机关的检查。

第七条 机动车修理企业和个体工商户承修机动车应如实登记下列项目:

(一)按照机动车行驶证项目登记送修车辆的号牌、车型、发动机号码、车架号码、厂牌型号、车身颜色;

(二)车主名称或姓名、送修人姓名和居民身份证号码或驾驶证号码;

(三)修理项目(事故车辆应详细登记修理部位);

(四)送修时间、收车人姓名。

第八条 报废机动车回收企业回收报废机动车应如实登记下列项目:

(一)报废机动车车主名称或姓名、送车人姓名、居民身份证号码;

(二)按照公安交通管理部门出具的机动车报废证明登记报废车车牌号码、车型、发动机号码、车架号码、车身颜色;

(三)收车人姓名。

第十四条 承修机动车或回收报废机动车不按规定如实登记的,对机动车修理企业和个体工商户处500元以上3000元以下罚款;对报废机动车回收企业按照《废旧金属收购业治安管理办法》第十三条第五项规定处罚。

对前款机动车修理企业和报废机动车回收企业直接负责的主管人员和其他直接责任人员处警告或500元以下罚款。

《印铸刻字业暂行管理规则》(1951年8月15日)

第六条 凡经营印铸刻字业者,均须遵守下列事项:

一、遇有下列各项印刷铸刻情形之一者,须将底样及委托印刷刻字之机关证明文件,随时呈送当地人民公安机关核准备案后方得印制。

1. 刻制机关、团体、学校、公营企业之关防、钤记、官印、公章、胶皮印、负责首长之官印、名章等。

2. 印制布告、护照、委任状、袖章、符号、胸章、证券及文书信件等。

3. 铸造机关、团体、学校、公营企业使用之各种钢印、火印、号牌、徽章等或仿制该项式样者。

二、凡经营印铸刻字业者,均需备制营业登记簿,以备查验。属本条第一款规定之各印制品,承制者一律不准留样,不准仿制,或私自翻印。

三、遇有下列情形之一者,须迅速报告当地人民公安机关:

1. 伪造或仿造布告、护照、委任状、袖章、符号、胸章、证券及各机关之文件等。

2. 私自定制各机关、团体、学校、公营企业之钢印、火印、徽章、证明、号牌或仿制者。

3. 遇有定制非法之团体、机关戳记、印件、徽章或仿制者。

4. 印制反对人民民主、生产建设及宣传封建等各种反动印刷品者。

四、凡印刷铸刻本条第三款所规定之各项物品者,除没收其原料及成品外,得按照情节之轻重,予以惩处。

五、对人民公安机关之执行检查职务人员,应予协助进行。

第七十条 【对非法使用提供窃听窃照专用器材的处罚】
非法安装、使用、提供窃听、窃照专用器材的,处五日以下拘留或者一千元以上三千元以下罚款;情节较重的,处五日以上十日以下拘留,并处三千元以上五千元以下罚款。

▍条文应用提示 ●●●●●●

当前不法分子利用窃听窃照专用器材从事违法行为,已呈泛滥之势,甚至形成了违法犯罪利益链条。有鉴于此,本条新增对非法使用、提供窃听、窃照等专用器材的处罚,以遏制打击窃听、窃照非法器材的生产、销售和使用,实现全链条惩治。

所谓"窃听",是指使用专用器材、设备,对窃听对象的谈话或者通话进行偷听的活动;"窃照",是指使用专用器材、设备,对窃照对象的形象或者活动进行的秘密摄录的活动。这里的"窃听、窃照专用器材",是指具有窃听、窃照功能,并专门用于窃听、窃照活动的器材,如专用于窃听、窃照的窃听器、微型录音机、微型照相机等。

本条规定的"非法使用",是指违反国家规定使用窃听、窃照专用器材,包括无权使用的人使用以及有权使用的人违反规定使用。"提供窃听、窃照等专用器材",为侵犯他人隐私创造便利条件,侵害了社会秩序,也属于应予治安管理处罚的行为。

条文新旧对照

《治安管理处罚法》2012 年版	《治安管理处罚法》2025 年版
	第七十条　非法安装、使用、提供窃听、窃照专用器材的,处五日以下拘留或者一千元以上三千元以下罚款;情节较重的,处五日以上十日以下拘留,并处三千元以上五千元以下罚款。

关联法律法规

《中华人民共和国刑法》(2023 年 12 月 29 日修正)

第二百八十三条　非法生产、销售专用间谍器材或者窃听、窃照专用器材的,处三年以下有期徒刑、拘役或者管制,并处或者单处罚金;情节严重的,处三年以上七年以下有期徒刑,并处罚金。

单位犯前款罪的,对单位判处罚金,并对其直接负责的主管人员和其他直接责任人员,依照前款的规定处罚。

第二百八十四条　非法使用窃听、窃照专用器材,造成严重后果的,处二年以下有期徒刑、拘役或者管制。

《禁止非法生产销售使用窃听窃照专用器材和"伪基站"设备的规定》(公安部等令第 72 号　2014 年 12 月 23 日)

第二条　禁止自然人、法人及其他组织非法生产、销售、使用窃听窃照专用器材和"伪基站"设备。

第三条　本规定所称窃听专用器材,是指以伪装或者隐蔽方式使用,经公安机关依法进行技术检测后作出认定性结论,有以下情形之一的:

(一)具有无线发射、接收语音信号功能的发射、接收器材;

(二)微型语音信号拾取或者录制设备;

(三)能够获取无线通信信息的电子接收器材;

(四)利用搭接、感应等方式获取通讯线路信息的器材;

（五）利用固体传声、光纤、微波、激光、红外线等技术获取语音信息的器材；

（六）可遥控语音接收器件或者电子设备中的语音接收功能，获取相关语音信息，且无明显提示的器材(含软件)；

（七）其他具有窃听功能的器材。

第四条　本规定所称窃照专用器材，是指以伪装或者隐蔽方式使用，经公安机关依法进行技术检测后作出认定性结论，有以下情形之一的：

（一）具有无线发射功能的照相、摄像器材；

（二）微型针孔式摄像装置以及使用微型针孔式摄像装置的照相、摄像器材；

（三）取消正常取景器和回放显示器的微小相机和摄像机；

（四）利用搭接、感应等方式获取图像信息的器材；

（五）可遥控照相、摄像器件或者电子设备中的照相、摄像功能，获取相关图像信息，且无明显提示的器材(含软件)；

（六）其他具有窃照功能的器材。

第五条　本规定所称"伪基站"设备，是指未取得电信设备进网许可和无线电发射设备型号核准，具有搜取手机用户信息，强行向不特定用户手机发送短信息等功能，使用过程中会非法占用公众移动通信频率，局部阻断公众移动通信网络信号，经公安机关依法认定的非法无线电通信设备。

第八条　非法生产窃听窃照专用器材、"伪基站"设备，不构成犯罪的，由质量技术监督部门责令停止生产，处以3万元以下罚款。

第九条　非法销售窃听窃照专用器材、"伪基站"设备，不构成犯罪的，由工商行政管理部门责令停止销售，处以3万元以下罚款。

第十条　为非法销售窃听窃照专用器材、"伪基站"设备提供广告设计、制作、代理、发布，不构成犯罪的，由工商行政管理部门对广告经营者、广告发布者处以3万元以下罚款。

第十一条　对非法使用窃听窃照专用器材、"伪基站"设备行为，不构成犯罪的，由公安机关责令停止使用。对从事非经营活动的，处1000元以下罚款。对从事经营活动，有违法所得的，处违法所得3倍以下罚款，最高不得超过3万元；没有违法所得的，处1万元以下罚款。

第七十一条 【对违法典当、收购的处罚】
有下列行为之一的,处一千元以上三千元以下罚款;情节严重的,处五日以上十日以下拘留,并处一千元以上三千元以下罚款:

(一)典当业工作人员承接典当的物品,不查验有关证明、不履行登记手续的,或者违反国家规定对明知是违法犯罪嫌疑人、赃物而不向公安机关报告的;

(二)违反国家规定,收购铁路、油田、供电、电信、矿山、水利、测量和城市公用设施等废旧专用器材的;

(三)收购公安机关通报寻查的赃物或者有赃物嫌疑的物品的;

(四)收购国家禁止收购的其他物品的。

条文应用提示

典当业、废旧金属收购业、废旧物品收购业等如果管理松弛,往往会成为违法犯罪分子销赃的地点和场所,因而需要加强对这些行业的管理,断绝违法犯罪分子的销赃途径。

关于"明知"的判断,可借鉴最高人民法院、公安部等印发的《关于依法查处盗窃、抢劫机动车案件的规定》第17条,明知是指知道或者应当知道。有下列情形之一的,可视为应当知道,但有证据证明属被蒙骗的除外:(1)在非法的机动车交易场所和销售单位购买的;(2)机动车证件手续不全或者明显违反规定的;(3)机动车发动机号或者车架号有更改痕迹,没有合法证明的;(4)以明显低于市场价格购买机动车的。

"收购"是指以出卖为目的收买犯罪所得及其收益的行为。"赃物"包括违法犯罪行为使用的工具以及违法犯罪行为所获得的收益。"国家禁止的收购的其他物品",主要是指《废旧金属收购业治安管理办法》第9条所规定的"枪支、弹药和爆炸物品"及"剧毒、放射性物品及其容器"等。

应当注意本条与《刑法》第312条"掩饰、隐瞒犯罪所得、犯罪所得收益罪"的区别。《刑法》对掩饰、隐瞒犯罪所得、犯罪所得收益罪没有情节要求,但并非只要有收购犯罪所得的行为就构成刑法上的犯罪。有的收购次数较少、数量不多、价值一般,并不一定构成犯罪行为。因而本条"情节严重"是在不构成犯罪的情况下较其他较轻情节而言的。

条文新旧对照

《治安管理处罚法》2012年版	《治安管理处罚法》2025年版
第五十九条　有下列行为之一的,处五百元以上一千元以下罚款;情节严重的,处五日以上十日以下拘留,并处五百元以上一千元以下罚款: (一)典当业工作人员承接典当的物品,不查验有关证明、不履行登记手续,或者明知是违法犯罪嫌疑人、赃物,不向公安机关报告的; (二)违反国家规定,收购铁路、油田、供电、电信、矿山、水利、测量和城市公用设施等废旧专用器材的; (三)收购公安机关通报寻查的赃物或者有赃物嫌疑的物品的; (四)收购国家禁止收购的其他物品的。	第七十一条　有下列行为之一的,处**一千元以上三千元**以下罚款;情节严重的,处五日以上十日以下拘留,并处**一千元以上三千元**以下罚款: (一)典当业工作人员承接典当的物品,不查验有关证明、不履行登记手续**的**,或者**违反国家规定对**明知是违法犯罪嫌疑人、赃物**而**不向公安机关报告的; (二)违反国家规定,收购铁路、油田、供电、电信、矿山、水利、测量和城市公用设施等废旧专用器材的; (三)收购公安机关通报寻查的赃物或者有赃物嫌疑的物品的; (四)收购国家禁止收购的其他物品的。

关联法律法规

《中华人民共和国刑法》(2023年12月29日修正)

第三百一十二条　明知是犯罪所得及其产生的收益而予以窝藏、转移、收购、代为销售或者以其他方法掩饰、隐瞒的,处三年以下有期徒刑、拘役或者管制,并处或者单处罚金;情节严重的,处三年以上七年以下有期徒刑,并处罚金。

单位犯前款罪的,对单位判处罚金,并对其直接负责的主管人员和其他直接责任人员,依照前款的规定处罚。

《废旧金属收购业治安管理办法》(2023年7月20日修订)

第八条　收购废旧金属的企业和个体工商户不得收购下列金属物品：

(一)枪支、弹药和爆炸物品；

(二)剧毒、放射性物品及其容器；

(三)铁路、油田、供电、电信通讯、矿山、水利、测量和城市公用设施等专用器材；

(四)公安机关通报寻查的赃物或者有赃物嫌疑的物品。

《典当管理办法》(商务部、公安部2005年第8号令　2005年2月9日)

第二十七条　典当行不得收当下列财物：

(一)依法被查封、扣押或者已经被采取其他保全措施的财产；

(二)赃物和来源不明的物品；

(三)易燃、易爆、剧毒、放射性物品及其容器；

(四)管制刀具,枪支、弹药,军、警用标志、制式服装和器械；

(五)国家机关公文、印章及其管理的财物；

(六)国家机关核发的除物权证书以外的证照及有效身份证件；

(七)当户没有所有权或者未能依法取得处分权的财产；

(八)法律、法规及国家有关规定禁止流通的自然资源或者其他财物。

第三十五条　办理出当与赎当,当户均应当出具本人的有效身份证件。当户为单位的,经办人员应当出具单位证明和经办人的有效身份证件；委托典当中,被委托人应当出具典当委托书、本人和委托人的有效身份证件。

除前款所列证件外,出当时,当户应当如实向典当行提供当物的来源及相关证明材料。赎当时,当户应当出示当票。

典当行应当查验当户出具的本条第二款所列证明文件。

第四十二条　典当行经营房地产抵押典当业务,应当和当户依法到有关部门先行办理抵押登记,再办理抵押典当手续。

典当行经营机动车质押典当业务,应当到车辆管理部门办理质押登记手续。

典当行经营其他典当业务,有关法律、法规要求登记的,应当依法办理登记手续。

第五十二条 典当行发现公安机关通报协查的人员或者赃物以及本办法第二十七条所列其他财物的,应当立即向公安机关报告有关情况。

第六十六条 典当行违反本办法第五十二条规定的,由县级以上人民政府公安机关责令改正,并处2000元以上1万元以下罚款;造成严重后果或者屡教不改的,处5000元以上3万元以下罚款。

对明知是赃物而窝藏、销毁、转移的,依法给予治安管理处罚;构成犯罪的,依法追究刑事责任。

《违反公安行政管理行为的名称及其适用意见》(公通字〔2020〕8号 2020年8月6日修订)

130. 违法承接典当物品(第59条第1项)

131. 典当发现违法犯罪嫌疑人、赃物不报(第59条第1项)

《典当管理办法》第66条第1款与《中华人民共和国治安管理处罚法》第59条第1项竞合。对典当行发现公安机关通报协查的人员或者赃物不向公安机关报告的,违法行为名称表述为"典当发现违法犯罪嫌疑人、赃物不报"。对典当行处罚的法律依据适用《典当管理办法》第27条和第52条及第66条第1款,对其直接负责的主管人员和其他直接责任人员处罚的法律依据适用《中华人民共和国治安管理处罚法》第18条和第59条第1项。对典当行工作人员发现违法犯罪嫌疑人、赃物不向公安机关报告的,法律依据适用《中华人民共和国治安管理处罚法》第59条第1项。

132. 违法收购废旧专用器材(第59条第2项)

133. 收购赃物、有赃物嫌疑的物品(第59条第3项)

134. 收购国家禁止收购的其他物品(第59条第4项)

《公安机关对部分违反治安管理行为实施处罚的裁量指导意见》(公通字〔2018〕17号 2018年6月5日)

六十二、违法承接典当物品

【法律依据】

(《中华人民共和国治安管理处罚法》第59条第1项)有下列行为之

一的,处五百元以上一千元以下罚款;情节严重的,处五日以上十日以下拘留,并处五百元以上一千元以下罚款:

(一)典当业工作人员承接典当的物品,不查验有关证明、不履行登记手续,或者明知是违法犯罪嫌疑人、赃物,不向公安机关报告的;

【理解与适用】

有下列情形之一的,属于"情节严重":

(一)违法承接典当物品较多的;

(二)违法承接典当物品价值较大的;

(三)其他情节严重的情形。

六十三、典当发现违法犯罪嫌疑人、赃物不报

【法律依据】

(《中华人民共和国治安管理处罚法》第59条第1项)有下列行为之一的,处五百元以上一千元以下罚款;情节严重的,处五日以上十日以下拘留,并处五百元以上一千元以下罚款:

(一)典当业工作人员承接典当的物品,不查验有关证明、不履行登记手续,或者明知是违法犯罪嫌疑人、赃物,不向公安机关报告的;

【理解与适用】

有下列情形之一的,属于"情节严重":

(一)涉及赃物数量较多或者价值较大,不报告的;

(二)发现严重暴力犯罪嫌疑人不报告的;

(三)阻挠他人报告或者在公安机关调查时故意隐瞒的;

(四)其他情节严重的情形。

六十四、违法收购废旧专用器材

【法律依据】

(《中华人民共和国治安管理处罚法》第59条第2项)有下列行为之一的,处五百元以上一千元以下罚款;情节严重的,处五日以上十日以下拘留,并处五百元以上一千元以下罚款:

(二)违反国家规定,收购铁路、油田、供电、电信、矿山、水利、测量和城市公用设施等废旧专用器材的;

【理解与适用】

有下列情形之一的,属于"情节严重":

(一)违法收购数量较大或者价值较高的;
(二)造成较重危害后果的;
(三)其他情节严重的情形。

六十五、收购赃物、有赃物嫌疑的物品

【法律依据】

(《中华人民共和国治安管理处罚法》第59条第3项)有下列行为之一的,处五百元以上一千元以下罚款;情节严重的,处五日以上十日以下拘留,并处五百元以上一千元以下罚款:

(三)收购公安机关通报寻查的赃物或者有赃物嫌疑的物品的;

【理解与适用】

有下列情形之一的,属于"情节严重":

(一)收购赃物、有赃物嫌疑的物品价值达到有关司法解释认定构成刑法第三百一十二条第一款规定的掩饰、隐瞒犯罪所得罪定罪数额的百分之五十以上的;

(二)影响公安机关办案或者造成其他较重危害后果的;

(三)造成收购的赃物或者有赃物嫌疑的物品损毁、无法追回的;

(四)物品属于公共设施或者救灾、抢险、防汛等物资的;

(五)其他情节严重的情形。

六十六、收购国家禁止收购的其他物品

【法律依据】

(《中华人民共和国治安管理处罚法》第59条第4项)有下列行为之一的,处五百元以上一千元以下罚款;情节严重的,处五日以上十日以下拘留,并处五百元以上一千元以下罚款:

(四)收购国家禁止收购的其他物品。

【理解与适用】

有下列情形之一的,属于"情节严重":

(一)违法收购数量较大或者价值较高的;
(二)造成较重危害后果的;
(三)其他情节严重的情形。

典型案例参考

刘某旺与内蒙古自治区包头市公安局民航小区派出所行政处罚案

[内蒙古自治区包头市中级人民法院(2016)内02行终109号行政判决书]

2015年8月7日,刘某旺在其经营的刘二电动车配件店向刘某以150元的价格购买了一辆已上锁电动自行车,并留存了刘某的身份证复印件。8月15日,陈某向公安机关报案称其8月7日丢失一辆电动车,8月14日路过刘二电动车维修部时发现店门口停放的电动车正是其丢失的电动车。刘某承认其盗窃该车后将其以150元的价格出售给刘某旺,因没有电动车发票,就留下一张身份证复印件并注明相关信息。8月15日,内蒙古自治区包头市公安局民航小区派出所根据《治安管理处罚法》第59条第3项之规定作出公(民航)行罚决字[2015]1号《行政处罚决定书》,认定刘某旺于2015年8月7日在毛凤章营村收购了被盗电动自行车,决定给刘某旺罚款500元的行政处罚。

法院认为,刘某旺在刘某未提供购买电动自行车发票及其相关手续的情况下,以远远低于市场价,150元的价格购买上锁的电动自行车,其应当意识到该电动自行车为有赃物嫌疑的物品。民航小区派出所认定上诉人刘某旺收购被盗电动自行车正确,被诉行政处罚决定并无不当。

第七十二条 【对妨害执法秩序行为的处罚】

有下列行为之一的,处五日以上十日以下拘留,可以并处一千元以下罚款;情节较轻的,处警告或者一千元以下罚款:

(一)隐藏、转移、变卖、擅自使用或者损毁行政执法机关依法扣押、查封、冻结、扣留、先行登记保存的财物的;

(二)伪造、隐匿、毁灭证据或者提供虚假证言、谎报案情,影响行政执法机关依法办案的;

(三)明知是赃物而窝藏、转移或者代为销售的;

(四)被依法执行管制、剥夺政治权利或者在缓刑、暂予监外执行中的罪犯或者被依法采取刑事强制措施的人,有违反法律、行政法规或者国务院有关部门的监督管理规定的行为的。

条文应用提示 ●●●●●●●

行政机关在执法过程中，为保证执法活动顺利进行，确保证据留存，有时会对当事人涉案财物作出扣押、查封、冻结、扣留、先行登记保存的决定。如果隐藏、转移、变卖、擅自使用或者损毁行政执法机关依法扣押、查封、冻结的财物的，就构成本项规定的妨害执法秩序的行为。"隐藏"是指将行政执法机关依法扣押等的财物私自隐匿、躲避执法机关查处的行为；"转移"是指将扣押等的财物私自转送他处以逃避处理的行为；"变卖"是指擅自将扣押、查封的物品作价出卖的行为；"擅自使用"是指未经执法机关批准使用扣押等财物的行为；"损毁"是指将扣押、查封、扣留、先行登记保存的财物故意损坏或毁坏的行为。

"影响行政执法机关依法办案"应做广义理解，不仅包括行政机关办理行政案件，也包括公安机关在办理刑事案件的侦查阶段的时候。"伪造、隐匿、毁灭证据"是指行为人为了逃避法律责任，捏造事实，制造假证据，或者对证据隐藏、销毁的行为。所谓"提供虚假证言、谎报案情"，是指行政执法机关在执法活动中，需要收集证据时，作为案件的证人或者当事人不如实作证而提供虚假证言或捏造歪曲事实，从而影响行政执法机关依法办案的行为。

"赃物"主要是指由违法分子不法获得，并且需要由行政执法机关依法追查的财物。但也不排除刑事案件中司法机关需要依法追缴的赃物。实务中应注意本项与《刑法》第312条"掩饰、隐瞒犯罪所得、犯罪所得收益罪"的区分。有些收购、窝藏犯罪所得的情况数量少，属于初犯，一律追究刑事责任过罚不当。根据《刑法》总则中关于情节显著轻微不构成犯罪的规定，可以不作为犯罪处理，而给予治安管理处罚。

被依法执行管制、剥夺政治权利或者在缓刑、保外就医等监外执行中的罪犯或者被依法采取刑事强制措施的人，在监外执行的犯罪分子或者未被羁押的犯罪嫌疑人，都属于不完全限制人身自由，在享有一定自由的同时，这些人应当遵守法律、行政法规或者国务院有关部门的监督管理规定，如有违反即应予处罚。

条文新旧对照

《治安管理处罚法》2012年版	《治安管理处罚法》2025年版
第六十条 有下列行为之一的,处五日以上十日以下拘留,并处二百元以上五百元以下罚款: (一)隐藏、转移、变卖或者损毁行政执法机关依法扣押、查封、冻结的财物的; (二)伪造、隐匿、毁灭证据或者提供虚假证言、谎报案情,影响行政执法机关依法办案的; (三)明知是赃物而窝藏、转移或者代为销售的; (四)被依法执行管制、剥夺政治权利或者在缓刑、暂予监外执行中的罪犯或者被依法采取刑事强制措施的人,有违反法律、行政法规或者国务院有关部门的监督管理规定的行为。	第七十二条 有下列行为之一的,处五日以上十日以下拘留,**可以并处一千元以下罚款;情节较轻的,处警告或者一千元以下罚款**: (一)隐藏、转移、变卖、**擅自使用**或者损毁行政执法机关依法扣押、查封、冻结、**扣留、先行登记保存**的财物的; (二)伪造、隐匿、毁灭证据或者提供虚假证言、谎报案情,影响行政执法机关依法办案的; (三)明知是赃物而窝藏、转移或者代为销售的; (四)被依法执行管制、剥夺政治权利或者在缓刑、暂予监外执行中的罪犯或者被依法采取刑事强制措施的人,有违反法律、行政法规或者国务院有关部门的监督管理规定的行为**的**。

关联法律法规

《中华人民共和国刑法》(2023年12月29日修正)

第三十七条之一 因利用职业便利实施犯罪,或者实施违背职业要求的特定义务的犯罪被判处刑罚的,人民法院可以根据犯罪情况和预防再犯罪的需要,禁止其自刑罚执行完毕之日或者假释之日起从事相关职业,期限为三年至五年。

被禁止从事相关职业的人违反人民法院依照前款规定作出的决定

的,由公安机关依法给予处罚;情节严重的,依照本法第三百一十三条的规定定罪处罚。

其他法律、行政法规对其从事相关职业另有禁止或者限制性规定的,从其规定。

第三十八条 管制的期限,为三个月以上二年以下。

判处管制,可以根据犯罪情况,同时禁止犯罪分子在执行期间从事特定活动,进入特定区域、场所,接触特定的人。

对判处管制的犯罪分子,依法实行社区矫正。

违反第二款规定的禁止令的,由公安机关依照《中华人民共和国治安管理处罚法》的规定处罚。

第三十九条 被判处管制的犯罪分子,在执行期间,应当遵守下列规定:

(一)遵守法律、行政法规,服从监督;

(二)未经执行机关批准,不得行使言论、出版、集会、结社、游行、示威自由的权利;

(三)按照执行机关规定报告自己的活动情况;

(四)遵守执行机关关于会客的规定;

(五)离开所居住的市、县或者迁居,应当报经执行机关批准。

对于被判处管制的犯罪分子,在劳动中应当同工同酬。

第三百零五条 在刑事诉讼中,证人、鉴定人、记录人、翻译人对与案件有重要关系的情节,故意作虚假证明、鉴定、记录、翻译,意图陷害他人或者隐匿罪证的,处三年以下有期徒刑或者拘役;情节严重的,处三年以上七年以下有期徒刑。

第三百零六条 在刑事诉讼中,辩护人、诉讼代理人毁灭、伪造证据,帮助当事人毁灭、伪造证据,威胁、引诱证人违背事实改变证言或者作伪证的,处三年以下有期徒刑或者拘役;情节严重的,处三年以上七年以下有期徒刑。

辩护人、诉讼代理人提供、出示、引用的证人证言或者其他证据失实,不是有意伪造的,不属于伪造证据。

第三百零七条 以暴力、威胁、贿买等方法阻止证人作证或者指使他人作伪证的,处三年以下有期徒刑或者拘役;情节严重的,处三年以上七年以下有期徒刑。

帮助当事人毁灭、伪造证据,情节严重的,处三年以下有期徒刑或者拘役。

司法工作人员犯前两款罪的,从重处罚。

第三百一十条　明知是犯罪的人而为其提供隐藏处所、财物,帮助其逃匿或者作假证明包庇的,处三年以下有期徒刑、拘役或者管制;情节严重的,处三年以上十年以下有期徒刑。

犯前款罪,事前通谋的,以共同犯罪论处。

第三百一十四条　隐藏、转移、变卖、故意毁损已被司法机关查封、扣押、冻结的财产,情节严重的,处三年以下有期徒刑、拘役或者罚金。

《违反公安行政管理行为的名称及其适用意见》(公通字〔2020〕8号　2020年8月6日修订)

135.隐藏、转移、变卖、损毁依法扣押、查封、冻结的财物(第60条第1项)

136.伪造、隐匿、毁灭证据(第60条第2项)

137.提供虚假证言(第60条第2项)

138.谎报案情(第60条第2项)

139.窝藏、转移、代销赃物(第60条第3项)

对机动车修理企业和个体工商户明知是盗窃、抢劫所得机动车而予以拆解、改装、拼装、倒卖的,对其直接负责的主管人员和其他直接责任人员处罚的法律依据适用《中华人民共和国治安管理处罚法》第18条和第60条第3项以及《机动车修理业、报废机动车回收业治安管理办法》第15条。

对报废机动车回收企业明知或者应当知道回收的机动车为赃物或者用于盗窃、抢劫等犯罪活动的犯罪工具,未向公安机关报告,擅自拆解、改装、拼装、倒卖该机动车的,对其直接负责的主管人员和其他直接责任人员处罚的法律依据适用《中华人民共和国治安管理处罚法》第18条和第60条第3项以及《报废机动车回收管理办法》第20条第1款第2项。

140.违反监督管理规定(第60条第4项)

典型案例参考 ●●●●●●●●

胡某某与余干县公安局公安行政处罚案

[江西省上饶地区(市)中级人民法院(2021)赣11行终1号行政判决书]

2019年11月30日,胡某某无证驾驶电动车发生交通事故,余干县公安局交通警察大队依据《道路交通安全法》第112条之规定扣留案涉电动车,并向胡某某送达公安交通管理行政强制措施凭证,但其拒收。12月16日,胡某某将被扣押的电动车偷回,余干县公安局于12月23日作出《行政处罚决定书》[余公(古)决字〔2019〕1495号],根据《治安管理处罚法》第60条第1项,对胡某某处以行政拘留5日并处200元罚款的行政处罚。

法院认为,本案中余干县公安局作出处罚决定是否正确,应当判断其是否对案涉车辆"依法扣押"。《道路交通安全违法行为处理程序规定》第23条规定,公安机关交通管理部门扣留交通事故车辆,应当经过告知、听取陈述和申辩、制作行政强制措施凭证及备案等程序。本案中,余干县公安局虽提交了强制措施凭证作为其交警部门依法扣留案涉车辆的事实依据,但该凭证展现的内容不能反映本案扣留车辆行为作出的经过,不能体现扣留案涉车辆行为是否经过了送达交付、告知、听取意见等程序,且无其他证据证明该扣留车辆行为已经按照上述规定予以备案,也无法证实该强制措施凭证作出的时间。因此,余干县公安局主张其交警部门依法扣留案涉车辆,基础事实不清楚、扣留程序不到位,余干县公安局以胡某某转移行政执法机关依法扣押的财物为由对其作出本案行政处罚决定缺乏事实依据、适用法律不当。

第七十三条 【对违反有关机关禁止令、告诫书及其他保护措施的处罚】

有下列行为之一的,处警告或者一千元以下罚款;情节较重的,处五日以上十日以下拘留,可以并处一千元以下罚款:

(一)违反人民法院刑事判决中的禁止令或者职业禁止决定的;

(二)拒不执行公安机关依照《中华人民共和国反家庭暴力法》、《中华人民共和国妇女权益保障法》出具的禁止家庭暴力告诫书、禁止性骚扰告诫书的;

(三)违反监察机关在监察工作中、司法机关在刑事诉讼中依法采取的禁止接触证人、鉴定人、被害人及其近亲属保护措施的。

条文应用提示

人民法院刑事判决中的禁止令,是指人民法院根据犯罪情况,在判处行为人管制的同时,禁止其在管制期间从事特定活动,进入特定区域、场所,接触特定的人。职业禁止决定,是指人民法院可以根据犯罪情况和预防再犯罪的需要,因利用职业便利实施犯罪,或者实施违背职业要求的特定义务的犯罪被判处刑罚的人,禁止其自刑罚执行完毕之日或者假释之日起从事相关职业。

禁止家庭暴力告诫书,是指公安机关对于家庭暴力情节较轻,依法不给予治安管理处罚的行为人出具的告诫书。禁止性骚扰告诫书,是指公安机关对于对妇女实施性骚扰的行为人出具的告诫书。

禁止特定的人员接触证人、鉴定人、被害人及其近亲属,是指办案机关在证人、鉴定人、被害人因作证,本人或者其近亲属的人身安全面临危险的情况下,采取措施、发布禁令,禁止可能实施打击报复的特定人员在一定期间内接触证人、鉴定人、被害人及其近亲属。这种特别保护措施仅在监察工作和特定范围的刑事案件中采用,包括危害国家安全犯罪、恐怖活动犯罪、黑社会性质的组织犯罪、毒品犯罪等案件。

条文新旧对照

《治安管理处罚法》2012年版	《治安管理处罚法》2025年版
	第七十三条　有下列行为之一的,处警告或者一千元以下罚款;情节较重的,处五日以上十日以下拘留,可以并处一千元以下罚款: (一)违反人民法院刑事判决中的禁止令或者职业禁止决定的; (二)拒不执行公安机关依照《中华人民共和国反家庭暴力法》、《中华人民共和国妇女权益保障法》出具的禁止家庭暴力告诫书、禁止性骚扰告诫书的;

	（三）违反监察机关在监察工作中、司法机关在刑事诉讼中依法采取的禁止接触证人、鉴定人、被害人及其近亲属保护措施的。

关联法律法规

《中华人民共和国刑法》(2023年12月29日修正)

第三十七条之一 因利用职业便利实施犯罪，或者实施违背职业要求的特定义务的犯罪被判处刑罚的，人民法院可以根据犯罪情况和预防再犯罪的需要，禁止其自刑罚执行完毕之日或者假释之日起从事相关职业，期限为三年至五年。

被禁止从事相关职业的人违反人民法院依照前款规定作出的决定的，由公安机关依法给予处罚；情节严重的，依照本法第三百一十三条的规定定罪处罚。

其他法律、行政法规对其从事相关职业另有禁止或者限制性规定的，从其规定。

第三十八条 管制的期限，为三个月以上二年以下。

判处管制，可以根据犯罪情况，同时禁止犯罪分子在执行期间从事特定活动，进入特定区域、场所，接触特定的人。

对判处管制的犯罪分子，依法实行社区矫正。

违反第二款规定的禁止令的，由公安机关依照《中华人民共和国治安管理处罚法》的规定处罚。

《中华人民共和国妇女权益保障法》(2022年10月30日修订)

第八十条 违反本法规定，对妇女实施性骚扰的，由公安机关给予批评教育或者出具告诫书，并由所在单位依法给予处分。

学校、用人单位违反本法规定，未采取必要措施预防和制止性骚扰，造成妇女权益受到侵害或者社会影响恶劣的，由上级机关或者主管部门责令改正；拒不改正或者情节严重的，依法对直接负责的主管人员和其他直接责任人员给予处分。

《中华人民共和国刑事诉讼法》(2018年10月26日修正)

第六十四条 对于危害国家安全犯罪、恐怖活动犯罪、黑社会性质的组织犯罪、毒品犯罪等案件,证人、鉴定人、被害人因在诉讼中作证,本人或者其近亲属的人身安全面临危险的,人民法院、人民检察院和公安机关应当采取以下一项或者多项保护措施:

(一)不公开真实姓名、住址和工作单位等个人信息;
(二)采取不暴露外貌、真实声音等出庭作证措施;
(三)禁止特定的人员接触证人、鉴定人、被害人及其近亲属;
(四)对人身和住宅采取专门性保护措施;
(五)其他必要的保护措施。

证人、鉴定人、被害人认为因在诉讼中作证,本人或者其近亲属的人身安全面临危险的,可以向人民法院、人民检察院、公安机关请求予以保护。

人民法院、人民检察院、公安机关依法采取保护措施,有关单位和个人应当配合。

《中华人民共和国反家庭暴力法》(2015年12月27日)

第十六条　家庭暴力情节较轻,依法不给予治安管理处罚的,由公安机关对加害人给予批评教育或者出具告诫书。

告诫书应当包括加害人的身份信息、家庭暴力的事实陈述、禁止加害人实施家庭暴力等内容。

第十七条　公安机关应当将告诫书送交加害人、受害人,并通知居民委员会、村民委员会。

居民委员会、村民委员会、公安派出所应当对收到告诫书的加害人、受害人进行查访,监督加害人不再实施家庭暴力。

《中华人民共和国监察法实施条例》(2025年6月1日修订)

第九十七条　证人、鉴定人、被害人因作证,本人或者近亲属人身安全面临危险,向监察机关请求保护的,监察机关应当受理并及时进行审查;对于确实存在人身安全危险的,监察机关应当采取必要的保护措施。监察机关发现存在上述情形的,应当主动采取保护措施。

监察机关可以采取下列一项或者多项保护措施:

(一)不公开真实姓名、住址和工作单位等个人信息;
(二)禁止特定的人员接触证人、鉴定人、被害人及其近亲属;
(三)对人身和住宅采取专门性保护措施;

(四)其他必要的保护措施。

依法决定不公开证人、鉴定人、被害人的真实姓名、住址和工作单位等个人信息的,可以在询问笔录等法律文书、证据材料中使用化名。但是应当另行书面说明使用化名的情况并标明密级,单独成卷。

监察机关采取保护措施需要协助的,可以提请公安机关等有关单位和要求有关个人依法予以协助。

> **第七十四条 【对逃脱的处罚】**
> 依法被关押的违法行为人脱逃的,处十日以上十五日以下拘留;情节较轻的,处五日以上十日以下拘留。

条文应用提示

本条为新增条文,主要是为了维护拘留所的秩序和行政机关依法办案的权威和严肃性。"依法被关押"是指经过法定程序,被行政机关给予行政拘留处罚的人。所谓"逃脱",是指行为人逃离行政机关的监管场所的行为,主要是指从拘留所逃跑,也包括在押解途中逃跑。

犯罪分子脱逃的,一般构成刑事上的脱逃罪,其侵犯的是司法机关的正常管理秩序,表现为从羁押、改造场所或者押解途中逃走的行为,主观上具有逃避羁押或刑罚处罚的目的。

条文新旧对照

《治安管理处罚法》2012 年版	《治安管理处罚法》2025 年版
	第七十四条 依法被关押的违法行为人脱逃的,处十日以上十五日以下拘留;情节较轻的,处五日以上十日以下拘留。

关联法律法规

《中华人民共和国刑法》(2023 年 12 月 29 日修正)

第三百一十六条 依法被关押的罪犯、被告人、犯罪嫌疑人脱逃的,处五年以下有期徒刑或者拘役。

劫夺押解途中的罪犯、被告人、犯罪嫌疑人的,处三年以上七年以下有期徒刑;情节严重的,处七年以上有期徒刑。

> 第七十五条 【对妨害文物管理的处罚】
> 有下列行为之一的,处警告或者五百元以下罚款;情节较重的,处五日以上十日以下拘留,并处五百元以上一千元以下罚款:
> (一)刻划、涂污或者以其他方式故意损坏国家保护的文物、名胜古迹的;
> (二)违反国家规定,在文物保护单位附近进行爆破、钻探、挖掘等活动,危及文物安全的。

条文应用提示 ●●●●●●●

"国家保护的文物"是指《文物保护法》第2条所规定的下列文物:(1)具有历史、艺术、科学价值的古文化遗址、古墓葬、古建筑、石窟寺和石刻、壁画;(2)与重大历史事件、革命运动或者著名人物有关的以及具有重要纪念意义、教育意义或者史料价值的近代现代重要史迹、实物、代表性建筑;(3)历史上各时代珍贵的艺术品、工艺美术品;(4)历史上各时代重要的文献资料以及具有历史、艺术、科学价值的手稿和图书资料等;(5)反映历史上各时代、各民族社会制度、社会生产、社会生活的代表性实物。具有科学价值的古脊椎动物化石和古人类化石同文物一样受国家保护。

"名胜古迹"是指可供人游览的著名风景区以及虽未被人民政府核定公布为文物保护单位但也具有一定历史意义的古建筑、雕塑、石刻等历史陈迹。"其他方式"是一种概括性规定,是指能够导致文物、名胜古迹丧失或减少其历史、艺术、科学、游览等价值的一切行为,如砸毁、拆散等。需要指出的是,本项要求行为人主观上是"故意",因而如果出于过失,如文物修复工作者不小心将油漆溅洒到文物或古建上,则不构成本行为。

"文物保护单位"是指由人民政府按照法定程序确定的,具有历史、艺术、科学价值的革命遗址、纪念建筑物、古文化遗址、古墓葬、古建筑、石窟寺院石刻等不可移动的文物。在文物保护单位附近进行爆破、钻探、挖掘等建筑施工行为,应当提前经有关主管部门批准,否则构成违法违规作业。"危及文物安全",表现为可能导致古建筑的倒塌、古文化遗址破坏等情形。

条文新旧对照

《治安管理处罚法》2012年版	《治安管理处罚法》2025年版
第六十三条 有下列行为之一的,处警告或者二百元以下罚款;情节较重的,处五日以上十日以下拘留,并处二百元以上五百元以下罚款: (一)刻划、涂污或者以其他方式故意损坏国家保护的文物、名胜古迹的; (二)违反国家规定,在文物保护单位附近进行爆破、挖掘等活动,危及文物安全的。	第七十五条 有下列行为之一的,处警告或者**五百元**以下罚款;情节较重的,处五日以上十日以下拘留,并处**五百元**以上**一千元**以下罚款: (一)刻划、涂污或者以其他方式故意损坏国家保护的文物、名胜古迹的; (二)违反国家规定,在文物保护单位附近进行爆破、**钻探**、挖掘等活动,危及文物安全的。

关联法律法规

《中华人民共和国刑法》(2023年12月29日修正)

第三百二十四条 故意损毁国家保护的珍贵文物或者被确定为全国重点文物保护单位、省级文物保护单位的文物的,处三年以下有期徒刑或者拘役,并处或者单处罚金;情节严重的,处三年以上十年以下有期徒刑,并处罚金。

故意损毁国家保护的名胜古迹,情节严重的,处五年以下有期徒刑或者拘役,并处或者单处罚金。

过失损毁国家保护的珍贵文物或者被确定为全国重点文物保护单位、省级文物保护单位的文物,造成严重后果的,处三年以下有期徒刑或者拘役。

《中华人民共和国文物保护法》(2024年11月8日修正)

第二十八条 在文物保护单位的保护范围内不得进行文物保护工程以外的其他建设工程或者爆破、钻探、挖掘等作业;因特殊情况需要进行的,必须保证文物保护单位的安全。

因特殊情况需要在省级或者设区的市级、县级文物保护单位的保护范围内进行前款规定的建设工程或者作业的,必须经核定公布该文物保护单位的人民政府批准,在批准前应当征得上一级人民政府文物行政部门同意;在全国重点文物保护单位的保护范围内进行前款规定的建设工程或者作业的,必须经省、自治区、直辖市人民政府批准,在批准前应当征得国务院文物行政部门同意。

第八十三条　有下列行为之一的,由县级以上人民政府文物行政部门责令改正,给予警告;造成文物损坏或者其他严重后果的,对单位处五十万元以上五百万元以下的罚款,对个人处五万元以上五十万元以下的罚款,责令承担相关文物修缮和复原费用,由原发证机关降低资质等级;情节严重的,对单位可以处五百万元以上一千万元以下的罚款,由原发证机关吊销资质证书:

(一)擅自在文物保护单位的保护范围内进行文物保护工程以外的其他建设工程或者爆破、钻探、挖掘等作业;

(二)工程设计方案未经文物行政部门同意,擅自在文物保护单位的建设控制地带内进行建设工程;

(三)未制定不可移动文物原址保护措施,或者不可移动文物原址保护措施未经文物行政部门批准,擅自开工建设;

(四)擅自迁移、拆除不可移动文物;

(五)擅自修缮不可移动文物,明显改变文物原状;

(六)擅自在原址重建已经全部毁坏的不可移动文物;

(七)未取得文物保护工程资质证书,擅自从事文物修缮、迁移、重建;

(八)进行大型基本建设工程,或者在文物保护单位的保护范围、建设控制地带内进行建设工程,未依法进行考古调查、勘探。

损毁依照本法规定设立的不可移动文物保护标志的,由县级以上人民政府文物行政部门给予警告,可以并处五百元以下的罚款。

《风景名胜区条例》(2016年2月6日修订)

第四十四条　违反本条例的规定,在景物、设施上刻划、涂污或者在风景名胜区内乱扔垃圾的,由风景名胜区管理机构责令恢复原状或者采取其他补救措施,处50元的罚款;刻划、涂污或者以其他方式故意损坏国家保护的文物、名胜古迹的,按照治安管理处罚法的有关规定予以处罚;构成犯罪的,依法追究刑事责任。

《违反公安行政管理行为的名称及其适用意见》(公通字〔2020〕8号 2020年8月6日修订)

144.故意损坏文物、名胜古迹(第63条第1项)

145.违法实施危及文物安全的活动(第63条第2项)

《公安机关对部分违反治安管理行为实施处罚的裁量指导意见》(公通字〔2018〕17号 2018年6月5日)

六十七、故意损坏文物、名胜古迹

【法律依据】

(《中华人民共和国治安管理处罚法》第63条第1项)有下列行为之一的,处警告或者二百元以下罚款;情节较重的,处五日以上十日以下拘留,并处二百元以上五百元以下罚款:

(一)刻划、涂污或者以其他方式故意损坏国家保护的文物、名胜古迹的;

【理解与适用】

有下列情形之一的,属于"情节较重":

(一)拒不听从管理人员或者执法人员制止的;

(二)造成文物、名胜古迹较重损害后果的;

(三)两次以上损坏或者损坏两处以上文物、名胜古迹的;

(四)其他情节较重的情形。

六十八、违法实施危及文物安全的活动

【法律依据】

(《中华人民共和国治安管理处罚法》第63条第2项)有下列行为之一的,处警告或者二百元以下罚款;情节较重的,处五日以上十日以下拘留,并处二百元以上五百元以下罚款:

(二)违反国家规定,在文物保护单位附近进行爆破、挖掘等活动,危及文物安全的。

【理解与适用】

有下列情形之一的,属于"情节较重":

(一)不听管理人员或者执法人员制止的;

(二)造成文物、名胜古迹较重损害后果的;

(三)其他情节较重的情形。

第七十六条 【对非法驾驶交通工具的处罚】

有下列行为之一的,处一千元以上二千元以下罚款;情节严重的,处十日以上十五日以下拘留,可以并处二千元以下罚款:

(一)偷开他人机动车的;

(二)未取得驾驶证驾驶或者偷开他人航空器、机动船舶的。

条文应用提示

本条的"偷开",是指未经他人同意,私自驾驶机动车、航空器、机动船舶的行为。要求"偷开"行为人主观方面不能有非法占有的目的,否则构成盗窃行为。

没有取得驾驶证,又偷开他人机动车上路的,既违反《治安管理处罚法》,又违反《道路交通安全法》。其中《道路交通安全法》第99条明确规定,未取得机动车驾驶证、机动车驾驶证被吊销或者机动车驾驶证被暂扣期间驾驶机动车的,将机动车交由未取得机动车驾驶证或者机动车驾驶证被吊销、暂扣的人驾驶的,由公安机关交通管理部门处200元以上2000元以下罚款,可以并处15日以下拘留。

未取得驾驶证驾驶的对象,既可以是本人所有、管理或占有的航空器或机动船舶,也可以是他人的航空器或机动船舶。其中,驾驶非机动船舶或其他水上移动装置的,不构成本行为。

条文新旧对照

《治安管理处罚法》2012年版	《治安管理处罚法》2025年版
第六十四条 有下列行为之一的,处五百元以上一千元以下罚款;情节严重的,处十日以上十五日以下拘留,并处五百元以上一千元以下罚款: (一)偷开他人机动车的; (二)未取得驾驶证驾驶或者偷开他人航空器、机动船舶的。	第七十六条 有下列行为之一的,处**一千元以上二千元以下**罚款;情节严重的,处十日以上十五日以下拘留,**可以并处二千元以下**罚款: (一)偷开他人机动车的; (二)未取得驾驶证驾驶或者偷开他人航空器、机动船舶的。

关联法律法规 ●●●●●●

《沿海船舶边防治安管理规定》(公安部令第47号 2000年2月15日)

第十九条 任何船舶或者人员不准非法拦截、强行靠登、冲撞或者偷开他人船舶。

第二十九条 违反本规定,有下列情形之一的,对船舶负责人及其直接责任人员处五百元以上一千元以下罚款:

(一)携带、隐匿、留用或者擅自处理违禁物品的;

(二)非法拦截、强行靠登、冲撞或者偷开他人船舶的;

(三)非法扣押他人船舶或者船上物品的。

《违反公安行政管理行为的名称及其适用意见》(公通字〔2020〕8号 2020年8月6日修订)

146.偷开机动车(第64条第1项)

147.无证驾驶、偷开航空器、机动船舶(第64条第2项)

《沿海船舶边防治安管理规定》第29条第2项规定的"偷开他人船舶",与《中华人民共和国治安管理处罚法》第64条第2项规定的"偷开机动船舶"竞合。对偷开他人船舶的,法律依据适用《中华人民共和国治安管理处罚法》第64条第2项。

《公安机关对部分违反治安管理行为实施处罚的裁量指导意见》(公通字〔2018〕17号 2018年6月5日)

六十九、偷开机动车

【法律依据】

(《中华人民共和国治安管理处罚法》第64条第1项)有下列行为之一的,处五百元以上一千元以下罚款;情节严重的,处十日以上十五日以下拘留,并处五百元以上一千元以下罚款:

(一)偷开他人机动车的;

【理解与适用】

有下列情形之一的,属于"情节严重":

(一)偷开特种车辆、军车的;

(二)偷开机动车从事违法活动的;

(三)发生安全事故或者造成机动车损坏、人员受伤的;

(四)对他人的工作生活造成较大影响的;

(五)其他情节严重的情形。

七十、无证驾驶、偷开航空器、机动船舶

【法律依据】

(《中华人民共和国治安管理处罚法》第 64 条第 2 项)有下列行为之一的,处五百元以上一千元以下罚款;情节严重的,处十日以上十五日以下拘留,并处五百元以上一千元以下罚款:

(二)未取得驾驶证驾驶或者偷开他人航空器、机动船舶的。

【理解与适用】

有下列情形之一的,属于"情节严重":

(一)偷开警用、军用航空器、机动船舶的;

(二)无证驾驶载有乘客、危险品的机动船舶或者驾驶机动船舶总吨位在五百吨位以上的;

(三)酒后无证驾驶或者偷开他人航空器、机动船舶的;

(四)发生安全事故或者造成航空器、机动船舶损坏、人员受伤的;

(五)对他人的工作生活造成较大影响的;

(六)其他情节严重的情形。

典型案例参考 ●●●●●●

秦某某与铜川市公安局王益分局治安行政处罚案

[陕西省铜川市中级人民法院(2020)陕 02 行终 2 号行政判决书]

2018 年 11 月 15 日,鲁某某在秦某某不知情的情况下偷开秦某某的现代轿车,2019 年 4 月 11 日,铜川市公安局王益分局依据《治安管理处罚法》第 64 条第 1 项之规定,于作出王公(七)行罚决字〔2019〕157 号行政处罚决定书,给予鲁某某行政拘留 15 日的行政处罚。

法院认为,鲁某某与秦某某在恋爱期间,2018 年 11 月 15 日在秦某某不知情的情况下,偷开秦某某的轿车,后经铜川市公安局王益分局民警要求,鲁某某才委托第三人将车辆开回,途中发生机动车交通事故致使车辆受损,截至目前该车辆仍未返还秦某某。鲁某某的上述行为确实违反上述法律规定,王益分局查明的事实清楚,但是依照《治安管理处罚法》第 64 条规定,王益分局应当并处罚款,而王益分局在王公(七)行罚决字〔2019〕157 号行政处罚决定书中并未作出罚款决定,其处罚行为属于适用法律错误,故依照《行政诉讼法》第 70 条,判决撤销王益分局作出的王公(七)行罚决字〔2019〕157 号行政处罚决定,王益分局针对鲁某某的违法行为重新作出处理决定。

> **第七十七条 【对破坏他人坟墓、尸体和乱停放尸体的处罚】**
> 有下列行为之一的,处五日以上十日以下拘留;情节严重的,处十日以上十五日以下拘留,可以并处二千元以下罚款:
> (一)故意破坏、污损他人坟墓或者毁坏、丢弃他人尸骨、骨灰的;
> (二)在公共场所停放尸体或者因停放尸体影响他人正常生活、工作秩序,不听劝阻的。

条文应用提示 ●●●●●●

"破坏、污损他人坟墓"是指将他人坟墓挖掘、铲除或者将墓碑砸毁,或往墓碑上泼洒污物,或在墓碑上乱写乱画等。"毁坏、丢弃他人尸骨、骨灰"是指将埋在坟墓中的尸骨毁坏或者将尸骨取出丢弃,将骨灰扬撒和随意丢弃的行为。应当注意的是,本项规定的破坏、污损他人坟墓或者毁坏、丢弃他人尸骨、骨灰的行为是一种故意的行为。如果由于过失在生活或生产施工中无意中造成他人坟墓、尸骨破坏的,则不属于本项所规定的行为,可按民事纠纷处理。

为了有利于化解社会矛盾,避免草率对当事人进行处罚,对违法停放尸体的行为,行政机关首先应当进行耐心劝阻,帮助当事人解决实际问题,只有确实影响公共场所秩序或他人正常生活、工作秩序,且不听劝阻的,再予以治安管理处罚。

条文新旧对照

《治安管理处罚法》2012年版	《治安管理处罚法》2025年版
第六十五条 有下列行为之一的,处五日以上十日以下拘留;情节严重的,处十日以上十五日以下拘留,可以并处一千元以下罚款: (一)故意破坏、污损他人坟墓或者毁坏、丢弃他人尸骨、骨灰的; (二)在公共场所停放尸体或者因停放尸体影响他人正常生活、工作秩序,不听劝阻的。	第七十七条 有下列行为之一的,处五日以上十日以下拘留;情节严重的,处十日以上十五日以下拘留,可以并处**二千元**以下罚款: (一)故意破坏、污损他人坟墓或者毁坏、丢弃他人尸骨、骨灰的; (二)在公共场所停放尸体或者因停放尸体影响他人正常生活、工作秩序,不听劝阻的。

关联法律法规

《中华人民共和国刑法》(2023年12月29日修正)

第三百零二条 盗窃、侮辱、故意毁坏尸体、尸骨、骨灰的,处三年以下有期徒刑、拘役或者管制。

《违反公安行政管理行为的名称及其适用意见》(公通字〔2020〕8号 2020年8月6日修订)

148. 破坏、污损坟墓(第65条第1项)

149. 毁坏、丢弃尸骨、骨灰(第65条第1项)

150. 违法停放尸体(第65条第2项)

《公安机关对部分违反治安管理行为实施处罚的裁量指导意见》(公通字〔2018〕17号 2018年6月5日)

七十一、破坏、污损坟墓

【法律依据】

(《中华人民共和国治安管理处罚法》第65条第1项)有下列行为之一的,处五日以上十日以下拘留;情节严重的,处十日以上十五日以下拘留,可以并处一千元以下罚款:

（一）故意破坏、污损他人坟墓或者毁坏、丢弃他人尸骨、骨灰的；

【理解与适用】

有下列情形之一的，属于"情节严重"：

（一）破坏、污损程度较严重的；

（二）破坏、污损英雄烈士坟墓或者具有公共教育、纪念意义的坟墓的；

（三）引发民族矛盾、宗教矛盾或者群体性事件的；

（四）其他情节严重的情形。

七十二、毁坏、丢弃尸骨、骨灰

【法律依据】

(《中华人民共和国治安管理处罚法》第 65 条第 1 项) 有下列行为之一的，处五日以上十日以下拘留；情节严重的，处十日以上十五日以下拘留，可以并处一千元以下罚款：

（一）故意破坏、污损他人坟墓或者毁坏、丢弃他人尸骨、骨灰的；

【理解与适用】

有下列情形之一的，属于"情节严重"：

（一）毁坏程度较重的；

（二）引发民族矛盾、宗教矛盾或者群体性事件的；

（三）其他情节严重的情形。

七十三、违法停放尸体

【法律依据】

(《中华人民共和国治安管理处罚法》第 65 条第 2 项) 有下列行为之一的，处五日以上十日以下拘留；情节严重的，处十日以上十五日以下拘留，可以并处一千元以下罚款：

（二）在公共场所停放尸体或者因停放尸体影响他人正常生活、工作秩序，不听劝阻的。

【理解与适用】

有下列情形之一的，属于"情节严重"：

（一）造成交通拥堵、秩序混乱等危害后果的；

（二）影响他人正常工作、生活持续时间较长的；

（三）造成较大社会影响的；

(四)其他情节严重的情形。

典型案例参考

张某军与如皋市公安局丁堰中心派出所等治安处罚案

[江苏省南通市中级人民法院(2020)苏06行终164号行政判决书]

张某军系皋南村某某居民,其在父亲张某某去世后,将骨灰安葬于沿海高速公路匝道东侧的集中埋葬区域,并建有冥亭。2019年1月20日,《如皋市推进殡葬改革排查整治违规建设殡葬设施工作方案》要求对违法违规占用林地、耕地建设的殡葬设施,散卖散葬等超标准大墓、硬质墓等进行清理拆除。3月12日,如皋市发布《关于清理乱埋乱葬、推进文明殡葬工作的实施意见》,鼓励将已葬骨灰迁入镇村公益性公墓,不愿迁入选择就地深埋的,必须完成深埋、除硬质化、拆除冥亭等工作。如皋市丁堰镇皋南社区居民委员会多次至张某军户上门动员未果。6月27日,在丁堰镇政府分管领导组织指导、镇城管队员维持秩序、居委会工作人员等参与的情况下,张某军户的墓亭被手工拆除,原骨灰盒放入事先准备的另一大骨灰盒内,与拆卸的冥亭、石板一并原地深埋。张某军向如皋市公安局寄交控告书,要求对皋南居委会及季某、戴某等人于6月27日故意毁坏其父亲的坟墓、侮辱骨灰的行为进行查处。7月31日,丁堰派出所作出皋公(丁)行终止决字[2019]1号终止案件调查决定书,认为因张某军控告破坏坟墓、毁坏、丢弃骨灰一案具有没有违法事实的情形,根据《公安机关办理行政案件程序规定》第259条第1款之规定,决定终止调查。

法院认为,"毁坏、丢弃他人尸骨、骨灰",是指将埋在坟墓中的尸骨毁坏或者将尸骨取出丢弃,将骨灰扬撒和随意丢弃的行为。这里规定的破坏、污损他人坟墓或者毁坏、丢弃他人尸骨、骨灰的行为是一种故意的行为。案涉清理行为显然是丁堰镇政府组织实施、各方参与的落实推进文明殡葬工作要求的清理整治行为,而非民事行为。治安管理处罚针对的是公民、法人或者其他组织违反社会管理秩序的行为,作为管理社会管理秩序的行政机关在管理社会秩序时实施的行为,本身不是社会秩序管理的对象。现有证据不能证明实施人员基于其他动机,实施了故意破坏、污损张某军父亲冥亭的违法行为。故丁堰派出所经调查后作出的终止案件调查决定,具有事实根据和法律依据。

> 第七十八条 【对卖淫、嫖娼的处罚】
> 卖淫、嫖娼的,处十日以上十五日以下拘留,可以并处五千元以下罚款;情节较轻的,处五日以下拘留或者一千元以下罚款。
> 在公共场所拉客招嫖的,处五日以下拘留或者一千元以下罚款。

条文应用提示

卖淫嫖娼是指不特定的异性之间或同性之间以金钱、财物为媒介发生性关系的行为。行为主体之间主观上已经就卖淫嫖娼达成一致,已经谈好价格或者已经给付金钱、财物,并且已经着手实施,但由于其本人主观意志以外的原因,尚未发生性关系的;或者已经发生性关系,但尚未给付金钱、财物的,都可以按卖淫嫖娼行为依法处理。实践中应注意卖淫嫖娼和一般色情活动的区别,如旅馆业、文化旅游业、餐饮服务业等,部分商家通过组织、要求工作人员同顾客进行一些下流举动或行为,但没有发生性关系的,不应按卖淫嫖娼行为处理。

"拉客招嫖"是指行为人本人在公共场所,通过语言、表情、动作等方式,主动拉拢、引诱、纠缠他人意图卖淫的行为。

条文新旧对照

《治安管理处罚法》2012年版	《治安管理处罚法》2025年版
第六十六条 卖淫、嫖娼的,处十日以上十五日以下拘留,可以并处五千元以下罚款;情节较轻的,处五日以下拘留或者五百元以下罚款。 在公共场所拉客招嫖的,处五日以下拘留或者五百元以下罚款。	第七十八条 卖淫、嫖娼的,处十日以上十五日以下拘留,可以并处五千元以下罚款;情节较轻的,处五日以下拘留或者**一千元**以下罚款。 在公共场所拉客招嫖的,处五日以下拘留或者**一千元**以下罚款。

关联法律法规

《中华人民共和国妇女权益保障法》(2022年10月30日修订)

第二十七条 禁止卖淫、嫖娼;禁止组织、强迫、引诱、容留、介绍妇女卖淫或者对妇女进行猥亵活动；禁止组织、强迫、引诱、容留、介绍妇女在任何场所或者利用网络进行淫秽表演活动。

《旅馆业治安管理办法》(2022年3月29日修订)

第十二条 旅馆内,严禁卖淫、嫖宿、赌博、吸毒、传播淫秽物品等违法犯罪活动。

《违反公安行政管理行为的名称及其适用意见》(公通字[2020]8号 2020年8月6日修订)

151. 卖淫(第66条第1款)

152. 嫖娼(第66条第1款)

153. 拉客招嫖(第66条第2款)

《公安机关对部分违反治安管理行为实施处罚的裁量指导意见》(公通字[2018]17号 2018年6月5日)

七十四、卖淫

嫖娼

【法律依据】

(《中华人民共和国治安管理处罚法》第66条第1款)卖淫、嫖娼的,处十日以上十五日以下拘留,可以并处五千元以下罚款;情节较轻的,处五日以下拘留或者五百元以下罚款。

【理解与适用】

有下列情形之一的,属于"情节较轻":

(一)已经谈妥价格或者给付金钱等财物,尚未实施性行为的;

(二)以手淫等方式卖淫、嫖娼的;

(三)其他情节较轻的情形。

《公安部关于以钱财为媒介尚未发生性行为或发生性行为尚未给付钱财如何定性问题的批复》(公复字[2003]5号 2003年9月24日)

卖淫嫖娼是指不特定的异性之间或同性之间以金钱、财物为媒介发生性关系的行为。行为主体之间主观上已经就卖淫嫖娼达成一致,已经谈好价格或者已经给付金钱、财物,并且已经着手实施,但由于其本人主观意志以外的原因,尚未发生性关系的;或者已经发生性关系,但尚未给付金钱、财物的,都可以按卖淫嫖娼行为依法处理。对前一种行为,应当从轻处罚。

《公安部关于对同性之间以钱财为媒介的性行为定性处理问题的批复》(公复字[2001]4号 2001年2月28日)

根据《中华人民共和国治安管理处罚条例》和全国人大常委会《关于严禁卖淫嫖娼的决定》的规定,不特定的异性之间或者同性之间以金钱、财物为媒介发生不正当性关系的行为,包括口淫、手淫、鸡奸等行为,都属于卖淫嫖娼行为,对行为人应当依法处理。

典型案例参考 ●●●●●●

王某某与青岛市公安局城阳分局、城阳区人民政府行政处罚及行政复议案

[山东省青岛市中级人民法院(2021)鲁02行终173号行政判决书]

郑某玲2019年7月下旬在网上以找工作为名联系卖淫,后一男子与其联系并提供"按摩"工作,8月13日该男子安排郑某玲入住某房间,并告知她如果客人来了会给她打电话,发生性关系之前先把钱收了。2019年8月,王某某在微信用户"看茶品茶"的朋友圈里挑选了一个"小姐",后"看茶品茶"给王某某发送了位置。8月13日下午3时许,王某某进入郑某玲所在房间,并通过微信扫码支付400元钱,后郑某玲开始脱衣服,王某某坐在床上表示不满意,要求退钱,但郑某玲拒绝退钱,随后王某某开门要走,恰被接到举报后赶来的警察抓获。8月14日,城阳公安分局作出青城公(城)行罚决字[2019]609号《行政处罚决定书》,认定王某某与郑某玲约定以400元价格发生性关系,王某某在郑某玲脱掉上衣后不满意中止了嫖娼行为。王某某的嫖娼违法行为成立,决定给予王某某行政拘留五日的行政处罚。

法院认为,《公安部关于以钱财为媒介尚未发生性行为或发生性行为尚未给付钱财如何定性问题的批复》规定:"卖淫嫖娼是指不特定的异性之间或同性之间以金钱、财物为媒介发生性关系的行为。行为主体之间主观上已经就卖淫嫖娼达成一致,已经谈好价格或者已经给付金钱、财物,并且已经着手实施,但由于其本人主观意志以外的原因,尚未发生性关系的;或者已经发生性关系,但尚未给付金钱、财物的,都可以按卖淫嫖娼行为依法处理。对前一种行为,应当从轻处罚。"本案中,王某某与郑某玲均供述该二人互不认识,属于不特定的异性,王某某就卖淫嫖娼的项目与郑某玲达成一致并通过微信扫码的方式先行支付了嫖资400元,属于以金钱为媒介,且是以发生性关系为目的。郑某玲之后脱去上衣,上诉人称对对方不满意决定停止交易。依据前述规定,城阳公安分局认定上诉人和郑某玲之间存在卖淫嫖娼的违法行为,认定事实清楚,证据确实充分。

> **第七十九条 【对引诱、容留、介绍卖淫行为的处罚】**
> 引诱、容留、介绍他人卖淫的,处十日以上十五日以下拘留,可以并处五千元以下罚款;情节较轻的,处五日以下拘留或者一千元以上二千元以下罚款。

条文应用提示 ●●●●●

"引诱"是指以金钱或其他诱惑,使本无卖淫意愿的他人主动从事卖淫活动的行为。"容留"是指为他人卖淫提供场所或允许他人在自己管理的场所内卖淫的。所谓"介绍"是指为卖淫者与嫖客间牵线搭桥、沟通撮合,使他人卖淫得以实现的行为。行为人只要实施其中一种行为,即构成本处罚,如果兼有两个行为及以上的,也不实行并罚,均依据本条处理。

条文新旧对照 ●●●●●

《治安管理处罚法》2012年版	《治安管理处罚法》2025年版
第六十七条 引诱、容留、介绍他人卖淫的,处十日以上十五日以下拘留,可以并处五千元以下罚款;情节较轻的,处五日以下拘留或者五百元以下罚款。	第七十九条 引诱、容留、介绍他人卖淫的,处十日以上十五日以下拘留,可以并处五千元以下罚款;情节较轻的,处五日以下拘留或者一千元以上二千元以下罚款。

关联法律法规 ●●●●●

《中华人民共和国妇女权益保障法》(2022年10月30日修订)

第二十六条 禁止卖淫、嫖娼;禁止组织、强迫、引诱、容留、介绍妇女卖淫或者对妇女进行猥亵活动;禁止组织、强迫、引诱、容留、介绍妇女在任何场所或者利用网络进行淫秽表演活动。

《中华人民共和国刑法》(2023年12月29日修正)

第三百五十九条 引诱、容留、介绍他人卖淫的,处五年以下有期徒刑、拘役或者管制,并处罚金;情节严重的,处五年以上有期徒刑,并处罚金。

引诱不满十四周岁的幼女卖淫的,处五年以上有期徒刑,并处罚金。

《娱乐场所管理条例》(2020年11月29日修订)

第十四条　娱乐场所及其从业人员不得实施下列行为,不得为进入娱乐场所的人员实施下列行为提供条件:

(一)贩卖、提供毒品,或者组织、强迫、教唆、引诱、欺骗、容留他人吸食、注射毒品;

(二)组织、强迫、引诱、容留、介绍他人卖淫、嫖娼;

(三)制作、贩卖、传播淫秽物品;

(四)提供或者从事以营利为目的的陪侍;

(五)赌博;

(六)从事邪教、迷信活动;

(七)其他违法犯罪行为。

娱乐场所的从业人员不得吸食、注射毒品,不得卖淫、嫖娼;娱乐场所及其从业人员不得为进入娱乐场所的人员实施上述行为提供条件。

《违反公安行政管理行为的名称及其适用意见》(公通字[2020]8号　2020年8月6日修订)

154.引诱、容留、介绍卖淫(第67条)

《公安机关对部分违反治安管理行为实施处罚的裁量指导意见》(公通字[2018]17号　2018年6月5日)

七十五、引诱、容留、介绍卖淫

【法律依据】

(《中华人民共和国治安管理处罚法》第67条)引诱、容留、介绍他人卖淫的,处十日以上十五日以下拘留,可以并处五千元以下罚款;情节较轻的,处五日以下拘留或者五百元以下罚款。

【理解与适用】

有下列情形之一的,属于"情节较轻":

(一)容留、介绍一人次卖淫,且尚未发生性行为的;

(二)容留、介绍一人次以手淫等方式卖淫的;

(三)其他情节较轻的情形。

典型案例参考 ●●●●●●●

谢某某与吉首市公安局处罚及行政赔偿案

[湖南省湘西土家族苗族自治州中级人民法院(2016)湘 31 行终 91 号行政判决书]

2011 年 5 月开始,谢某某与周某某二人共同经营位于吉首市某休闲城,主要经营项目为洗脚、按摩、推油、盐浴,其中推油、盐浴项目包含为他人提供手淫服务。2013 年 9 月 18 日,吉首市公安局以谢某某和周某某二人涉嫌容留、介绍妇女卖淫为由进行刑事立案侦查,侦查终结后移送吉首市人民检察院审查起诉。2015 年 5 月 13 日,吉首市人民检察院作出吉检公诉刑不诉(2015)4 号《不起诉决定书》,认为谢某某虽然实施了容留、介绍妇女为他人提供手淫服务的行为,但是,容留、介绍妇女为他人提供手淫服务的行为不属于《刑法》明文规定的犯罪行为,决定对谢某某不起诉。并建议被告对谢某某及周某某依法作出相应的行政处罚。7 月 29 日,吉首市公安局作出吉公(乾)决字(2015)第 1191 号《公安行政处罚决定》认定"2011 年 5 月至 2013 年 9 月 18 日,周某某、谢某某合伙在吉首市西环路开始经营××休闲城,容留多名妇女在该休闲城内为客人提供手淫服务的卖淫行为,每次收费 130 元,其从中抽取 50%的提成,共获利 250,000 元"对谢某某及周某某拘留 15 日不予执行。

法院认为,2001 年 2 月 18 日公安部以公复字(2001)4 号作出批复:不特定的异性之间或者同性之间以金钱、财物为媒介,发生不正当性关系的行为,包括口淫、手淫、鸡奸等行为,都属于卖淫嫖娼行为,对行为人应当依法处理。上诉人在其经营场所容留多名妇女卖淫,虽不构成刑法意义上的容留卖淫,但其行为符合公安部批复所规定的情形,构成了行政法意义上的容留他人卖淫。此外,吉首市人民检察院在对谢某某、周某某刑事案件作出绝对不起诉的同时,亦明确建议公安机关对二人作出相应的行政处罚。故吉首市公安局根据检察建议,给予谢某某、周某某行政拘留 15 日的行政处罚,事实清楚,证据确凿。

第八十条 【对传播淫秽信息行为的处罚】
制作、运输、复制、出售、出租淫秽的书刊、图片、影片、音像制品等淫秽物品或者利用信息网络、电话以及其他通讯工具传播淫秽信息的,处十日以上十五日以下拘留,可以并处五千元以下罚款;情节较轻的,处五日以下拘留或者一千元以上三千元以下罚款。

前款规定的淫秽物品或者淫秽信息中涉及未成年人的,从重处罚。

条文应用提示

所谓"淫秽物品",是指具体描绘性行为或者露骨宣扬色情的诲淫性的书刊、影片、录像带、录音带、图片及其他淫秽物品。但有关人体生理、医学知识的科学著作、包含有色情内容的有艺术价值的文学、艺术作品不视为淫秽物品。

"利用信息网络、电话以及其他通讯工具传播淫秽信息",实践中一般表现为:(1)利用互联网、移动通讯终端传播淫秽电影、文章、图片等;(2)以会员制方式传播淫秽电子信息;(3)利用淫秽电子信息收取广告费、会员注册费或其他费用;(4)利用聊天室、论坛等传播淫秽信息;(5)在自己所有、管理或使用的网站、网页提供淫秽信息网站或网页链接的;(6)明知他人实施传播淫秽信息行为,为其提供互联网接入、服务器托管、网络存储空间、通讯传输通道、费用结算等帮助的;(7)通过声讯台、直播软件等提供色情声讯服务等。构成本行为对传播淫秽信息的数量、接受信息的人数、传播动机是否为盈利等均无要求。

未成年人是需要在法律上特殊保护的群体。淫秽物品或淫秽信息中涉及未成年人的,不仅严重伤害未成年人正常成长和心理发育,更有可能刺激以未成年人为目标的违法犯罪行为,因而需要加大打击力度,从重处罚。

条文新旧对照

《治安管理处罚法》2012年版	《治安管理处罚法》2025年版
第六十八条 制作、运输、复制、出售、出租淫秽的书刊、图片、影片、音像制品等淫秽物品或者利用 计算机 信息网络、电话以及其他通讯工具传播淫秽信息的,处十日以上十五日以下拘留,可以并处三千元以下罚款;情节较轻的,处五日以下拘留或者五百元以下罚款。	第八十条 制作、运输、复制、出售、出租淫秽的书刊、图片、影片、音像制品等淫秽物品或者利用信息网络、电话以及其他通讯工具传播淫秽信息的,处十日以上十五日以下拘留,可以并处**五千元**以下罚款;情节较轻的,处五日以下拘留或者**一千元以上三千元以下**罚款。 前款规定的淫秽物品或者淫秽信息中涉及未成年人的,从重处罚。

关联法律法规

《中华人民共和国刑法》(2023年12月29日修正)

第三百六十三条 以牟利为目的,制作、复制、出版、贩卖、传播淫秽物品的,处三年以下有期徒刑、拘役或者管制,并处罚金;情节严重的,处三年以上十年以下有期徒刑,并处罚金;情节特别严重的,处十年以上有期徒刑或者无期徒刑,并处罚金或者没收财产。

为他人提供书号,出版淫秽书刊的,处三年以下有期徒刑、拘役或者管制,并处或者单处罚金;明知他人用于出版淫秽书刊而提供书号的,依照前款的规定处罚。

第三百六十四条 传播淫秽的书刊、影片、音像、图片或者其他淫秽物品,情节严重的,处二年以下有期徒刑、拘役或者管制。

组织播放淫秽的电影、录像等音像制品的,处三年以下有期徒刑、拘役或者管制,并处罚金;情节严重的,处三年以上十年以下有期徒刑,并处罚金。

制作、复制淫秽的电影、录像等音像制品组织播放的,依照第二款的规定从重处罚。

向不满十八周岁的未成年人传播淫秽物品的,从重处罚。

《中华人民共和国未成年人保护法》(2024年4月26日修订)

第五十条　禁止制作、复制、出版、发布、传播含有宣扬淫秽、色情、暴力、邪教、迷信、赌博、引诱自杀、恐怖主义、分裂主义、极端主义等危害未成年人身心健康内容的图书、报刊、电影、广播电视节目、舞台艺术作品、音像制品、电子出版物和网络信息等。

第五十二条　禁止制作、复制、发布、传播或者持有有关未成年人的淫秽色情物品和网络信息。

《全国人民代表大会常务委员会关于维护互联网安全的决定》(2009年8月27日修正)

三、为了维护社会主义市场经济秩序和社会管理秩序,对有下列行为之一,构成犯罪的,依照刑法有关规定追究刑事责任:

(一)利用互联网销售伪劣产品或者对商品、服务作虚假宣传;

(二)利用互联网损坏他人商业信誉和商品声誉;

(三)利用互联网侵犯他人知识产权;

(四)利用互联网编造并传播影响证券、期货交易或者其他扰乱金融秩序的虚假信息;

(五)在互联网上建立淫秽网站、网页,提供淫秽站点链接服务,或者传播淫秽书刊、影片、音像、图片。

《互联网上网服务营业场所管理条例》(2024年12月26日修订)

第十四条　互联网上网服务营业场所经营单位和上网消费者不得利用互联网上网服务营业场所制作、下载、复制、查阅、发布、传播或者以其他方式使用含有下列内容的信息:

(一)反对宪法确定的基本原则的;

(二)危害国家统一、主权和领土完整的;

(三)泄露国家秘密,危害国家安全或者损害国家荣誉和利益的;

(四)煽动民族仇恨、民族歧视,破坏民族团结,或者侵害民族风俗、习惯的;

(五)破坏国家宗教政策,宣扬邪教、迷信的;

(六)散布谣言,扰乱社会秩序,破坏社会稳定的;

(七)宣传淫秽、赌博、暴力或者教唆犯罪的;

(八)侮辱或者诽谤他人,侵害他人合法权益的;

(九)危害社会公德或者民族优秀文化传统的;

(十)含有法律、行政法规禁止的其他内容的。

《互联网信息服务管理办法》(2024年12月6日修订)

第十五条 互联网信息服务提供者不得制作、复制、发布、传播含有下列内容的信息:

(一)反对宪法所确定的基本原则的;

(二)危害国家安全,泄露国家秘密,颠覆国家政权,破坏国家统一的;

(三)损害国家荣誉和利益的;

(四)煽动民族仇恨、民族歧视,破坏民族团结的;

(五)破坏国家宗教政策,宣扬邪教和封建迷信的;

(六)散布谣言,扰乱社会秩序,破坏社会稳定的;

(七)散布淫秽、色情、赌博、暴力、凶杀、恐怖或者教唆犯罪的;

(八)侮辱或者诽谤他人,侵害他人合法权益的;

(九)含有法律、行政法规禁止的其他内容的。

《关于认定淫秽及色情出版物的暂行规定》([88]新出办字第1512号 1988年12月27日)

第二条 淫秽出版物是指在整体上宣扬淫秽行为,具有下列内容之一,挑动人们的性欲,足以导致普通人腐化堕落,而又没有艺术价值或者科学价值的出版物:

(一)淫亵性地具体描写性行为、性交及其心理感受;

(二)公然宣扬色情淫荡形象;

(三)淫亵性地描述或者传授性技巧;

(四)具体描写乱伦、强奸或者其他性犯罪的手段、过程或者细节,足以诱发犯罪的;

(五)具体描写少年儿童的性行为;

(六)淫亵性地具体描写同性恋的性行为或者其他性变态行为,或者具体描写与性变态有关的暴力、虐待、侮辱行为;

(七)其他令普通人不能容忍的对性行为的淫亵性描写。

第三条 色情出版物是指在整体上不是淫秽的,但其中一部分有第二条(一)至(七)项规定的内容,对普通人特别是未成年人的身心健康有毒害,而缺乏艺术价值或者科学价值的出版物。

《违反公安行政管理行为的名称及其适用意见》(公通字[2020]8号 2020年8月6日修订)

155.制作、运输、复制、出售、出租淫秽物品(第68条)

156.传播淫秽信息(第68条)

《公安机关对部分违反治安管理行为实施处罚的裁量指导意见》(公通字[2018]17号 2018年6月5日)

七十六、制作、运输、复制、出售、出租淫秽物品

传播淫秽信息

【法律依据】

(《中华人民共和国治安管理处罚法》第68条)制作、运输、复制、出售、出租淫秽的书刊、图片、影片、音像制品等淫秽物品或者利用计算机信息网络、电话以及其他通讯工具传播淫秽信息的,处十日以上十五日以下拘留,可以并处三千元以下罚款;情节较轻的,处五日以下拘留或者五百元以下罚款。

【理解与适用】

有下列情形之一的,属于"情节较轻":

(一)制作、复制、出售淫秽书刊、图片、影片、音像制品,传播淫秽信息数量、获利未达到有关刑事立案追诉标准百分之十的;运输、出租淫秽物品的"情节较轻"数量基准参照上述规定执行;

(二)传播范围较小,且影响较小的;

(三)其他情节较轻的情形。

典型案例参考

吴某某与如皋市公安局行政处罚案

[江苏省南通市中级人民法院(2020)苏06行终201号行政判决书]

2018年4月20日,如皋市公安局发现吴某某曾于4月5日使用手机登录微信向蒋某的微信发送了两部淫秽视频。4月21日,如皋市公安局作出《如皋市公安局淫秽物品审查鉴定书》,鉴定意见为案涉两部视频短片为淫秽物品。如皋市公安局遂作出皋公(东)行罚决字[2018]631号行政处罚决定书,根据《治安管理处罚法》第68条之规定,决定给予吴某某行政拘留10日的处

罚。吴某某不服提起诉讼,一审法院经审理撤销了 631 号处罚决定。如皋市公安局于 2019 年 2 月 14 日作出皋公(东)行罚决字〔2019〕205 号行政处罚决定书,因吴某某传播淫秽视频数量较少、属情节较轻,根据《治安管理处罚法》第 68 条之规定,决定给予吴某某行政拘留 5 日的处罚。

法院认为,构成传播淫秽信息对传播淫秽信息的数量、接收信息的人数、传播动机是否为盈利等均无要求,吴某某的行为已经构成传播淫秽信息。但行政机关行使自由裁量权应当符合必要、适当、均衡原则,行政手段与实现行政管理目标相适应。确定违法行为人应当承受何种程度的行政处罚,应当综合考虑违法行为人的主观恶性、违法目的、违法手段、危害后果、有无前科等因素。本案中,在主观方面,吴某某并无向社会大众传播的意向,更多的是出于同性朋友之间的玩乐心态,主观恶性不强,也不存在故意违法的目的。在手段方面,吴某某传播的视频来源于其曾加入的微信群,其并未采取下载保存的方式,而是直接一对一转发给他人,并未再行传播至其他微信群或者传播给多人,违法手段也并不恶劣。从危害后果上看,吴某某的转发行为的接收方仅为一人,并未在社会大众中产生进一步的不良影响,危害性较小。此外,吴某某本人也并无其他违法前科。因此,吴某某的违法行为情节较轻、社会危害性较小。治安管理处罚应遵循教育与处罚相结合的原则,对违反法律要求的行为人施以处罚,其目的在于使违法行为人认识到自己的错误,并按照法律规范的要求调整自己的行为,使治安管理处罚成为公安机关实现行政管理目的的有效方式。正因如此,治安管理处罚应与违法行为情节相适应、与行政管理目标相契合。本案中,如皋市公安局对吴某某给予行政拘留 5 日的处罚,属于量罚不当。

第八十一条 【对组织、参与淫秽活动的处罚】

有下列行为之一的,处十日以上十五日以下拘留,并处一千元以上二千元以下罚款:

(一)组织播放淫秽音像的;

(二)组织或者进行淫秽表演的;

(三)参与聚众淫乱活动的。

明知他人从事前款活动,为其提供条件的,依照前款的规定处罚。

组织未成年人从事第一款活动的,从重处罚。

条文应用提示

"组织播放淫秽音像"实质是一种传播淫秽信息的方式,但鉴于该行为在传播淫秽信息的活动中比较突出,因而本条专门作出了规定。行为人制作、复制淫秽音像制品而组织播放该制作的淫秽音像制品的,是牵连的行为,按本行为处罚。组织播放行为要求必须在线下进行,如公民住宅、公共场所或单位,若组织线上播放,则必须借助信息网络等工具,因而以"传播淫秽信息"进行处罚。此外,若公民个人播放淫秽音像给自己,或向个别人播放,或仅作为参与观看者,则不能认定为组织播放。

"淫秽表演",是指主动暴露人体性器官,公开宣扬性行为或露骨宣扬色情的淫秽性的表演,如进行性交表演、手淫、口淫表演、脱衣舞表演等。淫秽表演既包括线下当众进行,也包括通过网络线上进行。

"参与聚众淫乱活动",是指参加多人进行的奸淫、猥亵等淫乱活动,性别没有限制。凡是参与聚众淫乱的,都应受到治安处罚。实践中应注意的是,聚众淫乱活动中,也经常出现由数人作性交表演,其他人观看的情况,这种表演属于聚众进行淫乱的一部分,对于这种行为,也应按照"参与聚众淫乱活动"处罚。

对于明知他人从事前款活动,仍为其提供条件的,对违法行为起到促进和帮助作用,因而应当依照前款的规定处罚。提供条件,包括提供场地、设备、工具、资金等。本人是否参与上述违法活动,不影响本款行为的构成。

组织未成年人观看淫秽音像的,或以未成年人为对象播放淫秽音像的,以及组织未成年从事淫秽表演或聚众淫乱活动的,从重处罚。

条文新旧对照

《治安管理处罚法》2012 年版	《治安管理处罚法》2025 年版
第六十九条 有下列行为之一的,处十日以上十五日以下拘留,并处五百元以上一千元以下罚款: (一)组织播放淫秽音像的;	第八十一条 有下列行为之一的,处十日以上十五日以下拘留,并处**一千元**以上**二千元**以下罚款: (一)组织播放淫秽音像的;

（二）组织或者进行淫秽表演的； （三）参与聚众淫乱活动的。 　　明知他人从事前款活动，为其提供条件的，依照前款的规定处罚。	（二）组织或者进行淫秽表演的； （三）参与聚众淫乱活动的。 　　明知他人从事前款活动，为其提供条件的，依照前款的规定处罚。 　　组织未成年人从事第一款活动的，从重处罚。

关联法律法规

《中华人民共和国妇女权益保障法》（2022年10月30日修订）

第二十七条　禁止卖淫、嫖娼；禁止组织、强迫、引诱、容留、介绍妇女卖淫或者对妇女进行猥亵活动；禁止组织、强迫、引诱、容留、介绍妇女在任何场所或者利用网络进行淫秽表演活动。

《中华人民共和国刑法》（2023年12月29日修正）

第三百零一条　聚众进行淫乱活动的，对首要分子或者多次参加的，处五年以下有期徒刑、拘役或者管制。

引诱未成年人参加聚众淫乱活动的，依照前款的规定从重处罚。

第三百六十四条　传播淫秽的书刊、影片、音像、图片或者其他淫秽物品，情节严重的，处二年以下有期徒刑、拘役或者管制。

组织播放淫秽的电影、录像等音像制品的，处三年以下有期徒刑、拘役或者管制，并处罚金；情节严重的，处三年以上十年以下有期徒刑，并处罚金。

制作、复制淫秽的电影、录像等音像制品组织播放的，依照第二款的规定从重处罚。

向不满十八周岁的未成年人传播淫秽物品的，从重处罚。

第三百六十五条　组织进行淫秽表演的，处三年以下有期徒刑、拘役或者管制，并处罚金；情节严重的，处三年以上十年以下有期徒刑，并处罚金。

《中华人民共和国预防未成年人犯罪法》（2020年12月26日修订）

第二十八条　本法所称不良行为，是指未成年人实施的不利于其健康成长的下列行为：

（一）吸烟、饮酒；

（二）多次旷课、逃学；

（三）无故夜不归宿、离家出走；

（四）沉迷网络；

（五）与社会上具有不良习性的人交往，组织或者参加实施不良行为的团伙；

（六）进入法律法规规定未成年人不宜进入的场所；

（七）参与赌博、变相赌博，或者参加封建迷信、邪教等活动；

（八）阅览、观看或者收听宣扬淫秽、色情、暴力、恐怖、极端等内容的读物、音像制品或者网络信息等；

（九）其他不利于未成年人身心健康成长的不良行为。

第三十八条　本法所称严重不良行为，是指未成年人实施的有刑法规定、因不满法定刑事责任年龄不予刑事处罚的行为，以及严重危害社会的下列行为：

（一）结伙斗殴，追逐、拦截他人，强拿硬要或者任意损毁、占用公私财物等寻衅滋事行为；

（二）非法携带枪支、弹药或者弩、匕首等国家规定的管制器具；

（三）殴打、辱骂、恐吓，或者故意伤害他人身体；

（四）盗窃、哄抢、抢夺或者故意损毁公私财物；

（五）传播淫秽的读物、音像制品或者信息等；

（六）卖淫、嫖娼，或者进行淫秽表演；

（七）吸食、注射毒品，或者向他人提供毒品；

（八）参与赌博赌资较大；

（九）其他严重危害社会的行为。

《违反公安行政管理行为的名称及其适用意见》（公通字〔2020〕8号　2020年8月6日修订）

157.组织播放淫秽音像（第69条第1款第1项）

158.组织淫秽表演（第69条第1款第2项）

159.进行淫秽表演（第69条第1款第2项）

160.参与聚众淫乱（第69条第1款第3项）

161.为淫秽活动提供条件（第69条第2款）

典型案例参考 ●●●●●●

张某月进行淫秽表演被罚案

〔河北省平泉市公安局道虎沟派出所平公(道)行罚决字〔2022〕0268号行政处罚决定书〕

2021年11月至2022年3月,张某月在柑橘App直播间直播时(直播名:少妇),以语言挑逗、身体诱惑的形式进行直播,吸引平台观看人员刷礼物索要张某月的联系方式,张某月在该平台非法获利5161.21元。平泉市公安局道虎沟派出所根据《治安管理处罚法》第69条第1款第2项之规定,决定对张某月行政拘留10日,并处罚款1000元。

> **第八十二条** 【对赌博行为的处罚】
> 以营利为目的,为赌博提供条件的,或者参与赌博赌资较大的,处五日以下拘留或者一千元以下罚款;情节严重的,处十日以上十五日以下拘留,并处一千元以上五千元以下罚款。

条文应用提示 ●●●●●●

"以营利为目的"要求行为人主观上具有明知的故意,出于获取金钱或财物等好处为目的。"为赌博提供条件"包括提供资金、设备、工具、场所等条件以及接送、管理及网络通讯等服务。

执法实践中,应当注意区分"赌博"与"游戏性质的娱乐活动"的区别,防止扩大打击面。可从以下几个方面综合判断:(1)主观目的上,赌博以牟取利益或好处为目的,娱乐活动则多源于消遣、打发时间;(2)参与人员上,赌博参与者间多为陌生人且流动性大,娱乐活动多在亲朋好友等熟人之间;(3)涉及金额上,赌博涉案金额较大,已经超过一般意义上的游戏性质,娱乐活动涉及金额较小,带有少量的财物输赢;(4)场地选择上,赌博一般有专门的场地和服务,而娱乐活动多发生在自己或熟人家中。

"赌资较大"是认定赌博违法行为的一个客观标准,目前法律、法规及相关规范性文件中均未明确规定,公安机关应当根据实际情况如地区经济状况、当地群众接受程度等视不同情况而定。根据《上海市公安局关于对部分违反治安管理行为实施处罚的裁量基准》,个人赌资在200元以上不满1000元,或者现场查获的人均赌资在400元以上不满2000元的,属于赌资较大。若涉及具体案件,应以当地规定及实际情况为准。

网络赌博活动中交付的押金,也应当视为赌资。对于查获的赌资、赌博违法所得依法应当没收,上缴国库,并按规定出具法律手续。赌博所用的赌具如麻将桌、游戏机等,也应一律依法收缴处理。

条文新旧对照

《治安管理处罚法》2012年版	《治安管理处罚法》2025年版
第七十条　以营利为目的,为赌博提供条件的,或者参与赌博赌资较大的,处五日以下拘留或者五百元以下罚款;情节严重的,处十日以上十五日以下拘留,并处五百元以上三千元以下罚款。	第八十二条　以营利为目的,为赌博提供条件的,或者参与赌博赌资较大的,处五日以下拘留或者**一千元**以下罚款;情节严重的,处十日以上十五日以下拘留,并处**一千元**以上**五千元**以下罚款。

关联法律法规

《中华人民共和国刑法》(2023年12月29日修正)

第三百零三条　以营利为目的,聚众赌博或者以赌博为业的,处三年以下有期徒刑、拘役或者管制,并处罚金。

开设赌场的,处五年以下有期徒刑、拘役或者管制,并处罚金;情节严重的,处五年以上十年以下有期徒刑,并处罚金。

组织中华人民共和国公民参与国(境)外赌博,数额巨大或者有其他严重情节的,依照前款的规定处罚。

《互联网上网服务营业场所管理条例》(2024年12月26日修订)

第十八条　互联网上网服务营业场所经营单位和上网消费者不得利用网络游戏或者其他方式进行赌博或者变相赌博活动。

《旅馆业治安管理办法》(2022年3月29日修订)

第十二条　旅馆内,严禁卖淫、嫖宿、赌博、吸毒、传播淫秽物品等违法犯罪活动。

《娱乐场所管理条例》(2020年11月29日修订)

第十四条　娱乐场所及其从业人员不得实施下列行为,不得为进入娱乐场所的人员实施下列行为提供条件:

（一）贩卖、提供毒品，或者组织、强迫、教唆、引诱、欺骗、容留他人吸食、注射毒品；

（二）组织、强迫、引诱、容留、介绍他人卖淫、嫖娼；

（三）制作、贩卖、传播淫秽物品；

（四）提供或者从事以营利为目的的陪侍；

（五）赌博；

（六）从事邪教、迷信活动；

（七）其他违法犯罪行为。

娱乐场所的从业人员不得吸食、注射毒品，不得卖淫、嫖娼；娱乐场所及其从业人员不得为进入娱乐场所的人员实施上述行为提供条件。

第十九条　游艺娱乐场所不得设置具有赌博功能的电子游戏机机型、机种、电路板等游戏设施设备，不得以现金或者有价证券作为奖品，不得回购奖品。

《娱乐场所治安管理办法》(公安部令第103号　2008年6月3日)

第十八条　娱乐场所不得设置具有赌博功能的电子游戏机机型、机种、电路板等游戏设施设备，不得从事带有赌博性质的游戏机经营活动。

《违反公安行政管理行为的名称及其适用意见》(公通字〔2020〕8号　2020年8月6日修订)

162.为赌博提供条件(第70条)

163.赌博(第70条)

《公安机关对部分违反治安管理行为实施处罚的裁量指导意见》(公通字〔2018〕17号　2018年6月5日)

七十七、为赌博提供条件

【法律依据】

(《中华人民共和国治安管理处罚法》第70条)以营利为目的，为赌博提供条件的，或者参与赌博赌资较大的，处五日以下拘留或者五百元以下罚款；情节严重的，处十日以上十五日以下拘留，并处五百元以上三千元以下罚款。

【理解与适用】

有下列情形之一的，属于"情节严重"：

(一)设置赌博机的数量或者为他人提供场所放置的赌博机数量达到

有关规范性文件认定构成开设赌场罪标准的百分之五十以上的;
（二）在公共场所或者公共交通工具上为赌博提供条件的;
（三）通过计算机信息网络平台为赌博提供条件的;
（四）为未成年人赌博提供条件的;
（五）国家工作人员为赌博提供条件的;
（六）明知他人从事赌博活动而向其销售赌博机的;
（七）发行、销售"六合彩"等其他私彩的;
（八）组织、协助他人出境赌博的;
（九）为赌场接送参赌人员、望风看场、发牌做庄、兑换筹码的;
（十）其他情节严重的情形。

七十八、赌博

【法律依据】

(《中华人民共和国治安管理处罚法》第 70 条) 以营利为目的,为赌博提供条件的,或者参与赌博赌资较大的,处五日以下拘留或五百元以下罚款;情节严重的,处十日以上十五日以下拘留,并处五百元以上三千元以下罚款。

【理解与适用】

有下列情形之一的,属于"情节严重":
（一）在公共场所或者公共交通工具上赌博的;
（二）利用互联网、移动终端设备等投注赌博的;
（三）国家工作人员参与赌博的;
（四）其他情节严重的情形。

《公安部关于办理赌博违法案件适用法律若干问题的通知》(公通字〔2005〕30 号　2005 年 5 月 25 日)

一、具有下列情形之一的,应当依照《中华人民共和国治安管理处罚条例》第三十二条的规定,予以处罚：

（一）以营利为目的,聚众赌博、开设赌场或者以赌博为业,尚不够刑事处罚的;

（二）参与以营利为目的的聚众赌博、计算机网络赌博、电子游戏机赌博,或者到赌场赌博的;

（三）采取不报经国家批准,擅自发行、销售彩票的方式,为赌博提供

条件,尚不够刑事处罚的;

(四)明知他人实施赌博违法犯罪活动,而为其提供资金、场所、交通工具、通讯工具、赌博工具、经营管理、网络接入、服务器托管、网络存储空间、通讯传输通道、费用结算等条件,或者为赌博场所、赌博人员充当保镖,为赌博放哨、通风报信,尚不够刑事处罚的;

(五)明知他人从事赌博活动而向其销售具有赌博功能的游戏机,尚不够刑事处罚的。

二、在中华人民共和国境内通过计算机网络、电话、手机短信等方式参与境外赌场赌博活动,或者中华人民共和国公民赴境外赌场赌博,赌博输赢结算地在境内的,应当依照《中华人民共和国治安管理处罚条例》的有关规定予以处罚。

三、赌博或者为赌博提供条件,并具有下列情形之一的,依照《中华人民共和国治安管理处罚条例》第三十二条的规定,可以从重处罚:

(一)在工作场所、公共场所或者公共交通工具上赌博的;
(二)一年内曾因赌博或者为赌博提供条件受过治安处罚的;
(三)国家工作人员赌博或者为赌博提供条件的;
(四)引诱、教唆未成年人赌博的;
(五)组织、招引中华人民共和国公民赴境外赌博的;
(六)其他可以依法从重处罚的情形。

四、赌博或者为赌博提供条件,并具有下列情形之一的,依照《中华人民共和国治安管理处罚条例》第三十二条的规定,可以从轻或者免予处罚:

(一)主动交代,表示悔改的;
(二)检举、揭发他人赌博或为赌博提供条件的行为,并经查证属实的;
(三)被胁迫、诱骗赌博或者为赌博提供条件的;
(四)未成年人赌博的;
(五)协助查禁赌博活动,有立功表现的;
(六)其他可以依法从轻或者免予处罚的情形。

对免予处罚的,由公安机关给予批评教育,并责令具结悔过。未成年人有赌博违法行为的,应当责令其父母或者其他监护人严加管教。

典型案例参考 ●●●●●●

郭某某诉上海市公安局某分局行政处罚决定案

[上海铁路运输法院发布 10 起行政案件集中管辖五周年行政审判典型案例之十]

2017 年 1 月 5 日 14 时许,上海市公安局某分局查获以斗地主形式参与赌博的违法嫌疑人彭某某、陈某某、丁某某、张某某 4 人和为赌博提供条件的郭某某,以及参与赌博人员放于赌桌上的赌资合计 875 元,郭某某提供的赌具扑克牌 2 副。上述 5 人一致陈述,相互并不认识,郭某某知晓 4 名参赌人员在 304 包房内赌博,4 名参赌人员需支付台费,但事发之时台费尚未实际支付。当日,某公安分局作出行政处罚决定,认定郭某某犯有在公共场所为赌博提供条件的违法行为,情节严重,遂根据《治安管理处罚法》第 70 条之规定,处行政拘留 15 日并处罚款 500 元。

法院认为,案件事发地为棋牌室 304 包房内,该包房具有相对私密性,不具有公共场所人员流动大、随意进出等基本特征,故某公安分局依此适用违法情节严重的规定作出处罚决定,明显不当,应予变更。据此,法院作出行政判决,将某公安分局对郭某某作出的行政拘留 15 日并处罚款 500 元的行政处罚决定,变更为行政拘留 5 日。

第八十三条 【对涉及毒品原植物行为的处罚】
有下列行为之一的,处十日以上十五日以下拘留,可以并处五千元以下罚款;情节较轻的,处五日以下拘留或者一千元以下罚款:
(一)非法种植罂粟不满五百株或者其他少量毒品原植物的;
(二)非法买卖、运输、携带、持有少量未经灭活的罂粟等毒品原植物种子或者幼苗的;
(三)非法运输、买卖、储存、使用少量罂粟壳的。
有前款第一项行为,在成熟前自行铲除的,不予处罚。

条文应用提示 ●●●●●●

罂粟、古柯、大麻被称为世界三大毒品植物,分别可提炼加工成海洛因、可卡因和大麻脂。在我国境内出现的违反国家有关毒品原植物管理规定,私自种植毒品原植物的主要是罂粟,因而本项对罂粟种植数量作出了明确限定。"其他少量毒品原植物"的情况比较复杂,常见的是大麻。"少量"是相对于《刑法》中数量较大而言的,这也是区分罪与非罪的界限。

所谓"未经灭活",是指未经过烘烤、放射线照射等处理手段,还能继续繁殖、发芽的罂粟等毒品原植物种子。罂粟籽本身不具有毒性,但未经灭活就有可能被犯罪分子用于种植,因此需要经过处理。

罂粟壳是罂粟的外壳,是毒品原植物的组成部分,有药用价值,也可以放入食品中作为调味品,具有与毒品一样使人上瘾的作用,所以,药品、食品等有关部门对罂粟壳的使用也有严格的限制,防止被不法分子利用。如果使大量的罂粟壳流传到社会上,既对社会不利,也对人身健康不利,尤其是对一些不知情的人的危害会更大。所以,法律应当禁止非法运输、买卖、储存、使用罂粟壳的行为。

由于毒品原植物必须成熟后才具有毒品的功效,如果在收获前自行铲除的,其危害后果甚微,所以本条第2款规定,非法种植罂粟不满五百株或者其他少量毒品原植物,在成熟前自行铲除的,不予治安处罚。这里的"成熟前",是指收获毒品前,例如对罂粟进行割浆等。"自行铲除",是指非法种植毒品原植物的人主动铲除或者委托他人帮助铲除的,而不是由公安机关发现后责令其铲除或者强制铲除的。

条文新旧对照 ●●●●●●●

《治安管理处罚法》2012年版	《治安管理处罚法》2025年版
第七十一条 有下列行为之一的,处十日以上十五日以下拘留,可以并处三千元以下罚款;情节较轻的,处五日以下拘留或者五百元以下罚款: (一)非法种植罂粟不满五百株或者其他少量毒品原植物的; (二)非法买卖、运输、携带、持有少量未经灭活的罂粟等毒品原植物种子或者幼苗的;	第八十三条 有下列行为之一的,处十日以上十五日以下拘留,可以并处**五千元**以下罚款;情节较轻的,处五日以下拘留或者**一千元**以下罚款: (一)非法种植罂粟不满五百株或者其他少量毒品原植物的; (二)非法买卖、运输、携带、持有少量未经灭活的罂粟等毒品原植物种子或者幼苗的;

（三）非法运输、买卖、储存、使用少量罂粟壳的。 有前款第一项行为,在成熟前自行铲除的,不予处罚。	（三）非法运输、买卖、储存、使用少量罂粟壳的。 有前款第一项行为,在成熟前自行铲除的,不予处罚。

关联法律法规

《中华人民共和国刑法》(2023 年 12 月 29 日修正)

第三百五十一条 非法种植罂粟、大麻等毒品原植物的,一律强制铲除。有下列情形之一的,处五年以下有期徒刑、拘役或者管制,并处罚金:

(一)种植罂粟五百株以上不满三千株或者其他毒品原植物数量较大的;

(二)经公安机关处理后又种植的;

(三)抗拒铲除的。

非法种植罂粟三千株以上或者其他毒品原植物数量大的,处五年以上有期徒刑,并处罚金或者没收财产。

非法种植罂粟或者其他毒品原植物,在收获前自动铲除的,可以免除处罚。

第三百五十二条 非法买卖、运输、携带、持有未经灭活的罂粟等毒品原植物种子或者幼苗,数量较大的,处三年以下有期徒刑、拘役或者管制,并处或者单处罚金。

《中华人民共和国禁毒法》(2007 年 12 月 29 日)

第十九条 国家对麻醉药品药用原植物种植实行管制。禁止非法种植罂粟、古柯植物、大麻植物以及国家规定管制的可以用于提炼加工毒品的其他原植物。禁止走私或者非法买卖、运输、携带、持有未经灭活的毒品原植物种子或者幼苗。

地方各级人民政府发现非法种植毒品原植物的,应当立即采取措施予以制止、铲除。村民委员会、居民委员会发现非法种植毒品原植物的,应当及时予以制止、铲除,并向当地公安机关报告。

《违反公安行政管理行为的名称及其适用意见》(公通字〔2020〕8 号 2020 年 8 月 6 日修订)

164.非法种植毒品原植物(第 71 条第 1 款第 1 项)

165.非法买卖、运输、携带、持有毒品原植物种苗(第71条第1款第2项)

166.非法运输、买卖、储存、使用罂粟壳(第71条第1款第3项)

《公安机关对部分违反治安管理行为实施处罚的裁量指导意见》(公通字[2018]17号　2018年6月5日)

七十九、非法种植毒品原植物

【法律依据】

(《中华人民共和国治安管理处罚法》第71条第1款第1项)有下列行为之一的,处十日以上十五日以下拘留,可以并处三千元以下罚款;情节较轻的,处五日以下拘留或者五百元以下罚款:

(一)非法种植罂粟不满五百株或者其他少量毒品原植物的;

【理解与适用】

有下列情形之一的,属于"情节较轻":

(一)非法种植罂粟不满五十株、大麻不满五百株的;

(二)非法种植罂粟不满二十平方米、大麻不满二百平方米,尚未出苗的;

(三)其他情节较轻的情形。

八十、非法买卖、运输、携带、持有毒品原植物种苗

【法律依据】

(《中华人民共和国治安管理处罚法》第71条第1款第2项)有下列行为之一的,处十日以上十五日以下拘留,可以并处三千元以下罚款;情节较轻的,处五日以下拘留或者五百元以下罚款:

(二)非法买卖、运输、携带、持有少量未经灭活的罂粟等毒品原植物种子或者幼苗的;

【理解与适用】

有下列情形之一的,属于"情节较轻":

(一)非法买卖、运输、携带、持有未经灭活的罂粟种子不满五克、罂粟幼苗不满五百株的;

(二)非法买卖、运输、携带、持有未经灭活的大麻幼苗不满五千株、大麻种子不满五千克的;

(三)其他情节较轻的情形。

八十一、非法运输、买卖、储存、使用罂粟壳
【法律依据】
(《中华人民共和国治安管理处罚法》第 71 条第 1 款第 3 项)有下列行为之一的,处十日以上十五日以下拘留,可以并处三千元以下罚款;情节较轻的,处五日以下拘留或者五百元以下罚款:
(三)非法运输、买卖、储存、使用少量罂粟壳的。
【理解与适用】
非法运输、买卖、储存、使用罂粟壳不满五千克的,或者其他社会危害性不大的,属于"情节较轻"。

> **第八十四条 【对毒品违法行为的处罚】**
> 有下列行为之一的,处十日以上十五日以下拘留,可以并处三千元以下罚款;情节较轻的,处五日以下拘留或者一千元以下罚款:
> (一)非法持有鸦片不满二百克、海洛因或者甲基苯丙胺不满十克或者其他少量毒品的;
> (二)向他人提供毒品的;
> (三)吸食、注射毒品的;
> (四)胁迫、欺骗医务人员开具麻醉药品、精神药品的。
> 聚众、组织吸食、注射毒品的,对首要分子、组织者依照前款的规定从重处罚。
> 吸食、注射毒品的,可以同时责令其六个月至一年以内不得进入娱乐场所、不得擅自接触涉及毒品违法犯罪人员。违反规定的,处五日以下拘留或者一千元以下罚款。

┃ 条文应用提示 ●●●●●●

打击毒品是我国乃至世界的一个共同而长期的任务。本条是关于非法持有毒品、向他人提供毒品、吸食注射毒品以及胁迫欺骗开具麻醉药品、精神药品的行为及其处罚的规定。

"持有"包括占有、所有、藏有或以其他方式将毒品置于自己控制之下。如果行为人非法持有的鸦片不少于 200 克、海洛因或甲基苯丙胺不少于 10 克或其他少量毒品,则构成《刑法》上的非法持有毒品罪。

"向他人提供毒品"特别强调提供的无偿性,若收取金钱财物的,则构成《刑法》上的贩卖毒品罪。若行为人提供毒品的同时,引诱、教唆他人吸毒,则后一主观意图包含了前一主观,应当以引诱、教唆吸毒行为予以处罚。

"吸食、注射毒品"是指用口吸、鼻吸、吞服、饮用或者皮下、静脉注射等方法使用毒品以及由国家管制的能使人成瘾的麻醉药品和精神药品。对于因治疗疾病的需要,依照医生的嘱咐和处方服用、注射麻醉药品和精神药品的,不属于本项所说的吸食注射毒品行为。

所谓"胁迫",是指采取威胁、恐吓等任意方式进行精神上的强制,迫使医务人员按行为人意思开具麻醉药品或精神药品的行为。所谓"欺骗",是指采取虚构事实、隐瞒真相的方法,如谎称看病需要等,骗取医务人员信任以为其开具麻醉药品和精神药品的行为。如果医务人员未被胁迫、欺骗,而明知或主动提供,则医务人员可能构成《刑法》上的非法提供麻醉药品、精神药品罪。

本条新增第2款"聚众、组织吸毒行为"。"聚众""组织"要求人数至少3人。"首要分子"是指在违法活动中起组织、策划、指挥作用的违法分子,其主观恶性较大,因而对首要分子和组织者应从重处罚。

本条新增第3款"对吸食、注射毒品的限制处罚"。娱乐场所鱼龙混杂,很多毒品交易都是在此发生的,因而对吸食、注射毒品的行为人责令其一定期限内不得进入娱乐场所、不得擅自接触涉及毒品违法犯罪人员(行为罚),有助于从根源上切断其毒品来源,避免再吸、复吸。

何为"情节较轻",全国尚无统一规范,但各地公安机关在实务中根据本地区的情况均制定了相关裁量标准。如《河南省公安机关治安管理处罚裁量标准》规定"向他人提供毒品情节较轻的情形":(1)初次向他人提供的;(2)向他人提供毒品未造成后果的;(3)其他情节较轻情形。可做参考。

条文新旧对照

《治安管理处罚法》2012年版	《治安管理处罚法》2025年版
第七十二条 有下列行为之一的,处十日以上十五日以下拘留,可以并处二千元以下罚款;情节较轻的,处五日以下拘留或者五百元以下罚款: (一)非法持有鸦片不满二百克、海洛因或者甲基苯丙胺不满十克或者其他少量毒品的; (二)向他人提供毒品的; (三)吸食、注射毒品的; (四)胁迫、欺骗医务人员开具麻醉药品、精神药品的。	第八十四条 有下列行为之一的,处十日以上十五日以下拘留,可以并处三千元以下罚款;情节较轻的,处五日以下拘留或者一千元以下罚款: (一)非法持有鸦片不满二百克、海洛因或者甲基苯丙胺不满十克或者其他少量毒品的; (二)向他人提供毒品的; (三)吸食、注射毒品的; (四)胁迫、欺骗医务人员开具麻醉药品、精神药品的。 聚众、组织吸食、注射毒品的,对首要分子、组织者依照前款的规定从重处罚。 吸食、注射毒品的,可以同时责令其六个月至一年以内不得进入娱乐场所、不得擅自接触涉及毒品违法犯罪人员。违反规定的,处五日以下拘留或者一千元以下罚款。

关联法律法规

《中华人民共和国刑法》(2023年12月29日修正)

第三百四十八条 非法持有鸦片一千克以上、海洛因或者甲基苯丙胺五十克以上或者其他毒品数量大的,处七年以上有期徒刑或者无期徒刑,并处罚金;非法持有鸦片二百克以上不满一千克、海洛因或者甲基苯丙胺十克以上不满五十克或者其他毒品数量较大的,处三年以下有期徒刑、拘役或者管制,并处罚金;情节严重的,处三年以上七年以下有期徒刑,并处罚金。

《中华人民共和国禁毒法》(2007年12月29日)

第五十九条　有下列行为之一,构成犯罪的,依法追究刑事责任;尚不构成犯罪的,依法给予治安管理处罚:

(一)走私、贩卖、运输、制造毒品的;

(二)非法持有毒品的;

(三)非法种植毒品原植物的;

(四)非法买卖、运输、携带、持有未经灭活的毒品原植物种子或者幼苗的;

(五)非法传授麻醉药品、精神药品或者易制毒化学品制造方法的;

(六)强迫、引诱、教唆、欺骗他人吸食、注射毒品的;

(七)向他人提供毒品的。

第六十二条　吸食、注射毒品的,依法给予治安管理处罚。吸毒人员主动到公安机关登记或者到有资质的医疗机构接受戒毒治疗的,不予处罚。

《麻醉药品和精神药品管理条例》(2024年12月6日修订)

第三条　本条例所称麻醉药品和精神药品,是指列入本条第二款规定的目录(以下称目录)的药品和其他物质。

麻醉药品和精神药品按照药用类和非药用类分类列管。药用类麻醉药品和精神药品目录由国务院药品监督管理部门会同国务院公安部门、国务院卫生主管部门制定、调整并公布。其中,药用类精神药品分为第一类精神药品和第二类精神药品。非药用类麻醉药品和精神药品目录由国务院公安部门会同国务院药品监督管理部门、国务院卫生主管部门制定、调整并公布。非药用类麻醉药品和精神药品发现药用用途的,调整列入药用类麻醉药品和精神药品目录,不再列入非药用类麻醉药品和精神药品目录。

国家组织开展药品和其他物质滥用监测,对药品和其他物质滥用情况进行评估,建立健全目录动态调整机制。上市销售但尚未列入目录的药品和其他物质或者第二类精神药品发生滥用,已经造成或者可能造成严重社会危害的,国务院药品监督管理部门、国务院公安部门、国务院卫生主管部门应当依照前款的规定及时将该药品和该物质列入目录或者将该第二类精神药品调整为第一类精神药品。

第四条　国家对麻醉药品药用原植物以及麻醉药品和精神药品实行管制。除本条例另有规定的外,任何单位、个人不得进行麻醉药品药用原植物的种植以及麻醉药品和精神药品的实验研究、生产、经营、使用、储存、运输等活动。

对药用类麻醉药品和精神药品,可以依照本条例的规定进行实验研究、生产、经营、使用、储存、运输;对非药用类麻醉药品和精神药品,可以依照本条例的规定进行实验研究,不得生产、经营、使用、储存、运输。

国家建立麻醉药品和精神药品追溯管理体系。国务院药品监督管理部门应当制定统一的麻醉药品和精神药品追溯标准和规范,推进麻醉药品和精神药品追溯信息互通互享,实现麻醉药品和精神药品可追溯。

《违反公安行政管理行为的名称及其适用意见》(公通字〔2020〕8号　2020年8月6日修订)

167. 非法持有毒品(第72条第1项)

168. 提供毒品(第72条第2项)

169. 吸毒(第72条第3项)

170. 胁迫、欺骗开具麻醉药品、精神药品(第72条第4项)

《公安机关对部分违反治安管理行为实施处罚的裁量指导意见》(公通字〔2018〕17号　2018年6月5日)

八十二、非法持有毒品

【法律依据】

(《中华人民共和国治安管理处罚法》第72条第1项)有下列行为之一的,处十日以上十五日以下拘留,可以并处二千元以下罚款;情节较轻的,处五日以下拘留或者五百元以下罚款:

(一)非法持有鸦片不满二百克、海洛因或者甲基苯丙胺不满十克或者其他少量毒品的;

【理解与适用】

有下列情形之一的,属于"情节较轻":

(一)非法持有鸦片不满二十克的;

(二)非法持有海洛因、甲基苯丙胺不满一克或者其他毒品数量未达到有关刑事立案追诉标准百分之十的;

(三)其他情节较轻的情形。

八十三、提供毒品

吸毒

胁迫、欺骗开具麻醉药品、精神药品

【法律依据】

(《中华人民共和国治安管理处罚法》第72条第2项、第3项、第4项)有下列行为之一的,处十日以上十五日以下拘留,可以并处二千元以下罚款;情节较轻的,处五日以下拘留或者五百元以下罚款:

(二)向他人提供毒品的;

(三)吸食、注射毒品的;

(四)胁迫、欺骗医务人员开具麻醉药品、精神药品的。

【理解与适用】

向他人提供毒品后及时收回且未造成危害后果的,未成年人、在校学生吸食毒品且无戒毒史或者无戒断症状的,欺骗医务人员开具少量麻醉药品、精神药品尚未吸食、注射的,或者其他社会危害性不大的,属于"情节较轻"。

典型案例参考

李某与北京市公安局朝阳分局行政处罚案

[北京市第三中级人民法院(2021)京03行终344号行政判决书]

2020年5月9日,朝阳公安分局垡头派出所民警对李某进行现场尿液检测,结果呈吗啡阳性。5月10日,垡头派出所委托法大法庭科学技术鉴定研究所对李某的尿样和毛发样本进行检测,从尿液中检出可待因成分,未检出苯丙胺、甲基苯丙胺、3,4-亚甲双氧甲基苯丙胺、3,4-亚甲双氧苯丙胺或麻黄碱成分;毛发监测结果显示其6个月内曾经摄入苯丙胺类毒品。李某陈述其不吸食毒品,尿检呈阳性原因是服用骨质增生、减肥药和打止疼针,但无法提供药品的具体品牌和成分。经民警向医院大夫询问,李某所打止疼针无吗啡、可待因、甲基苯丙胺成分。当日,朝阳公安分局对李某作出京公朝行罚决字[2020]51952号《行政处罚决定书》,依据《治安管理处罚法》第72条第3项之规定,决定给予李某行政拘留10日的处罚。

法院认为,毒品检测和判断具有专业技术性特点,检测结果反映的是一定期限内摄入一定量毒品的情况,司法鉴定通过实验室检测方式对李某毛发样品的测定结果系针对一定期限内是否存在摄入阿片类或苯丙胺类毒品情况的客观鉴定结论,相应检测结果和鉴定意见是判断违法事实成立的核心关键性证据,执法民警通过向专业医疗人员咨询亦排除了通过注射止疼药导致检测结果的可能性,故李某的上述主张不能成为推翻现场检测机构和鉴定意见结论的正当理由。朝阳公安分局结合李某的行为性质、情节等因素,对李某作出行政拘留10日的处罚属认定事实清楚,适用法律正确,处罚幅度并无不当。

> **第八十五条 【对引诱、教唆、欺骗或强迫他人吸食、注射毒品行为的处罚】**
> 引诱、教唆、欺骗或者强迫他人吸食、注射毒品的,处十日以上十五日以下拘留,并处一千元以上五千元以下罚款。
> 容留他人吸食、注射毒品或者介绍买卖毒品的,处十日以上十五日以下拘留,可以并处三千元以下罚款;情节较轻的,处五日以下拘留或者一千元以下罚款。

条文应用提示 ●●●●●

"引诱""教唆"都属于在他人本无吸食、注射毒品意愿的情况下,通过向他人宣扬吸食、注射毒品后的感受,传授或示范吸毒方法、技巧以及利用金钱、物质等其他条件进行诱惑的方法,引起他人产生吸食、注射毒品的意愿或欲望的行为。"欺骗"是指隐瞒或制造假象,在他人不知道的情况下给他人吸食、注射毒品的行为,如在香烟、食品或药品中掺入毒品(罂粟壳),供他人吸食或使用。"强迫"则是以暴力、威胁或其他手段,违背他人主观意志,逼迫他人吸食、注射毒品的行为。

"容留他人吸食、注射毒品",是指提供场所,供他人吸食、注射毒品的行为。这里的"场所",既可以是自己的住所,也可以是其经管的场所,如酒吧等。本条重点打击的应是以牟利为目的,为他人吸毒提供处所和集中为多人提供吸毒场所的行为。对于不知某人是吸毒人,而为其提供旅馆等场所住宿,吸毒人在其场所吸毒的,不属于本款规定的违反治安管理行为。"介绍买卖毒品",是指为毒品买卖双方寻找对象,并在其中牵线搭桥的行为。

实践中,应当注意区分本条与《刑法》第353条"引诱、教唆、欺骗他人吸毒罪""强迫他人吸毒罪"的差异,仅在"情节显著轻微,社会危害不大""不构成犯罪"的,才给予治安管理处罚。对此,可综合以下几个因素进行考量:(1)引诱、教唆、欺骗或强迫他人吸食、注射毒品的人数和次数;

(2)行为人的目的、动机和手段;(3)行为人教唆、引诱、欺骗或强迫的对象;(4)吸食、注射的毒品数量;(5)所造成的后果和社会影响等。

条文新旧对照

《治安管理处罚法》2012年版	《治安管理处罚法》2025年版
第七十三条　教唆、引诱、欺骗他人吸食、注射毒品的,处十日以上十五日以下拘留,并处五百元以上二千元以下罚款。	第八十五条　引诱、教唆、欺骗或者强迫他人吸食、注射毒品的,处十日以上十五日以下拘留,并处一千元以上五千元以下罚款。 　　容留他人吸食、注射毒品或者介绍买卖毒品的,处十日以上十五日以下拘留,可以并处三千元以下罚款;情节较轻的,处五日以下拘留或者一千元以下罚款。

关联法律法规

《中华人民共和国刑法》(2023年12月29日修正)

第三百五十三条　引诱、教唆、欺骗他人吸食、注射毒品的,处三年以下有期徒刑、拘役或者管制,并处罚金;情节严重的,处三年以上七年以下有期徒刑,并处罚金。

强迫他人吸食、注射毒品的,处三年以上十年以下有期徒刑,并处罚金。

引诱、教唆、欺骗或者强迫未成年人吸食、注射毒品的,从重处罚。

第三百五十四条　容留他人吸食、注射毒品的,处三年以下有期徒刑、拘役或者管制,并处罚金。

《中华人民共和国禁毒法》(2007年12月29日)

第五十九条　有下列行为之一,构成犯罪的,依法追究刑事责任;尚不构成犯罪的,依法给予治安管理处罚:

(一)走私、贩卖、运输、制造毒品的;

(二)非法持有毒品的;

(三)非法种植毒品原植物的;

(四)非法买卖、运输、携带、持有未经灭活的毒品原植物种子或者幼苗的；

（五）非法传授麻醉药品、精神药品或者易制毒化学品制造方法的；

（六）强迫、引诱、教唆、欺骗他人吸食、注射毒品的；

（七）向他人提供毒品的。

《违反公安行政管理行为的名称及其适用意见》（公通字〔2020〕8号 2020年8月6日修订）

171.教唆、引诱、欺骗吸毒（第73条）

典型案例参考

柴某某教唆、引诱、欺骗他人吸毒被罚案

[江苏省太仓市太公（陆渡）行罚决字〔2022〕2226号行政处罚决定书]

2022年5月17日，柴某某通过网络渠道向杨某某购买三唑仑成分药片50片，后在柴某某妻子孔某某不知情的情况下，将3片三唑仑成分药片磨粉拌入粥里让孔某某服用；2022年7月20日，柴某某又通过网络渠道向杨某某购买氯硝西泮成分药片10片，并通过韵达快递邮寄，2022年7月25日柴某某收取该氯硝西泮成分药片快递时，被当场查获。

柴某某的行为已构成欺骗他人吸食毒品，公安机关根据《治安管理处罚法》第73条之规定，对柴某某处行政拘留10日，并处罚款1000元的处罚；柴某某的行为又构成非法持有毒品，公安机关根据《治安管理处罚法》第72条第1项、第11条第1款之规定，对柴某某处行政拘留2日的处罚，并收缴其持有的氯硝西泮成分药片10片；因柴某某有两种违法治安管理行为的，分别决定，合并执行，公安机关根据《治安管理处罚法》第16条之规定，对柴某某处行政拘留12日，并处罚款1000元的处罚。

> **第八十六条 【对非法生产、经营、购买、运输制毒物品行为的处罚】**
> 违反国家规定，非法生产、经营、购买、运输用于制造毒品的原料、配剂的，处十日以上十五日以下拘留；情节较轻的，处五日以上十日以下拘留。

条文应用提示

本条为新增条文，是关于违反国家规定，非法生产、经营、购买、运输制毒原料或配剂的治安处罚规定。

毒品的原料、配剂包括但不限于醋酸酐、乙醚、三氯甲烷等化学物品以及麻黄碱、伪麻黄碱及其盐类和单方制剂等。

需要指出的是，有些原料本身就是毒品，如提炼海洛因的鸦片、黄皮、吗啡等，如果行为人有生产、经营、购买、运输此类毒品，应以《刑法》贩卖、运输、制造毒品罪论处。

条文新旧对照 ●●●●●●

《治安管理处罚法》2012 年版	《治安管理处罚法》2025 年版
	第八十六条　违反国家规定，非法生产、经营、购买、运输用于制造毒品的原料、配剂的，处十日以上十五日以下拘留；情节较轻的，处五日以上十日以下拘留。

关联法律法规 ●●●●●●

《中华人民共和国刑法》（2023 年 12 月 29 日修正）

第三百五十条　违反国家规定，非法生产、买卖、运输醋酸酐、乙醚、三氯甲烷或者其他用于制造毒品的原料、配剂，或者携带上述物品进出境，情节较重的，处三年以下有期徒刑、拘役或者管制，并处罚金；情节严重的，处三年以上七年以下有期徒刑，并处罚金；情节特别严重的，处七年以上有期徒刑，并处罚金或者没收财产。

明知他人制造毒品而为其生产、买卖、运输前款规定的物品的，以制造毒品罪的共犯论处。

单位犯前两款罪的，对单位判处罚金，并对其直接负责的主管人员和其他直接责任人员，依照前两款的规定处罚。

《中华人民共和国禁毒法》（2007 年 12 月 29 日）

第二十一条　国家对麻醉药品和精神药品实行管制，对麻醉药品和精神药品的实验研究、生产、经营、使用、储存、运输实行许可和查验制度。

国家对易制毒化学品的生产、经营、购买、运输实行许可制度。

禁止非法生产、买卖、运输、储存、提供、持有、使用麻醉药品、精神药品和易制毒化学品。

第八十七条 【对服务行业人员通风报信行为的处罚】
旅馆业、饮食服务业、文化娱乐业、出租汽车业等单位的人员,在公安机关查处吸毒、赌博、卖淫、嫖娼活动时,为违法犯罪行为人通风报信的,或者以其他方式为上述活动提供条件的,处十日以上十五日以下拘留;情节较轻的,处五日以下拘留或者一千元以上二千元以下罚款。

条文应用提示 ●●●●●●

旅馆业、饮食服务业、文化娱乐业、出租汽车业都属于营利性的服务行业,一些不法分子为获取暴利,不择手段在这些营业场所提供色情、赌博、吸毒等服务,已经严重影响到社会秩序与社会安全。

本条针对的违法主体为旅馆业、饮食服务业、文化娱乐业、出租汽车业等单位的人员;其违法行为表现有两种:一是为吸毒、赌博、卖淫、嫖娼活动提供条件;二是在公安机关查处吸毒、赌博、卖淫、嫖娼活动时,为违法犯罪行为人通风报信。

条文新旧对照 ●●●●●●

《治安管理处罚法》2012年版	《治安管理处罚法》2025年版
第七十四条 旅馆业、饮食服务业、文化娱乐业、出租汽车业等单位的人员,在公安机关查处吸毒、赌博、卖淫、嫖娼活动时,为违法犯罪行为人通风报信的,处十日以上十五日以下拘留。	第八十七条 旅馆业、饮食服务业、文化娱乐业、出租汽车业等单位的人员,在公安机关查处吸毒、赌博、卖淫、嫖娼活动时,为违法犯罪行为人通风报信的,**或者以其他方式为上述活动提供条件的**,处十日以上十五日以下拘留;**情节较轻的,处五日以下拘留或者一千元以上二千元以下罚款**。

关联法律法规 ●●●●●●

《中华人民共和国刑法》(2023年12月29日修正)
第三百六十一条 旅馆业、饮食服务业、文化娱乐业、出租汽车业等单位的人员,利用本单位的条件,组织、强迫、引诱、容留、介绍他人卖淫的,依照本法第三百五十八条、第三百五十九条的规定定罪处罚。

前款所列单位的主要负责人,犯前款罪的,从重处罚。

第三百六十二条 旅馆业、饮食服务业、文化娱乐业、出租汽车业等单位的人员,在公安机关查处卖淫、嫖娼活动时,为违法犯罪分子通风报信,情节严重的,依照本法第三百一十条的规定定罪处罚。

《娱乐场所管理条例》(2020年11月29日修订)

第十四条 娱乐场所及其从业人员不得实施下列行为,不得为进入娱乐场所的人员实施下列行为提供条件:

(一)贩卖、提供毒品,或者组织、强迫、教唆、引诱、欺骗、容留他人吸食、注射毒品;

(二)组织、强迫、引诱、容留、介绍他人卖淫、嫖娼;

(三)制作、贩卖、传播淫秽物品;

(四)提供或者从事以营利为目的的陪侍;

(五)赌博;

(六)从事邪教、迷信活动;

(七)其他违法犯罪行为。

娱乐场所的从业人员不得吸食、注射毒品,不得卖淫、嫖娼;娱乐场所及其从业人员不得为进入娱乐场所的人员实施上述行为提供条件。

第三十一条 娱乐场所应当建立巡查制度,发现娱乐场所内有违法犯罪活动的,应当立即向所在地县级公安部门、县级人民政府文化主管部门报告。

《违反公安行政管理行为的名称及其适用意见》(公通字〔2020〕8号 2020年8月6日修订)

172. 为吸毒、赌博、卖淫、嫖娼人员通风报信(第74条)

典型案例参考

王某某容留卖淫被罚案

[江苏省常州市武进分局武公(洛)行罚决字〔2023〕4171号行政处罚决定书]

2022年9月17日,洛阳派出所在查处水玲珑足浴店时,前台工作人员王某某以按警报器的方式进行通风报信。以上违法事实有王某某的陈述和申辩、证人证言、物证等证据证实。洛阳派出所根据《治安管理处罚法》第 74 条之规定,决定对王某某行政拘留 10 日。

> **第八十八条** 【对制造噪声干扰他人生活的处罚】
> 违反关于社会生活噪声污染防治的法律法规规定,产生社会生活噪声,经基层群众性自治组织、业主委员会、物业服务人、有关部门依法劝阻、调解和处理未能制止,继续干扰他人正常生活、工作和学习的,处五日以下拘留或者一千元以下罚款;情节严重的,处五日以上十日以下拘留,可以并处一千元以下罚款。

条文应用提示 ●●●●●●●

"社会生活噪声污染防治的法律规定",主要是指《噪声污染防治法》第七章和第八章的相关内容。根据该法,社会生活噪声是指人为活动产生的除工业噪声、建筑施工噪声和交通运输噪声之外的干扰周围生活环境的声音。个人和单位都有可能是本行为的主体,无论其主观上是故意或过失,只要持续干扰他人正常生活、工作和学习,就构成本行为。

基层群众性自治组织包括城市居民委员会和农村村民委员会,有调解民间纠纷、协助维护社会治安的任务。业主委员会是本建筑物或者建筑区划内所有建筑物的业主大会的执行机构,按照业主大会的决定履行管理的职责,其决定对业主具有法律约束力。业主委员会对排放污染物或者噪声等损害他人合法权益的行为,有权依照法律、法规以及管理规约,请求行为人停止侵害、排除妨碍、消除危险、恢复原状、赔偿损失。物业服务人有按照约定和物业的使用性质,维护物业服务区域内的基本秩序的义务,对物业服务区域内违反有关治安、环保、消防等法律法规的行为,应当及时采取合理措施制止、向有关行政主管部门报告并协助处理。

实践中,对本条规定的制造社会生活噪声行为的处罚要注意证据的收集,社会生活噪声是否达到持续干扰他人正常生活、工作和学习的程度,需要由环境保护行政机关根据相应的环境噪声标准作出检测和认定,这也是公安机关依据本条对行为人作出治安处罚的重要证据。

鉴于类似纠纷一般发生在邻里之间,如上相关组织应先行依法劝阻、调解和处理,仍未能制止违法行为人,其一意孤行继续干扰他人正常生活、工作和学习的,再予以相应的罚款或拘留的治安管理处罚。

▎条文新旧对照 ●●●●●●

《治安管理处罚法》2012年版	《治安管理处罚法》2025年版
第五十八条 违反关于社会生活噪声污染防治的法律规定,制造噪声干扰他人正常生活的,处警告;警告后不改正的,处二百元以上五百元以下罚款。	第八十八条 违反关于社会生活噪声污染防治的法律**法规**规定,**产生**社会生活噪声,经基层群众性自治组织、业主委员会、物业服务人、有关部门依法劝阻、调解和处理未能制止,继续干扰他人正常生活、工作和学习的,处五日以下拘留或者一千元以下罚款;情节严重的,处五日以上十日以下拘留,可以并处一千元以下罚款。

▎关联法律法规 ●●●●●●

《中华人民共和国噪声污染防治法》(2021年12月24日)

第二条 本法所称噪声,是指在工业生产、建筑施工、交通运输和社会生活中产生的干扰周围生活环境的声音。

本法所称噪声污染,是指超过噪声排放标准或者未依法采取防控措施产生噪声,并干扰他人正常生活、工作和学习的现象。

第八十七条 违反本法规定,产生社会生活噪声,经劝阻、调解和处理未能制止,持续干扰他人正常生活、工作和学习,或者有其他扰乱公共秩序、妨害社会管理等违反治安管理行为的,由公安机关依法给予治安管理处罚。

违反本法规定,构成犯罪的,依法追究刑事责任。

《中华人民共和国民法典》(2021年1月1日)

第二百八十六条 业主应当遵守法律、法规以及管理规约,相关行为应当符合节约资源、保护生态环境的要求。对于物业服务企业或者其他管理人执行政府依法实施的应急处置措施和其他管理措施,业主应当依法予以配合。

业主大会或者业主委员会，对任意弃置垃圾、排放污染物或者噪声、违反规定饲养动物、违章搭建、侵占通道、拒付物业费等损害他人合法权益的行为，有权依照法律、法规以及管理规约，请求行为人停止侵害、排除妨碍、消除危险、恢复原状、赔偿损失。

业主或者其他行为人拒不履行相关义务的，有关当事人可以向有关行政主管部门报告或者投诉，有关行政主管部门应当依法处理。

第九百四十二条　物业服务人应当按照约定和物业的使用性质，妥善维修、养护、清洁、绿化和经营管理物业服务区域内的业主共有部分，维护物业服务区域内的基本秩序，采取合理措施保护业主的人身、财产安全。

对物业服务区域内违反有关治安、环保、消防等法律法规的行为，物业服务人应当及时采取合理措施制止、向有关行政主管部门报告并协助处理。

《物业管理条例》(2018年3月19日修订)

第四十五条　对物业管理区域内违反有关治安、环保、物业装饰装修和使用等方面法律、法规规定的行为，物业服务企业应当制止，并及时向有关行政管理部门报告。

有关行政管理部门在接到物业服务企业的报告后，应当依法对违法行为予以制止或者依法处理。

《违反公安行政管理行为的名称及其适用意见》(公通字〔2020〕8号　2020年8月6日修订)

129.制造噪声干扰正常生活(第58条)

典型案例参考 ●●●●●●

王某群与上海市公安局浦东分局祝桥派出所不履行噪声扰民处理的法定职责案

[上海市第二中级人民法院(2022)沪02行终209号行政判决书]

王某群及其妻子于2019年9月至2021年3月因广场舞噪声扰民问题多次拨打110进行求助，并于2020年11月29日向祝桥派出所邮寄履行法定职责申请书，要求祝桥派出所履行法定职责，祝桥派出所收到报警和申请书后，民警均到场予以处置，要求跳广场舞人员将音量调轻，并组织沟通协调，与居委会一起将小区广场上的扩音装置予以拆除，要求物业在小区广场增设噪声扰民警示牌，派遣特保队员于小区广场舞时段进行值守。祝桥派出所社区民警至王某群所在小区开展噪声扰民问题的普法。王某群认为祝桥派出所的处理仅为沟通协调，未对违法行为人采取针对性的处罚措施,未完全履行法定职责,遂诉至法院。

法院认为,根据《治安管理处罚法》第58条、《环境噪声污染防治法》(现已失效)和《上海市社会生活噪声污染防治办法》的相关规定,公安机关对违反关于社会生活噪声污染防治的法律规定、制造噪声干扰他人正常生活的违法行为,具有依法予以查处、作出行政处罚决定的法定职权。本案中,祝桥派出所应对王某群的申请依法进行调查并作出处理。祝桥派出所收到申请后,多次到现场予以处置,要求跳广场舞人员将音量调轻,履行了调查处理的职责,后续又采取了诸多降低广场舞噪声干扰的措施,已对王某群反映的广场舞噪声扰民问题进行了处置。小区业主、居民共同享有小区内公共场地的所有权和使用权,使用时应互相尊重、互谅互让。广场舞舞者应在不干扰其他居民正常生活的前提下合理使用,其他居民也应予以一定的宽容,不宜过度放大个人权利,不当限制他人对公共场地的合理使用。公安机关亦无权阻止小区居民在公共场地跳广场舞的行为。王某群要求祝桥派出所对其小区内广场舞外放音乐扰民的行为作出行政处罚决定,缺乏事实和法律依据。

第八十九条 【对动物扰民、动物伤人及违法出售、饲养烈性犬等危险动物的处罚】

饲养动物,干扰他人正常生活的,处警告;警告后不改正的,或者放任动物恐吓他人的,处一千元以下罚款。

违反有关法律、法规、规章规定,出售、饲养烈性犬等危险动物的,处警告;警告后不改正的,或者致使动物伤害他人的,处五日以下拘留或者一千元以下罚款;情节较重的,处五日以上十日以下拘留。

未对动物采取安全措施,致使动物伤害他人的,处一千元以下罚款;情节较重的,处五日以上十日以下拘留。

驱使动物伤害他人的,依照本法第五十一条的规定处罚。

▌条文应用提示 ●●●●●

"干扰他人正常生活"是指所饲养的动物因缺乏管教而给环境卫生或他人正常生活带来不便。"警告"并非口头意义上的警告,而是本法所规定的警告处罚。"恐吓"要求对他人造成心理或精神上的惊吓、恐慌等。"警告后不改正,或放任动物恐吓他人的",可以视为对"干扰他人正常生活的"加重处罚。

违反有关法律、法规、规章规定，既包括全国性的《治安管理处罚法》《动物防疫条件审查办法》等，也包括各地关于饲养动物的地方性法规和地方政府规章。烈性犬等危险动物的范围通常由各地具体规定，从动物的品种、体型、血统等方面规定禁止饲养的动物范围，或者规定在指定区域内禁止饲养烈性犬等危险动物。

"未对动物采取安全措施"，是指饲养人未按照饲养动物的管理规定及时有效采取安全措施，既包括未对动物进行必要的安全约束，也包括未对动物进行人类疾病防疫，使其有可能传播侵害人类的传染病等。

驱使动物伤害他人的，属于故意伤害他人身体，按照本法第五十一条的规定处罚。

条文新旧对照 ●●●●●●

《治安管理处罚法》2012年版	《治安管理处罚法》2025年版
第七十五条 饲养动物，干扰他人正常生活的，处警告；警告后不改正的，或者放任动物恐吓他人的，处二百元以上五百元以下罚款。 驱使动物伤害他人的，依照本法第四十三条第一款的规定处罚。	第八十九条 饲养动物，干扰他人正常生活的，处警告；警告后不改正的，或者放任动物恐吓他人的，处一千元以下罚款。 违反有关法律、法规、规章规定，出售、饲养烈性犬等危险动物的，处警告；警告后不改正的，或者致使动物伤害他人的，处五日以下拘留或者一千元以下罚款；情节较重的，处五日以上十日以下拘留。 未对动物采取安全措施，致使动物伤害他人的，处一千元以下罚款；情节较重的，处五日以上十日以下拘留。 驱使动物伤害他人的，依照本法第五十一条的规定处罚。

关联法律法规

《中华人民共和国民法典》(2020年5月28日)

第一千二百四十五条　饲养的动物造成他人损害的,动物饲养人或者管理人应当承担侵权责任;但是,能够证明损害是因被侵权人故意或者重大过失造成的,可以不承担或者减轻责任。

第一千二百四十六条　违反管理规定,未对动物采取安全措施造成他人损害的,动物饲养人或者管理人应当承担侵权责任;但是,能够证明损害是因被侵权人故意造成的,可以减轻责任。

第一千二百四十七条　禁止饲养的烈性犬等危险动物造成他人损害的,动物饲养人或者管理人应当承担侵权责任。

第一千二百四十八条　动物园的动物造成他人损害的,动物园应当承担侵权责任;但是,能够证明尽到管理职责的,不承担侵权责任。

第一千二百四十九条　遗弃、逃逸的动物在遗弃、逃逸期间造成他人损害的,由动物原饲养人或者管理人承担侵权责任。

第一千二百五十条　因第三人的过错致使动物造成他人损害的,被侵权人可以向动物饲养人或者管理人请求赔偿,也可以向第三人请求赔偿。动物饲养人或者管理人赔偿后,有权向第三人追偿。

第一千二百五十一条　饲养动物应当遵守法律法规,尊重社会公德,不得妨碍他人生活。

《违反公安行政管理行为的名称及其适用意见》(公通字〔2020〕8号　2020年8月6日修订)

173.饲养动物干扰正常生活(第75条第1款)

174.放任动物恐吓他人(第75条第1款)

典型案例参考

陈某炯与上海市公安局宝山分局治安行政处罚案

[上海市第一中级人民法院(2020)沪01行终389号行政判决书]

陈某炯作分别于2019年5月16日、5月22日、6月7日、6月21日、6月22日、7月5日、7月6日、7月16日、7月28日、8月30日向上海市公安局宝山分局报警称301室住户内狗吠声吵,影响其休息。9月12日,陈某炯在上海市宝山区人民法院对周某提起相邻关系纠纷一案,法院作出的民事判决书认为,……各方在行使权利时,应互谅互让、适度容忍。被告经合法登记在家中饲养一只小型宠物犬的行为,与法不悖。现被告一家一直在301室房屋内居住,结合楼下201室邻居的证言,并未发现存在犬吠影响他人正常生活的情况。2020年1月20日,陈某炯向宝山分局提交《控告书》,投诉居住于301室周某所养之犬,吠闹扰民,未按律规,合法饲养,请求宝山分局予以制裁,宝山分局未予回复,陈某炯遂提起行政诉讼。

法院认为,陈某炯认为所应制止事项作用于其与301室住户之间,皆为私领域的特定个体,并非所涉社会公共治安秩序之中,不应适用《治安管理处罚法》之规定。301室住户所饲之犬为小型犬类,犬吠皆属正常现象,且该犬具备狗证,属于合法养犬范畴之内。《治安管理处罚法》第75条的适用须有影响正常生活之前提,然在本案中陈某炯并未提供能证明影响其正常生活的直接证据,且在民事判决之中,人民法院认定陈某炯所诉要求301室住户赔偿犬吠损失的主张并无事实支撑,陈某炯的权益并未受到侵害,其生活亦未受到影响。在人民法院民事判决不予支持其所诉主张的情况,陈某炯转而以要求公安宝山分局履行法定职责的方式来救济,显属借助公权力而谋取私利,在此方面,陈某炯丧失要求公安宝山分局履行法定职责的正当性。陈某炯作为租住人员,应与周邻人员多兴虞芮之风,少诘针芒之诉。本案中,公安宝山分局既无法定之职,亦无务落之责,更无拒职之过。

第四章 处罚程序

第一节 调 查

> **第九十条 【案件受理】**
> 公安机关对报案、控告、举报或者违反治安管理行为人主动投案，以及其他国家机关移送的违反治安管理案件，应当立即立案并进行调查；认为不属于违反治安管理行为的，应当告知报案人、控告人、举报人、投案人，并说明理由。

条文应用提示 ●●●●●●

1. 立即立案并进行调查

治安案件进入公安机关处理程序基本途径是通过报案、控告、举报或者违反治安管理行为人主动投案四种方式。城市和县（旗）公安局指挥中心设立110报警服务台，专门负责全天24小时受理公众紧急电话报警、求助和对公安机关及其人民警察现时发生的违法行为。

《治安管理处罚法》要求公安机关在接到报案、控告、举报、投案或移送时应当"立即立案并进行调查"。立案意味着案件进入公安机关办理流程。公安机关立案时，应当制作受案登记表，并出具回执。公民在公安机关立案后有权索要受案登记表的回执，作为报案证明和日后进行救济的凭证。公安机关不履行法定职责立案处理的，公民可以向复议机关申请行政复议或提起行政诉讼。

2. 案件移送

其他国家机关，如行政主管部门、监察机关、司法机关在调查或办案过程中发现有违反治安管理行为的，移送公安机关作为治安管理案件处理。公安机关在办理治安案件过程中，根据《公安机关办理行政案件程序规定》第一百七十二条规定,发现违法行为涉嫌构成犯罪的,转为刑事案件办理或者移送有权处理的主管机关、部门办理,无须撤销行政案件;公安机关已经作出行政处理决定的,应当附卷。

▋条文新旧对照 ●●●●●●

《治安管理处罚法》2012年版	《治安管理处罚法》2025年版
第七十七条 公安机关对报案、控告、举报或者违反治安管理行为人主动投案,以及其他行政主管部门、司法机关移送的违反治安管理案件,应当及时受理,并进行登记。 第七十八条 公安机关受理报案、控告、举报、投案后,认为属于违反治安管理行为的,应当立即进行调查;认为不属于违反治安管理行为的,应当告知报案人、控告人、举报人、投案人,并说明理由。	第九十条 公安机关对报案、控告、举报或者违反治安管理行为人主动投案,以及其他国家机关移送的违反治安管理案件,应当立即立案并进行调查;认为不属于违反治安管理行为的,应当告知报案人、控告人、举报人、投案人,并说明理由。

▋关联法律法规 ●●●●●●

《公安机关办理行政案件程序规定》(2020年8月6日修正)

第六十条 县级公安机关及其公安派出所、依法具有独立执法主体资格的公安机关业务部门以及出入境边防检查站对报案、控告、举报、群众扭送或者违法嫌疑人投案,以及其他国家机关移送的案件,应当及时受理并按照规定进行网上接报案登记。对重复报案、案件正在办理或者已经办结的,应当向报案人、控告人、举报人、扭送人、投案人作出解释,不再登记。

第六十一条 公安机关应当对报案、控告、举报、群众扭送或者违法嫌疑人投案分别作出下列处理,并将处理情况在接报案登记中注明:

(一)对属于本单位管辖范围内的案件,应当立即调查处理,制作受案登记表和受案回执,并将受案回执交报案人、控告人、举报人、扭送人;

(二)对属于公安机关职责范围,但不属于本单位管辖的,应当在二十四小时内移送有管辖权的单位处理,并告知报案人、控告人、举报人、扭送人、投案人;

(三)对不属于公安机关职责范围的事项,在接报案时能够当场判断的,应当立即口头告知报案人、控告人、举报人、扭送人、投案人向其他主管机关报案或者投案,报案人、控告人、举报人、扭送人、投案人对口头告知内容有异议或者不能当场判断的,应当书面告知,但因没有联系方式、身份不明等客观原因无法书面告知的除外。

在日常执法执勤中发现的违法行为,适用前款规定。

第六十二条 属于公安机关职责范围但不属于本单位管辖的案件,具有下列情形之一的,受理案件或者发现案件的公安机关及其人民警察应当依法先行采取必要的强制措施或者其他处置措施,再移送有管辖权的单位处理:

(一)违法嫌疑人正在实施危害行为的;

(二)正在实施违法行为或者违法后即时被发现的现行犯被扭送至公安机关的;

(三)在逃的违法嫌疑人已被抓获或者被发现的;

(四)有人员伤亡,需要立即采取救治措施的;

(五)其他应当采取紧急措施的情形。

行政案件移送管辖的,询问查证时间和扣押等措施的期限重新计算。

第六十三条 报案人不愿意公开自己的姓名和报案行为的,公安机关应当在受案登记时注明,并为其保密。

第六十四条 对报案人、控告人、举报人、扭送人、投案人提供的有关证据材料、物品等应当登记,出具接受证据清单,并妥善保管。必要时,应当拍照、录音、录像。移送案件时,应当将有关证据材料和物品一并移交。

第六十五条 对发现或者受理的案件暂时无法确定为刑事案件或者行政案件的,可以按照行政案件的程序办理。在办理过程中,认为涉嫌构成犯罪的,应当按照《公安机关办理刑事案件程序规定》办理。

《公安机关受理行政执法机关移送涉嫌犯罪案件规定》(2016年6月16日)

第一条 为规范公安机关受理行政执法机关移送涉嫌犯罪案件工

作,完善行政执法与刑事司法衔接工作机制,根据有关法律、法规,制定本规定。

第二条 对行政执法机关移送的涉嫌犯罪案件,公安机关应当接受,及时录入执法办案信息系统,并检查是否附有下列材料:

(一)案件移送书,载明移送机关名称、行政违法行为涉嫌犯罪罪名、案件主办人及联系电话等。案件移送书应当附移送材料清单,并加盖移送机关公章;

(二)案件调查报告,载明案件来源、查获情况、嫌疑人基本情况、涉嫌犯罪的事实、证据和法律依据、处理建议等;

(三)涉案物品清单,载明涉案物品的名称、数量、特征、存放地等事项,并附采取行政强制措施、现场笔录等表明涉案物品来源的相关材料;

(四)附有鉴定机构和鉴定人资质证明或者其他证明文件的检验报告或者鉴定意见;

(五)现场照片、询问笔录、电子数据、视听资料、认定意见、责令整改通知书等其他与案件有关的证据材料。

移送材料表明移送案件的行政执法机关已经或者曾经作出有关行政处罚决定的,应当检查是否附有有关行政处罚决定书。

对材料不全的,应当在接受案件的二十四小时内书面告知移送的行政执法机关在三日内补正。但不得以材料不全为由,不接受移送案件。

典型案例参考 ●●●●●●

原告富民公司诉被告七里河公安分局不履行法定职责案

[(2016)甘7101行初167号行政判决书]

2016年,原告公司遭受第三人薛某侵扰,原告随即向被告七里河分局报案,但被告接警后,一直不予立案,也未向原告出具书面答复,对违法行为人薛某未进行治安行政处罚并责令将会计账本归还给原告。原告认为七里河分局的行为构成不作为,并严重损害了原告的合法权益,向法院提起行政诉讼,请求确认七里河分局未履行行政查处的不作为行为违法,并责令被告依法履行法定职责。

法院认为,根据《治安管理处罚法》第77条、第78条和《公安机关办理行政案件程序规定》第47条的规定"公安机关对报案应当及时受理,并制作受案登记表。对于属于本单位管辖的,应当及时调查处理;对于不属于公安职责范围内的事项,书面告知报案人向其他有关主管机关报案"。本案原告富民公司报案称行为人薛某带人强行将公司账本拿走,被告接警后派人到达现场,初步了解到案发原因系双方存在经济纠纷,便以公安机关不插手干预经济纠纷为依据,仅进行了劝阻和口头告知、说明工作,而后被告又于同年2月27日组织原告与行为人薛某在原告富民公司进行了调解。被告七里河分局对该案的处理虽然履行了接警、出警、询问、口头告知以及组织调解的法定职责,但被告对案件性质的判断以及该案的处理程序上存在相应的问题。

首先,被告所依据的三个规范性文件,明确划清了经济犯罪与经济纠纷的界限,特指公安机关不得插手将合同纠纷、债务纠纷当作诈骗等经济犯罪案件办理,以及违法限制人身自由、追赃、索要办案费等违规行为的处理。本案薛某的行为,具有侵犯财产权利、扰乱单位秩序的性质,虽然行为人薛某与原告富民公司总经理柴某祥存在一定身份关系和经济往来,该事实应当作为案件处理的情节予以考虑,但不能简单归类于经济纠纷而不予处理。原告报案请求被告制止违法行为、追回账册以及对行为人薛某进行处理,并没有请求被告对经济纠纷进行处理,被告应当对薛某行为是否违法,以及事实、情节、造成后果展开调查处理,因此被告以公安机关不得插手经济纠纷为由不予立案调查处理的理由不能成立。

其次,本案被告由于对案件性质的判断出现偏差,导致未能及时作出受案登记并依照《公安机关办理行政案件程序规定》第37条、第147条的规定,对案件进行合法、及时、客观、全面的收集、调取证据材料,并根据不同情况分别作出相关处理决定。综合以上理由,被告七里河分局针对原告的报案未能及时受理、全面调查、作出处理的行为属于未完全履行法定职责,应当确认违法。原告的诉讼请求,具有事实依据,并符合法律规定,本院予以支持。

基于上述理由,一审法院责令被告兰州市公安局七里河分局在判决生效后30日内依法履行原告请求的法定职责。

第九十一条 【严禁非法取证】
公安机关及其人民警察对治安案件的调查,应当依法进行。严禁刑讯逼供或者采用威胁、引诱、欺骗等非法手段收集证据。
以非法手段收集的证据不得作为处罚的根据。

条文应用提示 ●●●●●●

为保证取证程序合法,保障当事人合法权益,公安机关必须依照法定程序,收集能够证实违法嫌疑人是否违法、违法情节轻重的证据,严禁刑讯逼供和以威胁、欺骗等非法方法收集证据。

刑讯逼供是指以肉刑或变相肉刑的方式取得当事人的供述,如殴打、烙烫、使其挨饿等让人在肉体上遭受痛苦的方式。限制人身自由主要是指采用非法拘禁等非法的方法,如非法留置、变相拘禁。采用刑讯逼供或者威胁、引诱、欺骗等非法方法收集的违法嫌疑人的陈述和申辩以及被侵害人陈述、其他证人证言,其取得方式本身不为法律认可,所获得证据可能失真,不能作为定案的根据。

取证"不符合法定程序",则主要是指不符合法律法规关于取证主体、取证手续、取证方法的相关规定,是程序违法。收集物证、书证不符合法定程序,可能严重影响执法公正的,应当予以补正或者作出合理解释;不能补正或者作出合理解释的,不能作为定案的根据。

条文新旧对照 ●●●●●●

《治安管理处罚法》2012年版	《治安管理处罚法》2025年版
第七十九条 公安机关及其人民警察对治安案件的调查,应当依法进行。严禁刑讯逼供或者采用威胁、引诱、欺骗等非法手段收集证据。 以非法手段收集的证据不得作为处罚的根据。	第九十一条 公安机关及其人民警察对治安案件的调查,应当依法进行。严禁刑讯逼供或者采用威胁、引诱、欺骗等非法手段收集证据。 以非法手段收集的证据不得作为处罚的根据。

关联法律法规 ●●●●●●

《公安机关办理行政案件程序规定》(2020年8月6日修正)

第二十七条 公安机关必须依照法定程序,收集能够证实违法嫌疑人是否违法、违法情节轻重的证据。

严禁刑讯逼供和以威胁、欺骗等非法方法收集证据。采用刑讯逼供等非法方法收集的违法嫌疑人的陈述和申辩以及采用暴力、威胁等非法方法收集的被侵害人陈述、其他证人证言，不能作为定案的根据。收集物证、书证不符合法定程序，可能严重影响执法公正的，应当予以补正或者作出合理解释；不能补正或者作出合理解释的，不能作为定案的根据。

《关于办理刑事案件严格排除非法证据若干问题的规定》（2017年6月20日）

第一条 严禁刑讯逼供和以威胁、引诱、欺骗以及其他非法方法收集证据，不得强迫任何人证实自己有罪。对一切案件的判处都要重证据，重调查研究，不轻信口供。

《中华人民共和国刑法》（2023年12月29日修正）

第二百四十七条 司法工作人员对犯罪嫌疑人、被告人实行刑讯逼供或者使用暴力逼取证人证言的，处三年以下有期徒刑或者拘役。致人伤残、死亡的，依照本法第二百三十四条、第二百三十二条的规定定罪从重处罚。

第九十二条 【收集、调取证据】
公安机关办理治安案件，有权向有关单位和个人收集、调取证据。有关单位和个人应当如实提供证据。
公安机关向有关单位和个人收集、调取证据时，应当告知其必须如实提供证据，以及伪造、隐匿、毁灭证据或者提供虚假证言应当承担的法律责任。

条文应用提示

公安机关向有关单位和个人收集、调取证据的流程如下：(1)公安机关办案部门负责人批准，开具调取证据通知书，明确调取的证据和提供时限；(2)被调取人有义务配合公安机关的工作，如实提供相关证据；(3)被调取人应当在通知书上盖章或者签名，被调取人拒绝配合的，公安机关应当注明。

向公安机关如实提供证据是法律规定的公民义务，如果伪造、隐匿、毁灭证据或者提供虚假证言的，依据本法第七十二条的规定处理。

条文新旧对照

《治安管理处罚法》2012 年版	《治安管理处罚法》2025 年版
	第九十二条　公安机关办理治安案件,有权向有关单位和个人收集、调取证据。有关单位和个人应当如实提供证据。 　　公安机关向有关单位和个人收集、调取证据时,应当告知其必须如实提供证据,以及伪造、隐匿、毁灭证据或者提供虚假证言应当承担的法律责任。

关联法律法规

《公安机关办理行政案件程序规定》(2020 年 8 月 6 日修正)

第二十八条　公安机关向有关单位和个人收集、调取证据时,应当告知其必须如实提供证据,并告知其伪造、隐匿、毁灭证据,提供虚假证词应当承担的法律责任。

需要向有关单位和个人调取证据的,经公安机关办案部门负责人批准,开具调取证据通知书,明确调取的证据和提供时限。被调取人应当在通知书上盖章或者签名,被调取人拒绝的,公安机关应当注明。必要时,公安机关应当采用录音、录像等方式固定证据内容及取证过程。

需要向有关单位紧急调取证据的,公安机关可以在电话告知人民警察身份的同时,将调取证据通知书连同办案人民警察的人民警察证复印件通过传真、互联网通讯工具等方式送达有关单位。

第九十三条　【在其他司法程序中收集的证据】
在办理刑事案件过程中以及其他执法办案机关在移送案件前依法收集的物证、书证、视听资料、电子数据等证据材料,可以作为治安案件的证据使用。

条文应用提示

行为人的行为是违法行为,还是犯罪行为,在最开始立案调查时不一定明晰。实践中存在治安案件向刑事案件的转化,也存在刑事案件向治安案件的转化,以及其他国家机关向公安机关移送的违反治安管理案件。在如上案件办理中,依法收集的物证、书证、视听资料、电子数据等证据材料,均可以作为治安案件的证据使用,这有利于案件办理效率的提升。

条文新旧对照

《治安管理处罚法》2012 年版	《治安管理处罚法》2025 年版
	第九十三条　在办理刑事案件过程中以及其他执法办案机关在移送案件前依法收集的物证、书证、视听资料、电子数据等证据材料,可以作为治安案件的证据使用。

关联法律法规

《最高人民检察院关于推进行政执法与刑事司法衔接工作的规定》(2021 年 9 月 6 日)

第八条　人民检察院决定不起诉的案件,应当同时审查是否需要对被不起诉人给予行政处罚。对被不起诉人需要给予行政处罚的,经检察长批准,人民检察院应当向同级有关主管机关提出检察意见,自不起诉决定作出之日起三日以内连同不起诉决定书一并送达。人民检察院应当将检察意见抄送同级司法行政机关,主管机关实行垂直管理的,应当将检察意见抄送其上级机关。

检察意见书应当写明采取和解除刑事强制措施,查封、扣押、冻结涉案财物以及对被不起诉人予以训诫或者责令具结悔过、赔礼道歉、赔偿损失等情况。对于需要没收违法所得的,人民检察院应当将查封、扣押、冻结的涉案财物一并移送。对于在办案过程中收集的相关证据材料,人民检察院可以一并移送。

第十三条　行政执法机关就刑事案件立案追诉标准、证据收集固定保全等问题咨询人民检察院,或者公安机关就行政执法机关移送的涉嫌犯罪案件主动听取人民检察院意见建议的,人民检察院应当及时答复。书面咨询的,人民检察院应当在七日以内书面回复。

人民检察院在办理案件过程中,可以就行政执法专业问题向相关行政执法机关咨询。

第九十四条 【公安机关保密义务】
公安机关及其人民警察在办理治安案件时,对涉及的国家秘密、商业秘密、个人隐私或者个人信息,应当予以保密。

▎条文应用提示 ●●●●●●

公安机关的调查权、执法权都非常强大,其在办案过程中,会接触、了解、保有非常多的国家秘密、商业秘密、个人隐私或者个人信息。公安机关及其人民警察应当予以保密。具体而言,听证一般应当公开举行,涉及国家秘密、商业秘密、个人隐私的案件除外。比如,辨认人不愿意暴露身份的,对违法嫌疑人的辨认可以在不暴露辨认人的情况下进行。

▎条文新旧对照 ●●●●●●

《治安管理处罚法》2012 年版	《治安管理处罚法》2025 年版
第八十条 公安机关及其人民警察在办理治安案件时,对涉及的国家秘密、商业秘密或者个人隐私,应当予以保密。	第九十四条 公安机关及其人民警察在办理治安案件时,对涉及的国家秘密、商业秘密、个人隐私**或者个人信息**,应当予以保密。

第九十五条 【关于回避的规定】
人民警察在办理治安案件过程中,遇有下列情形之一的,应当回避;违反治安管理行为人、被侵害人或者其法定代理人也有权要求他们回避:
(一)是本案当事人或者当事人的近亲属的;
(二)本人或者其近亲属与本案有利害关系的;
(三)与本案当事人有其他关系,可能影响案件公正处理的。
人民警察的回避,由其所属的公安机关决定;公安机关负责人的回避,由上一级公安机关决定。

条文应用提示 ●●●●●●

回避制度是法律规定的,为保证案件公正处理,与案件存在利害关系或其他可能影响公正处理情形的人员,不得参与该案件办理的制度。其核心目的是避免因利益关联、个人情感等因素干扰公正裁决。在执法领域、三大诉讼法领域都是一项重要、成熟的法律制度。

回避可以主动回避,也可以依申请回避。公安机关负责人、办案人民警察主动提出回避申请的,应当说明理由。如果具有应当回避的情形之一,本人没有主动申请回避,违反治安管理行为人、被侵害人及其法定代理人可以申请其回避的。申请办案警察回避的,一般应提出书面申请,并说明理由。口头提出申请的,公安机关应当记录在案。

对于回避申请,人民警察的回避,由其所属的公安机关决定;公安机关负责人的回避,由上一级公安机关决定。应及时作出是否回避的决定并通知申请人。

在公安机关作出回避决定前,办案人民警察不得停止对行政案件的调查。被决定回避的公安机关负责人、办案人民警察、鉴定人和翻译人员,在回避决定作出前所进行的与案件有关的活动是否有效,由作出回避决定的公安机关根据是否影响案件依法公正处理等情况决定。

鉴定人、翻译人员的回避,由指派或者聘请的公安机关决定。

条文新旧对照 ●●●●●●

《治安管理处罚法》2012年版	《治安管理处罚法》2025年版
第八十一条 人民警察在办理治安案件过程中,遇有下列情形之一的,应当回避;违反治安管理行为人、被侵害人或者其法定代理人也有权要求他们回避: (一)是本案当事人或者当事人的近亲属的; (二)本人或者其近亲属与本案有利害关系的;	第九十五条 人民警察在办理治安案件过程中,遇有下列情形之一的,应当回避;违反治安管理行为人、被侵害人或者其法定代理人也有权要求他们回避: (一)是本案当事人或者当事人的近亲属的; (二)本人或者其近亲属与本案有利害关系的;

（三）与本案当事人有其他关系,可能影响案件公正处理的。 人民警察的回避,由其所属的公安机关决定;公安机关负责人的回避,由上一级公安机关决定。	（三）与本案当事人有其他关系,可能影响案件公正处理的。 人民警察的回避,由其所属的公安机关决定;公安机关负责人的回避,由上一级公安机关决定。

关联法律法规

《公安机关办理行政案件程序规定》(2020 年 8 月 6 日修正)

第十七条 公安机关负责人、办案人民警察有下列情形之一的,应当自行提出回避申请,案件当事人及其法定代理人有权要求他们回避:

(一)是本案的当事人或者当事人近亲属的;

(二)本人或者其近亲属与本案有利害关系的;

(三)与本案当事人有其他关系,可能影响案件公正处理的。

第十八条 公安机关负责人、办案人民警察提出回避申请的,应当说明理由。

第十九条 办案人民警察的回避,由其所属的公安机关决定;公安机关负责人的回避,由上一级公安机关决定。

第二十条 当事人及其法定代理人要求公安机关负责人、办案人民警察回避的,应当提出申请,并说明理由。口头提出申请的,公安机关应当记录在案。

第二十一条 对当事人及其法定代理人提出的回避申请,公安机关应当在收到申请之日起二日内作出决定并通知申请人。

第二十二条 公安机关负责人、办案人民警察具有应当回避的情形之一,本人没有申请回避,当事人及其法定代理人也没有申请其回避的,有权决定其回避的公安机关可以指令其回避。

第二十三条 在行政案件调查过程中,鉴定人和翻译人员需要回避的,适用本章的规定。

鉴定人、翻译人员的回避,由指派或者聘请的公安机关决定。

第二十四条 在公安机关作出回避决定前,办案人民警察不得停止对行政案件的调查。

作出回避决定后,公安机关负责人、办案人民警察不得再参与该行政案件的调查和审核、审批工作。

第二十五条 被决定回避的公安机关负责人、办案人民警察、鉴定人和翻译人员,在回避决定作出前所进行的与案件有关的活动是否有效,由作出回避决定的公安机关根据是否影响案件依法公正处理等情况决定。

> **第九十六条 【关于传唤的规定】**
> 需要传唤违反治安管理行为人接受调查的,经公安机关办案部门负责人批准,使用传唤证传唤。对现场发现的违反治安管理行为人,人民警察经出示人民警察证,可以口头传唤,但应当在询问笔录中注明。
> 公安机关应当将传唤的原因和依据告知被传唤人。对无正当理由不接受传唤或者逃避传唤的人,经公安机关办案部门负责人批准,可以强制传唤。

条文应用提示

1. 公民被传唤流程

传唤是公安机关调查取证的一种主要方式,指办案人员对违反治安管理行为人或嫌疑人,限令其在指定时间和指定地点接受询问。无论警察是以口头传唤还是书面传唤等方式通知接受调查,应予以配合。对于传唤,违反治安管理行为人可以要求查看《传唤证》,口头传唤的,要求查验执法警察的人民警察证。切勿与人民警察发生肢体对抗或逃避传唤。

2. 传唤措施的区别

传唤不是一种强制措施,一般不具有强制性,原则上是不使用手铐、警绳等约束性警械。但是,如果经警察传唤(包括口头传唤或书面传唤)后,对无正当理由不接受传唤或者逃避传唤的违法嫌疑人,可以强制传唤。强制传唤是一种行政强制措施,可以依法使用手铐、警绳等约束性警械。

措施	危急程度	条件	后续措施
普通传唤	☆	经负责人批准的传唤证	
口头传唤	☆☆	(1)现场发现； (2)出示人民警察证	在询问笔录中注明
强制传唤	☆☆☆	(1)无正当理由不接受传唤或逃避传唤； (2)经负责人批准	

3. 治安传唤、刑事传唤与拘传的辨析

	治安传唤	刑事传唤	拘传
适用对象	违反治安管理行为人	不需要逮捕、拘留的犯罪嫌疑人、现场发现的犯罪嫌疑人、附带民事诉讼被告人等	刑事诉讼中的犯罪嫌疑人、被告 被告单位的诉讼代表人、民事诉讼中的特殊被告、未成年人案件中的法定代理人
方式	传唤证	出示人民检察院或者公安机关的证明文件通常为《传唤通知书》；对在现场发现的犯罪嫌疑人，经出示工作证件，可以口头传唤，但应当在讯问笔录中注明相关情况	拘传证
时限	8~24小时	12~24小时	

条文新旧对照

《治安管理处罚法》2012 年版	《治安管理处罚法》2025 年版
第八十二条　需要传唤违反治安管理行为人接受调查的,经公安机关办案部门负责人批准,使用传唤证传唤。对现场发现的违反治安管理行为人,人民警察经出示工作证件,可以口头传唤,但应当在询问笔录中注明。 公安机关应当将传唤的原因和依据告知被传唤人。对无正当理由不接受传唤或者逃避传唤的人,可以强制传唤。	第九十六条　需要传唤违反治安管理行为人接受调查的,经公安机关办案部门负责人批准,使用传唤证传唤。对现场发现的违反治安管理行为人,人民警察经出示人民警察证,可以口头传唤,但应当在询问笔录中注明。 公安机关应当将传唤的原因和依据告知被传唤人。对无正当理由不接受传唤或者逃避传唤的人,**经公安机关办案部门负责人批准,可以强制传唤。**

关联法律法规

《公安机关办理行政案件程序规定》(2020 年 8 月 6 日修正)

第五十五条　实施行政强制措施应当遵守下列规定:

(一)实施前须依法向公安机关负责人报告并经批准;

(二)通知当事人到场,当场告知当事人采取行政强制措施的理由、依据以及当事人依法享有的权利、救济途径。当事人不到场的,邀请见证人到场,并在现场笔录中注明;

(三)听取当事人的陈述和申辩;

(四)制作现场笔录,由当事人和办案人民警察签名或者盖章,当事人拒绝的,在笔录中注明。当事人不在场的,由见证人和办案人民警察在笔录上签名或者盖章;

(五)实施限制公民人身自由的行政强制措施的,应当当场告知当事人家属实施强制措施的公安机关、理由、地点和期限;无法当场告知的,应当在实施强制措施后立即通过电话、短信、传真等方式通知;身份不明、拒不提供家属联系方式或者因自然灾害等不可抗力导致无法通知的,可以

不予通知。告知、通知家属情况或者无法通知家属的原因应当在询问笔录中注明;

(六)法律、法规规定的其他程序。

勘验、检查时实施行政强制措施,制作勘验、检查笔录的,不再制作现场笔录。

实施行政强制措施的全程录音录像,已经具备本条第一款第二项、第三项规定的实质要素的,可以替代书面现场笔录,但应当对视听资料的关键内容和相应时间段等作文字说明。

第五十六条 情况紧急,当场实施行政强制措施的,办案人民警察应当在二十四小时内依法向其所属的公安机关负责人报告,并补办批准手续。当场实施限制公民人身自由的行政强制措施的,办案人民警察应当在返回单位后立即报告,并补办批准手续。公安机关负责人认为不应当采取行政强制措施的,应当立即解除。

《中华人民共和国人民警察法》(2012年10月26日修正)

第九条 为维护社会治安秩序,公安机关的人民警察对有违法犯罪嫌疑的人员,经出示相应证件,可以当场盘问、检查;经盘问、检查,有下列情形之一的,可以将其带至公安机关,经该公安机关批准,对其继续盘问:

(一)被指控有犯罪行为的;

(二)有现场作案嫌疑的;

(三)有作案嫌疑身份不明的;

(四)携带的物品有可能是赃物的。

对被盘问人的留置时间自带至公安机关之时起不超过二十四小时,在特殊情况下,经县级以上公安机关批准,可以延长至四十八小时,并应当留有盘问记录。对于批准继续盘问的,应当立即通知其家属或者其所在单位。对于不批准继续盘问的,应当立即释放被盘问人。

经继续盘问,公安机关认为对被盘问人需要依法采取拘留或者其他强制措施的,应当在前款规定的期间作出决定;在前款规定的期间不能作出上述决定的,应当立即释放被盘问人。

第九十七条 【传唤后的询问期限与通知义务】
对违反治安管理行为人,公安机关传唤后应当及时询问查证,询问查证的时间不得超过八小时;涉案人数众多、违反治安管理行为人身份不明的,询问查证的时间不得超过十二小时;情况复杂,依照本法规定可能适用行政拘留处罚的,询问查证的时间不得超过二十四小时。在执法办案场所询问违反治安管理行为人,应当全程同步录音录像。

公安机关应当及时将传唤的原因和处所通知被传唤人家属。

询问查证期间,公安机关应当保证违反治安管理行为人的饮食、必要的休息时间等正当需求。

条文应用提示 ●●●●●●

情形	询问期限
一般情况	不超过 8 小时
涉案人数众多、违反治安管理行为人身份不明	不超过 12 小时
情况复杂,依照本法规定可能适用行政拘留处罚	不超过 24 小时

本条是对传唤后询问期限的明确规定,根据不同情况,分别有不超过 8 小时、不超过 12 小时、不超过 24 小时的上限规定。

本条还明确"在执法办案场所询问违反治安管理行为人,应当全程同步录音录像",从而全程记录询问过程,明确"公安机关应当及时将传唤的原因和处所通知被传唤人的家属",让家属知情,明确"公安机关应当保证违反治安管理行为人的饮食、必要的休息时间等正当需求",不允许以非法方式取得证据。

条文新旧对照

《治安管理处罚法》2012年版	《治安管理处罚法》2025年版
第八十三条　对违反治安管理行为人，公安机关传唤后应当及时询问查证，询问查证的时间不得超过八小时；情况复杂，依照本法规定可能适用行政拘留处罚的，询问查证的时间不得超过二十四小时。 公安机关应当及时将传唤的原因和处所通知被传唤人家属。	第九十七条　对违反治安管理行为人，公安机关传唤后应当及时询问查证，询问查证的时间不得超过八小时；**涉案人数众多、违反治安管理行为人身份不明的，询问查证的时间不得超过十二小时**；情况复杂，依照本法规定可能适用行政拘留处罚的，询问查证的时间不得超过二十四小时。**在执法办案场所询问违反治安管理行为人，应当全程同步录音录像。** 公安机关应当及时将传唤的原因和处所通知被传唤人家属。 **询问查证期间，公安机关应当保证违反治安管理行为人的饮食、必要的休息时间等正当需求。**

第九十八条　【询问笔录、书面材料与询问不满十八周岁人的规定】

询问笔录应当交被询问人核对；对没有阅读能力的，应当向其宣读。记载有遗漏或者差错的，被询问人可以提出补充或者更正。被询问人确认笔录无误后，应当签名、盖章或者按指印，询问的人民警察也应当在笔录上签名。

被询问人要求就被询问事项自行提供书面材料的，应当准许；必要时，人民警察也可以要求被询问人自行书写。

询问不满十八周岁的违反治安管理行为人，应当通知其父母或者其他监护人到场；其父母或者其他监护人不能到场的，也可以通知其他成年亲属、所在学校、单位、居住地基层组织或者未成年人保护组织的代表等合适成年人到场,并将有关情况记录在案。确实无法通知或者通知后未到场的,应当在笔录中注明。

条文应用提示

询问笔录在证据体系中有着非常重要的地位,直接影响公安机关执法水平和案件办理质量。询问笔录的记录是否规范、所记载内容是否真实,是影响案件办理是否公平公正的重要因素。

询问笔录应当交被询问人核对或者向其宣读,这既是办案要求,也是被询问人的权利保障。如果发现记载有遗漏或者差错的,被询问人可以提出补充或者更正。

违法嫌疑人、被侵害人或者其他证人请求自行提供书面材料的,应当准许。必要时,办案人民警察也可以要求违法嫌疑人、被侵害人或者其他证人自行书写。违法嫌疑人、被侵害人或者其他证人应当在其提供的书面材料的结尾处签名或者捺指印。对打印的书面材料,违法嫌疑人、被侵害人或者其他证人应当逐页签名或者捺指印。办案人民警察收到书面材料后,应当在首页注明收到日期,并签名。

询问不满十六周岁的违反治安管理行为人,应当通知其父母或者其他监护人到场;父母或者其他监护人来不了的,可以通知其他成年亲属、所在学校、单位等合适的成年人到场。如此规定,是因为未成年人毕竟还不成熟,成年人在现场,对其既是一种保护,也形成一种管束。确实无法通知或者通知后未到场的,应当在笔录中注明。

条文新旧对照

《治安管理处罚法》2012年版	《治安管理处罚法》2025年版
第八十四条　询问笔录应当交被询问人核对;对没有阅读能力的,应当向其宣读。记载有遗漏或者差错的,被询问人可以提出补充	第九十八条　询问笔录应当交被询问人核对;对没有阅读能力的,应当向其宣读。记载有遗漏或者差错的,被询问人可以提出补充

或者更正。被询问人确认笔录无误后,应当签名或者盖章,询问的人民警察也应当在笔录上签名。 被询问人要求就被询问事项自行提供书面材料的,应当准许;必要时,人民警察也可以要求被询问人自行书写。 询问不满十六周岁的违反治安管理行为人,应当通知其父母或者其他监护人到场。	或者更正。被询问人确认笔录无误后,应当签名、盖章**或者按指印**,询问的人民警察也应当在笔录上签名。 被询问人要求就被询问事项自行提供书面材料的,应当准许;必要时,人民警察也可以要求被询问人自行书写。 询问不满十八周岁的违反治安管理行为人,应当通知其父母或者其他监护人到场;其父母或者其他监护人不能到场的,也可以通知其他成年亲属,所在学校、单位、居住地基层组织或者未成年人保护组织的代表等合适成年人到场,并将有关情况记录在案。确实无法通知或者通知后未到场的,应当在笔录中注明。

关联法律法规

《公安机关办理行政案件程序规定》(2020年8月6日修正)

第四十五条 对快速办理的行政案件,公安机关可以根据不同案件类型,使用简明扼要的格式询问笔录,尽量减少需要文字记录的内容。

被询问人自行书写材料的,办案单位可以提供样式供其参考。

使用执法记录仪等设备对询问过程录音录像的,可以替代书面询问笔录,必要时,对视听资料的关键内容和相应时间段等作文字说明。

第七十七条 询问笔录应当交被询问人核对,对没有阅读能力的,应当向其宣读。记录有误或者遗漏的,应当允许被询问人更正或者补充,并要求其在修改处捺指印。被询问人确认笔录无误后,应当在询问笔录上逐页签名或者捺指印。拒绝签名和捺指印的,办案人民警察应当在询问笔录中注明。

办案人民警察应当在询问笔录上签名,翻译人员应当在询问笔录的结尾处签名。

询问时,可以全程录音、录像,并保持录音、录像资料的完整性。

> **第九十九条** 【询问被侵害人和其他证人的规定】
> 人民警察询问被侵害人或者其他证人,可以在现场进行,也可以到其所在单位、住处或者其提出的地点进行;必要时,也可以通知其到公安机关提供证言。
> 人民警察在公安机关以外询问被侵害人或者其他证人,应当出示人民警察证。
> 询问被侵害人或者其他证人,同时适用本法第九十八条的规定。

条文应用提示

对被侵害人和其他证人的询问不适用传唤的规定,根据案件实际情况可以现场询问、到其单位和住所询问,或者其提出的合适地点进行,必要时也可以通知其到公安机关。询问被侵害人或者其他证人,应当个别进行,主动对其个人隐私的保护,避免二次伤害。采用暴力、威胁等非法方法收集的被侵害人陈述、其他证人证言,不能作为定案的根据。

条文新旧对照

《治安管理处罚法》2012年版	《治安管理处罚法》2025年版
第八十五条 人民警察询问被侵害人或者其他证人,可以到其所在单位或者住处进行;必要时,也可以通知其到公安机关提供证言。 人民警察在公安机关以外询问被侵害人或者其他证人,应当出示工作证件。 询问被侵害人或者其他证人,同时适用本法第八十四条的规定。	第九十九条 人民警察询问被侵害人或者其他证人,**可以在现场进行,**也可以到其所在单位、住处**或者其提出的地点进行**;必要时,也可以通知其到公安机关提供证言。 人民警察在公安机关以外询问被侵害人或者其他证人,应当出示**人民警察证**。 询问被侵害人或者其他证人,同时适用本法**第九十八条**的规定。

关联法律法规

《公安机关办理行政案件程序规定》(2020年8月6日修正)

第七十二条　询问违法嫌疑人、被侵害人或者其他证人,应当个别进行。

第七十三条　首次询问违法嫌疑人时,应当问明违法嫌疑人的姓名、出生日期、户籍所在地、现住址、身份证件种类及号码,是否为各级人民代表大会代表,是否受过刑事处罚或者行政拘留、强制隔离戒毒、社区戒毒、收容教养等情况。必要时,还应当问明其家庭主要成员、工作单位、文化程度、民族、身体状况等情况。

违法嫌疑人为外国人的,首次询问时还应当问明其国籍、出入境证件种类及号码、签证种类、入境时间、入境事由等情况。必要时,还应当问明其在华关系人等情况。

第七十四条　询问时,应当告知被询问人必须如实提供证据、证言和故意作伪证或者隐匿证据应负的法律责任,对与本案无关的问题有拒绝回答的权利。

第七十五条　询问未成年人时,应当通知其父母或者其他监护人到场,其父母或者其他监护人不能到场的,也可以通知未成年人的其他成年亲属,所在学校、单位、居住地基层组织或者未成年人保护组织的代表到场,并将有关情况记录在案。确实无法通知或者通知后未到场的,应当在询问笔录中注明。

第七十六条　询问聋哑人,应当有通晓手语的人提供帮助,并在询问笔录中注明被询问人的聋哑情况以及翻译人员的姓名、住址、工作单位和联系方式。

对不通晓当地通用的语言文字的被询问人,应当为其配备翻译人员,并在询问笔录中注明翻译人员的姓名、住址、工作单位和联系方式。

第七十七条　询问笔录应当交被询问人核对,对没有阅读能力的,应当向其宣读。记录有误或者遗漏的,应当允许被询问人更正或者补充,并要求其在修改处捺指印。被询问人确认笔录无误后,应当在询问笔录上逐页签名或者捺指印。拒绝签名和捺指印的,办案人民警察应当在询问笔录中注明。

办案人民警察应当在询问笔录上签名,翻译人员应当在询问笔录的结尾处签名。

询问时,可以全程录音、录像,并保持录音、录像资料的完整性。

第七十八条　询问违法嫌疑人时,应当听取违法嫌疑人的陈述和申辩。对违法嫌疑人的陈述和申辩,应当核查。

第七十九条　询问被侵害人或者其他证人,可以在现场进行,也可以到其单位、学校、住所、其居住地居(村)民委员会或者其提出的地点进行。必要时,也可以书面、电话或者当场通知其到公安机关提供证言。

在现场询问的,办案人民警察应当出示人民警察证。

询问前,应当了解被询问人的身份以及其与被侵害人、其他证人、违法嫌疑人之间的关系。

第八十条　违法嫌疑人、被侵害人或者其他证人请求自行提供书面材料的,应当准许。必要时,办案人民警察也可以要求违法嫌疑人、被侵害人或者其他证人自行书写。违法嫌疑人、被侵害人或者其他证人应当在其提供的书面材料的结尾处签名或者捺指印。对打印的书面材料,违法嫌疑人、被侵害人或者其他证人应当逐页签名或者捺指印。办案人民警察收到书面材料后,应当在首页注明收到日期,并签名。

第一百条　【异地代为询问、远程视频询问】

违反治安管理行为人、被侵害人或者其他证人在异地的,公安机关可以委托异地公安机关代为询问,也可以通过公安机关的视频系统远程询问。

通过远程视频方式询问的,应当向被询问人宣读询问笔录,被询问人确认笔录无误后,询问的人民警察应当在笔录上注明。询问和宣读过程应当全程同步录音录像。

条文应用提示

本条新增关于"异地询问"的规定,明确需要进行远程视频询问的,应当由协作地公安机关事先核实被询问、告知人的身份。办案地公安机关应当制作询问、告知笔录并传输至协作地公安机关,由当地公安机关代为询问。

询问、告知笔录经被询问人、告知人确认并逐页签名或者捺指印后,由协作地公安机关协作人员签名或者盖章,并将原件或者电子签名笔录提供给办案地公安机关。办案地公安机关负责询问、告知的人民警察应当在首页注明收到日期,并签名或者盖章。询问、告知过程应当全程录音录像。

当然,公安机关也可以通过视频系统远程询问,这是互联网的发展也带来了办案方式的变化。采取这种方式询问的,同样要求宣读询问笔录、确认笔录、进行签字,所有的过程均应全程同步录音录像。

除代为询问外,办案地公安机关可以委托异地公安机关还可以向有关单位和个人调取电子数据、接收自行书写材料、进行辨认、履行处罚前告知程序、送达法律文书等工作。委托代为询问、辨认、处罚前告知的,办案地公安机关应当列出明确具体的询问、辨认、告知提纲,提供被辨认对象的照片和陪衬照片。委托代为向有关单位和个人调取电子数据的,办案地公安机关应当将办案协作函件和相关法律文书传真或者通过执法办案信息系统发送至协作地公安机关,由协作地公安机关办案部门审核确认后办理。

条文新旧对照

《治安管理处罚法》2012 年版	《治安管理处罚法》2025 年版
	第一百条　违反治安管理行为人、被侵害人或者其他证人在异地的,公安机关可以委托异地公安机关代为询问,也可以通过公安机关的视频系统远程询问。 　　通过远程视频方式询问的,应当向被询问人宣读询问笔录,被询问人确认笔录无误后,询问的人民警察应当在笔录上注明。询问和宣读过程应当全程同步录音录像。

关联法律法规

《公安机关异地办案协作"六个严禁"》(2020年6月3日)

一、严禁未履行协作手续,跨县及以上行政区域执行传唤、拘传、拘留、逮捕。

二、严禁未履行协作手续,跨县及以上行政区域查封、扣押、冻结与案件有关的财物、文件。

三、严禁在管辖争议解决前,擅自派警跨所属公安机关管辖区域办案。依法依规进行先期处置的除外。

四、严禁对异地公安机关依法提出且法律手续完备的办案协作请求不予配合、故意阻挠、制造管辖争议、争夺案源战果,或者设置条件、收取费用、推诿拖拉。

五、严禁违反保密规定泄露异地公安机关提出的办案协作请求信息。

六、严禁未按规定报经批准,佩带枪支跨所属公安机关管辖区域执行任务。现场紧急情况除外。

违反上述规定的,一律对责任人及其所属公安机关予以通报批评;发生正面冲突、引发舆论炒作、造成人员伤亡或恶劣影响等严重后果的,一律对责任人采取停止执行职务或禁闭措施,依规依纪依法从严追究有关人员的直接责任和领导责任;构成犯罪的,一律依法追究刑事责任。

《关于进一步依法严格规范开展办案协作的通知》(2020年6月4日 公法制〔2020〕535号)

2.公安机关异地开展查询、询问、辨认等侦查活动或者送达法律文书的,根据需要也可以向当地公安机关提出协作请求。

赴异地询问企业负责人,或者询问企业员工五人以上,以及同时向同一市、县派出五名以上侦查人员执行任务的,应当提前向当地公安机关通报。

3.需要异地公安机关协助的,办案地公安机关侦查人员应当持办案协作函件、相关法律文书和人民警察证,向协作地公安机关提出协作请求。必要时,也可以将前述材料传真或者通过公安机关有关信息系统传输至协作地公安机关。

请求协助执行传唤、拘传、拘留、逮捕的,应当提供传唤证、拘传证、拘留证、逮捕证;请求协助开展搜查、查封、扣押、查询、冻结等侦查活动的,应当提供搜查证、查封决定书、扣押决定书、协助查询财产通知书、协助冻结财产通知书;请求协助开展勘验、检查、讯问、询问等侦查活动的,应当提供立案决定书。

委托异地公安机关代为开展侦查活动的,应当提供办案协作函件和前款规定的相应法律文书。

> **第一百零一条 【询问中的语言帮助】**
> 询问聋哑的违反治安管理行为人、被侵害人或者其他证人,应当有通晓手语等交流方式的人提供帮助,并在笔录上注明。
> 询问不通晓当地通用的语言文字的违反治安管理行为人、被侵害人或者其他证人,应当配备翻译人员,并在笔录上注明。

条文应用提示

民族语言文字原则是重要的法律原则之一。我国《民事诉讼法》《行政诉讼法》《刑事诉讼法》均规定,各民族公民都有用本民族语言文字进行诉讼的权利。中国是统一的多民族的社会主义国家,各民族人民在政治、经济以及社会生活的各方面一律平等,各民族公民在进行一切社会活动时有使用本民族语言文字的权利。

三大诉讼法贯彻各民族平等的宪法原则,规定民族语言文字的诉讼原则,目的在于保障各民族公民不致因为语言文字的障碍,影响实现其诉讼权利。作为民族语言文字原则的保证,三大诉讼法同时规定,在少数民族聚居或者多民族共同居住的地区,司法机关应当用当地民族通用的语言、文字进行审讯和发布法律文书;应当对不通晓当地民族通用的语言、文字的诉讼参与人提供翻译。

本条还明确,对于聋哑的违反治安管理行为人、被侵害人或者其他证人,应当有通晓手语等交流方式的人提供帮助。

条文新旧对照

《治安管理处罚法》2012年版	《治安管理处罚法》2025年版
第八十六条 询问聋哑的违反治安管理行为人、被侵害人或者其他证人,应当有通晓手语的人提供帮助,并在笔录上注明。 询问不通晓当地通用的语言文字的违反治安管理行为人、被侵害人或者其他证人,应当配备翻译人员,并在笔录上注明。	第一百零一条 询问聋哑的违反治安管理行为人、被侵害人或者其他证人,应当有通晓手语**等交流方式**的人提供帮助,并在笔录上注明。 询问不通晓当地通用的语言文字的违反治安管理行为人、被侵害人或者其他证人,应当配备翻译人员,并在笔录上注明。

关联法律法规

《公安机关办理行政案件程序规定》(2020年8月6日修正)

第七十六条 询问聋哑人,应当有通晓手语的人提供帮助,并在询问笔录中注明被询问人的聋哑情况以及翻译人员的姓名、住址、工作单位和联系方式。

对不通晓当地通用的语言文字的被询问人,应当为其配备翻译人员,并在询问笔录中注明翻译人员的姓名、住址、工作单位和联系方式。

第一百零二条 【个人信息和生物样本的采集】

为了查明案件事实,确定违反治安管理行为人、被侵害人的某些特征、伤害情况或者生理状态,需要对其人身进行检查,提取或者采集肖像、指纹信息和血液、尿液等生物样本的,经公安机关办案部门负责人批准后进行。对已经提取、采集的信息或者样本,不得重复提取、采集。提取或者采集被侵害人的信息或者样本,应当征得被侵害人或者其监护人同意。

条文应用提示

对涉嫌吸毒的人员,应当进行吸毒检测,被检测人员应当配合;对拒绝接受检测的,经县级以上公安机关或者其派出机构负责人批准,可以强制检测。

对违反治安管理行为人,可以依法提取或者采集肖像、指纹、血液、尿液等人体生物识别信息。比如涉嫌酒后驾驶机动车、吸毒、从事恐怖活动等违法行为的,可以依照《道路交通安全法》《禁毒法》《反恐怖主义法》等规定提取或者采集血液、尿液、毛发、脱落细胞等生物样本。

对被侵害人的伤害情况或者生理状态,可以根据需要进行人身检查或者提取相关生物样本。提取或者采集被侵害人的信息或者样本,应当征得被侵害人或者其监护人同意,避免二次伤害的发生。

如上检查,目的都是查明案件事实,且须经公安机关办案部门负责人批准后方可进行。提取、采集的信息或者样本以"一次提取"为原则,不得重复提取、采集。

条文新旧对照

《治安管理处罚法》2012 年版	《治安管理处罚法》2025 年版
	第一百零二条 为了查明案件事实,确定违反治安管理行为人、被侵害人的某些特征、伤害情况或者生理状态,需要对其人身进行检查,提取或者采集肖像、指纹信息和血液、尿液等生物样本的,经公安机关办案部门负责人批准后进行。对已经提取、采集的信息或者样本,不得重复提取、采集。提取或者采集被侵害人的信息或者样本,应当征得被侵害人或者其监护人同意。

关联法律法规

《公安机关办理行政案件程序规定》(2020 年 8 月 6 日修正)

第五十二条 公安机关进行询问、辨认、检查、勘验,实施行政强制措施等调查取证工作时,人民警察不得少于二人,并表明执法身份。

接报案、受案登记、接受证据、信息采集、调解、送达文书等工作,可以由一名人民警察带领警务辅助人员进行,但应当全程录音录像。

> **第一百零三条 【检查时应遵守的程序】**
> 公安机关对与违反治安管理行为有关的场所或者违反治安管理行为人的人身、物品可以进行检查。检查时,人民警察不得少于二人,并应当出示人民警察证。
> 对场所进行检查的,经县级以上人民政府公安机关负责人批准,使用检查证检查;对确有必要立即进行检查的,人民警察经出示人民警察证,可以当场检查,并应当全程同步录音录像。检查公民住所应当出示县级以上人民政府公安机关开具的检查证。
> 检查妇女的身体,应当由女性工作人员或者医师进行。

▌条文应用提示

检查是公安机关及其人民警察办理治安案件时,对场所、物品以及人身进行检验查看,予以调查取证的一种强制性措施。

1. 检查的人数要求:人民警察不得少于2人。

2. 检查的证件要求:(1)执法证件:依法执政要求人民警察执法时出示执法证件,在所有检查情形下,人民警察都应当出示执法证件;(2)检查证:对场所进行检查,需经公安机关办案部门负责人批准,使用检查证检查;检查公民住所,应当出示县级以上地方人民政府公安机关开具的检查证。

3. "确有必要立即检查的情形":一般指现场发现的违反治安管理行为人、具有违反治安管理行为可能,如非法携带管制刀具、逃避治安处罚等情形。此时出示人民警察证进行当场检查。

4. 对检查妇女身体的特殊要求:必须由女性工作人员或者医师进行。

条文新旧对照 ●●●●●●

《治安管理处罚法》2012年版	《治安管理处罚法》2025年版
第八十七条　公安机关对与违反治安管理行为有关的场所、物品、人身可以进行检查。检查时，人民警察不得少于二人，并应当出示工作证件和县级以上人民政府公安机关开具的检查证明文件。对确有必要立即进行检查的，人民警察经出示工作证件，可以当场检查，但检查公民住所应当出示县级以上人民政府公安机关开具的检查证明文件。 检查妇女的身体，应当由女性工作人员进行。	第一百零三条　公安机关对与违反治安管理行为有关的场所或者违反治安管理行为人的人身、物品可以进行检查。检查时，人民警察不得少于二人，并应当出示人民警察证。 对场所进行检查的，经县级以上人民政府公安机关负责人批准，使用检查证检查；对确有必要立即进行检查的，人民警察经出示人民警察证，可以当场检查，并应当全程同步录音录像。检查公民住所应当出示县级以上人民政府公安机关开具的检查证。 检查妇女的身体，应当由女性工作人员或者医师进行。

关联法律法规 ●●●●●●

《公安机关办理行政案件程序规定》(2020年8月6日修正)

第八十二条　对与违法行为有关的场所、物品、人身可以进行检查。检查时，人民警察不得少于二人，并应当出示人民警察证和县级以上公安机关开具的检查证。对确有必要立即进行检查的，人民警察经出示人民警察证，可以当场检查；但检查公民住所的，必须有证据表明或者有群众报警公民住所内正在发生危害公共安全或者公民人身安全的案(事)件，或者违法存放危险物质，不立即检查可能会对公共安全或者公民人身、财产安全造成重大危害。

对机关、团体、企业、事业单位或者公共场所进行日常执法监督检查，依照有关法律、法规和规章执行，不适用前款规定。

第八十三条　对违法嫌疑人，可以依法提取或者采集肖像、指纹等人体生物识别信息;涉嫌酒后驾驶机动车、吸毒、从事恐怖活动等违法行为的,可以依照《中华人民共和国道路交通安全法》《中华人民共和国禁毒法》《中华人民共和国反恐怖主义法》等规定提取或者采集血液、尿液、毛发、脱落细胞等生物样本。人身安全检查和当场检查时已经提取、采集的信息,不再提取、采集。

第八十四条 对违法嫌疑人进行检查时,应当尊重被检查人的人格尊严,不得以有损人格尊严的方式进行检查。

检查妇女的身体,应当由女性工作人员进行。

依法对卖淫、嫖娼人员进行性病检查,应当由医生进行。

> **第一百零四条 【检查笔录的制作】**
> 检查的情况应当制作检查笔录,由检查人、被检查人和见证人签名、盖章或者按指印;被检查人不在场或者被检查人、见证人拒绝签名的,人民警察应当在笔录上注明。

▍**条文应用提示** ●●●●●

检查笔录是人民警察依法对有关场所、物品、人身检查后所作的客观记载,属于诉讼证据的一种。检查笔录需载明检查的时间、地点、过程、发现的证据等与违反治安管理的行为有关的线索。为了保障检查笔录的客观性、真实性、合法性,需由检查人、被检查人和见证人的确认,即或签名、盖章或者按指印。

如果拒绝签名或者被检查人不在现场的,应将此情况记入笔录。

▍**条文新旧对照** ●●●●●

《治安管理处罚法》2012年版	《治安管理处罚法》2025年版
第八十八条 检查的情况应当制作检查笔录,由检查人、被检查人和见证人签名或者盖章;被检查人拒绝签名的,人民警察应当在笔录上注明。	第一百零四条 检查的情况应当制作检查笔录,由检查人、被检查人和见证人签名、盖章**或者按指印**;**被检查人不在场**或者被检查人、**见证人**拒绝签名的,人民警察应当在笔录上注明。

关联法律法规 ●●●●●●

《公安机关办理行政案件程序规定》(2020年8月6日修正)

第八十六条 检查情况应当制作检查笔录。检查笔录由检查人员、被检查人或者见证人签名;被检查人不在场或者拒绝签名的,办案人民警察应当在检查笔录中注明。

检查时的全程录音录像可以替代书面检查笔录,但应当对视听资料的关键内容和相应时间段等做文字说明。

第一百零五条 【关于扣押物品的规定】

公安机关办理治安案件,对与案件有关的需要作为证据的物品,可以扣押;对被侵害人或者善意第三人合法占有的财产,不得扣押,应当予以登记,但是对其中与案件有关的必须鉴定的物品,可以扣押,鉴定后应当立即解除。对与案件无关的物品,不得扣押。

对扣押的物品,应当会同在场见证人和被扣押物品持有人查点清楚,当场开列清单一式二份,由调查人员、见证人和持有人签名或者盖章,一份交给持有人,另一份附卷备查。

实施扣押前应当报经公安机关负责人批准;因情况紧急或者物品价值不大,当场实施扣押的,人民警察应当及时向其所属公安机关负责人报告,并补办批准手续。公安机关负责人认为不应当扣押的,应当立即解除。当场实施扣押的,应当全程同步录音录像。

对扣押的物品,应当妥善保管,不得挪作他用;对不宜长期保存的物品,按照有关规定处理。经查明与案件无关或者经核实属于被侵害人或者他人合法财产的,应当登记后立即退还;满六个月无人对该财产主张权利或者无法查清权利人的,应当公开拍卖或者按照国家有关规定处理,所得款项上缴国库。

条文应用提示 ●●●●●●

1.扣押的范围:(1)可以扣押的范围:与案件有关且需要作为证据使用的物品;(2)反向排除的范围:被侵害人或善意第三人的合法财产不得扣押,应当予以登记(与案件有关的必须鉴定的物品,可以先扣押,鉴定后立即解除);与案件无关的物品,不得扣押。

2. 扣押程序:(1)清点:对扣押的物品,应当会同在场见证人和被扣押物品持有人查点清楚,当场开列清单一式二份,由调查人员、见证人和持有人签名或者盖章,一份交给持有人,另一份附卷备查。(2)批准:实施扣押前应当报经公安机关办案部门负责人批准;因情况紧急,需要当场实施扣押的,人民警察应当及时向其所属公安机关办案部门负责人报告,并补办批准手续。公安机关办案部门负责人认为不应当扣押的,应当立即解除。(3)当场实施扣押的,全程同步录音录像。

3. 扣押期限:《公安机关办理行政案件程序规定》第112条规定,扣押、扣留、查封期限为30日,情况复杂的,经县级以上公安机关负责人批准,可以延长30日;法律、行政法规另有规定的除外。延长扣押、扣留、查封期限的,应当及时书面告知当事人,并说明理由。对物品需要进行鉴定的,鉴定期间不计入扣押、扣留、查封期间,但应当将鉴定的期间书面告知当事人。

4. 保管与返还。应妥善保管扣押物品,不得挪用;对不宜保管的,及时依法依规处理。与案件无关的,或者经核实属于被侵害人或者他人合法财产的,应当登记后立即退还,不能一直查扣。

▎条文新旧对照

《治安管理处罚法》2012年版	《治安管理处罚法》2025年版
第八十九条 公安机关办理治安案件,对与案件有关的需要作为证据的物品,可以扣押;对被侵害人或者善意第三人合法占有的财产,不得扣押,应当予以登记。对与案件无关的物品,不得扣押。 对扣押的物品,应当会同在场见证人和被扣押物品持有人查点清楚,当场开列清单一式二份,由调查人员、见证人和持有人签名或者盖章,一份交给持有人,另一份附卷备查。	第一百零五条 公安机关办理治安案件,对与案件有关的需要作为证据的物品,可以扣押;对被侵害人或者善意第三人合法占有的财产,不得扣押,应当予以登记,**但是对其中与案件有关的必须鉴定的物品,可以扣押,鉴定后应当立即解除**。对与案件无关的物品,不得扣押。 对扣押的物品,应当会同在场见证人和被扣押物品持有人查点清楚,当场开列清单一式二份,由

对扣押的物品,应当妥善保管,不得挪作他用;对不宜长期保存的物品,按照有关规定处理。经查明与案件无关的,应当及时退还;经核实属于他人合法财产的,应当登记后立即退还;满六个月无人对该财产主张权利或者无法查清权利人的,应当公开拍卖或者按照国家有关规定处理,所得款项上缴国库。	调查人员、见证人和持有人签名或者盖章,一份交给持有人,另一份附卷备查。 　　实施扣押前应当报经公安机关负责人批准;因情况紧急或者物品价值不大,当场实施扣押的,人民警察应当及时向其所属公安机关负责人报告,并补办批准手续。公安机关负责人认为不应当扣押的,应当立即解除。当场实施扣押的,应当全程同步录音录像。 　　对扣押的物品,应当妥善保管,不得挪作他用;对不宜长期保存的物品,按照有关规定处理。经查明与案件无关**或者**经核实属于**被侵害人或者**他人合法财产的,应当登记后立即退还;满六个月无人对该财产主张权利或者无法查清权利人的,应当公开拍卖或者按照国家有关规定处理,所得款项上缴国库。

▎**关联法律法规** ●●●●●●●

《公安机关办理行政案件程序规定》(2020年8月6日修正)

　　第一百一十一条　实施扣押、扣留、查封、抽样取证、先行登记保存等证据保全措施时,应当会同当事人查点清楚,制作并当场交付证据保全决定书。必要时,应当对采取证据保全措施的证据进行拍照或者对采取证据保全的过程进行录像。证据保全决定书应当载明下列事项:

　　(一)当事人的姓名或者名称、地址;

　　(二)抽样取证、先行登记保存、扣押、扣留、查封的理由、依据和期限;

　　(三)申请行政复议或者提起行政诉讼的途径和期限;

(四)作出决定的公安机关的名称、印章和日期。

证据保全决定书应当附清单,载明被采取证据保全措施的场所、设施、物品的名称、规格、数量、特征等,由办案人民警察和当事人签名后,一份交当事人,一份附卷。有见证人的,还应当由见证人签名。当事人或者见证人拒绝签名的,办案人民警察应当在证据保全清单上注明。

对可以作为证据使用的录音带、录像带,在扣押时应当予以检查,记明案由、内容以及录取和复制的时间、地点等,并妥为保管。

对扣押的电子数据原始存储介质,应当封存,保证在不解除封存状态的情况下,无法增加、删除、修改电子数据,并在证据保全清单中记录封存状态。

第一百一十二条 扣押、扣留、查封期限为三十日,情况复杂的,经县级以上公安机关负责人批准,可以延长三十日;法律、行政法规另有规定的除外。延长扣押、扣留、查封期限的,应当及时书面告知当事人,并说明理由。

对物品需要进行鉴定的,鉴定期间不计入扣押、扣留、查封期间,但应当将鉴定的期间书面告知当事人。

第一百一十三条 公安机关对恐怖活动嫌疑人的存款、汇款、债券、股票、基金份额等财产采取冻结措施的,应当经县级以上公安机关负责人批准,向金融机构交付冻结通知书。

作出冻结决定的公安机关应当在三日内向恐怖活动嫌疑人交付冻结决定书。冻结决定书应当载明下列事项:

(一)恐怖活动嫌疑人的姓名或者名称、地址;

(二)冻结的理由、依据和期限;

(三)冻结的账号和数额;

(四)申请行政复议或者提起行政诉讼的途径和期限;

(五)公安机关的名称、印章和日期。

第一百一十四条 自被冻结之日起二个月内,公安机关应当作出处理决定或者解除冻结;情况复杂的,经上一级公安机关负责人批准,可以延长一个月。

延长冻结的决定应当及时书面告知恐怖活动嫌疑人,并说明理由。

第一百一十五条 有下列情形之一的,公安机关应当立即退还财物,

并由当事人签名确认;不涉及财物退还的,应当书面通知当事人解除证据保全:
(一)当事人没有违法行为的;
(二)被采取证据保全的场所、设施、物品、财产与违法行为无关的;
(三)已经作出处理决定,不再需要采取证据保全措施的;
(四)采取证据保全措施的期限已经届满的;
(五)其他不再需要采取证据保全措施的。
作出解除冻结决定的,应当及时通知金融机构。

第一百一十六条 行政案件变更管辖时,与案件有关的财物及其孳息应当随案移交,并书面告知当事人。移交时,由接收人、移交人当面查点清楚,并在交接单据上共同签名。

第一百零六条 【关于鉴定的规定】
为了查明案情,需要解决案件中有争议的专门性问题的,应当指派或者聘请具有专门知识的人员进行鉴定;鉴定人鉴定后,应当写出鉴定意见,并且签名。

▍**条文应用提示** ●●●●●

鉴定是指鉴定人运用科学技术或者专门知识,对案件涉及的专门性问题进行鉴别和判断,并提供鉴定意见的活动。在治安案件中,一般包括伤情鉴定、精神鉴定、毒品尿样鉴定等。

鉴定意见属于一种重要证据。办案人民警察应当做好检材的保管和送检工作,并注明检材送检环节的责任人,确保检材在流转环节中的同一性和不被污染。禁止强迫或者暗示鉴定人作出某种倾向性鉴定意见。

需要聘请本公安机关以外的人进行鉴定的,应当经公安机关办案部门负责人批准后,制作鉴定聘请书。公安机关应当为鉴定提供必要的条件,及时送交有关检材和比对样本等原始材料,介绍与鉴定有关的情况,并且明确提出要求鉴定解决的问题。

条文新旧对照

《治安管理处罚法》2012 年版	《治安管理处罚法》2025 年版
第九十条　为了查明案情,需要解决案件中有争议的专门性问题的,应当指派或者聘请具有专门知识的人员进行鉴定;鉴定人鉴定后,应当写出鉴定意见,并且签名。	第一百零六条　为了查明案情,需要解决案件中有争议的专门性问题的,应当指派或者聘请具有专门知识的人员进行鉴定;鉴定人鉴定后,应当写出鉴定意见,并且签名。

关联法律法规

《公安机关办理行政案件程序规定》(2020 年 8 月 6 日修正)

第八十七条　为了查明案情,需要对专门性技术问题进行鉴定的,应当指派或者聘请具有专门知识的人员进行。

需要聘请本公安机关以外的人进行鉴定的,应当经公安机关办案部门负责人批准后,制作鉴定聘请书。

第八十八条　公安机关应当为鉴定提供必要的条件,及时送交有关检材和比对样本等原始材料,介绍与鉴定有关的情况,并且明确提出要求鉴定解决的问题。

办案人民警察应当做好检材的保管和送检工作,并注明检材送检环节的责任人,确保检材在流转环节中的同一性和不被污染。

禁止强迫或者暗示鉴定人作出某种鉴定意见。

第八十九条　对人身伤害的鉴定由法医进行。

卫生行政主管部门许可的医疗机构具有执业资格的医生出具的诊断证明,可以作为公安机关认定人身伤害程度的依据,但具有本规定第九十条规定情形的除外。

对精神病的鉴定,由有精神病鉴定资格的鉴定机构进行。

第九十条　人身伤害案件具有下列情形之一的,公安机关应当进行伤情鉴定:

(一)受伤程度较重,可能构成轻伤以上伤害程度的;

(二)被侵害人要求作伤情鉴定的;

(三)违法嫌疑人、被侵害人对伤害程度有争议的。

第九十一条　对需要进行伤情鉴定的案件,被侵害人拒绝提供诊断证明或者拒绝进行伤情鉴定的,公安机关应当将有关情况记录在案,并可以根据已认定的事实作出处理决定。

经公安机关通知,被侵害人无正当理由未在公安机关确定的时间内作伤情鉴定的,视为拒绝鉴定。

第九十二条　对电子数据涉及的专门性问题难以确定的,由司法鉴定机构出具鉴定意见,或者由公安部指定的机构出具报告。

第九十三条　涉案物品价值不明或者难以确定的,公安机关应当委托价格鉴证机构估价。

根据当事人提供的购买发票等票据能够认定价值的涉案物品,或者价值明显不够刑事立案标准的涉案物品,公安机关可以不进行价格鉴证。

第九十四条　对涉嫌吸毒的人员,应当进行吸毒检测,被检测人员应当配合;对拒绝接受检测的,经县级以上公安机关或者其派出机构负责人批准,可以强制检测。采集女性被检测人检测样本,应当由女性工作人员进行。

对涉嫌服用国家管制的精神药品、麻醉药品驾驶机动车的人员,可以对其进行体内国家管制的精神药品、麻醉药品含量检验。

第九十五条　对有酒后驾驶机动车嫌疑的人,应当对其进行呼气酒精测试,对具有下列情形之一的,应当立即提取血样,检验血液酒精含量:

(一)当事人对呼气酒精测试结果有异议的;

(二)当事人拒绝配合呼气酒精测试的;

(三)涉嫌醉酒驾驶机动车的;

(四)涉嫌饮酒后驾驶机动车发生交通事故的。

当事人对呼气酒精测试结果无异议的,应当签字确认。事后提出异议的,不予采纳。

第九十六条　鉴定人鉴定后,应当出具鉴定意见。鉴定意见应当载明委托人、委托鉴定的事项、提交鉴定的相关材料、鉴定的时间、依据和结论性意见等内容,并由鉴定人签名或者盖章。通过分析得出鉴定意见的,应当有分析过程的说明。鉴定意见应当附有鉴定机构和鉴定人的资质证明或者其他证明文件。

鉴定人对鉴定意见负责,不受任何机关、团体、企业、事业单位和个人的干涉。多人参加鉴定,对鉴定意见有不同意见的,应当注明。

鉴定人故意作虚假鉴定的,应当承担法律责任。

第九十七条　办案人民警察应当对鉴定意见进行审查。

对经审查作为证据使用的鉴定意见,公安机关应当在收到鉴定意见之日起五日内将鉴定意见复印件送达违法嫌疑人和被侵害人。

医疗机构出具的诊断证明作为公安机关认定人身伤害程度的依据的,应当将诊断证明结论书面告知违法嫌疑人和被侵害人。

违法嫌疑人或者被侵害人对鉴定意见有异议的,可以在收到鉴定意见复印件之日起三日内提出重新鉴定的申请,经县级以上公安机关批准后,进行重新鉴定。同一行政案件的同一事项重新鉴定以一次为限。

当事人是否申请重新鉴定,不影响案件的正常办理。

公安机关认为必要时,也可以直接决定重新鉴定。

第九十八条　具有下列情形之一的,应当进行重新鉴定:

(一)鉴定程序违法或者违反相关专业技术要求,可能影响鉴定意见正确性的;

(二)鉴定机构、鉴定人不具备鉴定资质和条件的;

(三)鉴定意见明显依据不足的;

(四)鉴定人故意作虚假鉴定的;

(五)鉴定人应当回避而没有回避的;

(六)检材虚假或者被损坏的;

(七)其他应当重新鉴定的。

不符合前款规定情形的,经县级以上公安机关负责人批准,作出不准予重新鉴定的决定,并在作出决定之日起的三日以内书面通知申请人。

第九十九条　重新鉴定,公安机关应当另行指派或者聘请鉴定人。

第一百条　鉴定费用由公安机关承担,但当事人自行鉴定的除外。

第一百零七条　【关于辨认的规定】

为了查明案情,人民警察可以让违反治安管理行为人、被侵害人和其他证人对与违反治安管理行为有关的场所、物品进行辨认,也可以让被侵害人、其他证人对违反治安管理行为人进行辨认,或者让违反治安管理行为人对其他违反治安管理行为人进行辨认。

辨认应当制作辨认笔录,由人民警察和辨认人签名、盖章或者按指印。

条文应用提示

辨认,是查明案情的一种方式,通过辨认,进一步确认涉案场所、物品及人员。

一般情况下,辨认由二名以上办案人民警察主持。组织辨认前,应当向辨认人详细询问辨认对象的具体特征,并避免辨认人见到辨认对象。多名辨认人对同一辨认对象或者一名辨认人对多名辨认对象进行辨认时,应当个别进行。辨认经过和结果,应当制作辨认笔录,由办案人民警察和辨认人签名或者捺指印。必要时,应当对辨认过程进行录音、录像。

辨认时,应当将辨认对象混杂在特征相类似的其他对象中,不得给辨认人任何暗示。辨认违法嫌疑人时,被辨认的人数不得少于 7 人;对违法嫌疑人照片进行辨认的,不得少于 10 人的照片。辨认每一件物品时,混杂的同类物品不得少于 5 件。同一辨认人对与同一案件有关的辨认对象进行多组辨认的,不得重复使用陪衬照片或者陪衬人。

条文新旧对照

《治安管理处罚法》2012 年版	《治安管理处罚法》2025 年版
	第一百零七条　为了查明案情,人民警察可以让违反治安管理行为人、被侵害人和其他证人对与违反治安管理行为有关的场所、物品进行辨认,也可以让被侵害人、其他证人对违反治安管理行为人进行辨认,或者让违反治安管理行为人对其他违反治安管理行为人进行辨认。 　　辨认应当制作辨认笔录,由人民警察和辨认人签名、盖章或者按指印。

关联法律法规

《公安机关办理行政案件程序规定》(2020 年 8 月 6 日修正)

第一百零一条 为了查明案情,办案人民警察可以让违法嫌疑人、被侵害人或者其他证人对与违法行为有关的物品、场所或者违法嫌疑人进行辨认。

第一百零二条 辨认由二名以上办案人民警察主持。

组织辨认前,应当向辨认人详细询问辨认对象的具体特征,并避免辨认人见到辨认对象。

第一百零三条 多名辨认人对同一辨认对象或者一名辨认人对多名辨认对象进行辨认时,应当个别进行。

第一百零四条 辨认时,应当将辨认对象混杂在特征相类似的其他对象中,不得给辨认人任何暗示。

辨认违法嫌疑人时,被辨认的人数不得少于七人;对违法嫌疑人照片进行辨认的,不得少于十人的照片。

辨认每一件物品时,混杂的同类物品不得少于五件。

同一辨认人对与同一案件有关的辨认对象进行多组辨认的,不得重复使用陪衬照片或者陪衬人。

第一百零五条 辨认人不愿意暴露身份的,对违法嫌疑人的辨认可以在不暴露辨认人的情况下进行,公安机关及其人民警察应当为其保守秘密。

第一百零六条 辨认经过和结果,应当制作辨认笔录,由办案人民警察和辨认人签名或者捺指印。必要时,应当对辨认过程进行录音、录像。

第一百零八条 【关于调查取证的规定】

公安机关进行询问、辨认、勘验、实施行政强制措施等调查取证工作时,人民警察不得少于二人。

公安机关在规范设置、严格管理的执法办案场所进行询问、扣押、辨认的,或者进行调解的,可以由一名人民警察进行。

依照前款规定由一名人民警察进行询问、扣押、辨认、调解的,应当全程同步录音录像。未按规定全程同步录音录像或者录音录像资料损毁、丢失的,相关证据不能作为处罚的根据。

条文应用提示 ●●●●●●

一般情况下,公安机关进行询问、辨认、检查、勘验,实施行政强制措施等调查取证工作时,人民警察不得少于二人,并表明执法身份。

基于警力不足、警情频发的客观现实,新修订的《治安管理处罚法》相应增加了一人执法的规定,但或有场所的限制,即在"规范设置、严格管理的执法办案场所进行询问、扣押、辨认的"以及办理事项的限制,即"进行调解的",才可以由一名人民警察进行。

与此同时,为保障执法的合法性、公正性,要求执法的人民警察应当全程录音录像;未按规定全程同步录音录像或者录音录像资料损毁、丢失的,相关证据不能作为处罚的根据。

条文新旧对照 ●●●●●●

《治安管理处罚法》2012年版	《治安管理处罚法》2025年版
	第一百零八条 公安机关进行询问、辨认、勘验,实施行政强制措施等调查取证工作时,人民警察不得少于二人。 公安机关在规范设置、严格管理的执法办案场所进行询问、扣押、辨认的,或者进行调解的,可以由一名人民警察进行。 依照前款规定由一名人民警察进行询问、扣押、辨认、调解的,应当全程同步录音录像。未按规定全程同步录音录像或者录音录像资料损毁、丢失的,相关证据不能作为处罚的根据。

第二节 决 定

> **第一百零九条 【处罚的决定机关】**
> 治安管理处罚由县级以上地方人民政府公安机关决定;其中警告、一千元以下的罚款,可以由公安派出所决定。

条文应用提示

1. 县级人民政府公安机关或公安分局

县级人民政府公安机关是指县、自治县、县级市和市辖区一级所设的公安机关;设区的市公安局根据工作需要设置公安分局。

2. 公安派出所

市、县、自治县公安局根据工作需要设置公安派出所。派出所不是独立的机关法人,一般不能作为行政复议或行政诉讼的被告。

但是《治安管理处罚法》作为法律,本条明确"警告、一千元以下罚款,可以由公安派出所决定"。因此,派出所作出警告和1000元以下罚款决定时,违法行为人或者被侵害人不服提起行政复议或者行政诉讼的,可以以派出所为被告。

条文新旧对照

《治安管理处罚法》2012年版	《治安管理处罚法》2025年版
第九十一条 治安管理处罚由县级以上人民政府公安机关决定;其中警告、五百元以下的罚款可以由公安派出所决定。	第一百零九条 治安管理处罚由县级以上地方人民政府公安机关决定;其中警告、**一千元以下的罚款**,可以由公安派出所决定。

> **第一百一十条 【限制自由时间的折抵】**
> 对决定给予行政拘留处罚的人,在处罚前已经采取强制措施限制人身自由的时间,应当折抵。限制人身自由一日,折抵行政拘留一日。

条文应用提示

1. 限制人身自由的强制措施

本条折抵行政拘留时间的规定只适用于被采取强制措施限制人身自由的处罚,如刑事拘留等。因此,其他措施是不可以折抵的,如询问查证;被折抵的处罚只能是行政拘留,而不能是警告、罚款等其他处罚措施。

2. 一日抵一日

折抵计算是限制人身自由一日,折抵行政拘留一日。并且限制人身自由的强制措施与行政拘留必须是基于同一违法行为,如果是不同的行为导致的不同的处罚,则不能折抵。

条文新旧对照

《治安管理处罚法》2012 年版	《治安管理处罚法》2025 年版
第九十二条 对决定给予行政拘留处罚的人,在处罚前已经采取强制措施限制人身自由的时间,应当折抵。限制人身自由一日,折抵行政拘留一日。	第一百一十条 对决定给予行政拘留处罚的人,在处罚前已经采取强制措施限制人身自由的时间,应当折抵。限制人身自由一日,折抵行政拘留一日。

典型案例参考

牟某某裸聊被罚按行政处罚决定书

[京公朝行罚决字〔2023〕59882 号]

违法行为人牟某某,男,34 岁,汉族,××××年××月××日出生,身份证号码为:××××××××××××××××××,户籍所在地:黑龙江省五常市××××××××××××××××××××。

现查明 2022 年至 2023 年 2 月期间,牟××伙同韩××注册探探软件 App 账号后出售给他人在北京市朝阳区等地与事主王××进行裸聊,获利人民币 40 元。

以上事实有本人陈述、同案陈述、书证等证据证实。

根据《反电信网络诈骗法》之规定,现决定给予牟××没收违法所得、罚款人民币 200 元并处行政拘留十日的行政处罚。

执行方式和期限:自收到本决定书之日起十五日内,凭本决定书到指定银行缴纳罚款。由于被处罚人处罚前已采取刑事拘留强制措施,根据《公安机关办理行政案件程序规定》第一百六十三条第二款的规定,刑事拘留十日折抵行政拘留十日,行政拘留不再执行。

逾期不缴纳罚款的,每日按罚款数额的百分之三加处罚款,加处罚款的数额不超过罚款本数。

如不服本决定,可以在收到本决定书之日起六十日内向北京市朝阳区人民政府申请行政复议或者在六个月内依法向北京市朝阳区人民法院提起行政诉讼。

二〇二三年九月一日

> 第一百一十一条 【违反治安管理行为人的陈述与其他证据的关系】
> 公安机关查处治安案件,对没有本人陈述,但其他证据能够证明案件事实的,可以作出治安管理处罚决定。但是,只有本人陈述,没有其他证据证明的,不能作出治安管理处罚决定。

条文应用提示 ●●●●●●

1. 没有违反治安管理行为人的陈述

在公安机关查处治安案件时,存在行为人既不主动交代,也不承认实施过某行为的情况。如果其他证据确实充分、相互吻合,能够形成完整证据链证明案件事实,公安机关可以据此作出治安管理处罚决定。

2. 只有违反治安管理行为人的陈述

只有本人陈述,没有其他证据证明的,不能据此认定行为人实施了违反治安管理的行为。因为本人供述存在较强的主观性,行为人可能会避重就轻,甚至做虚假陈述。同时,本条也防止出现"屈打成招"的情况。

条文新旧对照

《治安管理处罚法》2012年版	《治安管理处罚法》2025年版
第九十三条 公安机关查处治安案件,对没有本人陈述,但其他证据能够证明案件事实的,可以作出治安管理处罚决定。但是,只有本人陈述,没有其他证据证明的,不能作出治安管理处罚决定。	第一百一十一条 公安机关查处治安案件,对没有本人陈述,但其他证据能够证明案件事实的,可以作出治安管理处罚决定。但是,只有本人陈述,没有其他证据证明的,不能作出治安管理处罚决定。

> **第一百一十二条 【陈述、申辩及听取意见】**
> 公安机关作出治安管理处罚决定前,应当告知违反治安管理行为人拟作出治安管理处罚的内容及事实、理由、依据,并告知违反治安管理行为人依法享有的权利。
> 违反治安管理行为人有权陈述和申辩。公安机关必须充分听取违反治安管理行为人的意见,对违反治安管理行为人提出的事实、理由和证据,应当进行复核;违反治安管理行为人提出的事实、理由或者证据成立的,公安机关应当采纳。
> 违反治安管理行为人不满十八周岁的,还应当依照前两款的规定告知未成年人的父母或者其他监护人,充分听取其意见。
> 公安机关不得因违反治安管理行为人的陈述、申辩而加重其处罚。

条文应用提示

在公安机关办理治安案件的全过程中,行为人都有陈述和申辩的权利,包括但不限于询问、听证等程序。

本条适用的重点在于:(1)陈述和申辩贯穿全程。公安机关作出治安管理处罚决定前。公安机关听取行为人的陈述和申辩应当在作出处罚前,这有利于公安机关综合考量、慎重作出决定。(2)陈述和申辩人的自我辩解。一般情况下,违反治安处罚行为人自己为自己陈述和申辩;违反治安管理行为人不满18周岁的,其父母或其他监护人可以发表意见。
(3)陈述和申辩是保障行为人合法利益、公正办案的重要程序。公安机关应认真听取相关意见,对违法行为人提出的事实、理由和证据确实进行复核,的确属实且成立的,应予以采纳。不能因为违法行为人的陈述和申辩而认为其态度不好,从而加重处罚。

条文新旧对照

《治安管理处罚法》2012年版	《治安管理处罚法》2025年版
第九十四条　公安机关作出治安管理处罚决定前,应当告知违反治安管理行为人作出治安管理处罚的事实、理由及依据,并告知违反治安管理行为人依法享有的权利。 违反治安管理行为人有权陈述和申辩。公安机关必须充分听取违反治安管理行为人的意见,对违反治安管理行为人提出的事实、理由和证据,应当进行复核;违反治安管理行为人提出的事实、理由或者证据成立的,公安机关应当采纳。 公安机关不得因违反治安管理行为人的陈述、申辩而加重处罚。	第一百一十二条　公安机关作出治安管理处罚决定前,应当告知违反治安管理行为人**拟**作出治安管理处罚**的内容**及事实、理由及依据,并告知违反治安管理行为人依法享有的权利。 违反治安管理行为人有权陈述和申辩。公安机关必须充分听取违反治安管理行为人的意见,对违反治安管理行为人提出的事实、理由和证据,应当进行复核;违反治安管理行为人提出的事实、理由或者证据成立的,公安机关应当采纳。 **违反治安管理行为人不满十八周岁的,还应当依照前两款的规定告知未成年人的父母或者其他监护人,允分听取其意见。** 公安机关不得因违反治安管理行为人的陈述、申辩而加重其处罚。

关联法律法规

《公安机关办理行政案件程序规定》(2020年8月6日修正)

第一百六十七条　在作出行政处罚决定前,应当告知违法嫌疑人拟作出行政处罚决定的事实、理由及依据,并告知违法嫌疑人依法享有陈述权和申辩权。单位违法的,应当告知其法定代表人、主要负责人或者其授权的人员。

适用一般程序作出行政处罚决定的,采用书面形式或者笔录形式告知。

依照本规定第一百七十二条第一款第三项作出不予行政处罚决定的,可以不履行本条第一款规定的告知程序。

第一百六十八条 对违法行为事实清楚,证据确实充分,依法应当予以行政处罚,因违法行为人逃跑等原因无法履行告知义务的,公安机关可以采取公告方式予以告知。自公告之日起七日内,违法嫌疑人未提出申辩的,可以依法作出行政处罚决定。

第一百六十九条 违法嫌疑人有权进行陈述和申辩。对违法嫌疑人提出的新的事实、理由和证据,公安机关应当进行复核。

公安机关不得因违法嫌疑人申辩而加重处罚。

第一百一十三条 【治安案件的处理】

治安案件调查结束后,公安机关应当根据不同情况,分别作出以下处理:

(一)确有依法应当给予治安管理处罚的违法行为的,根据情节轻重及具体情况,作出处罚决定;

(二)依法不予处罚的,或者违法事实不能成立的,作出不予处罚决定;

(三)违法行为已涉嫌犯罪的,移送有关主管机关依法追究刑事责任;

(四)发现违反治安管理行为人有其他违法行为的,在对违反治安管理行为作出处罚决定的同时,通知或者移送有关主管机关处理。

对情节复杂或者重大违法行为给予治安管理处罚,公安机关负责人应当集体讨论决定。

条文应用提示 ••••••

公安机关办理治安案件,同样应当"以事实为依据,以法律为准绳",根据不同的情况,作出不同的处理。主要包括:

(1)予以处罚决定。主要有警告、罚款、行政拘留与吊销证照两种。

(2)不予处罚决定。其中一种是依法不予处罚,还有一种是事实不成立不处罚,前者是基于法律规定,如正当防卫;后者是基于事实,如违法事实无法查证。

除治安处罚与否之外,还有两种情况:一是违法行为已涉嫌犯罪的,则应移送相关部门追究刑事责任;二是发现其他违法行为的,同时通知或者移送有关行政主管部门处理,这种情况一般涉及公务人员违法,一般向监察部门移送。

本条还规定了集体讨论制度,确保对情节复杂或者重大违法行为给予治安管理处罚时的严谨与慎重。

▌条文新旧对照 ●●●●●●

《治安管理处罚法》2012 年版	《治安管理处罚法》2025 年版
第九十五条 治安案件调查结束后,公安机关应当根据不同情况,分别作出以下处理: (一)确有依法应当给予治安管理处罚的违法行为的,根据情节轻重及具体情况,作出处罚决定; (二)依法不予处罚的,或者违法事实不能成立的,作出不予处罚决定; (三)违法行为已涉嫌犯罪的,移送主管机关依法追究刑事责任; (四)发现违反治安管理行为人有其他违法行为的,在对违反治安管理行为作出处罚决定的同时,通知有关行政主管部门处理。	第一百一十三条 治安案件调查结束后,公安机关应当根据不同情况,分别作出以下处理: (一)确有依法应当给予治安管理处罚的违法行为的,根据情节轻重及具体情况,作出处罚决定; (二)依法不予处罚的,或者违法事实不能成立的,作出不予处罚决定; (三)违法行为已涉嫌犯罪的,移送有关主管机关依法追究刑事责任; (四)发现违反治安管理行为人有其他违法行为的,在对违反治安管理行为作出处罚决定的同时,通知或者移送有关主管机关处理。 对情节复杂或者重大违法行为给予治安管理处罚,公安机关负责人应当集体讨论决定。

第一百一十四条 【治安管理处罚决定法制审核】
有下列情形之一的,在公安机关作出治安管理处罚决定之前,应当由从事治安管理处罚决定法制审核的人员进行法制审核;未经法制审核或者审核未通过的,不得作出决定:
(一)涉及重大公共利益的;
(二)直接关系当事人或者第三人重大权益,经过听证程序的;
(三)案件情况疑难复杂、涉及多个法律关系的。
公安机关中初次从事治安管理处罚决定法制审核的人员,应当通过国家统一法律职业资格考试取得法律职业资格。

条文应用提示

1. 法制审核制度

《中共中央关于全面推进依法治国若干重大问题的决定》和《法治政府建设实施纲要(2015—2020年)》对全面推行行政执法公示制度、执法全过程记录制度、重大执法决定法制审核制度(三项制度)作出了具体部署、提出了明确要求。

重大执法决定法制审核是确保行政执法机关作出的重大执法决定合法有效的关键环节。行政执法机关作出重大执法决定前,要严格进行法制审核,未经法制审核或者审核未通过的,不得作出决定。

2. 法制审核人员

加强法制审核队伍的正规化、专业化、职业化建设,是依法治国、依法执政的重要环节。本条明确规定:公安机关中初次从事治安管理处罚决定法制审核的人员,应当通过国家统一法律职业资格考试取得法律职业资格。

3. 法制审核适用的情形

并非所有的治安管理案件都要经过法制审核或者集体讨论,对于如下三类案件,必须在作出治安管理处罚决定之前进行法制审核:(1)涉及重大公共利益的;(2)直接关系当事人或者第三人重大权益,经过听证程序的;(3)案件情况疑难复杂、涉及多个法律关系的。该进行法制审核而未进行法制审核的,属于程序违法。

条文新旧对照

《治安管理处罚法》2012年版	《治安管理处罚法》2025年版
	第一百一十四条 有下列情形之一的,在公安机关作出治安管理处罚决定之前,应当由从事治安管理处罚决定法制审核的人员进行法制审核;未经法制审核或者审核未通过的,不得作出决定: (一)涉及重大公共利益的; (二)直接关系当事人或者第三人重大权益,经过听证程序的; (三)案件情况疑难复杂、涉及多个法律关系的。 公安机关中初次从事治安管理处罚决定法制审核的人员,应当通过国家统一法律职业资格考试取得法律职业资格。

关联法律法规

《国务院办公厅关于全面推行行政执法公示制度执法全过程记录制度重大执法决定法制审核制度的指导意见》(国办发〔2018〕118号 2018年12月5日)

四、全面推行重大执法决定法制审核制度

重大执法决定法制审核是确保行政执法机关作出的重大执法决定合法有效的关键环节。行政执法机关作出重大执法决定前,要严格进行法制审核,未经法制审核或者审核未通过的,不得作出决定。

(十一)明确审核机构。各级行政执法机关要明确具体负责本单位重大执法决定法制审核的工作机构,确保法制审核工作有机构承担、有专人负责。加强法制审核队伍的正规化、专业化、职业化建设,把政治素质高、业务能力强、具有法律专业背景的人员调整充实到法制审核岗位,配强工作力量,使法制审核人员的配置与形势任务相适应,原则上各级行政执法机关的法制审核人员不少于本单位执法人员总数的5%。要充分发挥法律顾问、公职律师在法制审核工作中的作用,特别是针对基层存在的法制审核专业人员数量不足、分布不均等问题,探索建立健全本系统内法律顾问、公职律师统筹调用机制,实现法律专业人才资源共享。

(十二)明确审核范围。凡涉及重大公共利益,可能造成重大社会影响或引发社会风险,直接关系行政相对人或第三人重大权益,经过听证程序作出行政执法决定,以及案件情况疑难复杂、涉及多个法律关系的,都要进行法制审核。各级行政执法机关要结合本机关行政执法行为的类别、执法层级、所属领域、涉案金额等因素,制定重大执法决定法制审核目录清单。上级行政执法机关要对下一级执法机关重大执法决定法制审核目录清单编制工作加强指导,明确重大执法决定事项的标准。

(十三)明确审核内容。要严格审核行政执法主体是否合法,行政执法人员是否具备执法资格;行政执法程序是否合法;案件事实是否清楚,证据是否合法充分;适用法律、法规、规章是否准确,裁量基准运用是否适当;执法是否超越执法机关法定权限;行政执法文书是否完备、规范;违法行为是否涉嫌犯罪、需要移送司法机关等。法制审核机构完成审核后,要根据不同情形,提出同意或者存在问题的书面审核意见。行政执法承办机关要对法制审核机构提出的存在问题的审核意见进行研究,作出相应处理后再次报送法制审核。

(十四)明确审核责任。行政执法机关主要负责人是推动落实本机关重大执法决定法制审核制度的第一责任人,对本机关作出的行政执法决定负责。要结合实际,确定法制审核流程,明确送审材料报送要求和审核的方式、时限、责任,建立健全法制审核机构与行政执法承办机构对审核意见不一致时的协调机制。行政执法承办机构对送审材料的真实性、准确性、完整性,以及执法的事实、证据、法律适用、程序的合法性负责。法制审核机构对重大执法决定的法制审核意见负责。因行政执法承办机构的承办人员、负责法制审核的人员和审批行政执法决定的负责人滥用职权、玩忽职守、徇私枉法等,导致行政执法决定错误,要依纪依法追究相关人员责任。

第一百一十五条 【治安管理处罚决定书的内容】
公安机关作出治安管理处罚决定的,应当制作治安管理处罚决定书。决定书应当载明下列内容:
(一)被处罚人的姓名、性别、年龄、身份证件的名称和号码、住址;
(二)违法事实和证据;
(三)处罚的种类和依据;
(四)处罚的执行方式和期限;
(五)对处罚决定不服,申请行政复议、提起行政诉讼的途径和期限;
(六)作出处罚决定的公安机关的名称和作出决定的日期。
决定书应当由作出处罚决定的公安机关加盖印章。

条文应用提示

公安机关办理治安案件,最后形成的法律文书就是治安管理处罚决定书。

治安管理处罚决定书是公安机关依法行政的重要载体,不仅要符合法律规定的强制性要素,还要逻辑清晰、内容完整、表述准确,保障当事人的知情权和救济权。

治安管理处罚决定书一般包括:(1)首部,主要为文书编号、作出处罚的公安机关信息、作出处罚的公安机关信息、当事人基本信息;(2)违法事实部分,具体包括违法时间、地点、违法性质认定,要求行文客观、具体、清晰;(3)处罚决定部分,具体包括处罚依据、处罚内容、如涉及自由裁量的,还要讲清楚裁量理由,行文要做到合法、明确、适当;(4)救济途径与期限,此部分要讲明不服决定的,如何提起行政复议或行政诉讼,以保障当事人权利;(5)执行方式与期限,写明执行的细节,比如若为行政拘留,注明执行场所和执行期限起算时间;若为罚款,告知缴纳方式和逾期缴纳的后果;(6)尾部必须加盖作出处罚决定的机关的印章并列明日期。

作出决定书后,还必须有效送达。在卷宗中留有送达回证,注明决定书的送达日期,并由当事人签名确认(如"本决定书已于202×年×月×日送达当事人,当事人签名:×××");若当事人拒绝签名,需注明原因并由送达人、见证人签名。

一份好的治安管理处罚决定书,既是对当事人违法行为的法律评价,也是公安机关执法规范化的体现,须做到"事实清楚、证据确凿、定性准确、适用法律正确、程序合法、处罚适当"。

条文新旧对照

《治安管理处罚法》2012 年版	《治安管理处罚法》2025 年版
第九十六条　公安机关作出治安管理处罚决定的,应当制作治安管理处罚决定书。决定书应当载明下列内容: (一)被处罚人的姓名、性别、年龄、身份证件的名称和号码、住址; (二)违法事实和证据; (三)处罚的种类和依据; (四)处罚的执行方式和期限; (五)对处罚决定不服,申请行政复议、提起行政诉讼的途径和期限; (六)作出处罚决定的公安机关的名称和作出决定的日期。 决定书应当由作出处罚决定的公安机关加盖印章。	第一百一十五条　公安机关作出治安管理处罚决定的,应当制作治安管理处罚决定书。决定书应当载明下列内容: (一)被处罚人的姓名、性别、年龄、身份证件的名称和号码、住址; (二)违法事实和证据; (三)处罚的种类和依据; (四)处罚的执行方式和期限; (五)对处罚决定不服,申请行政复议、提起行政诉讼的途径和期限; (六)作出处罚决定的公安机关的名称和作出决定的日期。 决定书应当由作出处罚决定的公安机关加盖印章。

典型案例参考

**陈某某在禁止燃放烟花爆竹的时间、
地点燃放烟花爆竹被处罚案行政处罚决定书**

[滨公(东)行罚决字[2022]3347 号]

被处罚人陈某某。

现查明:2022 年 9 月 15 日 16 时 30 分许,违法嫌疑人陈某某在滨海县东坎街道×××楼下空地,违法燃放一盘二千响的鞭炮,被公安机关巡逻查获。

以上事实有违法行为人陈述、现场笔录、视听资料、物证等证据证实。

根据《中华人民共和国治安管理处罚法》第九十六条第一款第六项之规定,现决定对陈某某罚款贰佰元。

执行方式和期限:本决定书送达后,限被处罚人于收到本决定书之日起十五日内到滨海县公安局指定的银行或电子支付系统缴纳罚款。逾期不缴纳罚款的,每日按罚款数额的百分之三加处罚款,加处罚款的数额不超过罚款本数。

如不服本决定,可以在收到本决定书之日起六十日内向滨海县人民政府申请行政复议或者在六个月内依法向建湖县人民法院提起行政诉讼。

滨海县公安局
二〇二二年九月十六日

> **第一百一十六条** 【宣告、送达、抄送】
> 公安机关应当向被处罚人宣告治安管理处罚决定书,并当场交付被处罚人;无法当场向被处罚人宣告的,应当在二日以内送达被处罚人。决定给予行政拘留处罚的,应当及时通知被处罚人的家属。
> 有被侵害人的,公安机关应当将决定书送达被侵害人。

▎条文应用提示 ●●●●●●

宣告、交付和送达是治安管理处罚决定书对被处罚人发生法律效力的前提,未告知违反治安管理行为人,或未交付、送达处罚决定书的,相关处罚对行为人不发生效力。

决定给予行政拘留处罚的,应当及时通知被处罚人的家属,这样家属能知情。

有被侵害人的,公安机关还应当将决定书送达被侵害人。

被处罚人、被侵害人对处罚决定不服的,有提起行政复议或行政诉讼予以救济的权利。

条文新旧对照

《治安管理处罚法》2012 年版	《治安管理处罚法》2025 年版
第九十七条　公安机关应当向被处罚人宣告治安管理处罚决定书,并当场交付被处罚人;无法当场向被处罚人宣告的,应当在二日内送达被处罚人。决定给予行政拘留处罚的,应当及时通知被处罚人的家属。 　　有被侵害人的,公安机关应当将决定书**副本**抄送被侵害人。	第一百一十六条　公安机关应当向被处罚人宣告治安管理处罚决定书,并当场交付被处罚人;无法当场向被处罚人宣告的,应当在二日**以**内送达被处罚人。决定给予行政拘留处罚的,应当及时通知被处罚人的家属。 　　有被侵害人的,公安机关应当将决定书**送达**被侵害人。

关联法律法规

《公安机关办理行政案件程序规定》(2020 年 8 月 6 日修正)

第三十六条　送达法律文书,应当遵守下列规定:

(一)依照简易程序作出当场处罚决定的,应当将决定书当场交付被处罚人,并由被处罚人在备案的决定书上签名或者捺指印;被处罚人拒绝的,由办案人民警察在备案的决定书上注明;

(二)除本款第一项规定外,作出行政处罚决定和其他行政处理决定,应当在宣告后将决定书当场交付被处理人,并由被处理人在附卷的决定书上签名或者捺指印,即为送达;被处理人拒绝的,由办案人民警察在附卷的决定书上注明;被处理人不在场的,公安机关应当在作出决定的七日内将决定书送达被处理人,治安管理处罚决定应当在二日内送达。

送达法律文书应当首先采取直接送达方式,交给受送达人本人;受送达人不在的,可以交付其成年家属、所在单位的负责人员或者其居住地居(村)民委员会代收。受送达人本人或者代收人拒绝接收或者拒绝签名和捺指印的,送达人可以邀请其邻居或者其他见证人到场,说明情况,也可以对拒收情况进行录音录像,把文书留在受送达人处,在附卷的法律文书上注明拒绝的事由、送达日期,由送达人、见证人签名或者捺指印,即视为送达。

无法直接送达的,委托其他公安机关代为送达,或者邮寄送达。经受送达人同意,可以采用传真、互联网通讯工具等能够确认其收悉的方式送达。

经采取上述送达方式仍无法送达的,可以公告送达。公告的范围和方式应当便于公民知晓,公告期限不得少于六十日。

第一百七十六条 作出行政拘留处罚决定的,应当及时将处罚情况和执行场所或者依法不执行的情况通知被处罚人家属。

作出社区戒毒决定的,应当通知被决定人户籍所在地或者现居住地的城市街道办事处、乡镇人民政府。作出强制隔离戒毒、收容教养决定的,应当在法定期限内通知被决定人的家属、所在单位、户籍所在地公安派出所。

被处理人拒不提供家属联系方式或者不讲真实姓名、住址,身份不明的,可以不予通知,但应当在附卷的决定书中注明。

第一百一十七条 【听证】
公安机关作出吊销许可证件、处四千元以上罚款的治安管理处罚决定或者采取责令停业整顿措施前,应当告知违反治安管理行为人有权要求举行听证;违反治安管理行为人要求听证的,公安机关应当及时依法举行听证。

对依照本法第二十三条第二款规定可能执行行政拘留的未成年人,公安机关应当告知未成年人和其监护人有权要求举行听证;未成年人和其监护人要求听证的,公安机关应当及时依法举行听证。对未成年人案件的听证不公开举行。

前两款规定以外的案情复杂或者具有重大社会影响的案件,违反治安管理行为人要求听证,公安机关认为必要的,应当及时依法举行听证。

公安机关不得因违反治安管理行为人要求听证而加重其处罚。

条文应用提示 ●●●●●●

听证是指公安机关在作出有关治安管理处罚决定之前,听取行为人的陈述、申辩,并组织质证、辩论,从而查明事实的程序。听证是听取当事人意见的重要法律程序。

1. 听证程序的适用范围

仅有本法规定的三种情形属于听证的范围：（1）吊销许可证；（2）处4000元以上罚款；（3）责令停业整顿。公安机关拟作出如上三种处罚时，应当告知违法行为人其有权要求听证。违法行为人要求听证的，公安机关应当举行听证。这里规定的是"应当"。因为如上几种情况属于对当事人权益影响甚大的行政处罚，举行听证有利于听取意见、查明事实，慎重决定。当然，如果当事人接到通知，明确在规定的期限不要求听证的，公安机关可以不组织听证。

对于可能执行行政拘留的未成年人，公安机关应告知未成年人和其监护人有权要求举行听证，这种情况下要求听证的，也必须举行。且未成年人案件的听证不公开举行。

如上几种情况之外的案件，公安机关可以根据案情（是否复杂或者具有重大社会影响），从而决定是否举行听证，违法行为人也可以主动申请听证，公安机关对此有决定是否举行听证的权力。

公安机关不得因违反治安管理行为人要求听证而加重其处罚，这与本法第112条规定的"公安机关不得因违反治安管理行为人的陈述、申辩而加重其处罚"恪守同样的法律准则。

2. 听证期限

（1）申请期限：5日。根据《行政处罚法》，当事人要求听证的，应当在行政机关告知后5日内提出；（2）组织期限：7日。行政机关应当在举行听证的7日前，通知当事人及有关人员听证的时间、地点。

根据《公安机关办理行政案件程序规定》的相关规定，公安机关收到听证申请后，应当在2日内决定是否受理。认为听证申请人的要求不符合听证条件，决定不予受理的，应当制作不予受理听证通知书，告知听证申请人。逾期不通知听证申请人的，视为受理。公安机关受理听证后，应当在举行听证的7日前将举行听证通知书送达听证申请人，并将举行听证的时间、地点通知其他听证参加人。听证应当在公安机关收到听证申请之日起10日内举行。

3. 听证程序

听证开始时，听证主持人核对听证参加人；宣布案由；宣布听证员、记录员和翻译人员名单;告知当事人在听证中的权利和义务;询问当事人是否提出回避申请;对不公开听证的行政案件,宣布不公开听证的理由。听证开始后,首先由办案人民警察提出听证申请人违法的事实、证据和法律依据及行政处罚意见。听证申请人可以就办案人民警察提出的违法事实、证据和法律依据以及行政处罚意见进行陈述、申辩和质证,并可以提出新的证据。听证申请人、第三人和办案人民警察可以围绕案件的事实、证据、程序、适用法律、处罚种类和幅度等问题进行辩论。辩论结束后,听证主持人应当听取听证申请人、第三人、办案人民警察各方最后陈述意见。

组织听证必须在行政处罚决定作出前。实践中,有时会出现行政机关未组织听证就提前作出处罚决定,使组织听证程序沦为形式主义,听证结束后,应制作听证笔录,行政机关应当根据听证笔录作出相应的治安管理处罚决定书。

条文新旧对照

《治安管理处罚法》2012年版	《治安管理处罚法》2025年版
第九十八条 公安机关作出吊销许可证以及处二千元以上罚款的治安管理处罚决定前,应当告知违反治安管理行为人有权要求举行听证;违反治安管理行为人要求听证的,公安机关应当及时依法举行听证。	第一百一十七条 公安机关作出吊销许可证件、处四千元以上罚款的治安管理处罚决定或者采取责令停业整顿措施前,应当告知违反治安管理行为人有权要求举行听证;违反治安管理行为人要求听证的,公安机关应当及时依法举行听证。 对依照本法第一二十三条第二款规定可能执行行政拘留的未成年人,公安机关应当告知未成年人和其监护人有权要求举行听证;未成年人和其监护人要求听证的,公安机关应当及时依法举行听证。对未成年人案件的听证不公开举行。

	前两款规定以外的案情复杂或者具有重大社会影响的案件,违反治安管理行为人要求听证,公安机关认为必要的,应当及时依法举行听证。 公安机关不得因违反治安管理行为人要求听证而加重其处罚。

关联法律法规 ●●●●●●

《公安机关办理行政案件程序规定》(2020年8月6日修正)

第一百二十三条 在作出下列行政处罚决定之前,应当告知违法嫌疑人有要求举行听证的权利:

(一)责令停产停业;

(二)吊销许可证或者执照;

(三)较大数额罚款;

(四)法律、法规和规章规定违法嫌疑人可以要求举行听证的其他情形。

前款第三项所称"较大数额罚款",是指对个人处以二千元以上罚款,对单位处以一万元以上罚款,对违反边防出入境管理法律、法规和规章的个人处以六千元以上罚款。对依据地方性法规或者地方政府规章作出的罚款处罚,适用听证的罚款数额按照地方规定执行。

第一百二十四条 听证由公安机关法制部门组织实施。

依法具有独立执法主体资格的公安机关业务部门以及出入境边防检查站依法作出行政处罚决定的,由其非本案调查人员组织听证。

第一百二十五条 公安机关不得因违法嫌疑人提出听证要求而加重处罚。

第一百二十六条 听证人员应当就行政案件的事实、证据、程序、适用法律等方面全面听取当事人陈述和申辩。

第一百二十七条 听证设听证主持人一名,负责组织听证;记录员一名,负责制作听证笔录。必要时,可以设听证员一至二名,协助听证主持人进行听证。

本案调查人员不得担任听证主持人、听证员或者记录员。

第一百二十八条　听证主持人决定或者开展下列事项：

（一）举行听证的时间、地点；

（二）听证是否公开举行；

（三）要求听证参加人到场参加听证，提供或者补充证据；

（四）听证的延期、中止或者终止；

（五）主持听证，就案件的事实、理由、证据、程序、适用法律等组织质证和辩论；

（六）维持听证秩序，对违反听证纪律的行为予以制止；

（七）听证员、记录员的回避；

（八）其他有关事项。

第一百二十九条　听证参加人包括：

（一）当事人及其代理人；

（二）本案办案人民警察；

（三）证人、鉴定人、翻译人员；

（四）其他有关人员。

第一百三十条　当事人在听证活动中享有下列权利：

（一）申请回避；

（二）委托一至二人代理参加听证；

（三）进行陈述、申辩和质证；

（四）核对、补正听证笔录；

（五）依法享有的其他权利。

第一百三十一条　与听证案件处理结果有直接利害关系的其他公民、法人或者其他组织，作为第三人申请参加听证的，应当允许。为查明案情，必要时，听证主持人也可以通知其参加听证。

第一百三十二条　对适用听证程序的行政案件，办案部门在提出处罚意见后，应当告知违法嫌疑人拟作出的行政处罚和有要求举行听证的权利。

第一百三十三条　违法嫌疑人要求听证的，应当在公安机关告知后三日内提出申请。

第一百三十四条　违法嫌疑人放弃听证或者撤回听证要求后，处罚决定作出前,又提出听证要求的,只要在听证申请有效期限内,应当允许。

第一百三十五条　公安机关收到听证申请后,应当在二日内决定是否受理。认为听证申请人的要求不符合听证条件,决定不予受理的,应当制作不予受理听证通知书,告知听证申请人。逾期不通知听证申请人的,视为受理。

第一百三十六条　公安机关受理听证后,应当在举行听证的七日前将举行听证通知书送达听证申请人,并将举行听证的时间、地点通知其他听证参加人。

第一百三十七条　听证应当在公安机关收到听证申请之日起十日内举行。

除涉及国家秘密、商业秘密、个人隐私的行政案件外,听证应当公开举行。

第一百三十八条　听证申请人不能按期参加听证的,可以申请延期,是否准许,由听证主持人决定。

第一百三十九条　二个以上违法嫌疑人分别对同一行政案件提出听证要求的,可以合并举行。

第一百四十条　同一行政案件中有二个以上违法嫌疑人,其中部分违法嫌疑人提出听证申请的,应当在听证举行后一并作出处理决定。

第一百四十一条　听证开始时,听证主持人核对听证参加人;宣布案由;宣布听证员、记录员和翻译人员名单;告知当事人在听证中的权利和义务;询问当事人是否提出回避申请;对不公开听证的行政案件,宣布不公开听证的理由。

第一百四十二条　听证开始后,首先由办案人民警察提出听证申请人违法的事实、证据和法律依据及行政处罚意见。

第一百四十三条　办案人民警察提出证据时,应当向听证会出示。对证人证言、鉴定意见、勘验笔录和其他作为证据的文书,应当当场宣读。

第一百四十四条　听证申请人可以就办案人民警察提出的违法事实、证据和法律依据以及行政处罚意见进行陈述、申辩和质证,并可以提出新的证据。

第三人可以陈述事实,提出新的证据。

第一百四十五条　听证过程中,当事人及其代理人有权申请通知新的证人到会作证,调取新的证据。对上述申请,听证主持人应当当场作出是否同意的决定;申请重新鉴定的,按照本规定第七章第五节有关规定办理。

第一百四十六条　听证申请人、第三人和办案人民警察可以围绕案件的事实、证据、程序、适用法律、处罚种类和幅度等问题进行辩论。

第一百四十七条　辩论结束后,听证主持人应当听取听证申请人、第三人、办案人民警察各方最后陈述意见。

第一百四十八条　听证过程中,遇有下列情形之一,听证主持人可以中止听证:

(一)需要通知新的证人到会、调取新的证据或者需要重新鉴定或者勘验的;

(二)因回避致使听证不能继续进行的;

(三)其他需要中止听证的。

中止听证的情形消除后,听证主持人应当及时恢复听证。

第一百四十九条　听证过程中,遇有下列情形之一,应当终止听证:

(一)听证申请人撤回听证申请的;

(二)听证申请人及其代理人无正当理由拒不出席或者未经听证主持人许可中途退出听证的;

(三)听证申请人死亡或者作为听证申请人的法人或者其他组织被撤销、解散的;

(四)听证过程中,听证申请人或者其代理人扰乱听证秩序,不听劝阻,致使听证无法正常进行的;

(五)其他需要终止听证的。

第一百五十条　听证参加人和旁听人员应当遵守听证会场纪律。对违反听证会场纪律的,听证主持人应当警告制止;对不听制止,干扰听证正常进行的旁听人员,责令其退场。

第一百五十一条　记录员应当将举行听证的情况记入听证笔录。听证笔录应当载明下列内容:

(一)案由;

(二)听证的时间、地点和方式;

(三)听证人员和听证参加人的身份情况;

(四)办案人民警察陈述的事实、证据和法律依据以及行政处罚意见;
(五)听证申请人或者其代理人的陈述和申辩;
(六)第三人陈述的事实和理由;
(七)办案人民警察、听证申请人或者其代理人、第三人质证、辩论的内容;
(八)证人陈述的事实;
(九)听证申请人、第三人、办案人民警察的最后陈述意见;
(十)其他事项。

第一百五十二条 听证笔录应当交听证申请人阅读或者向其宣读。听证笔录中的证人陈述部分,应当交证人阅读或者向其宣读。听证申请人或者证人认为听证笔录有误的,可以请求补充或者改正。听证申请人或者证人审核无误后签名或者捺指印。听证申请人或者证人拒绝的,由记录员在听证笔录中记明情况。

听证笔录经听证主持人审阅后,由听证主持人、听证员和记录员签名。

第一百五十三条 听证结束后,听证主持人应当写出听证报告书,连同听证笔录一并报送公安机关负责人。

听证报告书应当包括下列内容:
(一)案由;
(二)听证人员和听证参加人的基本情况;
(三)听证的时间、地点和方式;
(四)听证会的基本情况;
(五)案件事实;
(六)处理意见和建议。

第一百一十八条 【办案期限】

公安机关办理治安案件的期限,自立案之日起不得超过三十日;案情重大、复杂的,经上一级公安机关批准,可以延长三十日。期限延长以二次为限。公安派出所办理的案件需要延长期限的,由所属公安机关批准。

为了查明案情进行鉴定的期间、听证的期间,不计入办理治安案件的期限。

条文应用提示

情形	期限	备注	起算
一般情形	30日		立案之日起
案情重大、复杂的	60日	上一级公安机关批准	立案之日起
案情重大、复杂的	90日	上一级公安机关批准（二次为限）	立案之日起
鉴定的期间、听证的期间，不计入办案期限			

条文新旧对照

《治安管理处罚法》2012年版	《治安管理处罚法》2025年版
第九十九条　公安机关办理治安案件的期限，自受理之日起不得超过三十日；案情重大、复杂的，经上一级公安机关批准，可以延长三十日。 　　为了查明案情进行鉴定的期间，不计入办理治安案件的期限。	第一百一十八条　公安机关办理治安案件的期限，自**立案之日**起不得超过三十日；案情重大、复杂的，经上一级公安机关批准，可以延长三十日。**期限延长以二次为限。公安派出所办理的案件需要延长期限的，由所属公安机关批准。** 　　为了查明案情进行鉴定的期间、**听证的**期间，不计入办理治安案件的期限。

关联法律法规

《公安机关办理行政案件程序规定》（2020年8月6日修正）

第一百六十五条　公安机关办理治安案件的期限，自受理之日起不得超过三十日；案情重大、复杂的，经上一级公安机关批准，可以延长三十日。办理其他行政案件，有法定办案期限的，按照相关法律规定办理。

为了查明案情进行鉴定的期间，不计入办案期限。

对因违反治安管理行为人不明或者逃跑等客观原因造成案件在法定期限内无法作出行政处理决定的，公安机关应当继续进行调查取证，并向被侵害人说明情况，及时依法作出处理决定。

> **第一百一十九条 【当场处罚】**
> 违反治安管理行为事实清楚,证据确凿,处警告或者五百元以下罚款的,可以当场作出治安管理处罚决定。

▎条文应用提示 ●●●●●●

　　当场处罚是治安管理处罚在程序上的简化适用,为了保障公民的合法权益,适用当场处罚需满足以下条件:(1)事实清楚、证据确凿:即使处罚程序简化也应当满足"以事实为依据,以法律为准绳"的前提;(2)处罚条件:警告、500元以下罚款,当场处罚只能适用于这两种处罚类型,人民警察当场作出行政拘留处罚的,属于超越法定权限,继而无效;(3)当场处罚只能由人民警察作出,新《治安管理处罚法》规定:适用当场处罚的,可以由一名人民警察作出治安管理处罚决定。

　　值得注意的是,当场处罚与当场收缴罚款并非一个概念。原则上,公安机关作出罚款决定后,被处罚人在15日内到指定的银行缴纳罚款。具有以下情形的,可以当场收缴罚款:(1)被处二百元以下罚款,被处罚人对罚款无异议的;(2)在边远、水上、交通不便地区,旅客列车上或者口岸,公安机关及其人民警察依照本法的规定作出罚款决定后,被处罚人向指定的银行缴纳罚款确有困难,经被处罚人提出的;(3)被处罚人在当地没有固定住所,不当场收缴事后难以执行的。

▎条文新旧对照 ●●●●●●

《治安管理处罚法》2012年版	《治安管理处罚法》2025年版
第一百条　违反治安管理行为事实清楚,证据确凿,处警告或者二百元以下罚款的,可以当场作出治安管理处罚决定。	第一百一十九条　违反治安管理行为事实清楚,证据确凿,处警告或者**五百**元以下罚款的,可以当场作出治安管理处罚决定。

▎关联法律法规 ●●●●●●

《公安机关办理行政案件程序规定》(2020年8月6日修正)

　　第三十七条　违法事实确凿,且具有下列情形之一的,人民警察可以

当场作出处罚决定,有违禁品的,可以当场收缴:

(一)对违反治安管理行为人或者道路交通违法行为人处二百元以下罚款或者警告的;

(二)出入境边防检查机关对违反出境入境管理行为人处五百元以下罚款或者警告的;

(三)对有其他违法行为的个人处五十元以下罚款或者警告、对单位处一千元以下罚款或者警告的;

(四)法律规定可以当场处罚的其他情形。

涉及卖淫、嫖娼、赌博、毒品的案件,不适用当场处罚。

第三十八条 当场处罚,应当按照下列程序实施:

(一)向违法行为人表明执法身份;

(二)收集证据;

(三)口头告知违法行为人拟作出行政处罚决定的事实、理由和依据,并告知违法行为人依法享有的陈述权和申辩权;

(四)充分听取违法行为人的陈述和申辩。违法行为人提出的事实、理由或者证据成立的,应当采纳;

(五)填写当场处罚决定书并当场交付被处罚人;

(六)当场收缴罚款的,同时填写罚款收据,交付被处罚人;未当场收缴罚款的,应当告知被处罚人在规定期限内到指定的银行缴纳罚款。

> **第一百二十条 【当场处罚决定程序】**
>
> 当场作出治安管理处罚决定的,人民警察应当向违反治安管理行为人出示人民警察证,并填写处罚决定书。处罚决定书应当当场交付被处罚人;有被侵害人的,并应当将决定书送达被侵害人。
>
> 前款规定的处罚决定书,应当载明被处罚人的姓名、违法行为、处罚依据、罚款数额、时间、地点以及公安机关名称,并由经办的人民警察签名或者盖章。
>
> 适用当场处罚,被处罚人对拟作出治安管理处罚的内容及事实、理由、依据没有异议的,可以由一名人民警察作出治安管理处罚决定,并应当全程同步录音录像。
>
> 当场作出治安管理处罚决定的,经办的人民警察应当在二十四小时以内报所属公安机关备案。

条文应用提示

当场处罚程序针对的是事实清楚,证据确凿的违法,且处警告或者五百元以下罚款的情况。

当场处罚程序有"三个当场":(1)当场出示警察证;(2)当场填写并作出处罚决定书;(3)当场交付被处罚人。这种情况在交通违法的处罚场景中较为常见。

本条明确规定了当场处罚的,如果被处罚人没有异议的,可以一人执法,同时全程同步录音录像;这意味着如果被处罚人有异议的,则必须二人执法,或者不适用该程序,因为该程序的适用前提是"事实清楚,证据确凿"。

条文新旧对照

《治安管理处罚法》2012年版	《治安管理处罚法》2025年版
第一百零一条 当场作出治安管理处罚决定的,人民警察应当向违反治安管理行为人出示工作证件,并填写处罚决定书。处罚决定书应当当场交付被处罚人;有被侵害人的,并将决定书副本抄送被侵害人。 前款规定的处罚决定书,应当载明被处罚人的姓名、违法行为、处罚依据、罚款数额、时间、地点以及公安机关名称,并由经办的人民警察签名或者盖章。 当场作出治安管理处罚决定的,经办的人民警察应当在二十四小时内报所属公安机关备案。	第一百二十条 当场作出治安管理处罚决定的,人民警察应当向违反治安管理行为人出示**人民警察证**,并填写处罚决定书。处罚决定书应当当场交付被处罚人;有被侵害人的,**并应当将决定书送达**被侵害人。 前款规定的处罚决定书,应当载明被处罚人的姓名、违法行为、处罚依据、罚款数额、时间、地点以及公安机关名称,并由经办的人民警察签名或者盖章。 **适用当场处罚,被处罚人对拟作出治安管理处罚的内容及事实、理由、依据没有异议的,可以由一名人民警察作出治安管理处罚决定,并应当全程同步录音录像。**

	当场作出治安管理处罚决定的,经办的人民警察应当在二十四小时以内报所属公安机关备案。

典型案例参考 ●●●●●●

王某某携带禁运物品被处罚案行政处罚决定书

〔鲁机场直公(候派)快行罚决字〔2023〕8号〕

违法行为人王某某,男,××岁,××××年××月××日出生,居民身份证号码为××××××××××××××××××,户籍所在地为山东滨州市滨城区渤海十八路×××号××号楼×单元×××室,现住山东滨州市滨城区渤海十八路×××号××号楼×单元×××室,工作单位:东泽广告有限公司,违法经历:无。

××××年×月××日×时××分许,在济南国际机场国内出发安检二区,王某某将一只打火机藏匿于自己腰带扣内侧,欲携带通过安检乘坐MU××××至上海,被安检工作人员查获后移送至候机楼派出所。

王某某的陈述和申辩,安检工作人员的证人证言以及王某某携带的打火机等事实依据。

综上,王某某携带、交运禁运物品的违法行为成立。

根据《中华人民共和国民用航空安全保卫条例》第三十二条第(四)项和第三十五条第(三)项之规定,决定给予王某某罚款伍佰元的行政处罚,并没收打火机一个。

执行方式和期限:根据《公安机关办理行政案件程序规定》第二百一十四条第一款第四项之规定,当场缴纳罚款。

被处罚人如不服本决定,可以在收到本决定之日起六十日内向山东省人民政府行政复议办公室申请行政复议或者在六个月内依法向××××人民法院提起行政诉讼。

山东省公安厅机场公安局直属分局

第一百二十一条 【不服处罚的救济】

被处罚人、被侵害人对公安机关依照本法规定作出的治安管理处罚决定,作出的收缴、追缴决定,或者采取的有关限制性、禁止性措施等不服的,可以依法申请行政复议或者提起行政诉讼。

条文应用提示

行政复议和行政诉讼是当事人不服治安管理处罚相关决定的两种主要救济途径。这里的当事人，包括被处罚人，也包括被侵害人；这里的相关决定，既包括治安管理处罚决定，也包括作出的收缴、追缴决定，以及采取的有关限制性、禁止性措施。

行政复议是指行政相对人认为行政主体的行政行为侵犯其合法权益，依法向行政复议机关提出复查该行政行为的申请，行政复议机关依照法定程序对被申请的行政行为进行合法性、适当性审查，并作出行政复议决定的法律制度。行政诉讼是指公民、法人或者其他组织认为行政机关和行政机关工作人员的行政行为侵犯其合法权益，依法向人民法院提起诉讼，人民法院依法予以受理、审理并作出裁判的活动。

条文新旧对照

《治安管理处罚法》2012 年版	《治安管理处罚法》2025 年版
第一百零二条　被处罚人对治安管理处罚决定不服的，可以依法申请行政复议或者提起行政诉讼。	第一百二十一条　被处罚人、**被侵害人对公安机关依照本法规定作出的治安管理处罚决定，作出的收缴、追缴决定，或者采取的有关限制性、禁止性措施等**不服的，可以依法申请行政复议或者提起行政诉讼。

第三节　执　　行

第一百二十二条　【行政拘留处罚的执行及解除】
对被决定给予行政拘留处罚的人，由作出决定的公安机关送拘留所执行；执行期满，拘留所应当按时解除拘留，发给解除拘留证明书。

被决定给予行政拘留处罚的人在异地被抓获或者有其他有必要在异地拘留所执行情形的，经异地拘留所主管公安机关批准，可以在异地执行。

条文应用提示

1. 执行机关及执行地点

拘留所,是指公安机关依法将特定的人短时间拘禁留置的场所。拘禁的人犯包括被公安机关、国家安全机关依法给予行政拘留处罚的人;被人民法院依法决定予以司法拘留的人;被公安机关依法给予现场行政强制措施性质拘留的人。

2. 给予行政拘留处罚,但不送拘留所执行

违法行为人具有下列情形之一,依法应当给予行政拘留处罚的,应当作出处罚决定,但不送拘留所执行:(1)已满14周岁不满16周岁的;(2)已满16周岁不满18周岁,初次违反治安管理或者其他公安行政管理的;(3)70周岁以上的;(4)孕妇或者正在哺乳自己婴儿的妇女。根据本法第23条,已满14周岁不满16周岁的、70周岁以上的违法行为人在一年以内二次以上违反治安管理的,如上(1)、(2)、(3)项规定的行为人治安管理情节严重、影响恶劣的,也要送拘留所执行行政拘留。

3. 行政拘留和强制隔离戒毒

对同时被决定行政拘留和社区戒毒或者强制隔离戒毒的人员,应当先执行行政拘留,由拘留所给予必要的戒毒治疗,强制隔离戒毒期限连续计算。拘留所不具备戒毒治疗条件的,行政拘留决定机关可以直接将被行政拘留人送公安机关管理的强制隔离戒毒所代为执行行政拘留,强制隔离戒毒期限连续计算。

本次修订,新增了"解除拘留证明书"以及"异地拘留"的制度。

条文新旧对照

《治安管理处罚法》2012年版	《治安管理处罚法》2025年版
第一百零三条 对被决定给予行政拘留处罚的人,由作出决定的公安机关送达拘留所执行。	第一百二十二条 对被决定给予行政拘留处罚的人,由作出决定的公安机关送拘留所执行;**执行期满,拘留所应当按时解除拘留,发给解除拘留证明书。**

	被决定给予行政拘留处罚的人在异地被抓获或者有其他有必要在异地拘留所执行情形的,经异地拘留所主管公安机关批准,可以在异地执行。

关联法律法规

《公安机关办理行政案件程序规定》(2020年8月6日修正)

第一百六十四条 违法行为人具有下列情形之一,依法应当给予行政拘留处罚的,应当作出处罚决定,但不送拘留所执行:

(一)已满十四周岁不满十六周岁的;

(二)已满十六周岁不满十八周岁,初次违反治安管理或者其他公安行政管理的。但是,曾被收容教养、被行政拘留依法不执行行政拘留或者曾因实施扰乱公共秩序,妨害公共安全,侵犯人身权利、财产权利,妨害社会管理的行为被人民法院判决有罪的除外;

(三)七十周岁以上的;

(四)孕妇或者正在哺乳自己婴儿的妇女。

第二百二十条 对被决定行政拘留的人,由作出决定的公安机关送达拘留所执行。对抗拒执行的,可以使用约束性警械。

对被决定行政拘留的人,在异地被抓获或者具有其他有必要在异地拘留所执行情形的,经异地拘留所主管公安机关批准,可以在异地执行。

第二百二十一条 对同时被决定行政拘留和社区戒毒或者强制隔离戒毒的人员,应当先执行行政拘留,由拘留所给予必要的戒毒治疗,强制隔离戒毒期限连续计算。

拘留所不具备戒毒治疗条件的,行政拘留决定机关可以直接将被行政拘留人送公安机关管理的强制隔离戒毒所代为执行行政拘留,强制隔离戒毒期限连续计算。

第二百二十二条 被处罚人不服行政拘留处罚决定,申请行政复议或者提起行政诉讼的,可以向作出行政拘留决定的公安机关提出暂缓执行行政拘留的申请;口头提出申请的,公安机关人民警察应当予以记录,并由申请人签名或者捺指印。

被处罚人在行政拘留执行期间,提出暂缓执行行政拘留申请的,拘留所应当立即将申请转交作出行政拘留决定的公安机关。

《拘留所条例实施办法》(公安部令第 126 号 2012 年 12 月 14 日)

第一条 为了规范拘留所的设置和管理,惩戒和教育被拘留人,保护被拘留人的合法权益,保障拘留的顺利执行,根据《拘留所条例》及有关法律、行政法规的规定,制定本办法。

第一百二十三条 【当场收缴罚款范围】

受到罚款处罚的人应当自收到处罚决定书之日起十五日以内,到指定的银行或者通过电子支付系统缴纳罚款。但是,有下列情形之一的,人民警察可以当场收缴罚款:

(一) 被处二百元以下罚款,被处罚人对罚款无异议的;

(二) 在边远、水上、交通不便地区,旅客列车上或者口岸,公安机关及其人民警察依照本法的规定作出罚款决定后,被处罚人到指定的银行或者通过电子支付系统缴纳罚款确有困难,经被处罚人提出的;

(三) 被处罚人在当地没有固定住所,不当场收缴事后难以执行的。

▎**条文应用提示** ●●●●●●

当场收缴罚款与当场处罚不是同一个概念,本法第 119 条、第 120 条规定了当场处罚程序。

本条规定了"当场收缴罚款"的情况,其适用范围很窄,只有本法规定的 3 种情形下才能适用当场收缴的规定:(1) 被处 200 元以下罚款,被处罚人对罚款无异议的;(2) 在边远等地区,被处罚人到指定的银行或者通过电子支付系统缴纳罚款确有困难,经被处罚人提出的;(3) 被处罚人在当地没有固定住所,不当场收缴事后难以执行的。

绝大多数行政处罚决定书中罚款的缴纳,还是通过电子支付系统或者到指定银行缴纳完成。

条文新旧对照

《治安管理处罚法》2012 年版	《治安管理处罚法》2025 年版
第一百零四条 受到罚款处罚的人应当自收到处罚决定书之日起十五日内,到指定的银行缴纳罚款。但是,有下列情形之一的,人民警察可以当场收缴罚款: (一)被处五十元以下罚款,被处罚人对罚款无异议的; (二)在边远、水上、交通不便地区,公安机关及其人民警察依照本法的规定作出罚款决定后,被处罚人向指定的银行缴纳罚款确有困难,经被处罚人提出的; (三)被处罚人在当地没有固定住所,不当场收缴事后难以执行的。	第一百二十三条 受到罚款处罚的人应当自收到处罚决定书之日起十五日**以内**,到指定的银行**或者通过电子支付系统**缴纳罚款。但是,有下列情形之一的,人民警察可以当场收缴罚款: (一)被处**二百元**以下罚款,被处罚人对罚款无异议的; (二)在边远、水上、交通不便地区,**旅客列车上或者口岸**,公安机关及其人民警察依照本法的规定作出罚款决定后,被处罚人到指定的银行或者通过电子支付系统缴纳罚款确有困难,经被处罚人提出的; (三)被处罚人在当地没有固定住所,不当场收缴事后难以执行的。

关联法律法规

《公安机关办理行政案件程序规定》(2020 年 8 月 6 日修正)

第二百一十四条 公安机关作出罚款决定,被处罚人应当自收到行政处罚决定书之日起十五日内,到指定的银行缴纳罚款。具有下列情形之一的,公安机关及其办案人民警察可以当场收缴罚款,法律另有规定的,从其规定:

(一)对违反治安管理行为人处五十元以下罚款和对违反交通管理的行人、乘车人和非机动车驾驶人处罚款,被处罚人没有异议的;

(二)对违反治安管理、交通管理以外的违法行为人当场处二十元以

下罚款的;

(三)在边远、水上、交通不便地区、旅客列车上或者口岸,被处罚人向指定银行缴纳罚款确有困难,经被处罚人提出的;

(四)被处罚人在当地没有固定住所,不当场收缴事后难以执行的。

对具有前款第一项和第三项情形之一的,办案人民警察应当要求被处罚人签名确认。

> **第一百二十四条 【罚款缴纳期限】**
> 人民警察当场收缴的罚款,应当自收缴罚款之日起二日以内,交至所属的公安机关;在水上、旅客列车上当场收缴的罚款,应当自抵岸或者到站之日起二日以内,交至所属的公安机关;公安机关应当自收到罚款之日起二日以内将罚款缴付指定的银行。

▌条文应用提示 ●●●●●

对于公安机关收缴的罚款,采用"罚缴分离"原则。针对本法第123条规定的"当场收缴罚款"的,本条规定了事后应及时上缴的制度,明确要求人民警察当场收缴的罚款,应当自收缴罚款之日起(或者抵案到站后)2日内,交至所属的公安机关;公安机关自收到罚款之日起2日内缴付至指定银行,最后均收归国库。

▌条文新旧对照 ●●●●●

《治安管理处罚法》2012年版	《治安管理处罚法》2025年版
第一百零五条 人民警察当场收缴的罚款,应当自收缴罚款之日起二日内,交至所属的公安机关;在水上、旅客列车上当场收缴的罚款,应当自抵岸或者到站之日起二日内,交至所属的公安机关;公安机关应当自收到罚款之日起二日内将罚款缴付指定的银行。	第一百二十四条 人民警察当场收缴的罚款,应当自收缴罚款之日起二日**以内**,交至所属的公安机关,在水上、旅客列车上当场收缴的罚款,应当自抵岸或者到站之日起二日**以内**,交至所属的公安机关;公安机关应当自收到罚款之日起二日**以内**将罚款缴付指定的银行。

关联法律法规

《公安机关办理行政案件程序规定》(2020年8月6日修正)

第二百一十六条　人民警察应当自收缴罚款之日起二日内,将当场收缴的罚款交至其所属公安机关;在水上当场收缴的罚款,应当自抵岸之日起二日内将当场收缴的罚款交至其所属公安机关;在旅客列车上当场收缴的罚款,应当自返回之日起二日内将当场收缴的罚款交至其所属公安机关。

公安机关应当自收到罚款之日起二日内将罚款缴付指定的银行。

第一百二十五条　【罚款收据】

人民警察当场收缴罚款的,应当向被处罚人出具省级以上人民政府财政部门统一制发的专用票据;不出具统一制发的专用票据的,被处罚人有权拒绝缴纳罚款。

条文应用提示

本条规定罚款必须开具由省级以上人民政府财政部门统一制发的专用票据,主要是为了对罚款情况进行财政监控。无论是人民警察当场收缴罚款,还是被处罚人自行到银行缴纳罚款,最终这些罚款都要全部上缴财政。因此,由财政部门统一制发罚款收据,可以对罚款进行严格控制,防止滥罚以及截留、挪用、贪污罚款。

条文新旧对照

《治安管理处罚法》2012年版	《治安管理处罚法》2025年版
第一百零六条　人民警察当场收缴罚款的,应当向被处罚人出具省、自治区、直辖市人民政府财政部门统一制发的罚款收据;不具统一制发的罚款收据的,被处罚人有权拒绝缴纳罚款。	第一百二十五条　人民警察当场收缴罚款的,应当向被处罚人出具**省级以上**人民政府财政部门统一制发的**专用票据**;不出具统一制发的**专用票据**的,被处罚人有权拒绝缴纳罚款。

关联法律法规

《公安机关办理行政案件程序规定》(2020年8月6日修正)

第二百一十五条 公安机关及其人民警察当场收缴罚款的,应当出具省级或者国家财政部门统一制发的罚款收据。对不出具省级或者国家财政部门统一制发的罚款收据的,被处罚人有权拒绝缴纳罚款。

> 第一百二十六条 【暂缓执行行政拘留的条件与程序】
> 被处罚人不服行政拘留处罚决定,申请行政复议、提起行政诉讼的,遇有参加升学考试、子女出生或者近亲属病危、死亡等情形的,可以向公安机关提出暂缓执行行政拘留的申请。公安机关认为暂缓执行行政拘留不致发生社会危险的,由被处罚人或者其近亲属提出符合本法第一百二十七条规定条件的担保人,或者按每日行政拘留二百元的标准交纳保证金,行政拘留的处罚决定暂缓执行。
> 正在被执行行政拘留处罚的人遇有参加升学考试、子女出生或者近亲属病危、死亡等情形,被拘留人或者其近亲属申请出所的,由公安机关依照前款规定执行。被拘留人出所的时间不计入拘留期限。

条文应用提示

本次修订新增了"被处罚人遇有参加升学考试、子女出生或者近亲属病危、死亡等情形的",可以申请暂缓执行行政拘留;正在被执行行政拘留处罚的人,如果遇有如上类似情形,被拘留人或者其近亲属可以申请出所。如上规定体现了"以人为本"的宗旨。

1.适用范围:暂缓执行及申请出所只适用于行政拘留,其他治安管理处罚如罚款等不适用暂缓执行。

2.适用前提:(1)申请行政复议,(2)提起行政诉讼,(3)参加升学考试,(4)子女出生,(5)近亲属病危、死亡,(6)法律规定的其他情形。针对(1)至(6)可以申请暂缓执行;针对(3)至(5)可以申请出所。

3.适用条件:(1)不拘留行为人不会导致社会危险;(2)被处罚人或其近亲属提出担保人或缴纳保证金。

4.适用程序:(1)被处罚人向作出行政拘留决定的公安机关申请;(2)公安机关经过审查,被处罚人或者其近亲属在提出符合条件的担保人或交纳保证金后,作出暂缓执行的决定;(3)已经被拘留的行为人提出暂缓执行申请/出所申请的,在公安机关作出暂缓执行决定前继续将被拘留人送至拘留所执行。

5.不适用暂缓执行的情形:(1)暂缓执行行政拘留后可能逃跑的;(2)有其他违法犯罪嫌疑,正在被调查或者侦查的;(3)不宜暂缓执行行政拘留的其他情形。

条文新旧对照

《治安管理处罚法》2012年版	《治安管理处罚法》2025年版
第一百零七条 被处罚人不服行政拘留处罚决定,申请行政复议、提起行政诉讼的,可以向公安机关提出暂缓执行行政拘留的申请。公安机关认为暂缓执行行政拘留不致发生社会危险的,由被处罚人或者其近亲属提出符合本法第一百零八条规定条件的担保人,或者按每日行政拘留二百元的标准交纳保证金,行政拘留的处罚决定暂缓执行。	第一百二十六条 被处罚人不服行政拘留处罚决定,申请行政复议、提起行政诉讼的,**遇有参加升学考试、子女出生或者近亲属病危、死亡等情形的**,可以向公安机关提出暂缓执行行政拘留的申请。公安机关认为暂缓执行行政拘留不致发生社会危险的,由被处罚人或者其近亲属提出符合本法第一百二十七条规定条件的担保人,或者按每日行政拘留二百元的标准交纳保证金,行政拘留的处罚决定暂缓执行。 　　正在被执行行政拘留处罚的人遇有参加升学考试、子女出生或者近亲属病危、死亡等情形,被拘留人或其近亲属申请出所的,由公安机关依照前款规定执行。被拘留人出所的时间不计入拘留期限。

关联法律法规

《公安机关办理行政案件程序规定》(2020年8月6日修正)

第二百二十二条 被处罚人不服行政拘留处罚决定,申请行政复议或者提起行政诉讼的,可以向作出行政拘留决定的公安机关提出暂缓执行行政拘留的申请;口头提出申请的,公安机关人民警察应当予以记录,并由申请人签名或者捺指印。

被处罚人在行政拘留执行期间,提出暂缓执行行政拘留申请的,拘留所应当立即将申请转交作出行政拘留决定的公安机关。

第二百二十三条 公安机关应当在收到被处罚人提出暂缓执行行政拘留申请之时起二十四小时内作出决定。

公安机关认为暂缓执行行政拘留不致发生社会危险,且被处罚人或者其近亲属提出符合条件的担保人,或者按每日行政拘留二百元的标准交纳保证金的,应当作出暂缓执行行政拘留的决定。

对同一被处罚人,不得同时责令其提出保证人和交纳保证金。

被处罚人已送达拘留所执行的,公安机关应当立即将暂缓执行行政拘留决定送达拘留所,拘留所应当立即释放被处罚人。

第二百二十四条 被处罚人具有下列情形之一的,应当作出不暂缓执行行政拘留的决定,并告知申请人:

(一)暂缓执行行政拘留后可能逃跑的;

(二)有其他违法犯罪嫌疑,正在被调查或者侦查的;

(三)不宜暂缓执行行政拘留的其他情形。

第二百二十五条 行政拘留并处罚款的,罚款不因暂缓执行行政拘留而暂缓执行。

第二百二十六条 在暂缓执行行政拘留期间,被处罚人应当遵守下列规定:

(一)未经决定机关批准不得离开所居住的市、县;

(二)住址、工作单位和联系方式发生变动的,在二十四小时以内向决定机关报告;

(三)在行政复议和行政诉讼中不得干扰证人作证、伪造证据或者串供;

(四)不得逃避、拒绝或者阻碍处罚的执行。

在暂缓执行行政拘留期间,公安机关不得妨碍被处罚人依法行使行政复议和行政诉讼权利。

> **第一百二十七条 【担保人的条件】**
> 担保人应当符合下列条件:
> (一)与本案无牵连;
> (二)享有政治权利,人身自由未受到限制;
> (三)在当地有常住户口和固定住所;
> (四)有能力履行担保义务。

条文应用提示 ●●●●●●●

担保人是一种人保,交纳保证金是一种财保。在治安案件中,被处罚人或者其近亲属通过提出符合条件的担保人,由担保人出具保证书,可以申请暂缓执行行政拘留或者临时出所。担保人依法必须符合如下条件:

1. 与本案无牵连:担保人与被处罚人所涉及的治安案件没有任何利害关系,即担保人不是共同违反治安管理行为人,也不是本案的证人、被害人等。

2. 享有政治权利:享有宪法和法律规定的选举权和被选举权,言论、出版、集会、结社、游行、示威自由的权利等。人身自由未受到限制:担保人未受到任何剥夺或者限制人身自由的刑事处罚,未被采取任何剥夺、限制人身自由的刑事、行政强制措施或者未受到限制人身自由的行政处罚,即未被刑事拘留、行政拘留、取保候审、监视居住等。

3. 在当地有常住户口和固定住所:担保人在被处罚地有常住户口和固定的住所。暂住人口或者其他流动人员不能作为保证人。

4. 有能力履行担保义务:担保人的年龄、体力与智力等条件能够保证其履行担保义务,如担保人必须达到一定年龄并具有完全民事行为能力、担保人的智力正常、担保人的身体状况能够使其完成监督被处罚人行为的义务等。

▎条文新旧对照 ●●●●●

《治安管理处罚法》2012年版	《治安管理处罚法》2025年版
第一百零八条　担保人应当符合下列条件： （一）与本案无牵连； （二）享有政治权利，人身自由未受到限制； （三）在当地有常住户口和固定住所； （四）有能力履行担保义务。	第一百二十七条　担保人应当符合下列条件： （一）与本案无牵连； （二）享有政治权利，人身自由未受到限制； （三）在当地有常住户口和固定住所； （四）有能力履行担保义务。

▎关联法律法规 ●●●●●●

《公安机关办理行政案件程序规定》（2020年8月6日修正）

第二百二十八条　公安机关经过审查认为暂缓执行行政拘留的担保人符合条件的，由担保人出具保证书，并到公安机关将被担保人领回。

第二百三十条　暂缓执行行政拘留的担保人在暂缓执行行政拘留期间，不愿继续担保或者丧失担保条件的，行政拘留的决定机关应当责令被处罚人重新提出担保人或者交纳保证金。不提出担保人又不交纳保证金的，行政拘留的决定机关应当将被处罚人送拘留所执行。

第一百二十八条　【担保人的义务】
担保人应当保证被担保人不逃避行政拘留处罚的执行。
担保人不履行担保义务，致使被担保人逃避行政拘留处罚的执行的，处三千元以下罚款。

▎条文应用提示 ●●●●●

担保人应当履行下列义务：(1)保证被担保人不逃避行政拘留处罚的执行；(2)发现被担保人伪造证据、串供或者逃跑的，及时向公安机关报告。担保人不履行担保义务，致使被担保人逃避行政拘留处罚执行的，公安机关可以对担保人处以3000元以下罚款，并对被担保人恢复执行行政拘留的。

暂缓执行行政拘留的担保人履行了担保义务,但被担保人仍逃避行政拘留处罚执行的,或者被处罚人逃跑后,担保人积极帮助公安机关抓获被处罚人的,可以从轻或者不予行政处罚。

暂缓执行行政拘留的担保人在暂缓执行行政拘留期间,不愿继续担保或者丧失担保条件的,行政拘留的决定机关应当责令被处罚人重新提出担保人或者交纳保证金。不提出担保人又不交纳保证金的,行政拘留的决定机关应当将被处罚人送拘留所执行。

条文新旧对照 ●●●●●●

《治安管理处罚法》2012 年版	《治安管理处罚法》2025 年版
第一百零九条　担保人应当保证被担保人不逃避行政拘留处罚的执行。 担保人不履行担保义务,致使被担保人逃避行政拘留处罚的执行的,由公安机关对其处三千元以下罚款。	第一百二十八条　担保人应当保证被担保人不逃避行政拘留处罚的执行。 担保人不履行担保义务,致使被担保人逃避行政拘留处罚的执行的,处三千元以下罚款。

关联法律法规 ●●●●●●

《公安机关办理行政案件程序规定》(2020 年 8 月 6 日修正)

第二百二十九条　暂缓执行行政拘留的担保人应当履行下列义务:

(一)保证被担保人遵守本规定第二百二十六条的规定;

(二)发现被担保人伪造证据、串供或者逃跑的,及时向公安机关报告。

暂缓执行行政拘留的担保人不履行担保义务,致使被担保人逃避行政拘留处罚执行的,公安机关可以对担保人处三千元以下罚款,并对被担保人恢复执行行政拘留。

暂缓执行行政拘留的担保人履行了担保义务,但被担保人仍逃避行政拘留处罚执行的,或者被处罚人逃跑后,担保人积极帮助公安机关抓获被处罚人的,可以从轻或者不予行政处罚。

第一百二十九条 【没收保证金】
被决定给予行政拘留处罚的人交纳保证金,暂缓行政拘留或者出所后,逃避行政拘留处罚的执行的,保证金予以没收并上缴国库,已经作出的行政拘留决定仍应执行。

条文应用提示

保证金应当由银行代收。在银行非营业时间,公安机关可以先行收取,并在收到保证金后的3日内存入指定的银行账户。公安机关应当指定办案部门以外的法制、装备财务等部门负责管理保证金。严禁截留、坐支、挪用或者以其他任何形式侵吞保证金。

保证金交纳后,如果暂缓行政拘留或者出所后,违法行为人逃避行政拘留处罚的执行的,由决定行政拘留的公安机关作出没收或者部分没收保证金的决定,保证金予以没收并上缴国库,并应当将被处罚人送拘留所执行。

条文新旧对照

《治安管理处罚法》2012年版	《治安管理处罚法》2025年版
第一百一十条 被决定给予行政拘留处罚的人交纳保证金,暂缓行政拘留后,逃避行政拘留处罚的执行的,保证金予以没收并上缴国库,已经作出的行政拘留决定仍应执行。	第一百二十九条 被决定给予行政拘留处罚的人交纳保证金,暂缓行政拘留**或者出所**后,逃避行政拘留处罚的执行的,保证金予以没收并上缴国库,已经作出的行政拘留决定仍应执行。

关联法律法规

《公安机关办理行政案件程序规定》(2020年8月6日修正)

第二百三十三条 被处罚人对公安机关没收保证金的决定不服的,可以依法申请行政复议或者提起行政诉讼。

第一百三十条 【退还保证金】
行政拘留的处罚决定被撤销,行政拘留处罚开始执行,或者出所后继续执行的,公安机关收取的保证金应当及时退还交纳人。

条文应用提示

本条规定了退还保证金的三种情况:(1)行政拘留处罚被撤销,这意味着行政拘留决定错误,即不需要保证金作为担保;(2)行政拘留决定开始执行或者继续执行的,这个时候也不需要保证金作为担保。如上情况发生后,公安机关应当将保证金及时退还交纳人。

条文新旧对照

《治安管理处罚法》2012 年版	《治安管理处罚法》2025 年版
第一百一十一条 行政拘留的处罚决定被撤销,或者行政拘留处罚开始执行的,公安机关收取的保证金应当及时退还交纳人。	第一百三十条 行政拘留的处罚决定被撤销,行政拘留处罚开始执行,或者出所后继续执行的,公安机关收取的保证金应当及时退还交纳人。

关联法律法规

《公安机关办理行政案件程序规定》(2020 年 8 月 6 日修正)

第二百三十二条 行政拘留处罚被撤销或者开始执行时,公安机关应当将保证金退还交纳人。

被决定行政拘留的人逃避行政拘留处罚执行的,由决定行政拘留的公安机关作出没收或者部分没收保证金的决定,行政拘留的决定机关应当将被处罚人送拘留所执行。

第五章 执法监督

> 第一百三十一条 【执法原则】
> 公安机关及其人民警察应当依法、公正、严格、高效办理治安案件,文明执法,不得徇私舞弊、玩忽职守、滥用职权。

条文应用提示 ●●●●●●

本条基本沿用了原有规定,是对于公安机关及其人民警察执法原则的概括,包括依照法律规定执法公正执法、高效办案,文明执法,不得徇私舞弊、玩忽职守、滥用职权,既包含了正向倡导,也包含了反向禁止。同时,在本法第139条中,具体列举了人民警察在办理治安案件中可能出现的十四种常见违法、违纪行为,如果有这些行为的,对负有责任的领导人员和直接责任人员,将依法给予处分;构成犯罪的,则依法追究刑事责任。

条文新旧对照 ●●●●●●

《治安管理处罚法》2012年版	《治安管理处罚法》2025年版
第一百一十二条 公安机关及其人民警察应当依法、公正、严格、高效办理治安案件,文明执法,不得徇私舞弊。	第一百三十一条 公安机关及其人民警察应当依法、公正、严格、高效办理治安案件,文明执法,不得徇私舞弊、**玩忽职守**、**滥用职权**。

关联法律法规 ●●●●●●

《中华人民共和国刑法》(2023年12月29日修正)

第三百九十七条 国家机关工作人员滥用职权或者玩忽职守,致使公共财产、国家和人民利益遭受重大损失的,处三年以下有期徒刑或者拘役;情节特别严重的,处三年以上七年以下有期徒刑。

本法另有规定的,依照规定。国家机关工作人员徇私舞弊,犯前款罪的,处五年以下有期徒刑或者拘役;情节特别严重的,处五年以上十年以下有期徒刑。本法另有规定的,依照规定。

第四百零二条 行政执法人员徇私舞弊,对依法应当移交司法机关追究刑事责任的不移交,情节严重的,处三年以下有期徒刑或者拘役;造成严重后果的,处三年以上七年以下有期徒刑。

第一百三十二条 【禁止行为】

公安机关及其人民警察办理治安案件,禁止对违反治安管理行为人打骂、虐待或者侮辱。

▍条文应用提示 ●●●●●●

在办理治安案件中,禁止对违反治安管理行为人打骂、虐待或者侮辱,主要是指禁止对违反治安管理行为人实施殴打、捆绑、冻饿、罚站、罚跪、嘲笑、辱骂等方法,也包括禁止长时间强光照射,采取车轮战术不让休息,不间断进行询问等变相体罚、虐待的方法。

实践证明,打骂、虐待、侮辱违法行为人不仅容易造成冤假错案,而且严重损害了公安机关及人民警察的形象和声誉。

部分案件中,有违法者比较顽抗或者态度嚣张,很难取得口供的,这个时候可以勘验、鉴定及其他取证方式获得定案证据,重视调查研究,努力提高自身的办案水平和能力。

▍条文新旧对照 ●●●●●●

《治安管理处罚法》2012年版	《治安管理处罚法》2025年版
第一百一十三条 公安机关及其人民警察办理治安案件,禁止对违反治安管理行为人打骂、虐待或者侮辱。	第一百三十二条 公安机关及其人民警察办理治安案件,禁止对违反治安管理行为人打骂、虐待或者侮辱。

第一百三十三条 【监督方式】

公安机关及其人民警察办理治安案件,应当自觉接受社会和公民的监督。

公安机关及其人民警察办理治安案件,不严格执法或者有违法违纪行为的,任何单位和个人都有权向公安机关或者人民检察院、监察机关检举、控告;收到检举、控告的机关,应当依据职责及时处理。

条文应用提示 ●●●●●●

本条修订主要是把原"行政监察机关"修改为"监察机关"。

公安机关及其人民警察办理治安案件,应当自觉接受社会和公民的监督。

如果发现公安机关及其人民警察在办理治安管理案件时,有刑讯逼供、体罚、虐待、侮辱他人,收受他人财物或者谋取其他利益,私分、侵占、挪用、故意损毁收缴、扣押的财物,接到报警不出警,徇私舞弊、滥用职权等行为的,任何单位和个人都有权向公安机关或者人民检察院、监察机关检举、控告;收到检举、控告的机关,应当依据职责及时处理。对直接负责的主管人员和其他直接责任人员给予相应的行政处分;构成犯罪的,依法追究刑事责任。

公安机关及其人民警察违法行使职权,侵犯公民、法人和其他组织合法权益的,应当赔礼道歉;造成损害的,还应当依法承担赔偿责任及相应的法律责任。

条文新旧对照 ●●●●●●

《治安管理处罚法》2012 年版	《治安管理处罚法》2025 年版
第一百一十四条 公安机关及其人民警察办理治安案件,应当自觉接受社会和公民的监督。 公安机关及其人民警察办理治安案件,不严格执法或者有违法违纪行为的,任何单位和个人都有权向公安机关或者人民检察院、	第一百二十二条 公安机关及其人民警察办理治安案件,应当自觉接受社会和公民的监督。 公安机关及其人民警察办理治安案件,不严格执法或者有违法违纪行为的,任何单位和个人都有权向公安机关或者人民检察院、监

行政监察机关检举、控告;收到检举、控告的机关,应当依据职责及时处理。	察机关检举、控告;收到检举、控告的机关,应当依据职责及时处理。

第一百三十四条 【与监察机关的联动】
公安机关作出治安管理处罚决定,发现被处罚人是公职人员,依照《中华人民共和国公职人员政务处分法》的规定需要给予政务处分的,应当依照有关规定及时通报监察机关等有关单位。

▎条文应用提示 ●●●●●●

本条为新增条款,明确提出公安机关在办理治安案件中,如果发现公职人员违法的,应及时与监察机关进行联动。这种联动,一方面体现为及时将公职人员违反治安管理的行为及处罚结果通报给监察机关和所在工作单位;另一方面是向监察机关提供并移送公职人员涉嫌贪污贿赂、失职渎职等违法或犯罪线索,由监察机关依法调查处置。

▎条文新旧对照 ●●●●●●

《治安管理处罚法》2012年版	《治安管理处罚法》2025年版
	第一百三十四条 公安机关作出治安管理处罚决定,发现被处罚人是公职人员,依照《中华人民共和国公职人员政务处分法》的规定需要给予政务处分的,应当依照有关规定及时通报监察机关等有关单位。

▎关联法律法规 ●●●●●●

《中华人民共和国监察法》(2018年3月20日)
第四条 监察委员会依照法律规定独立行使监察权,不受行政机关、社会团体和个人的干涉。

监察机关办理职务违法和职务犯罪案件,应当与审判机关、检察机关、执法部门互相配合,互相制约。

监察机关在工作中需要协助的,有关机关和单位应当根据监察机关的要求依法予以协助。

第十一条 监察委员会依照本法和有关法律规定履行监督、调查、处置职责:

(一)对公职人员开展廉政教育,对其依法履职、秉公用权、廉洁从政从业以及道德操守情况进行监督检查;

(二)对涉嫌贪污贿赂、滥用职权、玩忽职守、权力寻租、利益输送、徇私舞弊以及浪费国家资财等职务违法和职务犯罪进行调查;

(三)对违法的公职人员依法作出政务处分决定;对履行职责不力、失职失责的领导人员进行问责;对涉嫌职务犯罪的,将调查结果移送人民检察院依法审查、提起公诉;向监察对象所在单位提出监察建议。

第十五条 监察机关对下列公职人员和有关人员进行监察:

(一)中国共产党机关、人民代表大会及其常务委员会机关、人民政府、监察委员会、人民法院、人民检察院、中国人民政治协商会议各级委员会机关、民主党派机关和工商业联合会机关的公务员,以及参照《中华人民共和国公务员法》管理的人员;

(二)法律、法规授权或者受国家机关依法委托管理公共事务的组织中从事公务的人员;

(三)国有企业管理人员;

(四)公办的教育、科研、文化、医疗卫生、体育等单位中从事管理的人员;

(五)基层群众性自治组织中从事管理的人员;

(六)其他依法履行公职的人员。

第二十二条 被调查人涉嫌贪污贿赂、失职渎职等严重职务违法或者职务犯罪,监察机关已经掌握其部分违法犯罪事实及证据,仍有重要问题需要进一步调查,并有下列情形之一的,经监察机关依法审批,可以将其留置在特定场所:

(一)涉及案情重大、复杂的;

(二)可能逃跑、自杀的;

(三) 可能串供或者伪造、隐匿、毁灭证据的；
(四) 可能有其他妨碍调查行为的。

对涉嫌行贿犯罪或者共同职务犯罪的涉案人员,监察机关可以依照前款规定采取留置措施。

留置场所的设置、管理和监督依照国家有关规定执行。

> **第一百三十五条 【罚缴分离原则】**
> 公安机关依法实施罚款处罚,应当依照有关法律、行政法规的规定,实行罚款决定与罚款收缴分离;收缴的罚款应当全部上缴国库,不得返还、变相返还,不得与经费保障挂钩。

条文应用提示

罚缴分离原则是指作出罚款决定的行政机关应当与收缴罚款的机构分离,作出处罚决定的行政机关及其执法人员不得自行收缴罚款。当事人应当在法定期限内到指定的银行或者电子支付系统缴纳罚款,银行收受罚款并将罚款直接上缴国库。

罚款路径一般分为两种:(1)违法人员到指定银行缴纳罚款,然后由银行上缴国库;(2)执法人员当场收缴的,其回到单位后予以上缴。

对于罚款、没收违法所得或者没收非法财物拍卖的款项,必须全部上缴国库。任何行政机关或者个人不得以任何形式私分、截留;财政部门不得以任何形式向行政处罚决定机关返还。当场收缴的,则依照《行政处罚法》等法律规定的当场收缴罚款的条件和收缴办法办理。

本次修订专门增加"不得返还、变相返还,不得与经费保障挂钩"两个不得以强调收缴罚款后应全部上缴,遏制执法中"多罚款、滥罚款"的不良动机。

条文新旧对照

《治安管理处罚法》2012年版	《治安管理处罚法》2025年版
第一百一十五条　公安机关依法实施罚款处罚,应当依照有关法律、行政法规的规定,实行罚款决定与罚款收缴分离;收缴的罚款应当全部上缴国库。	第一百三十五条　公安机关依法实施罚款处罚,应当依照有关法律、行政法规的规定,实行罚款决定与罚款收缴分离;收缴的罚款应当全部上缴国库,**不得返还、变相返还,不得与经费保障挂钩**。

关联法律法规

《罚款决定与罚款收缴分离实施办法》(国务院令第235号　1997年11月17日)

第一条　为了实施罚款决定与罚款收缴分离,加强对罚款收缴活动的监督,保证罚款及时上缴国库,根据《中华人民共和国行政处罚法》(以下简称行政处罚法)的规定,制定本办法。

第二条　罚款的收取、缴纳及相关活动,适用本办法。

第三条　作出罚款决定的行政机关应当与收缴罚款的机构分离;但是,依照行政处罚法的规定可以当场收缴罚款的除外。

第四条　罚款必须全部上缴国库,任何行政机关、组织或者个人不得以任何形式截留、私分或者变相私分。行政机关执法所需经费的拨付,按照国家有关规定执行。

第五条　经中国人民银行批准有代理收付款项业务的商业银行、信用合作社(以下简称代收机构),可以开办代收罚款的业务。

具体代收机构由县级以上地方人民政府组织本级财政部门、中国人民银行当地分支机构和依法具有行政处罚权的行政机关共同研究,统一确定。海关、外汇管理等实行垂直领导的依法具有行政处罚权的行政机关作出罚款决定的,具体代收机构由财政部、中国人民银行会同国务院有关部门确定。依法具有行政处罚权的国务院有关部门作出罚款决定的,具体代收机构由财政部、中国人民银行确定。

代收机构应当具备足够的代收网点,以方便当事人缴纳罚款。

第六条 行政机关应当依照本办法和国家有关规定,同代收机构签订代收罚款协议。

代收罚款协议应当包括下列事项:

(一)行政机关、代收机构名称;

(二)具体代收网点;

(三)代收机构上缴罚款的预算科目、预算级次;

(四)代收机构告知行政机关代收罚款情况的方式、期限;

(五)需要明确的其他事项。

自代收罚款协议签订之日起15日内,行政机关应当将代收罚款协议报上一级行政机关和同级财政部门备案;代收机构应当将代收罚款协议报中国人民银行或者其当地分支机构备案。

第七条 行政机关作出罚款决定的行政处罚决定书应当载明代收机构的名称、地址和当事人应当缴纳罚款的数额、期限等,并明确对当事人逾期缴纳罚款是否加处罚款。

当事人应当按照行政处罚决定书确定的罚款数额、期限,到指定的代收机构缴纳罚款。

第八条 代收机构代收罚款,应当向当事人出具罚款收据。

罚款收据的格式和印制,由财政部规定。

第九条 当事人逾期缴纳罚款,行政处罚决定书明确需要加处罚款的,代收机构应当按照行政处罚决定书加收罚款。

当事人对加收罚款有异议的,应当先缴纳罚款和加收的罚款,再依法向作出行政处罚决定的行政机关申请复议。

第十条 代收机构应当按照代收罚款协议规定的方式、期限,将当事人的姓名或者名称、缴纳罚款的数额、时间等情况书面告知作出行政处罚决定的行政机关。

第十一条 代收机构应当按照行政处罚法和国家有关规定,将代收的罚款直接上缴国库。

第十二条 国库应当按照《中华人民共和国国家金库条例》的规定,定期同财政部门和行政机关对帐,以保证收受的罚款和上缴国库的罚款数额一致。

第十三条 代收机构应当在代收网点、营业时间、服务设施、缴款手续等方面为当事人缴纳罚款提供方便。

第十四条　财政部门应当向代收机构支付手续费,具体标准由财政部制定。

第十五条　法律、法规授权的具有管理公共事务职能的组织和依法受委托的组织依法作出的罚款决定与罚款收缴,适用本办法。

> **第一百三十六条　【违法记录封存制度】**
> 违反治安管理的记录应当予以封存,不得向任何单位和个人提供或者公开,但有关国家机关为办案需要或者有关单位根据国家规定进行查询的除外。依法进行查询的单位,应当对被封存的违法记录的情况予以保密。

条文应用提示

最终通过的立法删除了"对违反治安管理时不满十八周岁的人"的前置条件,这意味着违法记录封存制度不仅适用于未成年人,且适用于所有曾违反治安管理的行为人。还将原建议稿中"监察机关、司法机关"修改为"有关国家机关"。

我国第一次以立法的形式确立的未成年人刑事犯罪记录封存制度体现在2012年3月14日十一届全国人民代表大会第五次会议表决通过的《刑事诉讼法》第275条,该条明确规定:犯罪的时候不满十八周岁,被判处五年有期徒刑以下刑罚的,应当对相关犯罪记录予以封存。犯罪记录被封存的,不得向任何单位和个人提供,但司法机关为办案需要或者有关单位根据国家规定进行查询的除外。依法进行查询的单位,应当对被封存的犯罪记录的情况予以保密。从此明确规定了对犯罪的未成年人实行犯罪记录封存制度,给有过犯罪记录的未成年人改过自新,回归社会的机会。

此次《治安管理处罚法》的大修,吸收了刑法上未成年人犯罪记录封存制度,但在适用范围上大大扩展,无论是成年人还是未成年人,其治安违法记录未来都将彻底封存,未经有权机关并依照法定程序,这些记录将不再被随意查询和披露。"违法记录封存",是此次治安管理处罚法修改的一个非常重要的亮点。

具体适用时应注意以下几点：

(1)适用主体为所有曾有过违反治安管理法并受到相应处罚的行为人。

(2)对查询主体、查询目的、查询依据进行了限定。一般情况下不得向任何单位和个人提供,但监察机关、司法机关等有关国家机关为办案需要或者有关单位根据国家规定进行查询的除外。

(3)查询后的保密要求,明确规定有关单位对经查询获得被封存的违法记录的情况应予以保密。

在查询机制上,本条规定了"有关国家机关""办案需要"及"国家规定"等字眼,但具体适用仍有待细化。对于作为查询主体的"有关国家机关",一般包括公检法机关、监察机关,有关单位一般包括用人单位;对于作为查询事由的"办案需要",一般包括民事、刑事、行政案件的办理;对于作为查询依据的"国家规定",一般包括全国人民代表大会及其常委会制定的法律和决定,国务院制定的行政法规、规定的行政措施、发布的决定和命令等。

违法记录封存制度体现了法治的进步,体现了以人为本的精神。

相较于刑事犯罪,违法是危险程度较低的行为,主观恶意不大。违反治安管理处罚法的人,多数情形属于初犯、偶犯、激情犯,其往往是由于一时冲动而误入歧途,主观恶性较小,甚至部分违反社会秩序等犯罪行为不具有道德上的负面评价,而是由于现代社会的法网严密。现实生活中,行政违法记录所产生的影响广泛且持久,比如很多单位招聘、当事人考公、参军、晋升甚至连子女的升学就业等,都会受到影响。

国家统计局数据显示,2019年至2023年,全国公安机关查处治安案件共计4035万件,五年来平均每年807万起。这些数据表明,违法记录跟许多人、许多家庭息息相关。对这些治安违法记录予以封存,使得有轻微违法过往的行为人也能像其他正常人一样融入社会而不受歧视,这对很多受过罚的行为人及其家庭而言至关重要。当然,封存不等于消除,封存是控制和限制违法记录查询及披露的机制。消除则是如果违法前科者在一段时间内未实施违法行为的,则将其违法记录彻底删除,不再记录。

在治安管理领域采取违法记录封存制度,顺应了权利保护的历史潮流,体现了现代法治文明的进步。

条文新旧对照 ●●●●●●

《治安管理处罚法》2012年版	《治安管理处罚法》2025年版
	第一百三十六条 违反治安管理的记录应当予以封存,不得向任何单位和个人提供或者公开,但有关国家机关为办案需要或者有关单位根据国家规定进行查询的除外。依法进行查询的单位,应当对被封存的违法记录的情况予以保密。

关联法律法规 ●●●●●●

《关于未成年人犯罪记录封存的实施办法》(最高人民法院、最高人民检察院、公安部、司法部　2022年5月24日)

第一条　为了贯彻对违法犯罪未成年人教育、感化、挽救的方针,加强对未成年人的特殊、优先保护,坚持最有利于未成年人原则,根据刑法、刑事诉讼法、未成年人保护法、预防未成年人犯罪法等有关法律规定,结合司法工作实际,制定本办法。

第二条　本办法所称未成年人犯罪记录,是指国家专门机关对未成年犯罪人员情况的客观记载。应当封存的未成年人犯罪记录,包括侦查、起诉、审判及刑事执行过程中形成的有关未成年人犯罪或者涉嫌犯罪的全部案卷材料与电子档案信息。

第三条　不予刑事处罚、不追究刑事责任、不起诉、采取刑事强制措施的记录,以及对涉罪未成年人进行社会调查、帮教考察、心理疏导、司法救助等工作的记录,按照本办法规定的内容和程序进行封存。

第四条　犯罪的时候不满十八周岁,被判处五年有期徒刑以下刑罚以及免予刑事处罚的未成年人犯罪记录,应当依法予以封存。

对在年满十八周岁前后实施数个行为,构成一罪或者一并处理的数罪,主要犯罪行为是在年满十八岁周岁前实施的,被判处或者决定执行五年有期徒刑以下刑罚以及免予刑事处罚的未成年人犯罪记录,应当对全案依法予以封存。

第五条　对于分案办理的未成年人与成年人共同犯罪案件,在封存未成年人案卷材料和信息的同时,应当在未封存的成年人卷宗封面标注"含犯罪记录封存信息"等明显标识,并对相关信息采取必要保密措施。对于未分案办理的未成年人与成年人共同犯罪案件,应当在全案卷宗封面标注"含犯罪记录封存信息"等明显标识,并对相关信息采取必要保密措施。

第六条　其他刑事、民事、行政及公益诉讼案件,因办案需要使用了被封存的未成年人犯罪记录信息的,应当在相关卷宗封面标明"含犯罪记录封存信息",并对相关信息采取必要保密措施。

第七条　未成年人因事实不清、证据不足被宣告无罪的案件,应当对涉罪记录予以封存;但未成年被告人及其法定代理人申请不予封存或者解除封存的,经人民法院同意,可以不予封存或者解除封存。

第八条　犯罪记录封存决定机关在作出案件处理决定时,应当同时向案件被告人或犯罪嫌疑人及其法定代理人或近亲属释明未成年人犯罪记录封存制度,并告知其相关权利义务。

第九条　未成年人犯罪记录封存应当贯彻及时、有效的原则。对于犯罪记录被封存的未成年人,在入伍、就业时免除犯罪记录的报告义务。

被封存犯罪记录的未成年人因涉嫌再次犯罪接受司法机关调查时,应当主动、如实地供述其犯罪记录情况,不得回避、隐瞒。

第十条　对于需要封存的未成年人犯罪记录,应当遵循《中华人民共和国个人信息保护法》不予公开,并建立专门的未成年人犯罪档案库,执行严格的保管制度。

对于电子信息系统中需要封存的未成年人犯罪记录数据,应当加设封存标记,未经法定查询程序,不得进行信息查询、共享及复用。

封存的未成年人犯罪记录数据不得向外部平台提供或对接。

第十一条　人民法院依法对犯罪时不满十八周岁的被告人判处五年有期徒刑以下刑罚以及免予刑事处罚的,判决生效后,应当将刑事裁判文书、《犯罪记录封存通知书》及时送达被告人,并同时送达同级人民检察院、公安机关,同级人民检察院、公安机关在收到上述文书后应当在三日内统筹相关各级检察机关、公安机关将涉案未成年人的犯罪记录整体封存。

第十二条　人民检察院依法对犯罪时不满十八周岁的犯罪嫌疑人决定不起诉后,应当将《不起诉决定书》《犯罪记录封存通知书》及时送达被不起诉人,并同时送达同级公安机关,同级公安机关收到上述文书后应当在三日内将涉案未成年人的犯罪记录封存。

第十三条　对于被判处管制、宣告缓刑、假释或者暂予监外执行的未成年罪犯,依法实行社区矫正,执行地社区矫正机构应当在刑事执行完毕后三日内将涉案未成年人的犯罪记录封存。

第十四条　公安机关、人民检察院、人民法院和司法行政机关分别负责受理、审核和处理各自职权范围内有关犯罪记录的封存、查询工作。

第十五条　被封存犯罪记录的未成年人本人或者其法定代理人申请为其出具无犯罪记录证明的,受理单位应当在三个工作日内出具无犯罪记录的证明。

第十六条　司法机关为办案需要或者有关单位根据国家规定查询犯罪记录的,应当向封存犯罪记录的司法机关提出书面申请,列明查询理由、依据和使用范围等,查询人员应当出示单位公函和身份证明等材料。

经审核符合查询条件的,受理单位应当在三个工作日内开具有/无犯罪记录证明。许可查询的,查询后,档案管理部门应当登记相关查询情况,并按照档案管理规定将有关申请、审批材料、保密承诺书等一同存入卷宗归档保存。依法不许可查询的,应当在三个工作日内向查询单位出具不许可查询决定书,并说明理由。

对司法机关为办理案件、开展重新犯罪预防工作需要申请查询的,封存机关可以依法允许其查阅、摘抄、复制相关案卷材料和电子信息。对司法机关以外的单位根据国家规定申请查询的,可以根据查询的用途、目的与实际需要告知被查询对象是否受过刑事处罚、被判处的罪名、刑期等信息,必要时,可以提供相关法律文书复印件。

第十七条　对于许可查询被封存的未成年人犯罪记录的,应当告知查询犯罪记录的单位及相关人员严格按照查询目的和使用范围使用有关信息,严格遵守保密义务,并要求其签署保密承诺书。不按规定使用所查询的犯罪记录或者违反规定泄露相关信息,情节严重或者造成严重后果的,应当依法追究相关人员的责任。

因工作原因获知未成年人封存信息的司法机关、教育行政部门、未成年人所在学校、社区等单位组织及其工作人员、诉讼参与人、社会调查员、合适成年人等,应当做好保密工作,不得泄露被封存的犯罪记录,不得向外界披露该未成年人的姓名、住所、照片,以及可能推断出该未成年人身份的其他资料。违反法律规定披露被封存信息的单位或个人,应当依法追究其法律责任。

第十八条 对被封存犯罪记录的未成年人,符合下列条件之一的,封存机关应当对其犯罪记录解除封存:

(一)在未成年时实施新的犯罪,且新罪与封存记录之罪数罪并罚后被决定执行刑罚超过五年有期徒刑的;

(二)发现未成年时实施的漏罪,且漏罪与封存记录之罪数罪并罚后被决定执行刑罚超过五年有期徒刑的;

(三)经审判监督程序改判五年有期徒刑以上刑罚的;

被封存犯罪记录的未成年人,成年后又故意犯罪的,人民法院应当在裁判文书中载明其之前的犯罪记录。

第十九条 符合解除封存条件的案件,自解除封存条件成立之日起,不再受未成年人犯罪记录封存相关规定的限制。

第二十条 承担犯罪记录封存以及保护未成年人隐私、信息工作的公职人员,不当泄露未成年人犯罪记录或者隐私、信息的,应当予以处分;造成严重后果,给国家、个人造成重大损失或者恶劣影响的,依法追究刑事责任。

第二十一条 涉案未成年人应当封存的信息被不当公开,造成未成年人在就学、就业、生活保障等方面未受到同等待遇的,未成年人及其法定代理人可以向相关机关、单位提出封存申请,或者向人民检察院申请监督。

第二十二条 人民检察院对犯罪记录封存工作进行法律监督。对犯罪记录应当封存而未封存,或者封存不当,或者未成年人及其法定代理人提出异议的,人民检察院应当进行审查,对确实存在错误的,应当及时通知有关单位予以纠正。

有关单位应当自收到人民检察院的纠正意见后及时审查处理。经审查无误的,应当向人民检察院说明理由;经审查确实有误的,应当及时纠正,并将纠正措施与结果告知人民检察院。

第二十三条　对于2012年12月31日以前办结的案件符合犯罪记录封存条件的,应当按照本办法的规定予以封存。

第二十四条　本办法所称"五年有期徒刑以下"含本数。

第二十五条　本办法由最高人民法院、最高人民检察院、公安部、司法部共同负责解释。

第二十六条　本办法自2022年5月30日起施行。

第一百三十七条　【录音录像制度】
公安机关应当履行同步录音录像运行安全管理职责,完善技术措施,定期维护设施设备,保障录音录像设备运行连续、稳定、安全。

▎条文应用提示 ●●●●●

技术与科技的发展,也会给执法领域带来重大改变,本条为新增条款。明确要求公安机关履行安全管理职责,保障录音录像设备运行连续、稳定、安全。

出警时使用执法记录仪已经成为我国公安执法工作中的常态与标配。司法实践中,使用执法记录仪对执法活动进行现场视音视频记录,有如下几个方面的作用:(1)约束和监督执法人员的执法行为,体现司法活动的公开、公平和公正;(2)对执法人员是一种保护,可以避免正常的执法行为被诬告或破坏;(3)对涉案人员是一种威慑和监督,在一定程度上防止涉案人员的肆意妄为或无理取闹,也间接地保障了执法人员的人身安全;(4)通过全程录音、录像固定证据,清楚、直观地证明执法活动的真实性、科学性和合法性,提高证据的可信度和证明力。

公安部2016年专门制定印发《公安机关现场执法视音频记录工作规定》,自2016年7月1日起施行,该规定明确加强现场执法视音频记录工作,规范公安机关现场执法活动,相当于本条立法的具体适用。

条文新旧对照

《治安管理处罚法》2012 年版	《治安管理处罚法》2025 年版
	第一百三十七条　公安机关应当履行同步录音录像运行安全管理职责，完善技术措施，定期维护设施设备，保障录音录像设备运行连续、稳定、安全。

关联法律法规

《公安机关现场执法视音频记录工作规定》（公安部令第 126 号 2016 年 6 月 14 日）

第一章　总　　则

第一条　为进一步加强现场执法视音频记录工作，规范公安机关现场执法活动，维护人民群众合法权益，根据《公安机关办理行政案件程序规定》、《公安机关办理刑事案件程序规定》等有关规定，制定本规定。

第二条　现场执法视音频记录工作，是指公安机关利用现场执法记录设备对现场执法活动进行全过程视音频同步记录，并对现场执法视音频资料进行收集、保存、管理、使用等工作。

第三条　公安机关应当按照规定配备单警执法记录仪等现场执法记录设备和现场执法视音频资料自动传输、存储、管理等设备。

第四条　对于以下现场执法活动，公安机关应当进行现场执法视音频记录：

（一）接受群众报警或者 110 指令后处警；

（二）当场盘问、检查；

（三）对日常工作中发现的违反治安管理、出入境管理、消防管理、道路交通安全管理等违法犯罪行为和道路交通事故等进行现场处置、当场处罚；

（四）办理行政、刑事案件进行现场勘验、检查、搜查、扣押、辨认、扣留；

（五）消防管理、道路交通安全管理等领域的排除妨害、恢复原状和强制停止施工、停止使用、停产停业等行政强制执行；

（六）处置重大突发事件、群体性事件。

地方公安机关和各警种可以根据本地区、本警种实际情况，确定其他进行现场执法视音频记录的情形。

第五条　公安机关执法办案部门负责本部门开展现场执法视音频记录，以及有关设备、现场执法视音频资料的使用管理工作；警务督察部门负责对公安机关现场执法视音频记录活动进行督察；法制部门负责对现场执法视音频记录的范围和现场执法视音频资料的管理、使用进行指导和监督；警务保障部门负责现场执法记录设备的配备、维护升级和使用培训；科信部门负责现场执法视音频资料管理系统的建设和相关技术标准的制定。

第二章　记　　录

第六条　开展现场执法视音频记录时，应当对执法过程进行全程不间断记录，自到达现场开展执法活动时开始，至执法活动结束时停止；从现场带回违法犯罪嫌疑人的，应当记录至将违法犯罪嫌疑人带入公安机关执法办案场所办案区时停止。

第七条　现场执法视音频记录应当重点摄录以下内容：

（一）执法现场环境；

（二）违法犯罪嫌疑人、被害人、被侵害人和证人等现场人员的体貌特征和言行举止；

（三）重要涉案物品及其主要特征，以及其他可以证明违法犯罪行为的证据；

（四）执法人员现场开具、送达法律文书和对有关人员、财物采取措施情况；

（五）其他应当记录的重要内容。

第八条　现场执法视音频记录过程中，因设备故障、损坏，天气情况恶劣或者电量、存储空间不足等客观原因而中止记录的，重新开始记录时应当对中断原因进行语音说明。确实无法继续记录的，应当立即向所属部门负责人报告，并在事后书面说明情况。

第三章　管　　理

第九条　公安机关应当建立现场执法记录设备和现场执法视音频资

料管理制度。执法办案部门应当指定专门人员作为管理员，负责管理设备、资料。

第十条 公安机关执法办案部门应当对现场执法记录设备进行统一存放、分类管理。民警应当在开展执法活动前领取现场执法记录设备，并对电量、存储空间、日期时间设定等情况进行检查；发现设备故障、损坏的，应当及时报告管理员。

对现场执法记录设备应当妥善保管、定期维护。

第十一条 民警应当在当天执法活动结束后，将现场执法视音频资料导出保存。连续工作、异地执法办案或者在偏远、交通不便地区执法办案，确实无法及时移交资料的，应当在返回单位后二十四小时内移交。

第十二条 公安机关应当依托警综平台建立现场执法视音频资料管理系统，对现场执法视音频资料进行集中统一管理和分案分类存储，并与执法办案、110接处警等系统关联共享。

第十三条 现场执法视音频资料的保存期限原则上应当不少于六个月。

对于记录以下情形的现场执法视音频资料，应当永久保存：

（一）作为行政、刑事案件证据使用的；

（二）当事人或者现场其他人员有阻碍执法、妨害公务行为的；

（三）处置重大突发事件、群体性事件的；

（四）其他重大、疑难、复杂的警情。

第十四条 对现场执法视音频资料，应当综合考虑部门职责、岗位性质、工作职权等因素，严格限定使用权限。

因工作需要，超出本人权限调阅、复制本部门采集的现场执法视音频资料的，应当经部门负责人批准；调阅、复制其他部门采集的现场执法视音频资料的，应当经采集资料的部门负责人批准。

纪委、警务督察、法制、信访等部门因案件审核、执法监督、核查信访投诉等工作需要，可以要求采集资料的部门提供有关现场执法视音频资料。

因对社会宣传、教育培训等工作需要向公安机关以外的部门提供现场执法视音频资料的，应当经县级以上公安机关负责人批准；对于内容复杂、敏感，易引发社会争议的，应当报经上级公安机关批准。

第十五条　公安机关将现场执法视音频资料作为证据使用的,应当按照视听资料审查与认定的有关要求,制作文字说明材料,注明制作人、提取人、提取时间等信息,并将其复制为光盘后附卷。

第十六条　调阅、复制现场执法视音频资料,应当由管理员统一办理。管理员应当详细登记调阅人、复制人、审批人、时间、事由等事项。

第十七条　任何单位和个人不得剪接、删改原始现场执法视音频资料,未经批准不得擅自对外提供或者通过互联网及其他传播渠道发布现场执法视音频资料。

现场执法视音频资料涉及国家秘密、商业秘密、个人隐私的,应当按照有关法律法规的要求予以保密。

第四章　监督与责任

第十八条　公安机关应当对以下工作进行经常性监督检查,按一定比例对现场执法视音频资料进行抽查,并纳入执法质量考评:

(一)对规定事项是否进行现场执法视音频记录;

(二)对执法过程是否进行全程不间断记录;

(三)现场执法视音频资料的移交、管理、使用情况。

现场执法记录设备的配备、维护、管理情况,以及对民警使用现场执法记录设备的培训、检查、考核情况,应当记入单位或者民警执法档案。

第十九条　对违反本规定,具有下列情形之一的,应当依照有关规定,追究相关单位和人员的责任:

(一)对应当进行现场记录的执法活动未予记录,影响案事件处理或者造成其他不良影响的;

(二)剪接、删改、损毁、丢失现场执法视音频资料的;

(三)擅自对外提供或者公开发布现场执法视音频资料的。

第五章　附　　则

第二十条　本规定自 2016 年 7 月 1 日起施行。各地公安机关和各警种可以根据本规定,结合本地、本部门实际制定实施细则,并报上一级公安机关或者上一级部门备案。

第一百三十八条 【依法提取、采集、保管人体生物识别信息】
公安机关及其人民警察不得将在办理治安案件过程中获得的个人信息,依法提取、采集的相关信息、样本用于与治安管理、查处犯罪无关的用途,不得出售、提供给其他单位或者个人。

条文应用提示

生物科技的发展与进步,也给行政执法带来了深刻的影响。

现在几乎全中国有身份证的人的指纹都收录公安部指纹库中,为案件侦破带来极大的助力。除了指纹,其他诸如肖像、血液、毛发、DNA 序列等人体生物识别信息的采集也非常广泛。公安机关及其人民警察在办理治安管理案件中,为了确定被害人、犯罪嫌疑人的某些特征、伤害情况或者生理状态,可依法采集人体生物识别信息,与此同时,本法明确要求公安机关及其人民警察应依法提取、采集、保管,只能将此样本用于治安管理、打击犯罪,不得出售、提供给其他单位或者个人。

条文新旧对照

《治安管理处罚法》2012 年版	《治安管理处罚法》2025 年版
	第一百三十八条 公安机关及其人民警察不得将在办理治安案件过程中获得的个人信息,依法提取、采集的相关信息、样本用于与治安管理、查处犯罪无关的用途,不得出售、提供给其他单位或者个人。

关联法律法规

《公安机关办理行政案件程序规定》(2020 年 8 月 6 日修正)

第八十三条 对违法嫌疑人,可以依法提取或者采集肖像、指纹等人体生物识别信息;涉嫌酒后驾驶机动车、吸毒、从事恐怖活动等违法行为的,可以依照《中华人民共和国道路交通安全法》《中华人民共和国禁毒法》《中华人民共和国反恐怖主义法》等规定提取或者采集血液、尿液、毛发、脱落细胞等生物样本。人身安全检查和当场检查时已经提取、采集的信息,不再提取、采集。

第一百三十九条 【办理治安案件的违法情形与责任追究】
人民警察办理治安案件,有下列行为之一的,依法给予处分;构成犯罪的,依法追究刑事责任:
(一)刑讯逼供、体罚、打骂、虐待、侮辱他人的;
(二)超过询问查证的时间限制人身自由的;
(三)不执行罚款决定与罚款收缴分离制度或者不按规定将罚没的财物上缴国库或者依法处理的;
(四)私分、侵占、挪用、故意损毁所收缴、追缴、扣押的财物的;
(五)违反规定使用或者不及时返还被侵害人财物的;
(六)违反规定不及时退还保证金的;
(七)利用职务上的便利收受他人财物或者谋取其他利益的;
(八)当场收缴罚款不出具专用票据或者不如实填写罚款数额的;
(九)接到要求制止违反治安管理行为的报警后,不及时出警的;
(十)在查处违反治安管理活动时,为违法犯罪行为人通风报信的;
(十一)泄露办理治安案件过程中的工作秘密或者其他依法应当保密的信息的;
(十二)将在办理治安案件过程中获得的个人信息,依法提取、采集的相关信息、样本用于与治安管理、查处犯罪无关的用途,或者出售、提供给其他单位或者个人的;
(十三)剪接、删改、损毁、丢失办理治安案件的同步录音录像资料的;
(十四)有徇私舞弊、玩忽职守、滥用职权,不依法履行法定职责的其他情形的。
办理治安案件的公安机关有前款所列行为的,对负有责任的领导人员和直接责任人员,依法给予处分。

条文应用提示

本条具体列举了14项人民警察办理治安案件中可能存在的违法违纪行为,具体包括如下三类:

(1)对人的行为:刑讯逼供、体罚、打骂、虐待、侮辱他人的;超过询问查证的时间限制人身自由的。(2)与财产相关的:不执行罚缴分离制度、不按规定将罚没的财物上缴国库或者依法处理的;当场收缴罚款不出具专用票据或者不如实填写罚款数额的;私分、侵占、挪用、故意损毁收缴、追缴、扣押的财物的;违反规定使用或者不及时返还被侵害人财物的;违反规定不及时退还保证金的;利用职务上的便利收受他人财物或者谋取其他利益的。(3)涉嫌违规违法的:如为违法犯罪行为人通风报信的;泄露工作秘密或者其他依法应当保密的信息的;将在办理治安案件过程中获得的个人信息,依法提取、采集的相关人体生物识别信息、样本用于与治安管理、打击犯罪无关的用途,或者出售、提供给他人的;有徇私舞弊、玩忽职守、滥用职权,不依法履行法定职责的其他情形的。

本次修订中,根据社会实践的发展,专门增加了针对"办案过程中泄露工作秘密及其他保密信息的","违法将办案过程中获得的个人信息及生物样本提供给其他单位或个人的",以及"剪接、删改、毁损、丢失执法录音录像资料"这三种行为的惩罚。

被处罚人、受害人以及其他利害关系人如果遇到执法人员存在如上行为的,可以依法申请行政复议或者提起行政诉讼,或者向有关单位举报、投诉。

条文新旧对照

《治安管理处罚法》2012年版	《治安管理处罚法》2025年版
第一百一十六条 人民警察办理治安案件,有下列行为之一的,依法给予行政处分;构成犯罪的,依法追究刑事责任: (一)刑讯逼供、体罚、虐待、侮辱他人的;	第一百三十九条 人民警察办理治安案件,有下列行为之一的,依法给予处分;构成犯罪的,依法追究刑事责任: (一)刑讯逼供、体罚、**打骂**、虐待、侮辱他人的;

（二）超过询问查证的时间限制人身自由的；

（三）不执行罚款决定与罚款收缴分离制度或者不按规定将罚没的财物上缴国库或者依法处理的；

（四）私分、侵占、挪用、故意损毁收缴、扣押的财物的；

（五）违反规定使用或者不及时返还被侵害人财物的；

（六）违反规定不及时退还保证金的；

（七）利用职务上的便利收受他人财物或者谋取其他利益的；

（八）当场收缴罚款不出具罚款收据或者不如实填写罚款数额的；

（九）接到要求制止违反治安管理行为的报警后，不及时出警的；

（十）在查处违反治安管理活动时，为违法犯罪行为人通风报信的；

（十一）有徇私舞弊、滥用职权，不依法履行法定职责的其他情形。

办理治安案件的公安机关有前款所列行为的，对直接负责的主管人员和其他直接责任人员给予相应的行政处分。

（二）超过询问查证的时间限制人身自由的；

（三）不执行罚款决定与罚款收缴分离制度或者不按规定将罚没的财物上缴国库或者依法处理的；

（四）私分、侵占、挪用、故意损毁**所**收缴、**追缴**、扣押的财物的；

（五）违反规定使用或者不及时返还被侵害人财物的；

（六）违反规定不及时退还保证金的；

（七）利用职务上的便利收受他人财物或者谋取其他利益的；

（八）当场收缴罚款不出具**专用票据**或者不如实填写罚款数额的；

（九）接到要求制止违反治安管理行为的报警后，不及时出警的；

（十）在查处违反治安管理活动时，为违法犯罪行为人通风报信的；

（十一）泄露办理治安案件过程中的工作秘密或者其他依法应当保密的信息的；

（十二）将在办理治安案件过程中获得的个人信息、依法提取、采集的相关信息、样本用于与治安管理、查处犯罪无关的用途，或者出售、提供给其他单位或者个人的；

| | (十三)剪接、删改、损毁、丢失办理治安案件的同步录音录像资料的;
(十四)有徇私舞弊、玩忽职守、滥用职权,不依法履行法定职责的其他情形的。
办理治安案件的公安机关有前款所列行为的,对负有责任的领导人员和直接责任人员,依法给予处分。|

关联法律法规

《中华人民共和国行政复议法》(2023年9月1日修正)

第二条 公民、法人或者其他组织认为行政机关的行政行为侵犯其合法权益,向行政复议机关提出行政复议申请,行政复议机关办理行政复议案件,适用本法。

前款所称行政行为,包括法律、法规、规章授权的组织的行政行为。

第十一条 有下列情形之一的,公民、法人或者其他组织可以依照本法申请行政复议:

(一)对行政机关作出的行政处罚决定不服;

(二)对行政机关作出的行政强制措施、行政强制执行决定不服;

(三)申请行政许可,行政机关拒绝或者在法定期限内不予答复,或者对行政机关作出的有关行政许可的其他决定不服;

(四)对行政机关作出的关于确认自然资源的所有权或者使用权的决定不服;

(五)对行政机关作出的征收征用决定及其补偿决定不服;

(六)对行政机关作出的赔偿决定或者不予赔偿决定不服;

(七)对行政机关作出的不予受理工伤认定申请的决定或者工伤认定结论不服;

(八)认为行政机关侵犯其经营自主权或者农村土地承包经营权、农村土地经营权;

（九）认为行政机关滥用行政权力排除或者限制竞争；

（十）认为行政机关违法集资、摊派费用或者违法要求履行其他义务；

（十一）申请行政机关履行保护人身权利、财产权利、受教育权利等合法权益的法定职责，行政机关拒绝履行、未依法履行或者不予答复；

（十二）申请行政机关依法给付抚恤金、社会保险待遇或者最低生活保障等社会保障，行政机关没有依法给付；

（十三）认为行政机关不依法订立、不依法履行、未按照约定履行或者违法变更、解除政府特许经营协议、土地房屋征收补偿协议等行政协议；

（十四）认为行政机关在政府信息公开工作中侵犯其合法权益；

（十五）认为行政机关的其他行政行为侵犯其合法权益。

《中华人民共和国行政诉讼法》(2017年6月27日修正)

第二条　公民、法人或者其他组织认为行政机关和行政机关工作人员的行政行为侵犯其合法权益，有权依照本法向人民法院提起诉讼。

前款所称行政行为，包括法律、法规、规章授权的组织作出的行政行为。

第十二条　人民法院受理公民、法人或者其他组织提起的下列诉讼：

（一）对行政拘留、暂扣或者吊销许可证和执照、责令停产停业、没收违法所得、没收非法财物、罚款、警告等行政处罚不服的；

（二）对限制人身自由或者对财产的查封、扣押、冻结等行政强制措施和行政强制执行不服的；

（三）申请行政许可，行政机关拒绝或者在法定期限内不予答复，或者对行政机关作出的有关行政许可的其他决定不服的；

（四）对行政机关作出的关于确认土地、矿藏、水流、森林、山岭、草原、荒地、滩涂、海域等自然资源的所有权或者使用权的决定不服的；

（五）对征收、征用决定及其补偿决定不服的；

（六）申请行政机关履行保护人身权、财产权等合法权益的法定职责，行政机关拒绝履行或者不予答复的；

（七）认为行政机关侵犯其经营自主权或者农村土地承包经营权、农村土地经营权的；

（八）认为行政机关滥用行政权力排除或者限制竞争的；

（九）认为行政机关违法集资、摊派费用或者违法要求履行其他义务的；

（十）认为行政机关没有依法支付抚恤金、最低生活保障待遇或者社会保险待遇的；

（十一）认为行政机关不依法履行、未按照约定履行或者违法变更、解除政府特许经营协议、土地房屋征收补偿协议等协议的；

（十二）认为行政机关侵犯其他人身权、财产权等合法权益的。

除前款规定外，人民法院受理法律、法规规定可以提起诉讼的其他行政案件。

典型案例参考 ●●●●●●

董某涉犯徇私舞弊不移交刑事案件罪被判刑案

[吉林省长岭县人民法院（2019）吉0722刑初327号一审刑事判决书]

董某，男，长岭县公安局某乡派出所教导员，住长岭县。因职务违法、职务犯罪，于2019年4月24日被长岭县监察委员会采取留置措施，因涉嫌犯徇私舞弊不移交刑事案件罪，于2019年4月30日被长岭县公安局刑事拘留，同年5月1日被取保候审于住所地。

长岭县人民检察院以长检职检刑诉[2019]15号起诉书指控被告人董某犯徇私舞弊不移交刑事案件罪，于2019年10月18日提起公诉。

公诉机关指控，被告人董某任长岭县公安局某派出所基层法制负责人期间，2011年3月6日，在某乡某村发生一起持械聚众斗殴案件，应予以刑事立案，但在时任该所所长史某（另案处理）在刘某（另案处理）的请托下，授意被告人董某将此案作为治安案件处理，被告人董某遂将此案件作为治安案件处理，没有移交长岭县公安局侦办查处。被告人董某对公诉机关指控的事实及证据均无异议，认罪认罚，同时认为自己构成立功，请求从轻处罚。

法院审理后认为：被告人董某身为基层派出所干警、行政执法人员，明知其所长受他人请托，而受其指使，徇私舞弊，对依法应当移交司法机关追究刑事责任的案件不移交，造成严重后果，其行为已经构成徇私舞弊不移交刑事案件罪。被告人董某在共同犯罪中起次要作用，属从犯，依法减轻处罚；案发后，被告人董某主动到案，并如实供述自己的犯罪事实，属自首，且认罪认罚，依法予以从轻处罚。经社区矫正部门考察，同意纳入社区矫正，应依法适用缓刑。因董某人民警察的身份，规劝犯罪嫌疑人投案是其职责范围，因此被告人关于立功的辩解，本院不予支持。判决被告人董某犯徇私舞弊不移交刑事案件罪，判处有期徒刑1年6个月,缓刑2年(缓刑考验期从本判决确定之日起计算)。

> **第一百四十条 【赔偿责任】**
> 公安机关及其人民警察违法行使职权,侵犯公民、法人和其他组织合法权益的,应当赔礼道歉;造成损害的,应当依法承担赔偿责任。

■ 条文应用提示 ••••••

人民警察在办理治安管理案件中的履职行为代表了公安机关,如果违法行使职权,造成公民、法人和其他组织合法权益受损,经行政复议或者行政诉讼的生效判决确认,应当依法承担相应的赔偿责任。同时《治安管理处罚法》还明确规定了"应当赔礼道歉",体现了公安机关勇于认错、敢于认错的工作态度。

■ 条文新旧对照 ••••••

《治安管理处罚法》2012年版	《治安管理处罚法》2025年版
第一百一十七条 公安机关及其人民警察违法行使职权,侵犯公民、法人和其他组织合法权益的,应当赔礼道歉;造成损害的,应当依法承担赔偿责任。	第一百四十条 公安机关及其人民警察违法行使职权,侵犯公民、法人和其他组织合法权益的,应当赔礼道歉;造成损害的,应当依法承担赔偿责任。

■ 关联法律法规 ••••••

《中华人民共和国行政复议法》(2023年9月1日修正)

第七十二条 申请人在申请行政复议时一并提出行政赔偿请求,行政复议机关对依照《中华人民共和国国家赔偿法》的有关规定应当不予赔偿的,在作出行政复议决定时,应当同时决定驳回行政赔偿请求;对符合《中华人民共和国国家赔偿法》的有关规定应当给予赔偿的,在决定撤销或者部分撤销、变更行政行为或者确认行政行为违法、无效时,应当同时决定被申请人依法给予赔偿;确认行政行为违法的,还可以同时责令被申请人采取补救措施。

申请人在申请行政复议时没有提出行政赔偿请求的,行政复议机关在依法决定撤销或者部分撤销、变更罚款,撤销或者部分撤销违法集资、没收财物、征收征用、摊派费用以及对财产的查封、扣押、冻结等行政行为时,应当同时责令被申请人返还财产,解除对财产的查封、扣押、冻结措施,或者赔偿相应的价款。

《中华人民共和国行政诉讼法》(2017年6月27日修正)

第七十六条 人民法院判决确认违法或者无效的,可以同时判决责令被告采取补救措施;给原告造成损失的,依法判决被告承担赔偿责任。

第七十七条 行政处罚明显不当,或者其他行政行为涉及对款额的确定、认定确有错误的,人民法院可以判决变更。

人民法院判决变更,不得加重原告的义务或者减损原告的权益。但利害关系人同为原告,且诉讼请求相反的除外。

《中华人民共和国国家赔偿法》(2012年10月26日修正)

行政机关及其工作人员行使行政职权侵犯公民、法人和其他组织的合法权益造成损害的,该行政机关为赔偿义务机关。

第八条 经复议机关复议的,最初造成侵权行为的行政机关为赔偿义务机关,但复议机关的复议决定加重损害的,复议机关对加重的部分履行赔偿义务。

第十六条 赔偿义务机关赔偿损失后,应当责令有故意或者重大过失的工作人员或者受委托的组织或者个人承担部分或者全部赔偿费用。

对有故意或者重大过失的责任人员,有关机关应当依法给予处分;构成犯罪的,应当依法追究刑事责任。

典型案例参考

董某诉锦州市公安局凌河分局确认行政违法及行政赔偿案

[辽宁省锦州市中级人民法院(2019)辽07行终179号行政判决书]

2018年1月26日,董某持票准备检票乘车时,被正在此处进行查控工作的被告锦州市公安局凌河分局特警拦截和盘问。特警尚某欲将原告董某带离至执勤室过程中,扯拽其左胳膊,董某站立不稳,摔倒在地,被扶起后进入执勤室内,支撑不住倒地。后被"120"急救车送至锦州市中心医院进行治疗,经该院诊断为多处骨折及挫伤。后原告住院治疗34天。

原审法院认为,依《行政诉讼法》第38条第2款规定:"在行政赔偿、补偿的案件中,原告应当对行政行为造成的损害提供证据。因被告的原因导致原告无法举证的,由被告承担举证责任。"本案中,原告认为被告在执法活动中对其实施了殴打行为,造成了原告的人身伤害,原告已提交了相关证据,用以证明被告在执法过程中侵害了原告的人身权合法权益。现场监控(执法)录像是执法活动的核心证据,也是还原涉案事实的关键资料。根据原告提供的位于锦州火车站进站大厅摄像球型机安装位置的照片,可以认定在涉案事件中,被告的执法活动整个过程都在锦州火车站进站大厅摄像球型机的监控下。据此,既然被告能够提供锦州火车站进站大厅部分摄像球型机的视频资料,被告应当持有其执法活动全程完整的监控(执法)影像资料。现被告未将执法活动中完整的视频资料作为证据提交,且对此行为亦没有作出合理性解释。因拍摄监控(执法)录像的目的是保证执法活动的客观性和真实性,被告在具备对执法活动进行视频记录的能力和条件下,将不完整、不连续的视频资料视为其执法合法的依据,缺乏正当性。根据《最高人民法院关于行政诉讼证据若干问题的规定》第69条规定,"原告确有证据证明被告持有的证据对原告有利,被告无正当事由拒不提供的,可以推定原告的主张成立"的规定,被告在诉讼期间未向法院提交完整的视频证据材料以否认其在执法活动中实施侵犯原告人身权的行为,据此可以推定原告的主张成立,认定原告所述的被被告工作人员打倒的事实存在。根据《人民警察法》规定,人民警察必须做到礼貌待人、文明执勤。本案中,被告单位警察尚某在依法执行查控工作中,由于采取措施不当,造成原告董某身体受到伤害,尚某的行为违反了法律规定,侵犯了原告的合法权益,应确认违法。因特警尚某系受单位派遣履行职务行为,该行为对原告造成的损害,由被告锦州市公安局凌河分局承担全部赔偿责任。

关于原告要求行政赔偿问题,原告主张的医疗费,应以医疗机构出具的实际票据为准予以支持。关于原告主张的精神损害抚慰金,因不符合给付条件,故不予支持。关于原告主张的后续治疗费、后期发生的费用、后续鉴定费,原告可待实际发生之后,再行主张权利。

一审法院判决:一、确认被告锦州市公安局凌河分局于2018年1月26日对原告董某造成的人身损害行为违法;二、被告锦州市公安局凌河分局于本判决生效后三日内赔偿原告董某经济损失共计32703.15元;三、驳回原告董某的其他诉讼请求。案件受理费50元,由被告锦州市公安局凌河分局负担。

双方皆不服一审判决上诉。被上诉人锦州市公安局凌河分局辩称,被上诉人严格按照《人民警察法》第7条、第8条、第9条依法执行勤务,上诉人在火车站大厅内情绪激动言辞激烈且有很多客人滞留,上诉人情绪更加激动,被上诉人民警对上诉人依法采取强制措施带至铁路执勤室,期间上诉人自行倒地,与被上诉人执法行政行为无因果关系,且上诉人在执勤室内自行摔倒与公安民警无任何身体接触,同时民警在对上诉人的盘查过程中,执勤民警语言、行为规范符合相关操作规程,无违纪、违规之处,请求撤销一审判决,维护被上诉人合法的权益,维护民警的正常执法行为。

二审法院确认原审法院认定的事实基本属实。

二审认为,根据《最高人民法院关于行政诉讼证据若干问题的规定》第69条"原告确有证据证明被告持有的证据对原告有利,被告无正当事由拒不提供的,可以推定原告的主张成立"的规定,拍摄监控(执法)录像的目的是保证执法活动的客观性和真实性,被上诉人在具备对于执法活动进行视频记录的能力和条件下,将不完整、不连续的视频资料视为其执法合法的依据,缺乏正当性。从现有视频资料上看被上诉人(工作人员)在执法活动中存在不文明执法的情形,其虽否认在执法活动中实施了侵犯上诉人人身权的行为,但在本案诉讼中未能向法院提交相关证据支持其主张,故根据上述规定,可以推定上诉人的主张成立。因此,原审法院认定被上诉人于2018年1月26日在涉案执法过程中存在违法行为,本院予以维持。据此,根据《国家赔偿法》第7条第1款的规定,行政机关及其工作人员行使行政职权侵犯公民、法人和其他组织的合法权益造成损害的,该行政机关为赔偿义务机关。被上诉人为本案赔偿义务机关适格,故上诉人主张追究被上诉人工作人员违法责任的上诉请求,于法无据,本院不予支持。

关于上诉人要求对赔偿事项和赔偿标准进行重新确认的问题。经查,原审法院对上诉人提出的赔偿事项审查及数额计算正确,因此,对于上诉人该项请求,本院不予支持。

关于上诉人主张的后续治疗费、后期发生的费用、后续鉴定费赔偿问题。因后续治疗费、后期发生的费用、后续鉴定费的赔偿问题,以实际发生为原则,至本案诉讼时上述费用并未发生,故原审法院驳回上诉人的该项诉求正确。

综上所述,二审认为原审判决认定事实清楚,适用法律正确,依法予以维持。

第六章 附 则

> **第一百四十一条 【适用本法规定】**
> 其他法律中规定由公安机关给予行政拘留处罚的,其处罚程序适用本法规定。
> 公安机关依照《中华人民共和国枪支管理法》、《民用爆炸物品安全管理条例》等直接关系公共安全和社会治安秩序的法律、行政法规实施处罚的,其处罚程序适用本法规定。
> 本法第三十二条、第三十四条、第四十六条、第五十六条规定给予行政拘留处罚,其他法律、行政法规同时规定给予罚款、没收违法所得、没收非法财物等其他行政处罚的行为,由相关主管部门依照相应规定处罚;需要给予行政拘留处罚的,由公安机关依照本法规定处理。

条文应用提示 ●●●●●●

公安机关是拥有执法权的行政机关,尤其是被赋予行政拘留这一"限制人身自由"的执法权。除《治安管理处罚法》之外,如其他法律中明确规定了由公安机关予以行政拘留处罚的,则按照本法及相应的法律规定予以执行落实,其处罚程序适用本法。

对于公安机关依据《枪支管理法》《民用爆炸物品安全管理条例》等与公共安全和社会治安秩序息息相关的法律、行政法规,具体实施处罚的,其处罚程序也可适用本法。

这意味着,本法相关规定是公安机关进行行政执法过程中重要程序性依据。

本次修订中,还明确了"公安机关予以行政拘留处罚"跟"相关主管部门依法予以罚款、没收违法所得、没收非法财物等行政处罚"可以并罚的原则,该并罚是不同执法机关给予不同的行政职权,在不同领域对该等违法行为给予的负面、惩罚性评价,并不违反"一事不再罚"的处罚原则。

条文新旧对照

《治安管理处罚法》2012年版	《治安管理处罚法》2025年版
	第一百四十一条 其他法律中规定由公安机关给予行政拘留处罚的,其处罚程序适用本法规定。 公安机关依照《中华人民共和国枪支管理法》、《民用爆炸物品安全管理条例》等直接关系公共安全和社会治安秩序的法律、行政法规实施处罚的,其处罚程序适用本法规定。 本法第三十二条、第三十四条、第四十六条、第五十六条规定给予行政拘留处罚,其他法律、行政法规同时规定给予罚款、没收违法所得、没收非法财物等其他行政处罚的行为,由相关主管部门依照相应规定处罚;需要给予行政拘留处罚的,由公安机关依照本法规定处理。

关联法律法规

《中华人民共和国枪支管理法》(2015年4月24日修正)

第四十条 依法被指定、确定的枪支制造企业、销售企业,违反本法规定,有下列行为之一的,对单位判处罚金,并对其直接负责的主管人员和其他直接责任人员依照刑法有关规定刑事责任;公安机关可以责令其停业整顿或者吊销其枪支制造许可证件、枪支配售许可证件:(一)超过限额或者不按照规定的品种制造、配售枪支的;(二)制造无号、重号、假号的枪支的;(三)私自销售枪支或者在境内销售为出口制造的枪支的。

第四十一条 违反本法规定,非法持有、私藏枪支的,非法运输、携带枪支入境、出境的,依照刑法有关规定追究刑事责任。

第四十二条 违反本法规定,运输枪支未使用安全可靠的运输设备、不设专人押运、枪支弹药未分开运输或者运输途中停留住宿不报告公安机关,情节严重的,依照刑法有关规定追究刑事责任;未构成犯罪的,由公安机关对直接责任人员处十五日以下拘留。

第四十三条 违反枪支管理规定,出租、出借公务用枪的,依照刑法有关规定处罚。

单位有前款行为的,对其直接负责的主管人员和其他直接责任人员依照前款规定处罚。

配置民用枪支的单位,违反枪支管理规定,出租、出借枪支,造成严重后果或者有其他严重情节的,对其直接负责的主管人员和其他直接责任人员依照刑法有关规定处罚。

配置民用枪支的个人,违反枪支管理规定,出租、出借枪支,造成严重后果的,依照刑法有关规定处罚。

违反枪支管理规定,出租、出借枪支,情节轻微未构成犯罪的,由公安机关对个人或者单位负有直接责任的主管人员和其他直接责任人员处十五日以下拘留,可以并处五千元以下罚款;对出租、出借的枪支,应当予以没收。

第四十四条 违反本法规定,有下列行为之一的,由公安机关对个人或者单位负有直接责任的主管人员和其他直接责任人员处警告或者十五日以下拘留;构成犯罪的,依法追究刑事责任:

(一)未按照规定的技术标准制造民用枪支的;
(二)在禁止携带枪支的区域、场所携带枪支的;
(三)不上缴报废枪支的;
(四)枪支被盗、被抢或者丢失,不及时报告的;
(五)制造、销售仿真枪的。

有前款第(一)项至第(三)项所列行为的,没收其枪支,可以并处五千元以下罚款;有前款第(五)项所列行为的,由公安机关、工商行政管理部门按照各自职责范围没收其仿真枪,可以并处制造、销售金额五倍以下的罚款,情节严重的,由工商行政管理部门吊销营业执照。

第四十五条　公安机关工作人员有下列行为之一的,依法追究刑事责任;未构成犯罪的,依法给予行政处分:(一)向本法第五条、第六条规定以外的单位和个人配备、配置枪支的;(二)违法发给枪支管理证件的;(三)将没收的枪支据为己有的;(四)不履行枪支管理职责,造成后果的。

《民用爆炸物品安全管理条例》(2014年7月29日修订)

第四十四条　非法制造、买卖、运输、储存民用爆炸物品,构成犯罪的,依法追究刑事责任;尚不构成犯罪,有违反治安管理行为的,依法给予治安管理处罚。

违反本条例规定,在生产、储存、运输、使用民用爆炸物品中发生重大事故,造成严重后果或者后果特别严重,构成犯罪的,依法追究刑事责任。

违反本条例规定,未经许可生产、销售民用爆炸物品的,由国防科技工业主管部门责令停止非法生产、销售活动,处10万元以上50万元以下的罚款,并没收非法生产、销售的民用爆炸物品及其违法所得。

违反本条例规定,未经许可购买、运输民用爆炸物品或者从事爆破作业的,由公安机关责令停止非法购买、运输、爆破作业活动,处5万元以上20万元以下的罚款,并没收非法购买、运输以及从事爆破作业使用的民用爆炸物品及其违法所得。

民用爆炸物品的行业主管部门、公安机关对没收的非法民用爆炸物品,应当组织销毁。

第四十五条　违反本条例规定,生产、销售民用爆炸物品的企业有下列行为之一的,由国防科技工业主管部门责令限期改正,处10万元以上50万元以下的罚款;逾期不改正的,责令停产停业整顿;情节严重的,吊销《民用爆炸物品生产许可证》或者《民用爆炸物品销售许可证》:

(一)超出生产许可的品种、产量进行生产、销售的;

(二)违反安全技术规程生产作业的;

(三)民用爆炸物品的质量不符合相关标准的;

(四)民用爆炸物品的包装不符合法律、行政法规的规定以及相关标准的;

(五)超出购买许可的品种、数量销售民用爆炸物品的;

（六）向没有《民用爆炸物品生产许可证》、《民用爆炸物品销售许可证》、《民用爆炸物品购买许可证》的单位销售民用爆炸物品的；

（七）民用爆炸物品生产企业销售本企业生产的民用爆炸物品未按照规定向国防科技工业主管部门备案的；

（八）未经审批进出口民用爆炸物品的。

第四十六条 违反本条例规定，有下列情形之一的，由公安机关责令限期改正，处5万元以上20万元以下的罚款；逾期不改正的，责令停产停业整顿：

（一）未按照规定对民用爆炸物品做出警示标识、登记标识或者未对雷管编码打号的；

（二）超出购买许可的品种、数量购买民用爆炸物品的；

（三）使用现金或者实物进行民用爆炸物品交易的；

（四）未按照规定保存购买单位的许可证、银行账户转账凭证、经办人的身份证明复印件的；

（五）销售、购买、进出口民用爆炸物品，未按照规定向公安机关备案的；

（六）未按照规定建立民用爆炸物品登记制度，如实将本单位生产、销售、购买、运输、储存、使用民用爆炸物品的品种、数量和流向信息输入计算机系统的；

（七）未按照规定将《民用爆炸物品运输许可证》交回发证机关核销的。

第四十七条 违反本条例规定，经由道路运输民用爆炸物品，有下列情形之一的，由公安机关责令改正，处5万元以上20万元以下的罚款：

（一）违反运输许可事项的；

（二）未携带《民用爆炸物品运输许可证》的；

（三）违反有关标准和规范混装民用爆炸物品的；

（四）运输车辆未按照规定悬挂或者安装符合国家标准的易燃易爆危险物品警示标志的；

（五）未按照规定的路线行驶，途中经停没有专人看守或者在许可以外的地点经停的；

（六）装载民用爆炸物品的车厢载人的；

（七）出现危险情况未立即采取必要的应急处置措施、报告当地公安机关的。

第四十八条　违反本条例规定,从事爆破作业的单位有下列情形之一的,由公安机关责令停止违法行为或者限期改正,处 10 万元以上 50 万元以下的罚款;逾期不改正的,责令停产停业整顿;情节严重的,吊销《爆破作业单位许可证》:

（一）爆破作业单位未按照其资质等级从事爆破作业的;

（二）营业性爆破作业单位跨省、自治区、直辖市行政区域实施爆破作业,未按照规定事先向爆破作业所在地的县级人民政府公安机关报告的;

（三）爆破作业单位未按照规定建立民用爆炸物品领取登记制度、保存领取登记记录的;

（四）违反国家有关标准和规范实施爆破作业的。

爆破作业人员违反国家有关标准和规范的规定实施爆破作业的,由公安机关责令限期改正,情节严重的,吊销《爆破作业人员许可证》。

第四十九条　违反本条例规定,有下列情形之一的,由国防科技工业主管部门、公安机关按照职责责令限期改正,可以并处 5 万元以上 20 万元以下的罚款;逾期不改正的,责令停产停业整顿;情节严重的,吊销许可证:

（一）未按照规定在专用仓库设置技术防范设施的;

（二）未按照规定建立出入库检查、登记制度或者收存和发放民用爆炸物品,致使账物不符的;

（三）超量储存、在非专用仓库储存或者违反储存标准和规范储存民用爆炸物品的;

（四）有本条例规定的其他违反民用爆炸物品储存管理规定行为的。

第五十条　违反本条例规定,民用爆炸物品从业单位有下列情形之一的,由公安机关处 2 万元以上 10 万元以下的罚款;情节严重的,吊销其许可证;有违反治安管理行为的,依法给予治安管理处罚:

（一）违反安全管理制度,致使民用爆炸物品丢失、被盗、被抢的;

（二）民用爆炸物品丢失、被盗、被抢,未按照规定向当地公安机关报告或者故意隐瞒不报的;

（三）转让、出借、转借、抵押、赠送民用爆炸物品的。

第五十一条　违反本条例规定,携带民用爆炸物品搭乘公共交通工具或者进入公共场所,邮寄或者在托运的货物、行李、包裹、邮件中夹带民用爆炸物品,构成犯罪的,依法追究刑事责任;尚不构成犯罪的,由公安机关依法给予治安管理处罚,没收非法的民用爆炸物品,处 1000 元以上 1 万元以下的罚款。

第五十二条　民用爆炸物品从业单位的主要负责人未履行本条例规定的安全管理责任,导致发生重大伤亡事故或者造成其他严重后果,构成犯罪的,依法追究刑事责任;尚不构成犯罪的,对主要负责人给予撤职处分,对个人经营的投资人处 2 万元以上 20 万元以下的罚款。

> **第一百四十二条　【海警机构履责】**
> 海警机构履行海上治安管理职责,行使本法规定的公安机关的职权,但是法律另有规定的除外。

条文应用提示

本条为新增条款,明确规定海警机构履行海上治安管理职责的,除法律另有规定的之外,享有并行使公安机关及人民警察依据本法规定的相关职权。

我国海警机构是逐渐建立的。1964 年,国家海洋局成立,由海军代管;1998 年成为国土资源部管理的副部级国家局,1999 年 1 月挂牌成立设置"中国海监总队",主要对非法捕捞、污染海域、破坏海上设施等违法行为进行执法。

2013 年重新组建国家海洋局前,我国在海上拥有行政执法权力的部门包括海监、海事、海关、渔政和公安边防等,各个涉海机构分别隶属海洋、交通、海关、农业、公安、环境等系统,各自管辖的领域包括海洋的使用、海上船舶和建筑物安全、渔业、环境保护等。

2013 年机构改革,国家海洋局及中国海监、公安部边防海警、农业部中国渔政、海关总署海上缉私警察的队伍和职责整合,组建成全新的国家海洋局,以"中国海警局"的名义开展海上维权执法。2013 年 7 月 22 日,重组后的国家海洋局和中国海警局正式挂牌,中国海警局正式挂牌成立,海警队伍取代了原先的海监队伍。

2018年机构改革时,国家海洋局的职能主要被"自然资源部"承接,由自然资源部加挂"国家海洋局"的牌子,不再保留单独的实体机构。

与此同时,海警队伍则整体划归武警部队领导指挥,组建"武警部队海警总队",称"中国海警局",统一履行海上维权执法职责。因此,目前的海警是列入武警序列的军事机构,实行"武警警衔制度",为正军级建制,主要负责海上安全保卫,维护海上治安秩序,打击海上走私、偷渡,惩治海上违法犯罪活动等。海警作为武装力量,又被称为"第二海军",拥有海上执法权。

本法规定的公安机关的职权,海警机构在履行海上治安管理职责的时候,都可以享有,法律另有规定的,则按照法律的相关规定。

条文新旧对照 ●●●●●●

《治安管理处罚法》2012年版	《治安管理处罚法》2025年版
	第一百四十二条　海警机构履行海上治安管理职责,行使本法规定的公安机关的职权,但是法律另有规定的除外。

关联法律法规 ●●●●●●

《中华人民共和国海警法》(2021年1月22日)

第三十七条　海警机构开展海上行政执法的程序,本法未作规定的,适用《中华人民共和国行政处罚法》、《中华人民共和国行政强制法》、《中华人民共和国治安管理处罚法》等有关法律的规定。

第五十八条　海警机构分别与相应的外交(外事)、公安、自然资源、生态环境、交通运输、渔业渔政、应急管理、海关等主管部门,以及人民法院、人民检察院和军队有关部门建立信息共享和工作协作配合机制。

有关主管部门应当及时向海警机构提供与开展海上维权执法工作相关的基础数据、行政许可、行政管理政策等信息服务和技术支持。

海警机构应当将海上监督检查、查处违法犯罪等工作数据、信息,及时反馈有关主管部门,配合有关主管部门做好海上行政管理工作。海警机构依法实施行政处罚,认为需要吊销许可证件的,应当将相关材料移送发证机关处理。

> **第一百四十三条** 【"以上、以下、以内"的含义】
> 本法所称以上、以下、以内,包括本数。

▌条文应用提示 ••••••

本条沿用了先前规定,以上、以下、以内,均包括本数,比如本法多条中规定的"处五日以上十日以下拘留",即包括5日和10日本身,可以拘留5日、6日、7日、8日、9日或10日。

▌条文新旧对照 ••••••

《治安管理处罚法》2012年版	《治安管理处罚法》2025年版
第一百一十八条　本法所称以上、以下、以内,包括本数。	第一百四十三条　本法所称以上、以下、以内,包括本数。

> **第一百四十四条** 【生效日期】
> 本法自2026年1月1日起施行。

▌条文应用提示 ••••••

《治安管理处罚法》是2005年8月28日第十届全国人民代表大会常务委员会第十七次会议通过,2005年8月28日中华人民共和国主席令第38号公布,自2006年3月1日起正式施行。

2012年10月26日曾进行了第一次修改,但只对第六十条作了一处修改。本次修订为施行近20年以来的首次大修。治安管理处罚法的修改引发了社会热议,修订草案的征求意见期间,近10万人参与留言提出意见,可见社会民众对于《治安管理处罚法》修改的关注,立法机关先后对修订草案进行了三次审议。2025年6月27日十四届全国人大常委会第十六次会议表决通过,新法自2026年1月1日起施行。

修订是对原有法律内容全面而重大的调整,可以调整法律总体结构,对章节和条序等重新排列,是不同于个别条文修正的大修。

修订后的《治安管理处罚法》共六章一百四十四条,将新出现的影响社会治安的多种行为纳入管理范围,并增加相应的处罚措施;与新修订的行政处罚法、行政复议法等其他法律衔接协调,进一步合理设定处罚措施和幅度,优化处罚程序等。具体表现为:

修订后的《治安管理处罚法》将更多社会治安的行为纳入管理范围,并增加相应的处罚措施,诸如高空抛物、无人机"黑飞"、"软暴力"、侵害个人信息权益等情形;将考试作弊、入侵计算机系统、组织领导传销、从事有损英雄烈士保护等行为增列为扰乱公共秩序的行为并给予处罚;将以抢夺方向盘等方式妨碍公共交通工具驾驶、升放携带明火的升空物体、高空抛物、无人机"黑飞"等行为增列为妨害公共安全的行为并给予处罚。此外,还将组织胁迫未成年人有偿陪侍、采取滋扰纠缠跟踪等方法干扰他人正常生活、在公共场所故意裸露身体隐私部位的、虐待所监护的幼老病残人员、违法出售或者提供公民个人信息、以殴打侮辱恐吓等方式欺凌学生等行为增列为侵犯人身、财产权利的行为并给予处罚;将盗用冒用他人身份或者以其他虚假身份招摇撞骗的、出租出借相关公文证件等供他人非法使用的、娱乐场所和特定行业经营者不履行信息登记或者报送义务、非法使用窃听窃照器材、违反法院、公安、监察机关的相关禁令、告诫书以及相关人士保护措施的、违法脱逃的、多种涉毒违法、产生社会噪声拒不改正、违法出售饲养烈性犬、动物伤人等行为增列为妨害社会管理的行为并给予处罚。从而将社会实践中的新现象、新问题纳入法律的规范框架中,可以起到修正立法滞后性、填补立法空白的作用,对相关现象的治理从此有法可依。

修订后的《治安管理处罚法》强调预防和化解社会矛盾,强调引导教育民众自觉守法,规定推进治安管理处罚与当事人自行和解、人民调解委员会调解相衔接,明确对于因民间纠纷引起的打架斗殴或者损毁他人财物等情节较轻的违反治安管理行为,当事人自行和解或者经人民调解委员会调解达成协议并履行,书面申请经公安机关认可的,不予处罚。

修订后的《治安管理处罚法》明确正当防卫的合法性,"为了免受正在进行的不法侵害而采取的制止行为"不属于违反治安管理行为,不受处罚。同时,界定了防卫限度。增加从轻处罚规定,建立认错认罚从宽制度。并将六个月内曾受过治安管理处罚的从重处罚情形延长至一年;规定已满十四周岁不满十六周岁或者七十周岁以上的违反治安管理行为人,一年内二次以上违反治安管理的,可以执行行政拘留,打破以往"不拘留"的惯例。

修订后的《治安管理处罚法》规定,根据经济社会发展水平适当提高罚款幅度,针对有些违法行为的罚款金额提高了一倍甚至几倍;并重点针对非法携带枪支弹药进入公共场所、拒不整改大型群众性活动安全事故隐患、非法以社会组织名义活动、在公共场所拉客招嫖等行为加大处罚力度。新法明确对构成犯罪的,依法追究刑事责任,不得以治安罚代替刑罚;明确公安处以行政拘留的处罚跟其他主管机关处以罚款、罚没等其他行政处罚可以并行。

修订后的《治安管理处罚法》明确公安机关办案时收集、调取证据的权利;进一步完善了立案、集体讨论决定、法制审核、听证等程序规定,明确治安案件的办理期限及延期程序,与新修订的行政处罚法相衔接。

修订后的《治安管理处罚法》明确传唤后询问查证的时间期限,要求全程同步录音录像;明确公安机关进行调解、当场处罚无异议和在执法办案场所进行询问等可由一名人民警察处理的情形,并要求公安机关履行安全管理职责,保障录音录像设备运行连续、稳定、安全。同时,完善强制传唤、询问查证、场所检查、扣押物品、辨认程序,增加对异地询问及远程视频询问制度的规定。增加公安机关实施人身检查、采集人体生物识别信息的职权,并对个人信息保护提出要求。

修订后的《治安管理处罚法》多处提及"未成年人",一方面,加强了对未成年人的保护,如涉及损害未成年人权益的行为,明确规定从重处罚;明确询问未成年人时,应通知父母或者其他监护人到场;予以处罚时充分听取其申辩意见等;明确公安机关须对殴打、恐吓等学生欺凌行为依法处理并联动学校建立追责机制;另一方面,加强对未成年人违法的教育与矫治,明确对于未成年人不予以处罚或不执行拘留处罚的,采取相应矫治教育等措施。

修订后的《治安管理处罚法》明确除了被处罚人对处罚决定不服的,被侵害人认为处罚过轻不服,以及针对收缴、追缴决定,或者采取的有关限制性、禁止性措施等不服的,都可以依法提起行政复议或者提起行政诉讼。这与最新修订的《行政复议法》以及我国《行政诉讼法》中体现出来的尽可能纳入行政争议解决从而予以救济的宗旨相一致。

修订后的《治安管理处罚法》新增了执行期满发给解除拘留证明书的规定;明确异地执行程序;将参加升学考试、子女出生或者近亲属病危、死亡等增加为被处罚人可以提出暂缓执行行政拘留的情形。

修订后的《治安管理处罚法》新增了被处罚人是公职人员的监察联动机制;明确了人民警察办案过程中的十四种违法行为,要求规范执法。

修订后的《治安管理处罚法》新增了违反治安管理记录封存制度的规定等,体现了人文关怀。

现行《治安管理处罚法》自2006年3月1日起正式施行,近20年来,我国经济社会发展发生显著变化。对治安管理处罚法进行修改完善,旨在更好适应新时代新形势的需要。此次修订后,立足及时有效化解矛盾纠纷、维护社会治安秩序,必将更好地实现"维护社会治安秩序,保障公共安全,保护公民、法人和其他组织的合法权益,规范和保障公安机关及其人民警察依法履行治安管理职责"立法目的。

条文新旧对照

《治安管理处罚法》2012年版	《治安管理处罚法》2025年版
第一百一十九条　本法自2006年3月1日起施行。1986年9月5日公布,1994年5月12日修订公布的《中华人民共和国治安管理处罚条例》同时废止。	第一百四十四条　本法自**2026年1月1日起施行**。

附录一 中华人民共和国治安管理处罚法

（2005年8月28日第十届全国人民代表大会常务委员会第十七次会议通过 根据2012年10月26日第十一届全国人民代表大会常务委员会第二十九次会议《关于修改〈中华人民共和国治安管理处罚法〉的决定》修正 2025年6月27日第十四届全国人民代表大会常务委员会第十六次会议修订）

目　　录

第一章　总　　则
第二章　处罚的种类和适用
第三章　违反治安管理的行为和处罚
　第一节　扰乱公共秩序的行为和处罚
　第二节　妨害公共安全的行为和处罚
　第三节　侵犯人身权利、财产权利的行为和处罚
　第四节　妨害社会管理的行为和处罚
第四章　处罚程序
　第一节　调　　查
　第二节　决　　定
　第三节　执　　行
第五章　执法监督
第六章　附　　则

第一章　总　　则

第一条　为了维护社会治安秩序，保障公共安全，保护公民、法人和其他组织的合法权益，规范和保障公安机关及其人民警察依法履行治安

管理职责,根据宪法,制定本法。

第二条 治安管理工作坚持中国共产党的领导,坚持综合治理。

各级人民政府应当加强社会治安综合治理,采取有效措施,预防和化解社会矛盾纠纷,增进社会和谐,维护社会稳定。

第三条 扰乱公共秩序,妨害公共安全,侵犯人身权利、财产权利,妨害社会管理,具有社会危害性,依照《中华人民共和国刑法》的规定构成犯罪的,依法追究刑事责任;尚不够刑事处罚的,由公安机关依照本法给予治安管理处罚。

第四条 治安管理处罚的程序,适用本法的规定;本法没有规定的,适用《中华人民共和国行政处罚法》、《中华人民共和国行政强制法》的有关规定。

第五条 在中华人民共和国领域内发生的违反治安管理行为,除法律有特别规定的外,适用本法。

在中华人民共和国船舶和航空器内发生的违反治安管理行为,除法律有特别规定的外,适用本法。

在外国船舶和航空器内发生的违反治安管理行为,依照中华人民共和国缔结或者参加的国际条约,中华人民共和国行使管辖权的,适用本法。

第六条 治安管理处罚必须以事实为依据,与违反治安管理的事实、性质、情节以及社会危害程度相当。

实施治安管理处罚,应当公开、公正,尊重和保障人权,保护公民的人格尊严。

办理治安案件应当坚持教育与处罚相结合的原则,充分释法说理,教育公民、法人或者其他组织自觉守法。

第七条 国务院公安部门负责全国的治安管理工作。县级以上地方各级人民政府公安机关负责本行政区域内的治安管理工作。

治安案件的管辖由国务院公安部门规定。

第八条 违反治安管理行为对他人造成损害的,除依照本法给予治安管理处罚外,行为人或者其监护人还应当依法承担民事责任。

违反治安管理行为构成犯罪,应当依法追究刑事责任的,不得以治安管理处罚代替刑事处罚。

第九条 对于因民间纠纷引起的打架斗殴或者损毁他人财物等违反治安管理行为,情节较轻的,公安机关可以调解处理。

调解处理治安案件,应当查明事实,并遵循合法、公正、自愿、及时的原则,注重教育和疏导,促进化解矛盾纠纷。

经公安机关调解,当事人达成协议的,不予处罚。经调解未达成协议或者达成协议后不履行的,公安机关应当依照本法的规定对违反治安管理行为作出处理,并告知当事人可以就民事争议依法向人民法院提起民事诉讼。

对属于第一款规定的调解范围的治安案件,公安机关作出处理决定前,当事人自行和解或者经人民调解委员会调解达成协议并履行,书面申请经公安机关认可的,不予处罚。

第二章　处罚的种类和适用

第十条　治安管理处罚的种类分为:

(一)警告;

(二)罚款;

(三)行政拘留;

(四)吊销公安机关发放的许可证件。

对违反治安管理的外国人,可以附加适用限期出境或者驱逐出境。

第十一条　办理治安案件所查获的毒品、淫秽物品等违禁品,赌具、赌资,吸食、注射毒品的用具以及直接用于实施违反治安管理行为的本人所有的工具,应当收缴,按照规定处理。

违反治安管理所得的财物,追缴退还被侵害人;没有被侵害人的,登记造册,公开拍卖或者按照国家有关规定处理,所得款项上缴国库。

第十二条　已满十四周岁不满十八周岁的人违反治安管理的,从轻或者减轻处罚;不满十四周岁的人违反治安管理的,不予处罚,但是应当责令其监护人严加管教。

第十三条　精神病人、智力残疾人在不能辨认或者不能控制自己行为的时候违反治安管理的,不予处罚,但是应当责令其监护人加强看护管理和治疗。间歇性的精神病人在精神正常的时候违反治安管理的,应当给予处罚。尚未完全丧失辨认或者控制自己行为能力的精神病人、智力残疾人违反治安管理的,应当给予处罚,但是可以从轻或者减轻处罚。

第十四条　盲人或者又聋又哑的人违反治安管理的,可以从轻、减轻或者不予处罚。

第十五条　醉酒的人违反治安管理的,应当给予处罚。

醉酒的人在醉酒状态中,对本人有危险或者对他人的人身、财产或者公共安全有威胁的,应当对其采取保护性措施约束至酒醒。

第十六条　有两种以上违反治安管理行为的,分别决定,合并执行处罚。行政拘留处罚合并执行的,最长不超过二十日。

第十七条　共同违反治安管理的,根据行为人在违反治安管理行为中所起的作用,分别处罚。

教唆、胁迫、诱骗他人违反治安管理的,按照其教唆、胁迫、诱骗的行为处罚。

第十八条　单位违反治安管理的,对其直接负责的主管人员和其他直接责任人员依照本法的规定处罚。其他法律、行政法规对同一行为规定给予单位处罚的,依照其规定处罚。

第十九条　为了免受正在进行的不法侵害而采取的制止行为,造成损害的,不属于违反治安管理行为,不受处罚;制止行为明显超过必要限度,造成较大损害的,依法给予处罚,但是应当减轻处罚;情节较轻的,不予处罚。

第二十条　违反治安管理有下列情形之一的,从轻、减轻或者不予处罚:

(一)情节轻微的;

(二)主动消除或者减轻违法后果的;

(三)取得被侵害人谅解的;

(四)出于他人胁迫或者诱骗的;

(五)主动投案,向公安机关如实陈述自己的违法行为的;

(六)有立功表现的。

第二十一条　违反治安管理行为人自愿向公安机关如实陈述自己的违法行为,承认违法事实,愿意接受处罚的,可以依法从宽处理。

第二十二条　违反治安管理有下列情形之一的,从重处罚:

(一)有较严重后果的;

（二）教唆、胁迫、诱骗他人违反治安管理的；
（三）对报案人、控告人、举报人、证人打击报复的；
（四）一年以内曾受过治安管理处罚的。

第二十三条 违反治安管理行为人有下列情形之一，依照本法应当给予行政拘留处罚的，不执行行政拘留处罚：
（一）已满十四周岁不满十六周岁的；
（二）已满十六周岁不满十八周岁，初次违反治安管理的；
（三）七十周岁以上的；
（四）怀孕或者哺乳自己不满一周岁婴儿的。

前款第一项、第二项、第三项规定的行为人违反治安管理情节严重、影响恶劣的，或者第一项、第三项规定的行为人在一年以内二次以上违反治安管理的，不受前款规定的限制。

第二十四条 对依照本法第十二条规定不予处罚或者依照本法第二十三条规定不执行行政拘留处罚的未成年人，公安机关依照《中华人民共和国预防未成年人犯罪法》的规定采取相应矫治教育等措施。

第二十五条 违反治安管理行为在六个月以内没有被公安机关发现的，不再处罚。

前款规定的期限，从违反治安管理行为发生之日起计算；违反治安管理行为有连续或者继续状态的，从行为终了之日起计算。

第三章 违反治安管理的行为和处罚

第一节 扰乱公共秩序的行为和处罚

第二十六条 有下列行为之一的，处警告或者五百元以下罚款；情节较重的，处五日以上十日以下拘留，可以并处一千元以下罚款：
（一）扰乱机关、团体、企业、事业单位秩序，致使工作、生产、营业、医疗、教学、科研不能正常进行，尚未造成严重损失的；
（二）扰乱车站、港口、码头、机场、商场、公园、展览馆或者其他公共场所秩序的；
（三）扰乱公共汽车、电车、城市轨道交通车辆、火车、船舶、航空器或者其他公共交通工具上的秩序的；

(四)非法拦截或者强登、扒乘机动车、船舶、航空器以及其他交通工具,影响交通工具正常行驶的;

(五)破坏依法进行的选举秩序的。

聚众实施前款行为的,对首要分子处十日以上十五日以下拘留,可以并处二千元以下罚款。

第二十七条 在法律、行政法规规定的国家考试中,有下列行为之一,扰乱考试秩序的,处违法所得一倍以上五倍以下罚款,没有违法所得或者违法所得不足一千元的,处一千元以上三千元以下罚款;情节较重的,处五日以上十五日以下拘留:

(一)组织作弊的;

(二)为他人组织作弊提供作弊器材或者其他帮助的;

(三)为实施考试作弊行为,向他人非法出售、提供考试试题、答案的;

(四)代替他人或者让他人代替自己参加考试的。

第二十八条 有下列行为之一,扰乱体育、文化等大型群众性活动秩序的,处警告或者五百元以下罚款;情节严重的,处五日以上十日以下拘留,可以并处一千元以下罚款:

(一)强行进入场内的;

(二)违反规定,在场内燃放烟花爆竹或者其他物品的;

(三)展示侮辱性标语、条幅等物品的;

(四)围攻裁判员、运动员或者其他工作人员的;

(五)向场内投掷杂物,不听制止的;

(六)扰乱大型群众性活动秩序的其他行为。

因扰乱体育比赛、文艺演出活动秩序被处以拘留处罚的,可以同时责令其六个月至一年以内不得进入体育场馆、演出场馆观看同类比赛、演出;违反规定进入体育场馆、演出场馆的,强行带离现场,可以处五日以下拘留或者一千元以下罚款。

第二十九条 有下列行为之一的,处五日以上十日以下拘留,可以并处一千元以下罚款;情节较轻的,处五日以下拘留或者一千元以下罚款:

(一)故意散布谣言,谎报险情、疫情、灾情、警情或者以其他方法故意扰乱公共秩序的;

(二)投放虚假的爆炸性、毒害性、放射性、腐蚀性物质或者传染病病原体等危险物质扰乱公共秩序的；

（三）扬言实施放火、爆炸、投放危险物质等危害公共安全犯罪行为扰乱公共秩序的。

第三十条 有下列行为之一的，处五日以上十日以下拘留或者一千元以下罚款；情节较重的，处十日以上十五日以下拘留，可以并处二千元以下罚款：

（一）结伙斗殴或者随意殴打他人的；

（二）追逐、拦截他人的；

（三）强拿硬要或者任意损毁、占用公私财物的；

（四）其他无故侵扰他人、扰乱社会秩序的寻衅滋事行为。

第三十一条 有下列行为之一的，处十日以上十五日以下拘留，可以并处二千元以下罚款；情节较轻的，处五日以上十日以下拘留，可以并处一千元以下罚款：

（一）组织、教唆、胁迫、诱骗、煽动他人从事邪教活动、会道门活动、非法的宗教活动或者利用邪教组织、会道门、迷信活动，扰乱社会秩序、损害他人身体健康的；

（二）冒用宗教、气功名义进行扰乱社会秩序、损害他人身体健康活动的；

（三）制作、传播宣扬邪教、会道门内容的物品、信息、资料的。

第三十二条 违反国家规定，有下列行为之一的，处五日以上十日以下拘留；情节严重的，处十日以上十五日以下拘留：

（一）故意干扰无线电业务正常进行的；

（二）对正常运行的无线电台（站）产生有害干扰，经有关主管部门指出后，拒不采取有效措施消除的；

（三）未经批准设置无线电广播电台、通信基站等无线电台（站）的，或者非法使用、占用无线电频率，从事违法活动的。

第三十三条 有下列行为之一，造成危害的，处五日以下拘留；情节较重的，处五日以上十五日以下拘留：

（一）违反国家规定，侵入计算机信息系统或者采用其他技术手段，获取计算机信息系统中存储、处理或者传输的数据，或者对计算机信息系统实施非法控制的；

(二)违反国家规定,对计算机信息系统功能进行删除、修改、增加、干扰的;

(三)违反国家规定,对计算机信息系统中存储、处理、传输的数据和应用程序进行删除、修改、增加的;

(四)故意制作、传播计算机病毒等破坏性程序的;

(五)提供专门用于侵入、非法控制计算机信息系统的程序、工具,或者明知他人实施侵入、非法控制计算机信息系统的违法犯罪行为而为其提供程序、工具的。

第三十四条 组织、领导传销活动的,处十日以上十五日以下拘留;情节较轻的,处五日以上十日以下拘留。

胁迫、诱骗他人参加传销活动的,处五日以上十日以下拘留;情节较重的,处十日以上十五日以下拘留。

第三十五条 有下列行为之一的,处五日以上十日以下拘留或者一千元以上三千元以下罚款;情节较重的,处十日以上十五日以下拘留,可以并处五千元以下罚款:

(一)在国家举行庆祝、纪念、缅怀、公祭等重要活动的场所及周边管控区域,故意从事与活动主题和氛围相违背的行为,不听劝阻,造成不良社会影响的;

(二)在英雄烈士纪念设施保护范围内从事有损纪念英雄烈士环境和氛围的活动,不听劝阻的,或者侵占、破坏、污损英雄烈士纪念设施的;

(三)以侮辱、诽谤或者其他方式侵害英雄烈士的姓名、肖像、名誉、荣誉,损害社会公共利益的;

(四)亵渎、否定英雄烈士事迹和精神,或者制作、传播、散布宣扬、美化侵略战争、侵略行为的言论或者图片、音视频等物品,扰乱公共秩序的;

(五)在公共场所或者强制他人在公共场所穿着、佩戴宣扬、美化侵略战争、侵略行为的服饰、标志,不听劝阻,造成不良社会影响的。

第二节 妨害公共安全的行为和处罚

第三十六条 违反国家规定,制造、买卖、储存、运输、邮寄、携带、使用、提供、处置爆炸性、毒害性、放射性、腐蚀性物质或者传染病病原体等危险物质的,处十日以上十五日以下拘留;情节较轻的,处五日以上十日以下拘留。

第三十七条 爆炸性、毒害性、放射性、腐蚀性物质或者传染病病原体等危险物质被盗、被抢或者丢失，未按规定报告的，处五日以下拘留；故意隐瞒不报的，处五日以上十日以下拘留。

第三十八条 非法携带枪支、弹药或者弩、匕首等国家规定的管制器具的，处五日以下拘留，可以并处一千元以下罚款；情节较轻的，处警告或者五百元以下罚款。

非法携带枪支、弹药或者弩、匕首等国家规定的管制器具进入公共场所或者公共交通工具的，处五日以上十日以下拘留，可以并处一千元以下罚款。

第三十九条 有下列行为之一的，处十日以上十五日以下拘留；情节较轻的，处五日以下拘留：

（一）盗窃、损毁油气管道设施、电力电信设施、广播电视设施、水利工程设施、公共供水设施、公路及附属设施或者水文监测、测量、气象测报、生态环境监测、地质监测、地震监测等公共设施，危及公共安全的；

（二）移动、损毁国家边境的界碑、界桩以及其他边境标志、边境设施或者领土、领海基点标志设施的；

（三）非法进行影响国(边)界线走向的活动或者修建有碍国(边)境管理的设施的。

第四十条 盗窃、损坏、擅自移动使用中的航空设施，或者强行进入航空器驾驶舱的，处十日以上十五日以下拘留。

在使用中的航空器上使用可能影响导航系统正常功能的器具、工具，不听劝阻的，处五日以下拘留或者一千元以下罚款。

盗窃、损坏、擅自移动使用中的其他公共交通工具设施、设备，或者以抢控驾驶操纵装置、拉扯、殴打驾驶人员等方式，干扰公共交通工具正常行驶的，处五日以下拘留或者一千元以下罚款；情节较重的，处五日以上十日以下拘留。

第四十一条 有下列行为之一的，处五日以上十日以下拘留，可以并处一千元以下罚款；情节较轻的，处五日以下拘留或者一千元以下罚款：

（一）盗窃、损毁、擅自移动铁路、城市轨道交通设施、设备、机车车辆配件或者安全标志的；

（二）在铁路、城市轨道交通线路上放置障碍物，或者故意向列车投掷物品的；

（三）在铁路、城市轨道交通线路、桥梁、隧道、涵洞处挖掘坑穴、采石取沙的；

（四）在铁路、城市轨道交通线路上私设道口或者平交过道的。

第四十二条　擅自进入铁路、城市轨道交通防护网或者火车、城市轨道交通列车来临时在铁路、城市轨道交通线路上行走坐卧，抢越铁路、城市轨道，影响行车安全的，处警告或者五百元以下罚款。

第四十三条　有下列行为之一的，处五日以下拘留或者一千元以下罚款；情节严重的，处十日以上十五日以下拘留，可以并处一千元以下罚款：

（一）未经批准，安装、使用电网的，或者安装、使用电网不符合安全规定的；

（二）在车辆、行人通行的地方施工，对沟井坎穴不设覆盖物、防围和警示标志的，或者故意损毁、移动覆盖物、防围和警示标志的；

（三）盗窃、损毁路面井盖、照明等公共设施的；

（四）违反有关法律法规规定，升放携带明火的升空物体，有发生火灾事故危险，不听劝阻的；

（五）从建筑物或者其他高空抛掷物品，有危害他人人身安全、公私财产安全或者公共安全危险的。

第四十四条　举办体育、文化等大型群众性活动，违反有关规定，有发生安全事故危险，经公安机关责令改正而拒不改正或者无法改正的，责令停止活动，立即疏散；对其直接负责的主管人员和其他直接责任人员处五日以上十日以下拘留，并处一千元以上三千元以下罚款；情节较重的，处十日以上十五日以下拘留，并处三千元以上五千元以下罚款，可以同时责令六个月至一年以内不得举办大型群众性活动。

第四十五条　旅馆、饭店、影剧院、娱乐场、体育场馆、展览馆或者其他供社会公众活动的场所违反安全规定，致使该场所有发生安全事故危险，经公安机关责令改正而拒不改正的，对其直接负责的主管人员和其他直接责任人员处五日以下拘留；情节较重的，处五日以上十日以下拘留。

第四十六条　违反有关法律法规关于飞行空域管理规定，飞行民用无人驾驶航空器、航空运动器材,或者升放无人驾驶自由气球、系留气球等升空物体,情节较重的,处五日以上十日以下拘留。

飞行、升放前款规定的物体非法穿越国(边)境的,处十日以上十五日以下拘留。

第三节 侵犯人身权利、财产权利的行为和处罚

第四十七条 有下列行为之一的,处十日以上十五日以下拘留,并处一千元以上二千元以下罚款;情节较轻的,处五日以上十日以下拘留,并处一千元以下罚款:

(一)组织、胁迫、诱骗不满十六周岁的人或者残疾人进行恐怖、残忍表演的;

(二)以暴力、威胁或者其他手段强迫他人劳动的;

(三)非法限制他人人身自由、非法侵入他人住宅或者非法搜查他人身体的。

第四十八条 组织、胁迫未成年人在不适宜未成年人活动的经营场所从事陪酒、陪唱等有偿陪侍活动的,处十日以上十五日以下拘留,并处五千元以下罚款;情节较轻的,处五日以下拘留或者五千元以下罚款。

第四十九条 胁迫、诱骗或者利用他人乞讨的,处十日以上十五日以下拘留,可以并处二千元以下罚款。

反复纠缠、强行讨要或者以其他滋扰他人的方式乞讨的,处五日以下拘留或者警告。

第五十条 有下列行为之一的,处五日以下拘留或者一千元以下罚款;情节较重的,处五日以上十日以下拘留,可以并处一千元以下罚款:

(一)写恐吓信或者以其他方法威胁他人人身安全的;

(二)公然侮辱他人或者捏造事实诽谤他人的;

(三)捏造事实诬告陷害他人,企图使他人受到刑事追究或者受到治安管理处罚的;

(四)对证人及其近亲属进行威胁、侮辱、殴打或者打击报复的;

(五)多次发送淫秽、侮辱、恐吓等信息或者采取滋扰、纠缠、跟踪等方法,干扰他人正常生活的;

(六)偷窥、偷拍、窃听、散布他人隐私的。

有前款第五项规定的滋扰、纠缠、跟踪行为的,除依照前款规定给予处罚外,经公安机关负责人批准,可以责令其一定期限内禁止接触被侵害人。对违反禁止接触规定的,处五日以上十日以下拘留,可以并处一千元以下罚款。

第五十一条 殴打他人的,或者故意伤害他人身体的,处五日以上十日以下拘留,并处五百元以上一千元以下罚款;情节较轻的,处五日以下拘留或者一千元以下罚款。

有下列情形之一的,处十日以上十五日以下拘留,并处一千元以上二千元以下罚款:

(一)结伙殴打、伤害他人的;

(二)殴打、伤害残疾人、孕妇、不满十四周岁的人或者七十周岁以上的人的;

(三)多次殴打、伤害他人或者一次殴打、伤害多人的。

第五十二条 猥亵他人的,处五日以上十日以下拘留;猥亵精神病人、智力残疾人、不满十四周岁的人或者有其他严重情节的,处十日以上十五日以下拘留。

在公共场所故意裸露身体隐私部位的,处警告或者五百元以下罚款;情节恶劣的,处五日以上十日以下拘留。

第五十三条 有下列行为之一的,处五日以下拘留或者警告;情节较重的,处五日以上十日以下拘留,可以并处一千元以下罚款:

(一)虐待家庭成员,被虐待人或者其监护人要求处理的;

(二)对未成年人、老年人、患病的人、残疾人等负有监护、看护职责的人虐待被监护、看护的人的;

(三)遗弃没有独立生活能力的被扶养人的。

第五十四条 强买强卖商品,强迫他人提供服务或者强迫他人接受服务的,处五日以上十日以下拘留,并处三千元以上五千元以下罚款;情节较轻的,处五日以下拘留或者一千元以下罚款。

第五十五条 煽动民族仇恨、民族歧视,或者在出版物、信息网络中刊载民族歧视、侮辱内容的,处十日以上十五日以下拘留,可以并处三千元以下罚款;情节较轻的,处五日以下拘留或者三千元以下罚款。

第五十六条 违反国家有关规定,向他人出售或者提供个人信息的,处十日以上十五日以下拘留;情节较轻的,处五日以下拘留。

窃取或者以其他方法非法获取个人信息的,依照前款的规定处罚。

第五十七条 冒领、隐匿、毁弃、倒卖、私自开拆或者非法检查他人邮件、快件的,处警告或者一千元以下罚款;情节较重的,处五日以上十日以下拘留。

第五十八条 盗窃、诈骗、哄抢、抢夺或者敲诈勒索的,处五日以上十日以下拘留或者二千元以下罚款;情节较重的,处十日以上十五日以下拘留,可以并处三千元以下罚款。

第五十九条 故意损毁公私财物的,处五日以下拘留或者一千元以下罚款;情节较重的,处五日以上十日以下拘留,可以并处三千元以下罚款。

第六十条 以殴打、侮辱、恐吓等方式实施学生欺凌,违反治安管理的,公安机关应当依照本法、《中华人民共和国预防未成年人犯罪法》的规定,给予治安管理处罚,采取相应矫治教育等措施。

学校违反有关法律法规规定,明知发生严重的学生欺凌或者明知发生其他侵害未成年学生的犯罪,不按规定报告或者处置的,责令改正,对其直接负责的主管人员和其他直接责任人员,建议有关部门依法予以处分。

第四节 妨害社会管理的行为和处罚

第六十一条 有下列行为之一的,处警告或者五百元以下罚款;情节严重的,处五日以上十日以下拘留,可以并处一千元以下罚款:

(一)拒不执行人民政府在紧急状态情况下依法发布的决定、命令的;

(二)阻碍国家机关工作人员依法执行职务的;

(三)阻碍执行紧急任务的消防车、救护车、工程抢险车、警车或者执行上述紧急任务的专用船舶通行的;

(四)强行冲闯公安机关设置的警戒带、警戒区或者检查点的。

阻碍人民警察依法执行职务的,从重处罚。

第六十二条 冒充国家机关工作人员招摇撞骗的,处十日以上十五日以下拘留,可以并处一千元以下罚款;情节较轻的,处五日以上十日以下拘留。

冒充军警人员招摇撞骗的,从重处罚。

盗用、冒用个人、组织的身份、名义或者以其他虚假身份招摇撞骗的,处五日以下拘留或者一千元以下罚款;情节较重的,处五日以上十日以下拘留,可以并处一千元以下罚款。

第六十三条　有下列行为之一的,处十日以上十五日以下拘留,可以并处五千元以下罚款;情节较轻的,处五日以上十日以下拘留,可以并处三千元以下罚款:

(一)伪造、变造或者买卖国家机关、人民团体、企业、事业单位或者其他组织的公文、证件、证明文件、印章的;

(二)出租、出借国家机关、人民团体、企业、事业单位或者其他组织的公文、证件、证明文件、印章供他人非法使用的;

(三)买卖或者使用伪造、变造的国家机关、人民团体、企业、事业单位或者其他组织的公文、证件、证明文件、印章的;

(四)伪造、变造或者倒卖车票、船票、航空客票、文艺演出票、体育比赛入场券或者其他有价票证、凭证的;

(五)伪造、变造船舶户牌,买卖或者使用伪造、变造的船舶户牌,或者涂改船舶发动机号码的。

第六十四条　船舶擅自进入、停靠国家禁止、限制进入的水域或者岛屿的,对船舶负责人及有关责任人员处一千元以上二千元以下罚款;情节严重的,处五日以下拘留,可以并处二千元以下罚款。

第六十五条　有下列行为之一的,处十日以上十五日以下拘留,可以并处五千元以下罚款;情节较轻的,处五日以上十日以下拘留或者一千元以上三千元以下罚款:

(一)违反国家规定,未经注册登记,以社会团体、基金会、社会服务机构等社会组织名义进行活动,被取缔后,仍进行活动的;

(二)被依法撤销登记或者吊销登记证书的社会团体、基金会、社会服务机构等社会组织,仍以原社会组织名义进行活动的;

(三)未经许可,擅自经营按照国家规定需要由公安机关许可的行业的。

有前款第三项行为的,予以取缔。被取缔一年以内又实施的,处十日以上十五日以下拘留,并处三千元以上五千元以下罚款。

取得公安机关许可的经营者,违反国家有关管理规定,情节严重的,公安机关可以吊销许可证件。

第六十六条　煽动、策划非法集会、游行、示威,不听劝阻的,处十日以上十五日以下拘留。

第六十七条　从事旅馆业经营活动不按规定登记住宿人员姓名、有效身份证件种类和号码等信息的,或者为身份不明、拒绝登记身份信息的人提供住宿服务的,对其直接负责的主管人员和其他直接责任人员处五百元以上一千元以下罚款;情节较轻的,处警告或者五百元以下罚款。

实施前款行为,妨害反恐怖主义工作进行,违反《中华人民共和国反恐怖主义法》规定的,依照其规定处罚。

从事旅馆业经营活动有下列行为之一的,对其直接负责的主管人员和其他直接责任人员处一千元以上三千元以下罚款;情节严重的,处五日以下拘留,可以并处三千元以上五千元以下罚款:

(一)明知住宿人员违反规定将危险物质带入住宿区域,不予制止的;

(二)明知住宿人员是犯罪嫌疑人员或者被公安机关通缉的人员,不向公安机关报告的;

(三)明知住宿人员利用旅馆实施犯罪活动,不向公安机关报告的。

第六十八条　房屋出租人将房屋出租给身份不明、拒绝登记身份信息的人的,或者不按规定登记承租人姓名、有效身份证件种类和号码等信息的,处五百元以上一千元以下罚款;情节较轻的,处警告或者五百元以下罚款。

房屋出租人明知承租人利用出租房屋实施犯罪活动,不向公安机关报告的,处一千元以上三千元以下罚款;情节严重的,处五日以下拘留,可以并处三千元以上五千元以下罚款。

第六十九条　娱乐场所和公章刻制、机动车修理、报废机动车回收行业经营者违反法律法规关于要求登记信息的规定,不登记信息的,处警告;拒不改正或者造成后果的,对其直接负责的主管人员和其他直接责任人员处五日以下拘留或者三千元以下罚款。

第七十条　非法安装、使用、提供窃听、窃照专用器材的,处五日以下拘留或者一千元以上三千元以下罚款;情节较重的,处五日以上十日以下拘留,并处三千元以上五千元以下罚款。

第七十一条 有下列行为之一的,处一千元以上三千元以下罚款;情节严重的,处五日以上十日以下拘留,并处一千元以上三千元以下罚款:

(一)典当业工作人员承接典当的物品,不查验有关证明、不履行登记手续的,或者违反国家规定对明知是违法犯罪嫌疑人、赃物而不向公安机关报告的;

(二)违反国家规定,收购铁路、油田、供电、电信、矿山、水利、测量和城市公用设施等废旧专用器材的;

(三)收购公安机关通报寻查的赃物或者有赃物嫌疑的物品的;

(四)收购国家禁止收购的其他物品的。

第七十二条 有下列行为之一的,处五日以上十日以下拘留,可以并处一千元以下罚款;情节较轻的,处警告或者一千元以下罚款:

(一)隐藏、转移、变卖、擅自使用或者损毁行政执法机关依法扣押、查封、冻结、扣留、先行登记保存的财物的;

(二)伪造、隐匿、毁灭证据或者提供虚假证言、谎报案情,影响行政执法机关依法办案的;

(三)明知是赃物而窝藏、转移或者代为销售的;

(四)被依法执行管制、剥夺政治权利或者在缓刑、暂予监外执行中的罪犯或者被依法采取刑事强制措施的人,有违反法律、行政法规或者国务院有关部门的监督管理规定的行为的。

第七十三条 有下列行为之一的,处警告或者一千元以下罚款;情节较重的,处五日以上十日以下拘留,可以并处一千元以下罚款:

(一)违反人民法院刑事判决中的禁止令或者职业禁止决定的;

(二)拒不执行公安机关依照《中华人民共和国反家庭暴力法》、《中华人民共和国妇女权益保障法》出具的禁止家庭暴力告诫书、禁止性骚扰告诫书的;

(三)违反监察机关在监察工作中、司法机关在刑事诉讼中依法采取的禁止接触证人、鉴定人、被害人及其近亲属保护措施的。

第七十四条 依法被关押的违法行为人脱逃的,处十日以上十五日以下拘留;情节较轻的,处五日以上十日以下拘留。

第七十五条 有下列行为之一的,处警告或者五百元以下罚款;情节较重的,处五日以上十日以下拘留,并处五百元以上一千元以下罚款:

（一）刻划、涂污或者以其他方式故意损坏国家保护的文物、名胜古迹的；

（二）违反国家规定，在文物保护单位附近进行爆破、钻探、挖掘等活动，危及文物安全的。

第七十六条 有下列行为之一的，处一千元以上二千元以下罚款；情节严重的，处十日以上十五日以下拘留，可以并处二千元以下罚款：

（一）偷开他人机动车的；

（二）未取得驾驶证驾驶或者偷开他人航空器、机动船舶的。

第七十七条 有下列行为之一的，处五日以上十日以下拘留；情节严重的，处十日以上十五日以下拘留，可以并处二千元以下罚款：

（一）故意破坏、污损他人坟墓或者毁坏、丢弃他人尸骨、骨灰的；

（二）在公共场所停放尸体或者因停放尸体影响他人正常生活、工作秩序，不听劝阻的。

第七十八条 卖淫、嫖娼的，处十日以上十五日以下拘留，可以并处五千元以下罚款；情节较轻的，处五日以下拘留或者一千元以下罚款。

在公共场所拉客招嫖的，处五日以下拘留或者一千元以下罚款。

第七十九条 引诱、容留、介绍他人卖淫的，处十日以上十五日以下拘留，可以并处五千元以下罚款；情节较轻的，处五日以下拘留或者一千元以上二千元以下罚款。

第八十条 制作、运输、复制、出售、出租淫秽的书刊、图片、影片、音像制品等淫秽物品或者利用信息网络、电话以及其他通讯工具传播淫秽信息的，处十日以上十五日以下拘留，可以并处五千元以下罚款；情节较轻的，处五日以下拘留或者一千元以上三千元以下罚款。

前款规定的淫秽物品或者淫秽信息中涉及未成年人的，从重处罚。

第八十一条 有下列行为之一的，处十日以上十五日以下拘留，并处一千元以上二千元以下罚款：

（一）组织播放淫秽音像的；

（二）组织或者进行淫秽表演的；

（三）参与聚众淫乱活动的。

明知他人从事前款活动，为其提供条件的，依照前款的规定处罚。

组织未成年人从事第一款活动的，从重处罚。

第八十二条　以营利为目的,为赌博提供条件的,或者参与赌博赌资较大的,处五日以下拘留或者一千元以下罚款;情节严重的,处十日以上十五日以下拘留,并处一千元以上五千元以下罚款。

第八十三条　有下列行为之一的,处十日以上十五日以下拘留,可以并处五千元以下罚款;情节较轻的,处五日以下拘留或者一千元以下罚款:

(一)非法种植罂粟不满五百株或者其他少量毒品原植物的;

(二)非法买卖、运输、携带、持有少量未经灭活的罂粟等毒品原植物种子或者幼苗的;

(三)非法运输、买卖、储存、使用少量罂粟壳的。

有前款第一项行为,在成熟前自行铲除的,不予处罚。

第八十四条　有下列行为之一的,处十日以上十五日以下拘留,可以并处三千元以下罚款;情节较轻的,处五日以下拘留或者一千元以下罚款:

(一)非法持有鸦片不满二百克、海洛因或者甲基苯丙胺不满十克或者其他少量毒品的;

(二)向他人提供毒品的;

(三)吸食、注射毒品的;

(四)胁迫、欺骗医务人员开具麻醉药品、精神药品的。

聚众、组织吸食、注射毒品的,对首要分子、组织者依照前款的规定从重处罚。

吸食、注射毒品的,可以同时责令其六个月至一年以内不得进入娱乐场所、不得擅自接触涉及毒品违法犯罪人员。违反规定的,处五日以下拘留或者一千元以下罚款。

第八十五条　引诱、教唆、欺骗或者强迫他人吸食、注射毒品的,处十日以上十五日以下拘留,并处一千元以上五千元以下罚款。

容留他人吸食、注射毒品或者介绍买卖毒品的,处十日以上十五日以下拘留,可以并处三千元以下罚款;情节较轻的,处五日以下拘留或者一千元以下罚款。

第八十六条　违反国家规定,非法生产、经营、购买、运输用于制造毒品的原料、配剂的,处十日以上十五日以下拘留;情节较轻的,处五日以上十日以下拘留。

第八十七条 旅馆业、饮食服务业、文化娱乐业、出租汽车业等单位的人员,在公安机关查处吸毒、赌博、卖淫、嫖娼活动时,为违法犯罪行为人通风报信的,或者以其他方式为上述活动提供条件的,处十日以上十五日以下拘留;情节较轻的,处五日以下拘留或者一千元以上二千元以下罚款。

第八十八条 违反关于社会生活噪声污染防治的法律法规规定,产生社会生活噪声,经基层群众性自治组织、业主委员会、物业服务人、有关部门依法劝阻、调解和处理未能制止,继续干扰他人正常生活、工作和学习的,处五日以下拘留或者一千元以下罚款;情节严重的,处五日以上十日以下拘留,可以并处一千元以下罚款。

第八十九条 饲养动物,干扰他人正常生活的,处警告;警告后不改正的,或者放任动物恐吓他人的,处一千元以下罚款。

违反有关法律、法规、规章规定,出售、饲养烈性犬等危险动物的,处警告;警告后不改正的,或者致使动物伤害他人的,处五日以下拘留或者一千元以下罚款;情节较重的,处五日以上十日以下拘留。

未对动物采取安全措施,致使动物伤害他人的,处一千元以下罚款;情节较重的,处五日以上十日以下拘留。

驱使动物伤害他人的,依照本法第五十一条的规定处罚。

第四章 处罚程序

第一节 调 查

第九十条 公安机关对报案、控告、举报或者违反治安管理行为人主动投案,以及其他国家机关移送的违反治安管理案件,应当立即立案并进行调查;认为不属于违反治安管理行为的,应当告知报案人、控告人、举报人、投案人,并说明理由。

第九十一条 公安机关及其人民警察对治安案件的调查,应当依法进行。严禁刑讯逼供或者采用威胁、引诱、欺骗等非法手段收集证据。

以非法手段收集的证据不得作为处罚的根据。

第九十二条 公安机关办理治安案件,有权向有关单位和个人收集、调取证据。有关单位和个人应当如实提供证据。

公安机关向有关单位和个人收集、调取证据时,应当告知其必须如实提供证据,以及伪造、隐匿、毁灭证据或者提供虚假证言应当承担的法律责任。

第九十三条 在办理刑事案件过程中以及其他执法办案机关在移送案件前依法收集的物证、书证、视听资料、电子数据等证据材料,可以作为治安案件的证据使用。

第九十四条 公安机关及其人民警察在办理治安案件时,对涉及的国家秘密、商业秘密、个人隐私或者个人信息,应当予以保密。

第九十五条 人民警察在办理治安案件过程中,遇有下列情形之一的,应当回避;违反治安管理行为人、被侵害人或者其法定代理人也有权要求他们回避:

(一)是本案当事人或者当事人的近亲属的;

(二)本人或者其近亲属与本案有利害关系的;

(三)与本案当事人有其他关系,可能影响案件公正处理的。

人民警察的回避,由其所属的公安机关决定;公安机关负责人的回避,由上一级公安机关决定。

第九十六条 需要传唤违反治安管理行为人接受调查的,经公安机关办案部门负责人批准,使用传唤证传唤。对现场发现的违反治安管理行为人,人民警察经出示人民警察证,可以口头传唤,但应当在询问笔录中注明。

公安机关应当将传唤的原因和依据告知被传唤人。对无正当理由不接受传唤或者逃避传唤的人,经公安机关办案部门负责人批准,可以强制传唤。

第九十七条 对违反治安管理行为人,公安机关传唤后应当及时询问查证,询问查证的时间不得超过八小时;涉案人数众多、违反治安管理行为人身份不明的,询问查证的时间不得超过十二小时;情况复杂,依照本法规定可能适用行政拘留处罚的,询问查证的时间不得超过二十四小时。在执法办案场所询问违反治安管理行为人,应当全程同步录音录像。

公安机关应当及时将传唤的原因和处所通知被传唤人家属。

询问查证期间,公安机关应当保证违反治安管理行为人的饮食、必要的休息时间等正当需求。

第九十八条 询问笔录应当交被询问人核对；对没有阅读能力的，应当向其宣读。记载有遗漏或者差错的，被询问人可以提出补充或者更正。被询问人确认笔录无误后，应当签名、盖章或者按指印，询问的人民警察也应当在笔录上签名。

被询问人要求就被询问事项自行提供书面材料的，应当准许；必要时，人民警察也可以要求被询问人自行书写。

询问不满十八周岁的违反治安管理行为人，应当通知其父母或者其他监护人到场；其父母或者其他监护人不能到场的，也可以通知其他成年亲属，所在学校、单位、居住地基层组织或者未成年人保护组织的代表等合适成年人到场，并将有关情况记录在案。确实无法通知或者通知后未到场的，应当在笔录中注明。

第九十九条 人民警察询问被侵害人或者其他证人，可以在现场进行，也可以到其所在单位、住处或者其提出的地点进行；必要时，也可以通知其到公安机关提供证言。

人民警察在公安机关以外询问被侵害人或者其他证人，应当出示人民警察证。

询问被侵害人或者其他证人，同时适用本法第九十八条的规定。

第一百条 违反治安管理行为人、被侵害人或者其他证人在异地的，公安机关可以委托异地公安机关代为询问，也可以通过公安机关的视频系统远程询问。

通过远程视频方式询问的，应当向被询问人宣读询问笔录，被询问人确认笔录无误后，询问的人民警察应当在笔录上注明。询问和宣读过程应当全程同步录音录像。

第一百零一条 询问聋哑的违反治安管理行为人、被侵害人或者其他证人，应当有通晓手语等交流方式的人提供帮助，并在笔录上注明。

询问不通晓当地通用的语言文字的违反治安管理行为人、被侵害人或者其他证人，应当配备翻译人员，并在笔录上注明。

第一百零二条 为了查明案件事实，确定违反治安管理行为人、被侵害人的某些特征、伤害情况或者生理状态，需要对其人身进行检查，提取或者采集肖像、指纹信息和血液、尿液等生物样本的，经公安机关办案部门负责人批准后进行。对已经提取、采集的信息或者样本,不得重复提取、采集。提取或者采集被侵害人的信息或者样本,应当征得被侵害人或者其监护人同意。

第一百零三条　公安机关对与违反治安管理行为有关的场所或者违反治安管理行为人的人身、物品可以进行检查。检查时,人民警察不得少于二人,并应当出示人民警察证。

对场所进行检查的,经县级以上人民政府公安机关负责人批准,使用检查证检查;对确有必要立即进行检查的,人民警察经出示人民警察证,可以当场检查,并应当全程同步录音录像。检查公民住所应当出示县级以上人民政府公安机关开具的检查证。

检查妇女的身体,应当由女性工作人员或者医师进行。

第一百零四条　检查的情况应当制作检查笔录,由检查人、被检查人和见证人签名、盖章或者按指印;被检查人不在场或者被检查人、见证人拒绝签名的,人民警察应当在笔录上注明。

第一百零五条　公安机关办理治安案件,对与案件有关的需要作为证据的物品,可以扣押;对被侵害人或者善意第三人合法占有的财产,不得扣押,应当予以登记,但是对其中与案件有关的必须鉴定的物品,可以扣押,鉴定后应当立即解除。对与案件无关的物品,不得扣押。

对扣押的物品,应当会同在场见证人和被扣押物品持有人查点清楚,当场开列清单一式二份,由调查人员、见证人和持有人签名或者盖章,一份交给持有人,另一份附卷备查。

实施扣押前应当报经公安机关负责人批准;因情况紧急或者物品价值不大,当场实施扣押的,人民警察应当及时向其所属公安机关负责人报告,并补办批准手续。公安机关负责人认为不应当扣押的,应当立即解除。当场实施扣押的,应当全程同步录音录像。

对扣押的物品,应当妥善保管,不得挪作他用;对不宜长期保存的物品,按照有关规定处理。经查明与案件无关或者经核实属于被侵害人或者他人合法财产的,应当登记后立即退ះ;满六个月无人对该财产主张权利或者无法查清权利人的,应当公开拍卖或者按照国家有关规定处理,所得款项上缴国库。

第一百零六条　为了查明案情,需要解决案件中有争议的专门性问题的,应当指派或者聘请具有专门知识的人员进行鉴定;鉴定人鉴定后,应当写出鉴定意见,并且签名。

第一百零七条　为了查明案情,人民警察可以让违反治安管理行为人、被侵害人和其他证人对与违反治安管理行为有关的场所、物品进行辨认,也可以让被侵害人、其他证人对违反治安管理行为人进行辨认,或者让违反治安管理行为人对其他违反治安管理行为人进行辨认。

辨认应当制作辨认笔录,由人民警察和辨认人签名、盖章或者按指印。

第一百零八条　公安机关进行询问、辨认、勘验,实施行政强制措施等调查取证工作时,人民警察不得少于二人。

公安机关在规范设置、严格管理的执法办案场所进行询问、扣押、辨认的,或者进行调解的,可以由一名人民警察进行。

依照前款规定由一名人民警察进行询问、扣押、辨认、调解的,应当全程同步录音录像。未按规定全程同步录音录像或者录音录像资料损毁、丢失的,相关证据不能作为处罚的根据。

第二节　决　　定

第一百零九条　治安管理处罚由县级以上地方人民政府公安机关决定;其中警告、一千元以下的罚款,可以由公安派出所决定。

第一百一十条　对决定给予行政拘留处罚的人,在处罚前已经采取强制措施限制人身自由的时间,应当折抵。限制人身自由一日,折抵行政拘留一日。

第一百一十一条　公安机关查处治安案件,对没有本人陈述,但其他证据能够证明案件事实的,可以作出治安管理处罚决定。但是,只有本人陈述,没有其他证据证明的,不能作出治安管理处罚决定。

第一百一十二条　公安机关作出治安管理处罚决定前,应当告知违反治安管理行为人拟作出治安管理处罚的内容及事实、理由、依据,并告知违反治安管理行为人依法享有的权利。

违反治安管理行为人有权陈述和申辩。公安机关必须充分听取违反治安管理行为人的意见,对违反治安管理行为人提出的事实、理由和证据,应当进行复核;违反治安管理行为人提出的事实、理由或者证据成立的,公安机关应当采纳。

违反治安管理行为人不满十八周岁的,还应当依照前两款的规定告知未成年人的父母或者其他监护人,充分听取其意见。

公安机关不得因违反治安管理行为人的陈述、申辩而加重其处罚。

第一百一十三条 治安案件调查结束后,公安机关应当根据不同情况,分别作出以下处理:

(一)确有依法应当给予治安管理处罚的违法行为的,根据情节轻重及具体情况,作出处罚决定;

(二)依法不予处罚的,或者违法事实不能成立的,作出不予处罚决定;

(三)违法行为已涉嫌犯罪的,移送有关主管机关依法追究刑事责任;

(四)发现违反治安管理行为人有其他违法行为的,在对违反治安管理行为作出处罚决定的同时,通知或者移送有关主管机关处理。

对情节复杂或者重大违法行为给予治安管理处罚,公安机关负责人应当集体讨论决定。

第一百一十四条 有下列情形之一的,在公安机关作出治安管理处罚决定之前,应当由从事治安管理处罚决定法制审核的人员进行法制审核;未经法制审核或者审核未通过的,不得作出决定:

(一)涉及重大公共利益的;

(二)直接关系当事人或者第三人重大权益,经过听证程序的;

(三)案件情况疑难复杂、涉及多个法律关系的。

公安机关中初次从事治安管理处罚决定法制审核的人员,应当通过国家统一法律职业资格考试取得法律职业资格。

第一百一十五条 公安机关作出治安管理处罚决定的,应当制作治安管理处罚决定书。决定书应当载明下列内容:

(一)被处罚人的姓名、性别、年龄、身份证件的名称和号码、住址;

(二)违法事实和证据;

(三)处罚的种类和依据;

(四)处罚的执行方式和期限;

(五)对处罚决定不服,申请行政复议、提起行政诉讼的途径和期限;

(六)作出处罚决定的公安机关的名称和作出决定的日期。

决定书应当由作出处罚决定的公安机关加盖印章。

第一百一十六条 公安机关应当向被处罚人宣告治安管理处罚决定书,并当场交付被处罚人;无法当场向被处罚人宣告的,应当在二日以内送达被处罚人。决定给予行政拘留处罚的,应当及时通知被处罚人的家属。

有被侵害人的,公安机关应当将决定书送达被侵害人。

第一百一十七条 公安机关作出吊销许可证件、处四千元以上罚款的治安管理处罚决定或者采取责令停业整顿措施前,应当告知违反治安管理行为人有权要求举行听证;违反治安管理行为人要求听证的,公安机关应当及时依法举行听证。

对依照本法第二十三条第二款规定可能执行行政拘留的未成年人,公安机关应当告知未成年人和其监护人有权要求举行听证;未成年人和其监护人要求听证的,公安机关应当及时依法举行听证。对未成年人案件的听证不公开举行。

前两款规定以外的案情复杂或者具有重大社会影响的案件,违反治安管理行为人要求听证,公安机关认为必要的,应当及时依法举行听证。

公安机关不得因违反治安管理行为人要求听证而加重其处罚。

第一百一十八条 公安机关办理治安案件的期限,自立案之日起不得超过三十日;案情重大、复杂的,经上一级公安机关批准,可以延长三十日。期限延长以二次为限。公安派出所办理的案件需要延长期限的,由所属公安机关批准。

为了查明案情进行鉴定的期间、听证的期间,不计入办理治安案件的期限。

第一百一十九条 违反治安管理行为事实清楚,证据确凿,处警告或者五百元以下罚款的,可以当场作出治安管理处罚决定。

第一百二十条 当场作出治安管理处罚决定的,人民警察应当向违反治安管理行为人出示人民警察证,并填写处罚决定书。处罚决定书应当当场交付被处罚人;有被侵害人的,并应当将决定书送达被侵害人。

前款规定的处罚决定书,应当载明被处罚人的姓名、违法行为、处罚依据、罚款数额、时间、地点以及公安机关名称,并由经办的人民警察签名或者盖章。

适用当场处罚,被处罚人对拟作出治安管理处罚的内容及事实、理由、依据没有异议的,可以由一名人民警察作出治安管理处罚决定,并应当全程同步录音录像。

当场作出治安管理处罚决定的,经办的人民警察应当在二十四小时以内报所属公安机关备案。

第一百二十一条 被处罚人、被侵害人对公安机关依照本法规定作出的治安管理处罚决定,作出的收缴、追缴决定,或者采取的有关限制性、禁止性措施等不服的,可以依法申请行政复议或者提起行政诉讼。

第三节 执　　行

第一百二十二条 对被决定给予行政拘留处罚的人,由作出决定的公安机关送拘留所执行;执行期满,拘留所应当按时解除拘留,发给解除拘留证明书。

被决定给予行政拘留处罚的人在异地被抓获或者有其他有必要在异地拘留所执行情形的,经异地拘留所主管公安机关批准,可以在异地执行。

第一百二十三条 受到罚款处罚的人应当自收到处罚决定书之日起十五日以内,到指定的银行或者通过电子支付系统缴纳罚款。但是,有下列情形之一的,人民警察可以当场收缴罚款:

(一)被处二百元以下罚款,被处罚人对罚款无异议的;

(二)在边远、水上、交通不便地区,旅客列车上或者口岸,公安机关及其人民警察依照本法的规定作出罚款决定后,被处罚人到指定的银行或者通过电子支付系统缴纳罚款确有困难,经被处罚人提出的;

(三)被处罚人在当地没有固定住所,不当场收缴事后难以执行的。

第一百二十四条 人民警察当场收缴的罚款,应当自收缴罚款之日起二日以内,交至所属的公安机关;在水上、旅客列车上当场收缴的罚款,应当自抵岸或者到站之日起二日以内,交至所属的公安机关;公安机关应当自收到罚款之日起二日以内将罚款缴付指定的银行。

第一百二十五条 人民警察当场收缴罚款的,应当向被处罚人出具省级以上人民政府财政部门统一制发的专用票据;不出具统一制发的专用票据的,被处罚人有权拒绝缴纳罚款。

第一百二十六条　被处罚人不服行政拘留处罚决定,申请行政复议、提起行政诉讼的,遇有参加升学考试、子女出生或者近亲属病危、死亡等情形的,可以向公安机关提出暂缓执行行政拘留的申请。公安机关认为暂缓执行行政拘留不致发生社会危险的,由被处罚人或者其近亲属提出符合本法第一百二十七条规定条件的担保人,或者按每日行政拘留二百元的标准交纳保证金,行政拘留的处罚决定暂缓执行。

正在被执行行政拘留处罚的人遇有参加升学考试、子女出生或者近亲属病危、死亡等情形,被拘留人或者其近亲属申请出所的,由公安机关依照前款规定执行。被拘留人出所的时间不计入拘留期限。

第一百二十七条　担保人应当符合下列条件:

(一)与本案无牵连;

(二)享有政治权利,人身自由未受到限制;

(三)在当地有常住户口和固定住所;

(四)有能力履行担保义务。

第一百二十八条　担保人应当保证被担保人不逃避行政拘留处罚的执行。

担保人不履行担保义务,致使被担保人逃避行政拘留处罚的执行的,处三千元以下罚款。

第一百二十九条　被决定给予行政拘留处罚的人交纳保证金,暂缓行政拘留或者出所后,逃避行政拘留处罚的执行的,保证金予以没收并上缴国库,已经作出的行政拘留决定仍应执行。

第一百三十条　行政拘留的处罚决定被撤销,行政拘留处罚开始执行,或者出所后继续执行的,公安机关收取的保证金应当及时退还交纳人。

第五章　执法监督

第一百三十一条　公安机关及其人民警察应当依法、公正、严格、高效办理治安案件,文明执法,不得徇私舞弊、玩忽职守、滥用职权。

第一百三十二条　公安机关及其人民警察办理治安案件,禁止对违反治安管理行为人打骂、虐待或者侮辱。

第一百三十三条　公安机关及其人民警察办理治安案件,应当自觉接受社会和公民的监督。

公安机关及其人民警察办理治安案件,不严格执法或者有违法违纪行为的,任何单位和个人都有权向公安机关或者人民检察院、监察机关检举、控告;收到检举、控告的机关,应当依据职责及时处理。

第一百三十四条 公安机关作出治安管理处罚决定,发现被处罚人是公职人员,依照《中华人民共和国公职人员政务处分法》的规定需要给予政务处分的,应当依照有关规定及时通报监察机关等有关单位。

第一百三十五条 公安机关依法实施罚款处罚,应当依照有关法律、行政法规的规定,实行罚款决定与罚款收缴分离;收缴的罚款应当全部上缴国库,不得返还、变相返还,不得与经费保障挂钩。

第一百三十六条 违反治安管理的记录应当予以封存,不得向任何单位和个人提供或者公开,但有关国家机关为办案需要或者有关单位根据国家规定进行查询的除外。依法进行查询的单位,应当对被封存的违法记录的情况予以保密。

第一百三十七条 公安机关应当履行同步录音录像运行安全管理职责,完善技术措施,定期维护设施设备,保障录音录像设备运行连续、稳定、安全。

第一百三十八条 公安机关及其人民警察不得将在办理治安案件过程中获得的个人信息,依法提取、采集的相关信息、样本用于与治安管理、查处犯罪无关的用途,不得出售、提供给其他单位或者个人。

第一百三十九条 人民警察办理治安案件,有下列行为之一的,依法给予处分;构成犯罪的,依法追究刑事责任:

(一)刑讯逼供、体罚、打骂、虐待、侮辱他人的;

(二)超过询问查证的时间限制人身自由的;

(三)不执行罚款决定与罚款收缴分离制度或者不按规定将罚没的财物上缴国库或者依法处理的;

(四)私分、侵占、挪用、故意损毁所收缴、追缴、扣押的财物的;

(五)违反规定使用或者不及时返还被侵害人财物的;

(六)违反规定不及时退还保证金的;

(七)利用职务上的便利收受他人财物或者谋取其他利益的;

(八)当场收缴罚款不出具专用票据或者不如实填写罚款数额的;

(九)接到要求制止违反治安管理行为的报警后,不及时出警的;

(十)在查处违反治安管理活动时,为违法犯罪行为人通风报信的;

(十一)泄露办理治安案件过程中的工作秘密或者其他依法应当保密的信息的;

(十二)将在办理治安案件过程中获得的个人信息,依法提取、采集的相关信息、样本用于与治安管理、查处犯罪无关的用途,或者出售、提供给其他单位或者个人的;

(十三)剪接、删改、损毁、丢失办理治安案件的同步录音录像资料的;

(十四)有徇私舞弊、玩忽职守、滥用职权,不依法履行法定职责的其他情形的。

办理治安案件的公安机关有前款所列行为的,对负有责任的领导人员和直接责任人员,依法给予处分。

第一百四十条　公安机关及其人民警察违法行使职权,侵犯公民、法人和其他组织合法权益的,应当赔礼道歉;造成损害的,应当依法承担赔偿责任。

第六章　附　　则

第一百四十一条　其他法律中规定由公安机关给予行政拘留处罚的,其处罚程序适用本法规定。

公安机关依照《中华人民共和国枪支管理法》、《民用爆炸物品安全管理条例》等直接关系公共安全和社会治安秩序的法律、行政法规实施处罚的,其处罚程序适用本法规定。

本法第三十二条、第三十四条、第四十六条、第五十六条规定给予行政拘留处罚,其他法律、行政法规同时规定给予罚款、没收违法所得、没收非法财物等其他行政处罚的行为,由相关主管部门依照相应规定处罚;需要给予行政拘留处罚的,由公安机关依照本法规定处理。

第一百四十二条　海警机构履行海上治安管理职责,行使本法规定的公安机关的职权,但是法律另有规定的除外。

第一百四十三条　本法所称以上、以下、以内,包括本数。

第一百四十四条　本法自2026年1月1日起施行。

附录二 中华人民共和国行政处罚法

(1996年3月17日第八届全国人民代表大会第四次会议通过 根据2009年8月27日第十一届全国人民代表大会常务委员会第十次会议《关于修改部分法律的决定》第一次修正 根据2017年9月1日第十二届全国人民代表大会常务委员会第二十九次会议《关于修改〈中华人民共和国法官法〉等八部法律的决定》第二次修正 2021年1月22日第十三届全国人民代表大会常务委员会第二十五次会议修订)

目 录

第一章 总 则
第二章 行政处罚的种类和设定
第三章 行政处罚的实施机关
第四章 行政处罚的管辖和适用
第五章 行政处罚的决定
 第一节 一般规定
 第二节 简易程序
 第三节 普通程序
 第四节 听证程序
第六章 行政处罚的执行
第七章 法律责任
第八章 附 则

第一章 总 则

第一条 为了规范行政处罚的设定和实施,保障和监督行政机关有效实施行政管理,维护公共利益和社会秩序,保护公民、法人或者其他组织的合法权益,根据宪法,制定本法。

第二条 行政处罚是指行政机关依法对违反行政管理秩序的公民、法人或者其他组织,以减损权益或者增加义务的方式予以惩戒的行为。

第三条 行政处罚的设定和实施,适用本法。

第四条 公民、法人或者其他组织违反行政管理秩序的行为,应当给予行政处罚的,依照本法由法律、法规、规章规定,并由行政机关依照本法规定的程序实施。

第五条 行政处罚遵循公正、公开的原则。

设定和实施行政处罚必须以事实为依据,与违法行为的事实、性质、情节以及社会危害程度相当。

对违法行为给予行政处罚的规定必须公布;未经公布的,不得作为行政处罚的依据。

第六条 实施行政处罚,纠正违法行为,应当坚持处罚与教育相结合,教育公民、法人或者其他组织自觉守法。

第七条 公民、法人或者其他组织对行政机关所给予的行政处罚,享有陈述权、申辩权;对行政处罚不服的,有权依法申请行政复议或者提起行政诉讼。

公民、法人或者其他组织因行政机关违法给予行政处罚受到损害的,有权依法提出赔偿要求。

第八条 公民、法人或者其他组织因违法行为受到行政处罚,其违法行为对他人造成损害的,应当依法承担民事责任。

违法行为构成犯罪,应当依法追究刑事责任的,不得以行政处罚代替刑事处罚。

第二章 行政处罚的种类和设定

第九条 行政处罚的种类:

(一)警告、通报批评;

(二)罚款、没收违法所得、没收非法财物;

(三)暂扣许可证件、降低资质等级、吊销许可证件;

(四)限制开展生产经营活动、责令停产停业、责令关闭、限制从业;

(五)行政拘留;

(六)法律、行政法规规定的其他行政处罚。

第十条 法律可以设定各种行政处罚。

限制人身自由的行政处罚,只能由法律设定。

第十一条 行政法规可以设定除限制人身自由以外的行政处罚。

法律对违法行为已经作出行政处罚规定,行政法规需要作出具体规定的,必须在法律规定的给予行政处罚的行为、种类和幅度的范围内规定。

法律对违法行为未作出行政处罚规定,行政法规为实施法律,可以补充设定行政处罚。拟补充设定行政处罚的,应当通过听证会、论证会等形式广泛听取意见,并向制定机关作出书面说明。行政法规报送备案时,应当说明补充设定行政处罚的情况。

第十二条 地方性法规可以设定除限制人身自由、吊销营业执照以外的行政处罚。

法律、行政法规对违法行为已经作出行政处罚规定,地方性法规需要作出具体规定的,必须在法律、行政法规规定的给予行政处罚的行为、种类和幅度的范围内规定。

法律、行政法规对违法行为未作出行政处罚规定,地方性法规为实施法律、行政法规,可以补充设定行政处罚。拟补充设定行政处罚的,应当通过听证会、论证会等形式广泛听取意见,并向制定机关作出书面说明。地方性法规报送备案时,应当说明补充设定行政处罚的情况。

第十三条 国务院部门规章可以在法律、行政法规规定的给予行政处罚的行为、种类和幅度的范围内作出具体规定。

尚未制定法律、行政法规的,国务院部门规章对违反行政管理秩序的行为,可以设定警告、通报批评或者一定数额罚款的行政处罚。罚款的限额由国务院规定。

第十四条 地方政府规章可以在法律、法规规定的给予行政处罚的行为、种类和幅度的范围内作出具体规定。

尚未制定法律、法规的,地方政府规章对违反行政管理秩序的行为,可以设定警告、通报批评或者一定数额罚款的行政处罚。罚款的限额由省、自治区、直辖市人民代表大会常务委员会规定。

第十五条 国务院部门和省、自治区、直辖市人民政府及其有关部门应当定期组织评估行政处罚的实施情况和必要性，对不适当的行政处罚事项及种类、罚款数额等，应当提出修改或者废止的建议。

第十六条　除法律、法规、规章外，其他规范性文件不得设定行政处罚。

第三章　行政处罚的实施机关

第十七条　行政处罚由具有行政处罚权的行政机关在法定职权范围内实施。

第十八条　国家在城市管理、市场监管、生态环境、文化市场、交通运输、应急管理、农业等领域推行建立综合行政执法制度，相对集中行政处罚权。

国务院或者省、自治区、直辖市人民政府可以决定一个行政机关行使有关行政机关的行政处罚权。

限制人身自由的行政处罚权只能由公安机关和法律规定的其他机关行使。

第十九条　法律、法规授权的具有管理公共事务职能的组织可以在法定授权范围内实施行政处罚。

第二十条　行政机关依照法律、法规、规章的规定，可以在其法定权限内书面委托符合本法第二十一条规定条件的组织实施行政处罚。行政机关不得委托其他组织或者个人实施行政处罚。

委托书应当载明委托的具体事项、权限、期限等内容。委托行政机关和受委托组织应当将委托书向社会公布。

委托行政机关对受委托组织实施行政处罚的行为应当负责监督，并对该行为的后果承担法律责任。

受委托组织在委托范围内，以委托行政机关名义实施行政处罚；不得再委托其他组织或者个人实施行政处罚。

第二十一条　受委托组织必须符合以下条件：

（一）依法成立并具有管理公共事务职能；

（二）有熟悉有关法律、法规、规章和业务并取得行政执法资格的工作人员；

（三）需要进行技术检查或者技术鉴定的，应当有条件组织进行相应的技术检查或者技术鉴定。

第四章 行政处罚的管辖和适用

第二十二条 行政处罚由违法行为发生地的行政机关管辖。法律、行政法规、部门规章另有规定的,从其规定。

第二十三条 行政处罚由县级以上地方人民政府具有行政处罚权的行政机关管辖。法律、行政法规另有规定的,从其规定。

第二十四条 省、自治区、直辖市根据当地实际情况,可以决定将基层管理迫切需要的县级人民政府部门的行政处罚权交由能够有效承接的乡镇人民政府、街道办事处行使,并定期组织评估。决定应当公布。

承接行政处罚权的乡镇人民政府、街道办事处应当加强执法能力建设,按照规定范围、依照法定程序实施行政处罚。

有关地方人民政府及其部门应当加强组织协调、业务指导、执法监督,建立健全行政处罚协调配合机制,完善评议、考核制度。

第二十五条 两个以上行政机关都有管辖权的,由最先立案的行政机关管辖。

对管辖发生争议的,应当协商解决,协商不成的,报请共同的上一级行政机关指定管辖;也可以直接由共同的上一级行政机关指定管辖。

第二十六条 行政机关因实施行政处罚的需要,可以向有关机关提出协助请求。协助事项属于被请求机关职权范围内的,应当依法予以协助。

第二十七条 违法行为涉嫌犯罪的,行政机关应当及时将案件移送司法机关,依法追究刑事责任。对依法不需要追究刑事责任或者免予刑事处罚,但应当给予行政处罚的,司法机关应当及时将案件移送有关行政机关。

行政处罚实施机关与司法机关之间应当加强协调配合,建立健全案件移送制度,加强证据材料移交、接收衔接,完善案件处理信息通报机制。

第二十八条 行政机关实施行政处罚时,应当责令当事人改正或者限期改正违法行为。

当事人有违法所得,除依法应当退赔的外,应当予以没收。违法所得是指实施违法行为所取得的款项。法律、行政法规、部门规章对违法所得的计算另有规定的,从其规定。

第二十九条 对当事人的同一个违法行为,不得给予两次以上罚款的行政处罚。同一个违法行为违反多个法律规范应当给予罚款处罚的,按照罚款数额高的规定处罚。

第三十条 不满十四周岁的未成年人有违法行为的,不予行政处罚,责令监护人加以管教;已满十四周岁不满十八周岁的未成年人有违法行为的,应当从轻或者减轻行政处罚。

第三十一条 精神病人、智力残疾人在不能辨认或者不能控制自己行为时有违法行为的,不予行政处罚,但应当责令其监护人严加看管和治疗。间歇性精神病人在精神正常时有违法行为的,应当给予行政处罚。尚未完全丧失辨认或者控制自己行为能力的精神病人、智力残疾人有违法行为的,可以从轻或者减轻行政处罚。

第三十二条 当事人有下列情形之一,应当从轻或者减轻行政处罚:
(一)主动消除或者减轻违法行为危害后果的;
(二)受他人胁迫或者诱骗实施违法行为的;
(三)主动供述行政机关尚未掌握的违法行为的;
(四)配合行政机关查处违法行为有立功表现的;
(五)法律、法规、规章规定其他应当从轻或者减轻行政处罚的。

第三十三条 违法行为轻微并及时改正,没有造成危害后果的,不予行政处罚。初次违法且危害后果轻微并及时改正的,可以不予行政处罚。

当事人有证据足以证明没有主观过错的,不予行政处罚。法律、行政法规另有规定的,从其规定。

对当事人的违法行为依法不予行政处罚的,行政机关应当对当事人进行教育。

第三十四条 行政机关可以依法制定行政处罚裁量基准,规范行使行政处罚裁量权。行政处罚裁量基准应当向社会公布。

第三十五条 违法行为构成犯罪,人民法院判处拘役或者有期徒刑时,行政机关已经给予当事人行政拘留的,应当依法折抵相应刑期。

违法行为构成犯罪,人民法院判处罚金时,行政机关已经给予当事人罚款的,应当折抵相应罚金;行政机关尚未给予当事人罚款的,不再给予罚款。

第三十六条　违法行为在二年内未被发现的,不再给予行政处罚;涉及公民生命健康安全、金融安全且有危害后果的,上述期限延长至五年。法律另有规定的除外。

前款规定的期限,从违法行为发生之日起计算;违法行为有连续或者继续状态的,从行为终了之日起计算。

第三十七条　实施行政处罚,适用违法行为发生时的法律、法规、规章的规定。但是,作出行政处罚决定时,法律、法规、规章已被修改或者废止,且新的规定处罚较轻或者不认为是违法的,适用新的规定。

第三十八条　行政处罚没有依据或者实施主体不具有行政主体资格的,行政处罚无效。

违反法定程序构成重大且明显违法的,行政处罚无效。

第五章　行政处罚的决定

第一节　一般规定

第三十九条　行政处罚的实施机关、立案依据、实施程序和救济渠道等信息应当公示。

第四十条　公民、法人或者其他组织违反行政管理秩序的行为,依法应当给予行政处罚的,行政机关必须查明事实;违法事实不清、证据不足的,不得给予行政处罚。

第四十一条　行政机关依照法律、行政法规规定利用电子技术监控设备收集、固定违法事实的,应当经过法制和技术审核,确保电子技术监控设备符合标准、设置合理、标志明显,设置地点应当向社会公布。

电子技术监控设备记录违法事实应当真实、清晰、完整、准确。行政机关应当审核记录内容是否符合要求;未经审核或者经审核不符合要求的,不得作为行政处罚的证据。

行政机关应当及时告知当事人违法事实,并采取信息化手段或者其他措施,为当事人查询、陈述和申辩提供便利。不得限制或者变相限制当事人享有的陈述权、申辩权。

第四十二条　行政处罚应当由具有行政执法资格的执法人员实施。执法人员不得少于两人,法律另有规定的除外。

执法人员应当文明执法,尊重和保护当事人合法权益。

第四十三条 执法人员与案件有直接利害关系或者有其他关系可能影响公正执法的,应当回避。

当事人认为执法人员与案件有直接利害关系或者有其他关系可能影响公正执法的,有权申请回避。

当事人提出回避申请的,行政机关应当依法审查,由行政机关负责人决定。决定作出之前,不停止调查。

第四十四条 行政机关在作出行政处罚决定之前,应当告知当事人拟作出的行政处罚内容及事实、理由、依据,并告知当事人依法享有的陈述、申辩、要求听证等权利。

第四十五条 当事人有权进行陈述和申辩。行政机关必须充分听取当事人的意见,对当事人提出的事实、理由和证据,应当进行复核;当事人提出的事实、理由或者证据成立的,行政机关应当采纳。

行政机关不得因当事人陈述、申辩而给予更重的处罚。

第四十六条 证据包括:

(一)书证;

(二)物证;

(三)视听资料;

(四)电子数据;

(五)证人证言;

(六)当事人的陈述;

(七)鉴定意见;

(八)勘验笔录、现场笔录。

证据必须经查证属实,方可作为认定案件事实的根据。

以非法手段取得的证据,不得作为认定案件事实的根据。

第四十七条 行政机关应当依法以文字、音像等形式,对行政处罚的启动、调查取证、审核、决定、送达、执行等进行全过程记录,归档保存。

第四十八条 具有一定社会影响的行政处罚决定应当依法公开。

公开的行政处罚决定被依法变更、撤销、确认违法或者确认无效的,行政机关应当在三日内撤回行政处罚决定信息并公开说明理由。

第四十九条 发生重大传染病疫情等突发事件,为了控制、减轻和消除突发事件引起的社会危害,行政机关对违反突发事件应对措施的行为,依法快速、从重处罚。

第五十条 行政机关及其工作人员对实施行政处罚过程中知悉的国家秘密、商业秘密或者个人隐私,应当依法予以保密。

第二节 简易程序

第五十一条 违法事实确凿并有法定依据,对公民处以二百元以下、对法人或者其他组织处以三千元以下罚款或者警告的行政处罚的,可以当场作出行政处罚决定。法律另有规定的,从其规定。

第五十二条 执法人员当场作出行政处罚决定的,应当向当事人出示执法证件,填写预定格式、编有号码的行政处罚决定书,并当场交付当事人。当事人拒绝签收的,应当在行政处罚决定书上注明。

前款规定的行政处罚决定书应当载明当事人的违法行为,行政处罚的种类和依据、罚款数额、时间、地点,申请行政复议、提起行政诉讼的途径和期限以及行政机关名称,并由执法人员签名或者盖章。

执法人员当场作出的行政处罚决定,应当报所属行政机关备案。

第五十三条 对当场作出的行政处罚决定,当事人应当依照本法第六十七条至第六十九条的规定履行。

第三节 普通程序

第五十四条 除本法第五十一条规定的可以当场作出的行政处罚外,行政机关发现公民、法人或者其他组织有依法应当给予行政处罚的行为的,必须全面、客观、公正地调查,收集有关证据;必要时,依照法律、法规的规定,可以进行检查。

符合立案标准的,行政机关应当及时立案。

第五十五条 执法人员在调查或者进行检查时,应当主动向当事人或者有关人员出示执法证件。当事人或者有关人员有权要求执法人员出示执法证件。执法人员不出示执法证件的,当事人或者有关人员有权拒绝接受调查或者检查。

当事人或者有关人员应当如实回答询问,并协助调查或者检查,不得拒绝或者阻挠。询问或者检查应当制作笔录。

第五十六条 行政机关在收集证据时,可以采取抽样取证的方法;在证据可能灭失或者以后难以取得的情况下,经行政机关负责人批准,可以先行登记保存,并应当在七日内及时作出处理决定,在此期间,当事人或者有关人员不得销毁或者转移证据。

第五十七条 调查终结,行政机关负责人应当对调查结果进行审查,根据不同情况,分别作出如下决定:

(一)确有应受行政处罚的违法行为的,根据情节轻重及具体情况,作出行政处罚决定;

(二)违法行为轻微,依法可以不予行政处罚的,不予行政处罚;

(三)违法事实不能成立的,不予行政处罚;

(四)违法行为涉嫌犯罪的,移送司法机关。

对情节复杂或者重大违法行为给予行政处罚,行政机关负责人应当集体讨论决定。

第五十八条 有下列情形之一,在行政机关负责人作出行政处罚的决定之前,应当由从事行政处罚决定法制审核的人员进行法制审核;未经法制审核或者审核未通过的,不得作出决定:

(一)涉及重大公共利益的;

(二)直接关系当事人或者第三人重大权益,经过听证程序的;

(三)案件情况疑难复杂、涉及多个法律关系的;

(四)法律、法规规定应当进行法制审核的其他情形。

行政机关中初次从事行政处罚决定法制审核的人员,应当通过国家统一法律职业资格考试取得法律职业资格。

第五十九条 行政机关依照本法第五十七条的规定给予行政处罚,应当制作行政处罚决定书。行政处罚决定书应当载明下列事项:

(一)当事人的姓名或者名称、地址;

(二)违反法律、法规、规章的事实和证据;

(三)行政处罚的种类和依据;

(四)行政处罚的履行方式和期限;

(五)申请行政复议、提起行政诉讼的途径和期限;

(六)作出行政处罚决定的行政机关名称和作出决定的日期。

行政处罚决定书必须盖有作出行政处罚决定的行政机关的印章。

第六十条 行政机关应当自行政处罚案件立案之日起九十日内作出行政处罚决定。法律、法规、规章另有规定的,从其规定。

第六十一条 行政处罚决定书应当在宣告后当场交付当事人;当事人不在场的,行政机关应当在七日内依照《中华人民共和国民事诉讼法》的有关规定,将行政处罚决定书送达当事人。

当事人同意并签订确认书的,行政机关可以采用传真、电子邮件等方式,将行政处罚决定书等送达当事人。

第六十二条 行政机关及其执法人员在作出行政处罚决定之前,未依照本法第四十四条、第四十五条的规定向当事人告知拟作出的行政处罚内容及事实、理由、依据,或者拒绝听取当事人的陈述、申辩,不得作出行政处罚决定;当事人明确放弃陈述或者申辩权利的除外。

第四节 听证程序

第六十三条 行政机关拟作出下列行政处罚决定,应当告知当事人有要求听证的权利,当事人要求听证的,行政机关应当组织听证:

(一)较大数额罚款;

(二)没收较大数额违法所得、没收较大价值非法财物;

(三)降低资质等级、吊销许可证件;

(四)责令停产停业、责令关闭、限制从业;

(五)其他较重的行政处罚;

(六)法律、法规、规章规定的其他情形。

当事人不承担行政机关组织听证的费用。

第六十四条 听证应当依照以下程序组织:

(一)当事人要求听证的,应当在行政机关告知后五日内提出;

(二)行政机关应当在举行听证的七日前,通知当事人及有关人员听证的时间、地点;

(三)除涉及国家秘密、商业秘密或者个人隐私依法予以保密外,听证公开举行;

(四)听证由行政机关指定的非本案调查人员主持;当事人认为主持人与本案有直接利害关系的,有权申请回避;

(五)当事人可以亲自参加听证,也可以委托一至二人代理;

(六)当事人及其代理人无正当理由拒不出席听证或者未经许可中途退出听证的,视为放弃听证权利,行政机关终止听证;

(七)举行听证时,调查人员提出当事人违法的事实、证据和行政处罚建议,当事人进行申辩和质证;

(八)听证应当制作笔录。笔录应当交当事人或者其代理人核对无误后签字或者盖章。当事人或者其代理人拒绝签字或者盖章的,由听证主持人在笔录中注明。

第六十五条 听证结束后,行政机关应当根据听证笔录,依照本法第五十七条的规定,作出决定。

第六章 行政处罚的执行

第六十六条 行政处罚决定依法作出后,当事人应当在行政处罚决定书载明的期限内,予以履行。

当事人确有经济困难,需要延期或者分期缴纳罚款的,经当事人申请和行政机关批准,可以暂缓或者分期缴纳。

第六十七条 作出罚款决定的行政机关应当与收缴罚款的机构分离。

除依照本法第六十八条、第六十九条的规定当场收缴的罚款外,作出行政处罚决定的行政机关及其执法人员不得自行收缴罚款。

当事人应当自收到行政处罚决定书之日起十五日内,到指定的银行或者通过电子支付系统缴纳罚款。银行应当收受罚款,并将罚款直接上缴国库。

第六十八条 依照本法第五十一条的规定当场作出行政处罚决定,有下列情形之一,执法人员可以当场收缴罚款:

(一)依法给予一百元以下罚款的;

(二)不当场收缴事后难以执行的。

第六十九条 在边远、水上、交通不便地区,行政机关及其执法人员依照本法第五十一条、第五十七条的规定作出罚款决定后,当事人到指定的银行或者通过电子支付系统缴纳罚款确有困难,经当事人提出,行政机关及其执法人员可以当场收缴罚款。

第七十条 行政机关及其执法人员当场收缴罚款的,必须向当事人出具国务院财政部门或者省、自治区、直辖市人民政府财政部门统一制发的专用票据；不出具财政部门统一制发的专用票据的，当事人有权拒绝缴纳罚款。

第七十一条　执法人员当场收缴的罚款，应当自收缴罚款之日起二日内，交至行政机关；在水上当场收缴的罚款，应当自抵岸之日起二日内交至行政机关；行政机关应当在二日内将罚款缴付指定的银行。

第七十二条　当事人逾期不履行行政处罚决定的，作出行政处罚决定的行政机关可以采取下列措施：

（一）到期不缴纳罚款的，每日按罚款数额的百分之三加处罚款，加处罚款的数额不得超出罚款的数额；

（二）根据法律规定，将查封、扣押的财物拍卖、依法处理或者将冻结的存款、汇款划拨抵缴罚款；

（三）根据法律规定，采取其他行政强制执行方式；

（四）依照《中华人民共和国行政强制法》的规定申请人民法院强制执行。

行政机关批准延期、分期缴纳罚款的，申请人民法院强制执行的期限，自暂缓或者分期缴纳罚款期限结束之日起计算。

第七十三条　当事人对行政处罚决定不服，申请行政复议或者提起行政诉讼的，行政处罚不停止执行，法律另有规定的除外。

当事人对限制人身自由的行政处罚决定不服，申请行政复议或者提起行政诉讼的，可以向作出决定的机关提出暂缓执行申请。符合法律规定情形的，应当暂缓执行。

当事人申请行政复议或者提起行政诉讼的，加处罚款的数额在行政复议或者行政诉讼期间不予计算。

第七十四条　除依法应当予以销毁的物品外，依法没收的非法财物必须按照国家规定公开拍卖或者按照国家有关规定处理。

罚款、没收的违法所得或者没收非法财物拍卖的款项，必须全部上缴国库，任何行政机关或者个人不得以任何形式截留、私分或者变相私分。

罚款、没收的违法所得或者没收非法财物拍卖的款项，不得同作出行政处罚决定的行政机关及其工作人员的考核、考评直接或者变相挂钩。除依法应当退还、退赔的外，财政部门不得以任何形式向作出行政处罚决定的行政机关返还罚款、没收的违法所得或者没收非法财物拍卖的款项。

第七十五条　行政机关应当建立健全对行政处罚的监督制度。县级以上人民政府应当定期组织开展行政执法评议、考核，加强对行政处罚的监督检查，规范和保障行政处罚的实施。

行政机关实施行政处罚应当接受社会监督。公民、法人或者其他组织对行政机关实施行政处罚的行为，有权申诉或者检举；行政机关应当认真审查，发现有错误的，应当主动改正。

第七章　法律责任

第七十六条　行政机关实施行政处罚，有下列情形之一，由上级行政机关或者有关机关责令改正，对直接负责的主管人员和其他直接责任人员依法给予处分：

（一）没有法定的行政处罚依据的；
（二）擅自改变行政处罚种类、幅度的；
（三）违反法定的行政处罚程序的；
（四）违反本法第二十条关于委托处罚的规定的；
（五）执法人员未取得执法证件的。

行政机关对符合立案标准的案件不及时立案的，依照前款规定予以处理。

第七十七条　行政机关对当事人进行处罚不使用罚款、没收财物单据或者使用非法定部门制发的罚款、没收财物单据的，当事人有权拒绝，并有权予以检举，由上级行政机关或者有关机关对使用的非法单据予以收缴销毁，对直接负责的主管人员和其他直接责任人员依法给予处分。

第七十八条　行政机关违反本法第六十七条的规定自行收缴罚款的，财政部门违反本法第七十四条的规定向行政机关返还罚款、没收的违法所得或者拍卖款项的，由上级行政机关或者有关机关责令改正，对直接负责的主管人员和其他直接责任人员依法给予处分。

第七十九条　行政机关截留、私分或者变相私分罚款、没收的违法所得或者财物的，由财政部门或者有关机关予以追缴，对直接负责的主管人员和其他直接责任人员依法给予处分；情节严重构成犯罪的，依法追究刑事责任。

执法人员利用职务上的便利,索取或者收受他人财物、将收缴罚款据为己有,构成犯罪的,依法追究刑事责任;情节轻微不构成犯罪的,依法给予处分。

第八十条　行政机关使用或者损毁查封、扣押的财物,对当事人造成损失的,应当依法予以赔偿,对直接负责的主管人员和其他直接责任人员依法给予处分。

第八十一条　行政机关违法实施检查措施或者执行措施,给公民人身或者财产造成损害、给法人或者其他组织造成损失的,应当依法予以赔偿,对直接负责的主管人员和其他直接责任人员依法给予处分;情节严重构成犯罪的,依法追究刑事责任。

第八十二条　行政机关对应当依法移交司法机关追究刑事责任的案件不移交,以行政处罚代替刑事处罚,由上级行政机关或者有关机关责令改正,对直接负责的主管人员和其他直接责任人员依法给予处分;情节严重构成犯罪的,依法追究刑事责任。

第八十三条　行政机关对应当予以制止和处罚的违法行为不予制止、处罚,致使公民、法人或者其他组织的合法权益、公共利益和社会秩序遭受损害的,对直接负责的主管人员和其他直接责任人员依法给予处分;情节严重构成犯罪的,依法追究刑事责任。

第八章　附　　则

第八十四条　外国人、无国籍人、外国组织在中华人民共和国领域内有违法行为,应当给予行政处罚的,适用本法,法律另有规定的除外。

第八十五条　本法中"二日""三日""五日""七日"的规定是指工作日,不含法定节假日。

第八十六条　本法自 2021 年 7 月 15 日起施行。

附录三 中华人民共和国行政强制法

(2011年6月30日第十一届全国人民代表大会常务委员会第二十一次会议通过)

目 录

第一章 总 则
第二章 行政强制的种类和设定
第三章 行政强制措施实施程序
　第一节 一般规定
　第二节 查封、扣押
　第三节 冻 结
第四章 行政机关强制执行程序
　第一节 一般规定
　第二节 金钱给付义务的执行
　第三节 代 履 行
第五章 申请人民法院强制执行
第六章 法律责任
第七章 附 则

第一章 总 则

第一条 为了规范行政强制的设定和实施,保障和监督行政机关依法履行职责,维护公共利益和社会秩序,保护公民、法人和其他组织的合法权益,根据宪法,制定本法。

第二条 本法所称行政强制,包括行政强制措施和行政强制执行。

行政强制措施,是指行政机关在行政管理过程中,为制止违法行为、防止证据损毁、避免危害发生、控制危险扩大等情形,依法对公民的人身自由实施暂时性限制,或者对公民、法人或者其他组织的财物实施暂时性控制的行为。

行政强制执行,是指行政机关或者行政机关申请人民法院,对不履行行政决定的公民、法人或者其他组织,依法强制履行义务的行为。

第三条　行政强制的设定和实施,适用本法。

发生或者即将发生自然灾害、事故灾难、公共卫生事件或者社会安全事件等突发事件,行政机关采取应急措施或者临时措施,依照有关法律、行政法规的规定执行。

行政机关采取金融业审慎监管措施、进出境货物强制性技术监控措施,依照有关法律、行政法规的规定执行。

第四条　行政强制的设定和实施,应当依照法定的权限、范围、条件和程序。

第五条　行政强制的设定和实施,应当适当。采用非强制手段可以达到行政管理目的的,不得设定和实施行政强制。

第六条　实施行政强制,应当坚持教育与强制相结合。

第七条　行政机关及其工作人员不得利用行政强制权为单位或者个人谋取利益。

第八条　公民、法人或者其他组织对行政机关实施行政强制,享有陈述权、申辩权;有权依法申请行政复议或者提起行政诉讼;因行政机关违法实施行政强制受到损害的,有权依法要求赔偿。

公民、法人或者其他组织因人民法院在强制执行中有违法行为或者扩大强制执行范围受到损害的,有权依法要求赔偿。

第二章　行政强制的种类和设定

第九条　行政强制措施的种类:
(一)限制公民人身自由;
(二)查封场所、设施或者财物;
(三)扣押财物;
(四)冻结存款、汇款;
(五)其他行政强制措施。

第十条　行政强制措施由法律设定。

尚未制定法律，且属于国务院行政管理职权事项的，行政法规可以设定除本法第九条第一项、第四项和应当由法律规定的行政强制措施以外的其他行政强制措施。

尚未制定法律、行政法规，且属于地方性事务的，地方性法规可以设定本法第九条第二项、第三项的行政强制措施。

法律、法规以外的其他规范性文件不得设定行政强制措施。

第十一条 法律对行政强制措施的对象、条件、种类作了规定的，行政法规、地方性法规不得作出扩大规定。

法律中未设定行政强制措施的，行政法规、地方性法规不得设定行政强制措施。但是，法律规定特定事项由行政法规规定具体管理措施的，行政法规可以设定除本法第九条第一项、第四项和应当由法律规定的行政强制措施以外的其他行政强制措施。

第十二条 行政强制执行的方式：

（一）加处罚款或者滞纳金；

（二）划拨存款、汇款；

（三）拍卖或者依法处理查封、扣押的场所、设施或者财物；

（四）排除妨碍、恢复原状；

（五）代履行；

（六）其他强制执行方式。

第十三条 行政强制执行由法律设定。

法律没有规定行政机关强制执行的，作出行政决定的行政机关应当申请人民法院强制执行。

第十四条 起草法律草案、法规草案，拟设定行政强制的，起草单位应当采取听证会、论证会等形式听取意见，并向制定机关说明设定该行政强制的必要性、可能产生的影响以及听取和采纳意见的情况。

第十五条 行政强制的设定机关应当定期对其设定的行政强制进行评价，并对不适当的行政强制及时予以修改或者废止。

行政强制的实施机关可以对已设定的行政强制的实施情况及存在的必要性适时进行评价，并将意见报告该行政强制的设定机关。

公民、法人或者其他组织可以向行政强制的设定机关和实施机关就行政强制的设定和实施提出意见和建议。有关机关应当认真研究论证，并以适当方式予以反馈。

第三章　行政强制措施实施程序

第一节　一般规定

第十六条　行政机关履行行政管理职责,依照法律、法规的规定,实施行政强制措施。

违法行为情节显著轻微或者没有明显社会危害的,可以不采取行政强制措施。

第十七条　行政强制措施由法律、法规规定的行政机关在法定职权范围内实施。行政强制措施权不得委托。

依据《中华人民共和国行政处罚法》的规定行使相对集中行政处罚权的行政机关,可以实施法律、法规规定的与行政处罚权有关的行政强制措施。

行政强制措施应当由行政机关具备资格的行政执法人员实施,其他人员不得实施。

第十八条　行政机关实施行政强制措施应当遵守下列规定:

(一)实施前须向行政机关负责人报告并经批准;

(二)由两名以上行政执法人员实施;

(三)出示执法身份证件;

(四)通知当事人到场;

(五)当场告知当事人采取行政强制措施的理由、依据以及当事人依法享有的权利、救济途径;

(六)听取当事人的陈述和申辩;

(七)制作现场笔录;

(八)现场笔录由当事人和行政执法人员签名或者盖章,当事人拒绝的,在笔录中予以注明;

(九)当事人不到场的,邀请见证人到场,由见证人和行政执法人员在现场笔录上签名或者盖章;

(十)法律、法规规定的其他程序。

第十九条　情况紧急,需要当场实施行政强制措施的,行政执法人员应当在二十四小时内向行政机关负责人报告,并补办批准手续。行政机关负责人认为不应当采取行政强制措施的,应当立即解除。

第二十条 依照法律规定实施限制公民人身自由的行政强制措施,除应当履行本法第十八条规定的程序外,还应当遵守下列规定:

(一)当场告知或者实施行政强制措施后立即通知当事人家属实施行政强制措施的行政机关、地点和期限;

(二)在紧急情况下当场实施行政强制措施的,在返回行政机关后,立即向行政机关负责人报告并补办批准手续;

(三)法律规定的其他程序。

实施限制人身自由的行政强制措施不得超过法定期限。实施行政强制措施的目的已经达到或者条件已经消失,应当立即解除。

第二十一条 违法行为涉嫌犯罪应当移送司法机关的,行政机关应当将查封、扣押、冻结的财物一并移送,并书面告知当事人。

第二节 查封、扣押

第二十二条 查封、扣押应当由法律、法规规定的行政机关实施,其他任何行政机关或者组织不得实施。

第二十三条 查封、扣押限于涉案的场所、设施或者财物,不得查封、扣押与违法行为无关的场所、设施或者财物;不得查封、扣押公民个人及其所扶养家属的生活必需品。

当事人的场所、设施或者财物已被其他国家机关依法查封的,不得重复查封。

第二十四条 行政机关决定实施查封、扣押的,应当履行本法第十八条规定的程序,制作并当场交付查封、扣押决定书和清单。

查封、扣押决定书应当载明下列事项:

(一)当事人的姓名或者名称、地址;

(二)查封、扣押的理由、依据和期限;

(三)查封、扣押场所、设施或者财物的名称、数量等;

(四)申请行政复议或者提起行政诉讼的途径和期限;

(五)行政机关的名称、印章和日期。

查封、扣押清单一式二份,由当事人和行政机关分别保存。

第二十五条 查封、扣押的期限不得超过三十日;情况复杂的,经行政机关负责人批准,可以延长,但是延长期限不得超过三十日。法律、行政法规另有规定的除外。

延长查封、扣押的决定应当及时书面告知当事人,并说明理由。

对物品需要进行检测、检验、检疫或者技术鉴定的,查封、扣押的期间不包括检测、检验、检疫或者技术鉴定的期间。检测、检验、检疫或者技术鉴定的期间应当明确,并书面告知当事人。检测、检验、检疫或者技术鉴定的费用由行政机关承担。

第二十六条 对查封、扣押的场所、设施或者财物,行政机关应当妥善保管,不得使用或者损毁;造成损失的,应当承担赔偿责任。

对查封的场所、设施或者财物,行政机关可以委托第三人保管,第三人不得损毁或者擅自转移、处置。因第三人的原因造成的损失,行政机关先行赔付后,有权向第三人追偿。

因查封、扣押发生的保管费用由行政机关承担。

第二十七条 行政机关采取查封、扣押措施后,应当及时查清事实,在本法第二十五条规定的期限内作出处理决定。对违法事实清楚,依法应当没收的非法财物予以没收;法律、行政法规规定应当销毁的,依法销毁;应当解除查封、扣押的,作出解除查封、扣押的决定。

第二十八条 有下列情形之一的,行政机关应当及时作出解除查封、扣押决定:

(一)当事人没有违法行为;

(二)查封、扣押的场所、设施或者财物与违法行为无关;

(三)行政机关对违法行为已经作出处理决定,不再需要查封、扣押;

(四)查封、扣押期限已经届满;

(五)其他不再需要采取查封、扣押措施的情形。

解除查封、扣押应当立即退还财物;已将鲜活物品或者其他不易保管的财物拍卖或者变卖的,退还拍卖或者变卖所得款项。变卖价格明显低于市场价格,给当事人造成损失的,应当给予补偿。

第三节 冻 结

第二十九条 冻结存款、汇款应当由法律规定的行政机关实施,不得委托给其他行政机关或者组织;其他任何行政机关或者组织不得冻结存款、汇款。

冻结存款、汇款的数额应当与违法行为涉及的金额相当;已被其他国家机关依法冻结的,不得重复冻结。

第三十条 行政机关依照法律规定决定实施冻结存款、汇款的,应当履行本法第十八条第一项、第二项、第三项、第七项规定的程序,并向金融机构交付冻结通知书。

金融机构接到行政机关依法作出的冻结通知书后,应当立即予以冻结,不得拖延,不得在冻结前向当事人泄露信息。

法律规定以外的行政机关或者组织要求冻结当事人存款、汇款的,金融机构应当拒绝。

第三十一条 依照法律规定冻结存款、汇款的,作出决定的行政机关应当在三日内向当事人交付冻结决定书。冻结决定书应当载明下列事项:

(一)当事人的姓名或者名称、地址;

(二)冻结的理由、依据和期限;

(三)冻结的账号和数额;

(四)申请行政复议或者提起行政诉讼的途径和期限;

(五)行政机关的名称、印章和日期。

第三十二条 自冻结存款、汇款之日起三十日内,行政机关应当作出处理决定或者作出解除冻结决定;情况复杂的,经行政机关负责人批准,可以延长,但是延长期限不得超过三十日。法律另有规定的除外。

延长冻结的决定应当及时书面告知当事人,并说明理由。

第三十三条 有下列情形之一的,行政机关应当及时作出解除冻结决定:

(一)当事人没有违法行为;

(二)冻结的存款、汇款与违法行为无关;

(三)行政机关对违法行为已经作出处理决定,不再需要冻结;

(四)冻结期限已经届满;

(五)其他不再需要采取冻结措施的情形。

行政机关作出解除冻结决定的,应当及时通知金融机构和当事人。

金融机构接到通知后,应当立即解除冻结。

行政机关逾期未作出处理决定或者解除冻结决定的,金融机构应当自冻结期满之日起解除冻结。

第四章　行政机关强制执行程序

第一节　一般规定

第三十四条　行政机关依法作出行政决定后,当事人在行政机关决定的期限内不履行义务的,具有行政强制执行权的行政机关依照本章规定强制执行。

第三十五条　行政机关作出强制执行决定前,应当事先催告当事人履行义务。催告应当以书面形式作出,并载明下列事项:

(一)履行义务的期限;

(二)履行义务的方式;

(三)涉及金钱给付的,应当有明确的金额和给付方式;

(四)当事人依法享有的陈述权和申辩权。

第三十六条　当事人收到催告书后有权进行陈述和申辩。行政机关应当充分听取当事人的意见,对当事人提出的事实、理由和证据,应当进行记录、复核。当事人提出的事实、理由或者证据成立的,行政机关应当采纳。

第三十七条　经催告,当事人逾期仍不履行行政决定,且无正当理由的,行政机关可以作出强制执行决定。

强制执行决定应当以书面形式作出,并载明下列事项:

(一)当事人的姓名或者名称、地址;

(二)强制执行的理由和依据;

(三)强制执行的方式和时间;

(四)申请行政复议或者提起行政诉讼的途径和期限;

(五)行政机关的名称、印章和日期。

在催告期间,对有证据证明有转移或者隐匿财物迹象的,行政机关可以作出立即强制执行决定。

第三十八条　催告书、行政强制执行决定书应当直接送达当事人。

当事人拒绝接收或者无法直接送达当事人的,应当依照《中华人民共和国民事诉讼法》的有关规定送达。

第三十九条 有下列情形之一的,中止执行:

(一)当事人履行行政决定确有困难或者暂无履行能力的;

(二)第三人对执行标的主张权利,确有理由的;

(三)执行可能造成难以弥补的损失,且中止执行不损害公共利益的;

(四)行政机关认为需要中止执行的其他情形。

中止执行的情形消失后,行政机关应当恢复执行。对没有明显社会危害,当事人确无能力履行,中止执行满三年未恢复执行的,行政机关不再执行。

第四十条 有下列情形之一的,终结执行:

(一)公民死亡,无遗产可供执行,又无义务承受人的;

(二)法人或者其他组织终止,无财产可供执行,又无义务承受人的;

(三)执行标的灭失的;

(四)据以执行的行政决定被撤销的;

(五)行政机关认为需要终结执行的其他情形。

第四十一条 在执行中或者执行完毕后,据以执行的行政决定被撤销、变更,或者执行错误的,应当恢复原状或者退还财物;不能恢复原状或者退还财物的,依法给予赔偿。

第四十二条 实施行政强制执行,行政机关可以在不损害公共利益和他人合法权益的情况下,与当事人达成执行协议。执行协议可以约定分阶段履行;当事人采取补救措施的,可以减免加处的罚款或者滞纳金。

执行协议应当履行。当事人不履行执行协议的,行政机关应当恢复强制执行。

第四十三条 行政机关不得在夜间或者法定节假日实施行政强制执行。但是,情况紧急的除外。

行政机关不得对居民生活采取停止供水、供电、供热、供燃气等方式迫使当事人履行相关行政决定。

第四十四条 对违法的建筑物、构筑物、设施等需要强制拆除的,应当由行政机关予以公告,限期当事人自行拆除。当事人在法定期限内不申请行政复议或者提起行政诉讼,又不拆除的,行政机关可以依法强制拆除。

第二节　金钱给付义务的执行

第四十五条　行政机关依法作出金钱给付义务的行政决定,当事人逾期不履行的,行政机关可以依法加处罚款或者滞纳金。加处罚款或者滞纳金的标准应当告知当事人。

加处罚款或者滞纳金的数额不得超出金钱给付义务的数额。

第四十六条　行政机关依照本法第四十五条规定实施加处罚款或者滞纳金超过三十日,经催告当事人仍不履行的,具有行政强制执行权的行政机关可以强制执行。

行政机关实施强制执行前,需要采取查封、扣押、冻结措施的,依照本法第三章规定办理。

没有行政强制执行权的行政机关应当申请人民法院强制执行。但是,当事人在法定期限内不申请行政复议或者提起行政诉讼,经催告仍不履行的,在实施行政管理过程中已经采取查封、扣押措施的行政机关,可以将查封、扣押的财物依法拍卖抵缴罚款。

第四十七条　划拨存款、汇款应当由法律规定的行政机关决定,并书面通知金融机构。金融机构接到行政机关依法作出划拨存款、汇款的决定后,应当立即划拨。

法律规定以外的行政机关或者组织要求划拨当事人存款、汇款的,金融机构应当拒绝。

第四十八条　依法拍卖财物,由行政机关委托拍卖机构依照《中华人民共和国拍卖法》的规定办理。

第四十九条　划拨的存款、汇款以及拍卖和依法处理所得的款项应当上缴国库或者划入财政专户。任何行政机关或者个人不得以任何形式截留、私分或者变相私分。

第三节　代　履　行

第五十条　行政机关依法作出要求当事人履行排除妨碍、恢复原状等义务的行政决定,当事人逾期不履行,经催告仍不履行,其后果已经或者将危害交通安全、造成环境污染或者破坏自然资源的,行政机关可以代履行,或者委托没有利害关系的第三人代履行。

第五十一条　代履行应当遵守下列规定:

(一)代履行前送达决定书,代履行决定书应当载明当事人的姓名或者名称、地址,代履行的理由和依据、方式和时间、标的、费用预算以及代履行人;

(二)代履行三日前,催告当事人履行,当事人履行的,停止代履行;

(三)代履行时,作出决定的行政机关应当派员到场监督;

(四)代履行完毕,行政机关到场监督的工作人员、代履行人和当事人或者见证人应当在执行文书上签名或者盖章。

代履行的费用按照成本合理确定,由当事人承担。但是,法律另有规定的除外。

代履行不得采用暴力、胁迫以及其他非法方式。

第五十二条　需要立即清除道路、河道、航道或者公共场所的遗洒物、障碍物或者污染物,当事人不能清除的,行政机关可以决定立即实施代履行;当事人不在场的,行政机关应当在事后立即通知当事人,并依法作出处理。

第五章　申请人民法院强制执行

第五十三条　当事人在法定期限内不申请行政复议或者提起行政诉讼,又不履行行政决定的,没有行政强制执行权的行政机关可以自期限届满之日起三个月内,依照本章规定申请人民法院强制执行。

第五十四条　行政机关申请人民法院强制执行前,应当催告当事人履行义务。催告书送达十日后当事人仍未履行义务的,行政机关可以向所在地有管辖权的人民法院申请强制执行;执行对象是不动产的,向不动产所在地有管辖权的人民法院申请强制执行。

第五十五条　行政机关向人民法院申请强制执行,应当提供下列材料:

(一)强制执行申请书;

(二)行政决定书及作出决定的事实、理由和依据;

(三)当事人的意见及行政机关催告情况;

(四)申请强制执行标的情况;

(五)法律、行政法规规定的其他材料。

强制执行申请书应当由行政机关负责人签名,加盖行政机关的印章,并注明日期。

第五十六条 人民法院接到行政机关强制执行的申请,应当在五日内受理。

行政机关对人民法院不予受理的裁定有异议的,可以在十五日内向上一级人民法院申请复议,上一级人民法院应当自收到复议申请之日起十五日内作出是否受理的裁定。

第五十七条 人民法院对行政机关强制执行的申请进行书面审查,对符合本法第五十五条规定,且行政决定具备法定执行效力的,除本法第五十八条规定的情形外,人民法院应当自受理之日起七日内作出执行裁定。

第五十八条 人民法院发现有下列情形之一的,在作出裁定前可以听取被执行人和行政机关的意见:

(一)明显缺乏事实根据的;

(二)明显缺乏法律、法规依据的;

(三)其他明显违法并损害被执行人合法权益的。

人民法院应当自受理之日起三十日内作出是否执行的裁定。裁定不予执行的,应当说明理由,并在五日内将不予执行的裁定送达行政机关。

行政机关对人民法院不予执行的裁定有异议的,可以自收到裁定之日起十五日内向上一级人民法院申请复议,上一级人民法院应当自收到复议申请之日起三十日内作出是否执行的裁定。

第五十九条 因情况紧急,为保障公共安全,行政机关可以申请人民法院立即执行。经人民法院院长批准,人民法院应当自作出执行裁定之日起五日内执行。

第六十条 行政机关申请人民法院强制执行,不缴纳申请费。强制执行的费用由被执行人承担。

人民法院以划拨、拍卖方式强制执行的,可以在划拨、拍卖后将强制执行的费用扣除。

依法拍卖财物,由人民法院委托拍卖机构依照《中华人民共和国拍卖法》的规定办理。

划拨的存款、汇款以及拍卖和依法处理所得的款项应当上缴国库或者划入财政专户,不得以任何形式截留、私分或者变相私分。

第六章 法律责任

第六十一条 行政机关实施行政强制,有下列情形之一的,由上级行政机关或者有关部门责令改正,对直接负责的主管人员和其他直接责任人员依法给予处分:

(一)没有法律、法规依据的;

(二)改变行政强制对象、条件、方式的;

(三)违反法定程序实施行政强制的;

(四)违反本法规定,在夜间或者法定节假日实施行政强制执行的;

(五)对居民生活采取停止供水、供电、供热、供燃气等方式迫使当事人履行相关行政决定的;

(六)有其他违法实施行政强制情形的。

第六十二条 违反本法规定,行政机关有下列情形之一的,由上级行政机关或者有关部门责令改正,对直接负责的主管人员和其他直接责任人员依法给予处分:

(一)扩大查封、扣押、冻结范围的;

(二)使用或者损毁查封、扣押场所、设施或者财物的;

(三)在查封、扣押法定期间不作出处理决定或者未依法及时解除查封、扣押的;

(四)在冻结存款、汇款法定期间不作出处理决定或者未依法及时解除冻结的。

第六十三条 行政机关将查封、扣押的财物或者划拨的存款、汇款以及拍卖和依法处理所得的款项,截留、私分或者变相私分的,由财政部门或者有关部门予以追缴;对直接负责的主管人员和其他直接责任人员依法给予记大过、降级、撤职或者开除的处分。

行政机关工作人员利用职务上的便利,将查封、扣押的场所、设施或者财物据为己有的,由上级行政机关或者有关部门责令改正,依法给予记大过、降级、撤职或者开除的处分。

第六十四条 行政机关及其工作人员利用行政强制权为单位或者个

人谋取利益的,由上级行政机关或者有关部门责令改正,对直接负责的主管人员和其他直接责任人员依法给予处分。

第六十五条 违反本法规定,金融机构有下列行为之一的,由金融业监督管理机构责令改正,对直接负责的主管人员和其他直接责任人员依法给予处分:

(一)在冻结前向当事人泄露信息的;

(二)对应当立即冻结、划拨的存款、汇款不冻结或者不划拨,致使存款、汇款转移的;

(三)将不应当冻结、划拨的存款、汇款予以冻结或者划拨的;

(四)未及时解除冻结存款、汇款的。

第六十六条 违反本法规定,金融机构将款项划入国库或者财政专户以外的其他账户的,由金融业监督管理机构责令改正,并处以违法划拨款项二倍的罚款;对直接负责的主管人员和其他直接责任人员依法给予处分。

违反本法规定,行政机关、人民法院指令金融机构将款项划入国库或者财政专户以外的其他账户的,对直接负责的主管人员和其他直接责任人员依法给予处分。

第六十七条 人民法院及其工作人员在强制执行中有违法行为或者扩大强制执行范围的,对直接负责的主管人员和其他直接责任人员依法给予处分。

第六十八条 违反本法规定,给公民、法人或者其他组织造成损失的,依法给予赔偿。

违反本法规定,构成犯罪的,依法追究刑事责任。

第七章 附 则

第六十九条 本法中十日以内期限的规定是指工作日,不含法定节假日。

第七十条 法律、行政法规授权的具有管理公共事务职能的组织在法定授权范围内,以自己的名义实施行政强制,适用本法有关行政机关的规定。

第七十一条 本法自 2012 年 1 月 1 日起施行。

附录四　中华人民共和国人民警察法

(1995年2月28日第八届全国人民代表大会常务委员会第十二次会议通过　根据2012年10月26日第十一届全国人民代表大会常务委员会第二十九次会议《关于修改〈中华人民共和国人民警察法〉的决定》修正)

目　　录

第一章　总　　则
第二章　职　　权
第三章　义务和纪律
第四章　组织管理
第五章　警务保障
第六章　执法监督
第七章　法律责任
第八章　附　　则

第一章　总　　则

第一条　为了维护国家安全和社会治安秩序,保护公民的合法权益,加强人民警察的队伍建设,从严治警,提高人民警察的素质,保障人民警察依法行使职权,保障改革开放和社会主义现代化建设的顺利进行,根据宪法,制定本法。

第二条　人民警察的任务是维护国家安全,维护社会治安秩序,保护公民的人身安全、人身自由和合法财产,保护公共财产,预防、制止和惩治违法犯罪活动。

人民警察包括公安机关、国家安全机关、监狱、劳动教养管理机关的人民警察和人民法院、人民检察院的司法警察。

第三条　人民警察必须依靠人民的支持,保持同人民的密切联系,倾听人民的意见和建议,接受人民的监督,维护人民的利益,全心全意为人民服务。

第四条　人民警察必须以宪法和法律为活动准则,忠于职守,清正廉洁,纪律严明,服从命令,严格执法。

第五条　人民警察依法执行职务,受法律保护。

第二章　职　　权

第六条　公安机关的人民警察按照职责分工,依法履行下列职责:

(一)预防、制止和侦查违法犯罪活动;

(二)维护社会治安秩序,制止危害社会治安秩序的行为;

(三)维护交通安全和交通秩序,处理交通事故;

(四)组织、实施消防工作,实行消防监督;

(五)管理枪支弹药、管制刀具和易燃易爆、剧毒、放射性等危险物品;

(六)对法律、法规规定的特种行业进行管理;

(七)警卫国家规定的特定人员,守卫重要的场所和设施;

(八)管理集会、游行、示威活动;

(九)管理户政、国籍、入境出境事务和外国人在中国境内居留、旅行的有关事务;

(十)维护国(边)境地区的治安秩序;

(十一)对被判处拘役、剥夺政治权利的罪犯执行刑罚;

(十二)监督管理计算机信息系统的安全保护工作;

(十三)指导和监督国家机关、社会团体、企业事业组织和重点建设工程的治安保卫工作,指导治安保卫委员会等群众性组织的治安防范工作;

(十四)法律、法规规定的其他职责。

第七条　公安机关的人民警察对违反治安管理或者其他公安行政管理法律、法规的个人或者组织,依法可以实施行政强制措施、行政处罚。

第八条　公安机关的人民警察对严重危害社会治安秩序或者威胁公共安全的人员,可以强行带离现场、依法予以拘留或者采取法律规定的其他措施。

第九条　为维护社会治安秩序,公安机关的人民警察对有违法犯罪嫌疑的人员,经出示相应证件,可以当场盘问、检查;经盘问、检查,有下列情形之一的,可以将其带至公安机关,经该公安机关批准,对其继续盘问:

(一)被指控有犯罪行为的;

(二)有现场作案嫌疑的;

(三)有作案嫌疑身份不明的;

(四)携带的物品有可能是赃物的。

对被盘问人的留置时间自带至公安机关之时起不超过二十四小时,在特殊情况下,经县级以上公安机关批准,可以延长至四十八小时,并应当留有盘问记录。对于批准继续盘问的,应当立即通知其家属或者其所在单位。对于不批准继续盘问的,应当立即释放被盘问人。

经继续盘问,公安机关认为对被盘问人需要依法采取拘留或者其他强制措施的,应当在前款规定的期间作出决定;在前款规定的期间不能作出上述决定的,应当立即释放被盘问人。

第十条　遇有拒捕、暴乱、越狱、抢夺枪支或者其他暴力行为的紧急情况,公安机关的人民警察依照国家有关规定可以使用武器。

第十一条　为制止严重违法犯罪活动的需要,公安机关的人民警察依照国家有关规定可以使用警械。

第十二条　为侦查犯罪活动的需要,公安机关的人民警察可以依法执行拘留、搜查、逮捕或者其他强制措施。

第十三条　公安机关的人民警察因履行职责的紧急需要,经出示相应证件,可以优先乘坐公共交通工具,遇交通阻碍时,优先通行。

公安机关因侦查犯罪的需要,必要时,按照国家有关规定,可以优先使用机关、团体、企业事业组织和个人的交通工具、通信工具、场地和建筑物,用后应当及时归还,并支付适当费用;造成损失的,应当赔偿。

第十四条　公安机关的人民警察对严重危害公共安全或者他人人身安全的精神病人,可以采取保护性约束措施。需要送往指定的单位、场所加以监护的,应当报请县级以上人民政府公安机关批准,并及时通知其监护人。

第十五条　县级以上人民政府公安机关,为预防和制止严重危害社会治安秩序的行为,可以在一定的区域和时间,限制人员、车辆的通行或者停留,必要时可以实行交通管制。

公安机关的人民警察依照前款规定,可以采取相应的交通管制措施。

第十六条　公安机关因侦查犯罪的需要,根据国家有关规定,经过严格的批准手续,可以采取技术侦察措施。

第十七条　县级以上人民政府公安机关,经上级公安机关和同级人民政府批准,对严重危害社会治安秩序的突发事件,可以根据情况实行现场管制。

公安机关的人民警察依照前款规定,可以采取必要手段强行驱散,并对拒不服从的人员强行带离现场或者立即予以拘留。

第十八条　国家安全机关、监狱、劳动教养管理机关的人民警察和人民法院、人民检察院的司法警察,分别依照有关法律、行政法规的规定履行职权。

第十九条　人民警察在非工作时间,遇有其职责范围内的紧急情况,应当履行职责。

第三章　义务和纪律

第二十条　人民警察必须做到:

(一)秉公执法,办事公道;

(二)模范遵守社会公德;

(三)礼貌待人,文明执勤;

(四)尊重人民群众的风俗习惯。

第二十一条　人民警察遇到公民人身、财产安全受到侵犯或者处于其他危难情形,应当立即救助;对公民提出解决纠纷的要求,应当给予帮助;对公民的报警案件,应当及时查处。

人民警察应当积极参加抢险救灾和社会公益工作。

第二十二条　人民警察不得有下列行为:

(一)散布有损国家声誉的言论,参加非法组织,参加旨在反对国家的集会、游行、示威等活动,参加罢工;

(二)泄露国家秘密、警务工作秘密;

(三)弄虚作假,隐瞒案情,包庇、纵容违法犯罪活动;

(四)刑讯逼供或者体罚、虐待人犯;

(五)非法剥夺、限制他人人身自由,非法搜查他人的身体、物品、住所或者场所；

（六）敲诈勒索或者索取、收受贿赂；

（七）殴打他人或者唆使他人打人；

（八）违法实施处罚或者收取费用；

（九）接受当事人及其代理人的请客送礼；

（十）从事营利性的经营活动或者受雇于任何个人或者组织；

（十一）玩忽职守，不履行法定义务；

（十二）其他违法乱纪的行为。

第二十三条 人民警察必须按照规定着装，佩带人民警察标志或者持有人民警察证件，保持警容严整，举止端庄。

第四章 组织管理

第二十四条 国家根据人民警察的工作性质、任务和特点，规定组织机构设置和职务序列。

第二十五条 人民警察依法实行警衔制度。

第二十六条 担任人民警察应当具备下列条件：

（一）年满十八岁的人民；

（二）拥护中华人民共和国宪法；

（三）有良好的政治、业务素质和良好的品行；

（四）身体健康；

（五）具有高中毕业以上文化程度；

（六）自愿从事人民警察工作。

有下列情形之一的，不得担任人民警察：

（一）曾因犯罪受过刑事处罚的；

（二）曾被开除公职的。

第二十七条 录用人民警察，必须按照国家规定，公开考试，严格考核，择优选用。

第二十八条 担任人民警察领导职务的人员，应当具备下列条件：

（一）具有法律专业知识；

（二）具有政法工作经验和一定的组织管理、指挥能力；

（三）具有大学专科以上学历；

（四）经人民警察院校培训，考试合格。

第二十九条 国家发展人民警察教育事业，对人民警察有计划地进行政治思想、法制、警察业务等教育培训。

第三十条 国家根据人民警察的工作性质、任务和特点，分别规定不同岗位的服务年限和不同职务的最高任职年龄。

第三十一条 人民警察个人或者集体在工作中表现突出，有显著成绩和特殊贡献的，给予奖励。奖励分为：嘉奖、三等功、二等功、一等功、授予荣誉称号。

对受奖励的人民警察，按照国家有关规定，可以提前晋升警衔，并给予一定的物质奖励。

第五章 警务保障

第三十二条 人民警察必须执行上级的决定和命令。

人民警察认为决定和命令有错误的，可以按照规定提出意见，但不得中止或者改变决定和命令的执行；提出的意见不被采纳时，必须服从决定和命令；执行决定和命令的后果由作出决定和命令的上级负责。

第三十三条 人民警察对超越法律、法规规定的人民警察职责范围的指令，有权拒绝执行，并同时向上级机关报告。

第三十四条 人民警察依法执行职务，公民和组织应当给予支持和协助。公民和组织协助人民警察依法执行职务的行为受法律保护。对协助人民警察执行职务有显著成绩的，给予表彰和奖励。

公民和组织因协助人民警察执行职务，造成人身伤亡或者财产损失的，应当按照国家有关规定给予抚恤或者补偿。

第三十五条 拒绝或者阻碍人民警察依法执行职务，有下列行为之一的，给予治安管理处罚：

（一）公然侮辱正在执行职务的人民警察的；

（二）阻碍人民警察调查取证的；

（三）拒绝或者阻碍人民警察执行追捕、搜查、救险等任务进入有关住所、场所的；

（四）对执行救人、救险、追捕、警卫等紧急任务的警车故意设置障碍的；

(五)有拒绝或者阻碍人民警察执行职务的其他行为的。

以暴力、威胁方法实施前款规定的行为,构成犯罪的,依法追究刑事责任。

第三十六条　人民警察的警用标志、制式服装和警械,由国务院公安部门统一监制,会同其他有关国家机关管理,其他个人和组织不得非法制造、贩卖。

人民警察的警用标志、制式服装、警械、证件为人民警察专用,其他个人和组织不得持有和使用。

违反前两款规定的,没收非法制造、贩卖、持有、使用的人民警察警用标志、制式服装、警械、证件,由公安机关处十五日以下拘留或者警告,可以并处违法所得五倍以下的罚款;构成犯罪的,依法追究刑事责任。

第三十七条　国家保障人民警察的经费。人民警察的经费,按照事权划分的原则,分别列入中央和地方的财政预算。

第三十八条　人民警察工作所必需的通讯、训练设施和交通、消防以及派出所、监管场所等基础设施建设,各级人民政府应当列入基本建设规划和城乡建设总体规划。

第三十九条　国家加强人民警察装备的现代化建设,努力推广、应用先进的科技成果。

第四十条　人民警察实行国家公务员的工资制度,并享受国家规定的警衔津贴和其他津贴、补贴以及保险福利待遇。

第四十一条　人民警察因公致残的,与因公致残的现役军人享受国家同样的抚恤和优待。

人民警察因公牺牲或者病故的,其家属与因公牺牲或者病故的现役军人家属享受国家同样的抚恤和优待。

第六章　执法监督

第四十二条　人民警察执行职务,依法接受人民检察院和行政监察机关的监督。

第四十三条　人民警察的上级机关对下级机关的执法活动进行监督,发现其作出的处理或者决定有错误的,应当予以撤销或者变更。

第四十四条　人民警察执行职务,必须自觉地接受社会和公民的监督。人民警察机关作出的与公众利益有直接有关的规定,应当向公众公布。

第四十五条 人民警察在办理治安案件过程中,遇有下列情形之一的,应当回避,当事人或者其法定代理人也有权要求他们回避:

(一)是本案的当事人或者是当事人的近亲属的;

(二)本人或者其近亲属与本案有利害关系的;

(三)与本案当事人有其他关系,可能影响案件公正处理的。

前款规定的回避,由有关的公安机关决定。

人民警察在办理刑事案件过程中的回避,适用刑事诉讼法的规定。

第四十六条 公民或者组织对人民警察的违法、违纪行为,有权向人民警察机关或者人民检察院、行政监察机关检举、控告。受理检举、控告的机关应当及时查处,并将查处结果告知检举人、控告人。

对依法检举、控告的公民或者组织,任何人不得压制和打击报复。

第四十七条 公安机关建立督察制度,对公安机关的人民警察执行法律、法规、遵守纪律的情况进行监督。

第七章 法律责任

第四十八条 人民警察有本法第二十二条所列行为之一的,应当给予行政处分;构成犯罪的,依法追究刑事责任。

行政处分分为:警告、记过、记大过、降级、撤职、开除。对受行政处分的人民警察,按照国家有关规定,可以降低警衔、取消警衔。

对违反纪律的人民警察,必要时可以对其采取停止执行职务、禁闭的措施。

第四十九条 人民警察违反规定使用武器、警械,构成犯罪的,依法追究刑事责任;尚不构成犯罪的,应当依法给予行政处分。

第五十条 人民警察在执行职务中,侵犯公民或者组织的合法权益造成损害的,应当依照《中华人民共和国国家赔偿法》和其他有关法律、法规的规定给予赔偿。

第八章 附 则

第五十一条 中国人民武装警察部队执行国家赋予的安全保卫

任务。

第五十二条 本法自公布之日起施行。1957年6月25日公布的《中华人民共和国人民警察条例》同时废止。